SOBRE EL ANTISEMITISMO

MEMORIA CRÍTICA

MARK MAZOWER

SOBRE EL ANTISEMITISMO

Historia de una palabra

Traducción castellana de
Gonzalo García

CRÍTICA

Obra editada en colaboración con Editorial Planeta – España

Título original: *On Antisemitism. A Word in History*

Bajo el sello editorial CRÍTICA M.R.
Avenida Presidente Masarik núm. 111,
Piso 2, Polanco V Sección, Miguel Hidalgo
C.P. 11560, Ciudad de México
www.planetadelibros.com.mx
www.paidos.com.mx

Primera edición impresa en España: octubre de 2025
ISBN: 978-84-9199-805-1

Primera edición impresa en México: marzo de 2026
ISBN: 978-607-639-164-8

Impreso en los talleres de Corporación en Servicios
Integrales de Asesoría Profesional, S.A. de C.V.,
Calle E #6, Parque Industrial
Puebla 2000, C.P. 72225, Puebla, Pue.
Impreso en México – *Printed in Mexico*

En recuerdo de
Michael Davies
(1959-2024)

Introducción

Confusión

«Eso es darle mucho significado a una sola palabra...», dijo Alicia, en tono pensativo.

LEWIS CARROLL, *Alicia en el País de las Maravillas. Alicia a través del espejo*[1]

Uno de nuestros vislumbres más vívidos de cómo fue la vida en el Tercer Reich nació de unos apuntes de Victor Klemperer, un profesor de literatura que se esforzó por registrar los modos en los que las palabras estaban cambiando y cómo conceptos que antaño habían ayudado a arrojar luz sobre el mundo empezaban entonces a sembrar confusión. Klemperer intentaba comprender cómo la dictadura nazi había convertido el lenguaje en un instrumento de poder, pero lo cierto es que las palabras son cambiantes por sí mismas. Por eso, los buenos diccionarios dejan constancia de las variaciones del uso, las modificaciones de sentido que llegan o desaparecen, pues unas surgen y otras se vuelven obsoletas. Esta clase de cambios pueden atraparnos por sorpresa y, en este caso, provocar confusión y discusiones. Esto nos lleva a la palabra central en este libro.[2]

En 1879, un panfletista alemán, el demagogo Wilhelm Marr, anunció la formación de una Liga de Antisemitas, contraria a que se concediera a los judíos la plena igualdad legal. De repente se contaba con un nombre abstracto: *antisemitismo*. El término entró en la *Encyclopaedia Britannica* en 1910 y se difundió universalmente cuando Adolf Hitler convirtió una versión extremista de ese credo en el núcleo ideológico de la guerra con la que Alemania aspiraba a dominar Europa. «El antisemitismo —comentó el historiador Salo Baron en 1942— se ha convertido en un poder mundial.»[3]

En nuestros días, decenas de países se han comprometido a combatirlo; hay enviados atentos a su desarrollo; se han formado grupos de trabajo y equipos especiales con la misión de erradicarlo. Sin embargo, como los acusados de antisemitismo incluyen desde los supremacistas blancos hasta el secretario general de la ONU, nunca ha habido menos consenso sobre lo que el concepto significa en realidad: «En lo que respecta al *antisemitismo*, son muchos los que, literalmente, no saben de qué están hablando y tampoco les preocupa gran cosa. Y en cuanto a los que creemos que *sí* que lo sabemos [...] adolecemos de una incapacidad congénita de ponernos de acuerdo entre nosotros», ha apuntado el historiador David Feldman. En inglés ni siquiera hay consenso sobre si la palabra debe escribirse con guion o sin, *antisemitism* o *anti-semitism*. Además, existe el antiantisemitismo y, en la actualidad, también un antiantiantisemitismo.[4]

Las cosas no siempre fueron tan complicadas. Antony Lerman, director durante mucho tiempo del *Antisemitism World Report*, nos recuerda que hace tan solo medio siglo el consenso era claro; el enemigo era la extrema derecha, cuyos estereotipos racistas, teorías conspiranoicas y negacionismo del Holocausto habían causado un enorme daño: sufrimientos indecibles. La confusión actual se inició cuando la lucha contra esos extremistas se enredó con una pregunta que antes no se le ocurría a casi nadie: ¿cuándo son antisemitas las críticas a Israel? Hasta qué punto el Estado judío (una entidad política) es esencial para ser judío (una identidad étnica o religiosa) representa un asunto vital, pero no resuelto, sobre el que se ha debatido y se debate hoy apasionadamente, también entre los propios judíos; además, forma parte del debate mayor sobre la cuestión de Israel y Palestina. El resultado es la actual incertidumbre generalizada al respecto de qué puede afirmar uno sobre Israel sin que lo acusen de antisemitismo.

¿Cómo hemos llegado a encontrarnos en este apuro? Tal es la pregunta que este libro intenta responder.

La sombra del genocidio nazi, inevitablemente, se extiende sobre todo análisis de esta cuestión, puesto que solo después de 1945 se sistematizó de veras el estudio del antisemitismo. En 1939, se realizó una encuesta sobre las posturas que se tenía, con respecto a los judíos, en el East End de Londres, pero el trabajo no tuvo gran impacto. En cambio, diez años después, cuando un grupo de expertos en ciencias sociales, emigrados e instalados en la Universidad de Columbia, publicó sus conclusiones sobre las raíces del odio, el resultado fue una serie de estudios superventas que estimularon nuevas investigaciones. «La historia del antisemitismo, que antes de la guerra había sido el reducto de unos pocos pioneros valerosos, [está] atrayendo ahora la atención de muchos académicos», comentó un integrante de ese grupo, dos décadas más tarde. Desde entonces, las investigaciones universitarias han florecido, enlazando múltiples disciplinas, y han generado conocimientos sin los cuales este libro no se habría podido escribir. Pero el Holocausto también arroja su sombra sobre el tema en un segundo sentido: como gran fenómeno cultural de nuestro tiempo. Pues, como influencia que da forma a la manera en que suele entenderse el antisemitismo en la actualidad, los estudios especializados ocupan solo el segundo lugar, por detrás de lo que podríamos denominar *conciencia del Holocausto*. Se ha dicho del siglo XIX que fue una época en la que la gente pensaba con la Historia; en lo que atañe al antisemitismo, en nuestros días pensamos con el Holocausto.[5]

El conocimiento público generalizado de la «solución final» no surgió de inmediato. Cuando el debate cobró verdadera fuerza —en la Europa de las décadas de 1960 y 1970— implicó que una generación tuvo que vérselas con su pasado en el mismo territorio en el que durante la guerra se habían producido las persecuciones, las deportaciones y los asesinatos. Pero a medida que el recuerdo público del Holocausto se iba difundiendo por todo el mundo, la historia se convertía en una fuente de lecciones generales, de carácter moral y político: sobre la necesidad de dar testimonio, y no guardar silencio; la necesidad de actuar, y no quedarse contemplando sin hacer nada; sobre el combate contra el odio y los prejuicios. Al concluir el siglo, estaban apareciendo decenas de películas nuevas, década tras década. En la actualidad, más de cuarenta gobiernos han instaurado ceremonias conmemorativas; en los últimos años, la cifra de visitantes anuales de Auschwitz se ha cuadruplicado, hasta alcanzar más de dos millones de visitantes anuales. No todo el mundo considera positiva esta evolución. «Por mor de nuestra salud colectiva como judíos, deberíamos pararnos todos por un momento —escribió el archivero estatal israelí Evyatar Friesel, que había huido de la Alemania nazi cuando era un niño— y esforzarnos por recuperar el control.»[6]

Aunque los beneficios son evidentes, lo anterior también ha tenido por consecuencia lo que un crítico ha calificado de «analogías desatinadas y exageradas con el Holocausto y el nazismo». Al parecer, la familiarización con la catástrofe ha favorecido que algunas personas tiendan sobre todo a establecer paralelismos alarmantes entre el presente y el pasado, sin dar la debida importancia a diferencias relevantes. En Israel, los primeros líderes del país solían oponerse a hacer recordatorios sobre la debilidad de los judíos, pero, en la década de 1970, el Holocausto se convirtió en un tropo ineludible, en particular, después de que el primer ministro Menájem Beguín —cuyos padres habían fallecido en la guerra— equiparase de forma repetida el aprieto de Israel en el presente con el de los judíos durante el nazismo. En Estados Unidos, donde por lo general los judíos estadounidenses vivían en condiciones de prosperidad y seguridad, se fue incrementando un paradójico sentimiento de inseguridad a medida que el siglo se acercaba a su fin. En 1960, se había preguntado a diversos rabinos estadounidenses cómo imaginaban el futuro, y se mostraron optimistas: creían que el antisemitismo seguiría declinando y que, para el cambio de siglo, el conflicto del Oriente Próximo se habría resuelto. Una encuesta de aproximadamente la misma época, realizada entre la comunidad judía de Estados Unidos, concluyó que tanto Israel como el Holocausto habían provocado «efectos llamativamente leves sobre la vida interior de los judíos estadounidenses». En cambio, al acabar el siglo, eran elementos centrales en su definición de sí mismos, y un éxito material impresionante se vio acompañado de un sentimiento creciente de ansiedad y victimismo. Muchos comentaristas expresaron su asombro. A pesar de que «la comunidad judía se ha convertido en modelo de todo lo que un grupo étnico puede alcanzar —apuntó el escritor Leon Wieseltier en 2002—, abundan las analogías imprecisas e incendiarias. El imaginario del Holocausto está por todas partes».[7]

En Estados Unidos, los datos de las encuestas sobre las actitudes sociales marcaban un retroceso claro en la discriminación que los judíos habían padecido durante más de medio siglo, sin que en el nuevo milenio se vieran indicios de ninguna reversión destacable: en 2015, antes de que se retirase quien durante mucho tiempo había presidido la Liga Antidifamación, un titular habló del «rostro menguante del antisemitismo».[8] Es cierto que el nacionalismo de derechas estaba volviendo a ser una corriente política mayoritaria desde el fin de la guerra fría; cada vez era más frecuente que se produjeran ataques contra sinagogas, cementerios y otros centros de la comunidad judía, a menudo dirigidos de forma subsidiaria contra Israel, durante la segunda intifada y la «guerra global contra el terrorismo», a partir de 2001. Ahora bien, la invocación constante del Holocausto otorgaba al pasado un peso que no hacía justicia a la realidad. Por un lado, en muchos lugares, la xenofobia creciente afectaba a los judíos menos que a otros grupos; por el otro, ni los musulmanes ni los árabes eran nazis, al igual que los israelíes. «[El antisemitismo árabe] se dirige antes que nada contra Israel, no necesariamente contra los judíos del mundo —comentó Yehoshafat Harkabi, antiguo jefe de la inteligencia militar israelí—. Aunque, para ser más exactos, debido a Israel, también se dirige contra los judíos.»[9]

No obstante, los fantasmas del genocidio pasado se infiltraron por los pasillos del poder y se los invocó en apoyo de nuevos compromisos políticos y diplomáticos. En 2004, el Congreso de Estados Unidos ordenó al Departamento de Estado [como responsable de la política exterior del país] que informara sobre los prejuicios antisemitas que constatara por el mundo. Cuando el Departamento objetó que ese trato debía hacerse extensivo a otros grupos raciales y religiosos, el congresista Tom Lantos —superviviente de la ocupación nazi de Hungría— replicó que «la actual erupción de la multisecular enfermedad del antisemitismo es más perniciosa que todo lo que hemos visto desde el Holocausto». Se hizo caso omiso de la objeción del Departamento de Estado y se aprobó la que se conoce como «Ley de Revisión del Antisemitismo Global». En nuestros días, más de veinte gobiernos han creado puestos con la misión de combatir el antisemitismo. Ninguna otra forma de prejuicio racial o religioso goza de una atención internacional comparable.[10]

Esta ley estadounidense de 2004 también modificó las cosas en otro sentido. Se apartó de las décadas anteriores porque interpretó que el antisemitismo incluía también «el vilipendio del sionismo [...] y la instigación en contra de Israel». Hasta entonces, oponerse al antisemitismo y apoyar a Israel se consideraban dos cuestiones mayoritariamente distintas. «Atribuir al antisemitismo que se condenen las acciones de Israel en la campaña del Sinaí —había escrito un comentarista en 1967— supone estirar el concepto hasta hacerlo irreconocible.» Para la mayoría de los judíos estadounidenses de las décadas de 1950 y 1960, el antisemitismo era ante todo un problema interno del país, relacionado con la lucha más general contra la discriminación y los prejuicios; si poseía una dimensión internacional, había que buscarla en la Unión Soviética y la Alemania del Este, no en el Oriente Próximo. Por otra parte, los primeros gobiernos israelíes veían el antisemitismo como una maldición de la diáspora, sin relación con sus propios problemas regionales. Solo a partir de la década de 1970, cada vez más israelíes fueron haciendo una lectura antisemita de la hostilidad de los árabes; solo entonces quienes en Estados Unidos hacían campaña contra el odio a los judíos empezaron a incluir como competencia propia la defensa de Israel. El antisemitismo, que antaño se había concebido con optimismo como algo que la educación podía dejar atrás, empezó a verse, a la luz del Holocausto, como un odio sin parangón posible. En la actualidad, no pocas personas se asombrarán al saber que, tiempo atrás, defender a Israel de las críticas no se asociaba con combatir el antisemitismo.[11]

En la fusión de estos dos aspectos han interpretado un papel importante algunas de las organizaciones creadas en defensa de los judíos y bien asentadas hoy, como el Comité Judío Estadounidense (AJC, en sus siglas inglesas) y Liga Antidifamación (ADL, en sus siglas inglesas). Era frecuente bromear que, en tanto que grupo de expertos —lo que en inglés se conoce como *think tank*—, el Comité Judío Estadounidense, reputado por su discreción y su rigor analítico, tenía mucho más de «reflexión» (*think*) que de «tanque» (*tank*). En la década de 1940, según la valoración reciente de un historiador, sus lemas eran «diálogo, compromiso, racionalidad y estudio» y su División de Investigación Científica (¡qué nombre más fabuloso!) disfrutaba de un enorme prestigio. Pero las organizaciones cambian y, en estos días nuestros, de no poca tensión, resulta difícil mantener las campañas y la recaudación a la vez que se mantiene la reputación de imparcialidad y rigor investigativo. Actualmente, la broma del *think tank* ha perdido toda la gracia, pues hace más de diez años que su experto en antisemitismo, con muchos años de labor a sus espaldas, presentó la dimisión alegando que el AJC había sacrificado «el instinto de la reflexión seria [...] en beneficio de una ardorosa defensa de Israel». Tras haber contraído obligaciones con donantes archimillonarios cuyas agendas son netamente ideológicas, esos viejos bastiones de la filantropía judía tienen muchas dificultades incluso para preservar la apariencia —más ficticia que real, desde hace tiempo— de que son entidades inherentemente apolíticas. En realidad, algunas son tan partidistas que el crítico Peter Beinart se ha preguntado si la lucha contra el antisemitismo no ha extraviado el camino.[12]

En parte, el problema es que hoy resulta muy fácil calificar de antisemita a una persona o una institución, y esto facilita tácticas de captación de la atención pública tales como el «*Top Ten* del Antisemitismo Global», una lista que el Centro Simon Wiesenthal redacta para los medios y que, en cierta ocasión, situó en la misma enumeración de los diez mayores focos del antisemitismo mundial a Hamás, Irán y los productores de los helados Ben & Jerry.[13] Y como a menudo los donantes son más generosos cuando la angustia por el antisemitismo se agrava y, además, es tristemente sencillo manipular los datos sobre los crímenes y delitos de odio, no es nada infrecuente que los grupos que hacen campaña se sientan tentados a retratar las condiciones con los colores más terribles. «Representantes de la ADL afirman que el antisemitismo crece como la espuma en todo el mundo», decía el titular de un artículo de la prensa judía que, hace medio siglo, contemplaba la idea con escepticismo. Veinte años más tarde, el historiador y rabino Arthur Hertzberg destacó que ni siquiera los datos de la propia Liga Antidifamación avalaban su «conclusión sensacionalista». Pero no ha cambiado gran cosa, desde entonces: hoy incluso los propios investigadores de la ADL se lamentan de la escasa fiabilidad de las advertencias de sus jefes. Desde que el activismo ha adoptado el pánico como modo permanente, resulta difícil saber de qué cifras o conclusiones podemos fiarnos.[14]

Por si todo esto no fuera suficiente, la enorme atención prestada últimamente a la definición del antisemitismo ha creado problemas propios, pues, como bien saben los expertos en la materia, esta definición siempre ha sido un campo de minas. El concepto, cuyo propio nombre deriva de una teoría racial desacreditada, se acostumbra a aplicar a todo: no importa si son prejuicios y estereotipos o sentimientos; actitudes o leyes; por no hablar de los actos de violencia, que oscilan entre delitos menores, como los abusos, y la masacre o el genocidio. No solo se trata de un espectro sumamente amplio, sino que implica interpretar contextos cuyo significado es ambiguo y atribuir a los perpetradores motivos que a menudo son turbios. Por otro lado, tiende a ocultar generalizaciones de dudosa fiabilidad sobre la psicología humana, la naturaleza de las interacciones sociales y la identidad de los otros.[15] Todo esto impide ofrecer una definición sencilla. Yehuda Bauer, historiador israelí del Holocausto, calificó en cierta ocasión el antisemitismo de «concepto equivocado» que «echa a perder los proyectos de investigación» y supone «decir tonterías». «El término *antisemitismo* es una trampa, un obstáculo contra el que chocamos aun a pesar de conocer el peligro —escribió igualmente Ben Halpern—. Nos muestra los objetos sobre los que llama nuestra atención bajo una luz pálida y distorsionada, en el mejor de los casos, cuando no de un modo absolutamente confuso.» Halpern intentó analizar y separar las múltiples connotaciones que se entrecruzan desordenadamente en el término, pero, cuanto más persistió en el intento, menos se asemejaba el resultado a una definición.[16]

Como para poner de relieve la fuerza de estas advertencias, un reciente intento de definición, patrocinado por una organización poco conocida, la Alianza Internacional para el Recuerdo del Holocausto

(IHRA, en sus siglas inglesas), demuestra la clase de problemas que un enfoque deficiente puede provocar.[17] Aunque la tarea se proponía aclarar la línea que separa el antisemitismo de las críticas razonables a Israel —algo que sin lugar a dudas resulta muy necesario—, en la práctica solo ha servido para generar más confusión (según veremos en los capítulos 9 y 10). Aun así, la definición de la IHRA se ha adoptado en decenas de países. En Estados Unidos, la citó una orden ejecutiva de 2019, que amplió la protección federal contra la discriminación para incluir el antisemitismo; un proyecto de ley de 2023 (el H. R. 6090) no vaciló en descartar legalmente el uso de otras definiciones que podrían «no identificar correctamente muchas de las manifestaciones modernas del antisemitismo», en alusión a las críticas dirigidas a Israel. Nos hallamos muy lejos de 1981, cuando un destacado experto pudo analizar meticulosamente la definición de antisemitismo, en un artículo de la revista *Modern Judaism*, sin hacer ninguna referencia a Israel.[18]

Algunos investigadores han sugerido en fecha reciente realizar una distinción que resulta de utilidad, entre las personas antisemitas y las creencias antisemitas. Las *personas antisemitas* son las que están poseídas por una ideología y obsesionadas a todas luces con los judíos, porque creen que detentan un poder indebido sobre la vida de las naciones y los individuos; las *creencias antisemitas* (o *antisemíticas*) son el amplio repertorio de tópicos, estereotipos y prejuicios que, sobre los judíos en general, nos ha legado nuestro pasado. Los antisemitas solían enorgullecerse de llamarse con tal nombre, dieron origen al término *antisemitismo* y se consideraban actores políticos de un movimiento que alcanzó el apogeo en las décadas centrales del siglo xx. En cuanto a las creencias antisemitas, forman parte de una vasta reserva cultural de prejuicios y generalizaciones que podemos hallar en muchas sociedades, no solo con respecto a los judíos, sino a muchas razas, credos religiosos y otros grupos étnicos. En nuestros días, los antisemitas acérrimos son relativamente poco numerosos, en comparación con la situación anterior a la segunda guerra mundial y, en Occidente, las políticas y medidas que promovieron —de carácter discriminatorio y, a la postre, asesino— siguen sumidas en gran parte en el descrédito. Pero la sociedad no ha desterrado de su seno todas las creencias antisemitas, no más que otras clases de intolerancia, y a los dos lados del Atlántico se constata el auge de una derecha política abiertamente racista.[19]

En un tiempo en el que diversas comunidades judías de todo el mundo han tenido que acostumbrarse a estudiar o rezar bajo la protección de vigilantes armados, no puede cabernos duda de que en nuestros días los judíos continúan hallándose entre los grupos a los que se ataca por el solo hecho de ser quienes son. Por lo tanto, quien se tome en serio el antisemitismo, en tanto que problema vigente, por fuerza se sentirá consternado por la confusión que rodea al concepto, por no hablar del uso abusivo que amenaza con privarlo de significado. Esto no solo está prestando un mal servicio a quienes son sus víctimas, sino que, al contribuir a sofocar la disensión política sobre los actos de Israel en los territorios ocupados, también favorece la continuidad de las injusticias y la violencia sistémica que aquejan a los palestinos. Y aunque algunas manifestaciones de antisionismo enmascaran un sentimiento antijudío, la mayoría no lo hacen, y, sin lugar a dudas, animar a los gobiernos israelíes a creer que toda crítica a sus actos es el reflejo invariable de un prejuicio étnico no les favorece en nada.

Hay una gran abundancia de teorías y definiciones, fáciles de localizar. Este libro plantea un enfoque algo diferente: sugiere situar el antisemitismo en su contexto histórico, de modo que lo veamos como un concepto que se ha utilizado para transmitir significados distintos en épocas distintas. Para evitar malentendidos, dejemos claro desde el principio que el antisemitismo es mucho más que una palabra y que la historia va mucho más allá de la lengua: los asuntos que nos conciernen aquí, desde luego, no pueden abordarse únicamente por medio de un análisis semántico. Ahora bien, según observó en cierta ocasión el comentarista cultural Raymond Williams, hay ocasiones en las que probablemente las cuestiones que nos conciernen no pueden comprenderse sin contemplar determinadas palabras como aspectos integrales por sí mismos de un problema mayor. Y, como las palabras no existen fuera de un tiempo y un lugar, es necesario entenderlas en su contexto. «Nos es preciso averiguar, de ser posible, el lugar y la fecha de su nacimiento —escribió el filólogo y reverendo victoriano Dean Trench—, los estadios sucesivos de su historia posterior, en qué compañías han estado, el camino entero que han recorrido y qué las ha llevado hasta el punto en el que ahora las encontramos.» Las páginas que siguen, en consecuencia, son una especie de borrador histórico que —en la primera parte del libro— examina el ascenso y la caída del antisemitismo en tanto que movimiento político principalmente europeo, para luego cambiar de marcha y —en la segunda parte— analizar los orígenes y la difusión de un nuevo paradigma conceptual que se originó en la década de 1970, como una forma de racionalizar las crecientes críticas contra Israel. En los primeros años del nuevo milenio, esto ha dado pie a una campaña internacional dirigida contra lo que algunos han denominado «nuevo antisemitismo», que en parte se solapaba con las viejas interpretaciones del término y en parte las contradecía. La palabra era la misma, pero el mundo había cambiado. La esperanza que subyace a este libro es que la explicación del modo en que el concepto surgió y se ha ido difundiendo podrá ayudarnos a determinar qué clase de efecto tiene hoy y podría seguir teniendo en el futuro. Pues, según escribió George Orwell: «Lo peor que uno puede hacer con las palabras es rendirse ante ellas».[20]

Primera parte

EUROPA EN LA ERA DE LOS ANTISEMITAS

1

Dios, nación, eternidad

Después de que lo presentaran, [el profesor Cohen] dijo: «Me han pedido que hable sobre el problema judío. Caballeros, no existe ningún problema judío», y se sentó.

A Tribute to Professor Morris Raphael Cohen, Teacher and Philosopher[1]

Las concepciones idealistas del sionismo, naturalmente, son inseparables del dogma del antisemitismo eterno.

ABRAM LEON, *The Jewish Question: A Marxist Interpretation*[2]

Los nacionalistas del siglo XIX proyectaron la idea de un Pueblo cuyas raíces se hundían en un pasado remoto. En su lucha por la independencia, los griegos soñaban con la antigua Grecia; los italianos, con Roma. En cuanto a los alemanes, algunos optaron por las tribus teutónicas; otros, por los arios, de resonancias no tan bárbaras. Este particular pedigrí seudorracial proporcionó la inspiración para un nuevo movimiento político. Según informó un periodista francés anónimo en 1881, al poco de terminar la guerra franco-prusiana: «Se ha formado un partido antijudío [...] con el nombre de Partido Antisemita». A continuación, explicó:

> En Alemania todo tiene un atractivo esencialmente científico [...] El progreso de la lingüística comparativa ha popularizado hoy hasta cierto punto los nombres de las razas arias [...] la gente sabe también que, por su gramática y etnología, las razas arias se distinguen de las razas semíticas, con las que no tienen ningún parentesco próximo [...] Llamar *semitas* a los judíos supone destacar su origen extranjero, dar pábulo al teutonismo actualmente en boga, en pocas palabras, excitar la fibra nacional, que tan sensible resulta cuando toca con cualquier cosa que no sea alemana.[3]

En el contexto de una Alemania recién unificada, con los nuevos enfoques del racismo científico y las sensibilidades del nacionalismo, podemos decir que la invención del concepto de antisemitismo (hacia 1880) formó parte del nacimiento de la modernidad. De hecho, surgió como reacción *contra* la modernidad en sí, porque retrataba a los judíos como responsables únicos de prácticamente todos los agravios que la vida contemporánea presentaba y lo hizo utilizando dos vehículos claramente propios de esa modernidad: la prensa popular y la política de partidos. Al difundirse, el movimiento fue objeto de una atención crítica. Para los liberales era una ofensa a la razón y a la vez un estímulo para educar a la opinión pública; la izquierda revolucionaria lo veía como el diagnóstico erróneo de un problema real —el capitalismo— y una forma «necia de socialismo». En ambos casos, lo consideraban indicio de un extravío de la modernidad.

Ahora bien, un grupo de pensadores no se sorprendió por lo que sucedía ni vio nada nuevo en ello. El *sionismo* emergió hacia la misma época que muchos de sus homólogos del nacionalismo europeo y, como estos, fue un fenómeno político moderno que abarcaba una gran variedad de posibilidades ideológicas. Este movimiento también convirtió la fe religiosa tradicional en una aspiración política: amparándose en el apego al territorio, característico del Romanticismo decimonónico, sus líderes tuvieron el destacable atrevimiento de reclamar como espacio de vida de los judíos la Tierra Santa, donde generaciones de devotos del judaísmo habían aspirado a acudir en el momento de la muerte. Al igual que otros nacionalismos europeos de la época, el sionismo pensaba en el futuro con la historia y por medio de la historia; consideraba que los judíos no eran solo la suma de quienes compartían una fe religiosa, sino una unidad nacional, un Pueblo obligado a exiliarse hasta que —por el arreglo político que fuera— la restauración de su territorio ancestral lo redimiera. Lo que los había mantenido unidos durante los muchos siglos de errancia y penalidades había sido ni más ni menos que la combinación milagrosa de una fuerza positiva y una negativa. La fuerza positiva era la promesa de que Israel volvería a Sion; la negativa, el antisemitismo. «¿Quién está en condiciones de decir si —escribió Josef Hayyim Brenner en 1914—, de no haber existido un odio universal y comprensible hacia un ser tan extraño como el judío, este ser extraño habría logrado sobrevivir? Pero el odio era inevitable y, por lo tanto, ¡la supervivencia también era inevitable!»[4]

Los primeros sionistas coincidieron, por lo general, en que la simple igualdad legal y cívica nunca bastaría para terminar definitivamente con los prejuicios antijudíos, porque la libertad para los judíos resultaba imposible mientras estuvieran viviendo dentro de sociedades que los odiaban. En cambio, la independencia nacional les traería por fin la normalidad y quizá incluso abriría las puertas a una genuina cooperación internacional con la que soñaban, como muchos otros nacionalistas del siglo XIX. «La emancipación legal de los judíos es el acontecimiento que ha coronado nuestro siglo», escribió el activista Leo Pinsker en 1882.

> [Pero] la emancipación civil y política de los judíos no es suficiente para elevar el aprecio que los otros pueblos sienten por ellos. El único remedio adecuado sería la creación de una nacionalidad judía, un pueblo que viviera en un territorio propio, es decir, la autoemancipación de los judíos; la emancipación como una nación entre las demás naciones, gracias a la adquisición de un hogar propio.[5]

Para la mayoría de los pensadores sionistas, el odio que sentían por los judíos quienes los rodeaban era algo previsible: consideraban impensable que los no judíos dejaran de verlos como a unos extraños. Se trataba de una «ley general», escribió Pinsker, según la cual «ningún pueblo, por generalizar, tiene predilección alguna por los extranjeros». El historiador Lewis Namier afirmó secamente que las «naciones sienten disgusto las unas por las otras»: era un hecho constatado y, a su modo de ver, el antisemitismo no era sino otra forma de animosidad nacional, análoga, por ejemplo, a la que enfrentaba a alemanes y polacos. Otros sostuvieron en cambio que la aversión a los judíos era algo distinto: algo único e intemporal. Sea como fuere, la mayoría de los pensadores sionistas coincidieron en que el antisemitismo formaba parte del orden natural de las cosas y que su remedio era evidente: un Estado judío. De qué Estado se tratara, eso ya no estaba claro. Pocos imaginaban una entidad con independencia política como la que acabó surgiendo; menos aún eran los que preveían que los extensos feudos judíos de la Europa centro-oriental terminarían por desaparecer. En todo caso, no solían ponerse en duda las ventajas de un autogobierno de los judíos. Si se creaba ese autogobierno —de preferencia, en la Palestina otomana—, les parecía obvio que los judíos emigrarían a ese lugar y el antisemitismo se desvanecería. No abundaron en la cuestión de por qué Dios había aguardado a finales del siglo XIX para revelarles esa solución.[6]

Para los judíos que eran críticos con el sionismo, este modo de ver las cosas daba a entender que el antisemitismo se toleraba e incluso se aceptaba. «A lo largo de los cuarenta años de existencia del sionismo, prácticamente siempre se ha cumplido esta norma: cuanto más oscuro sea el mundo, más brillará el sol en la tienda del sionismo; cuanto peor les vaya a los judíos, mejor les irá a los sionistas», escribió Henryk Erlich en un artículo publicado por la prensa neoyorquina de lengua yídica, en octubre de 1938. Erlich era uno de los líderes de la Bund (Yidisher Arbeter-bund o Unión de Trabajadores Judíos, el partido político judío más numeroso de la Polonia de entreguerras, de ideas izquierdistas). Los partidarios de la Bund creían en lo que llamaban «el aquí» o «la aquidad»: la necesidad de luchar por un futuro en el lugar mismo donde los judíos ya vivían; la aquidad se oponía a «el allí» o «la allidad» del sionismo, que a su juicio probablemente no haría sino crear de nuevo en Palestina la misma intolerancia que los judíos querían derrotar en Europa. Erlich advirtió de que el programa sionista incluía una contradicción inherente:

> Cuando los sionistas hablan delante del mundo no judío, son demócratas señeros y presentan las condiciones de la Palestina actual y futura como un ejemplo de libertad y progreso. Pero si se funda en Palestina un Estado judío, su clima espiritual será el siguiente: el miedo incesante al enemigo externo (los árabes), y una batalla interminable por cada parcela de tierra y por cada minuto de trabajo frente al enemigo interno (los árabes) [...] ¿Es acaso la clase de clima en la que pueden florecer la libertad, la democracia y el progreso? ¿No es más bien el clima en el que germinarán típicamente los elementos reaccionarios y chovinistas?[7]

La Bund, que en su momento rivalizó con el sionismo en las tierras de Rusia, experimentó un final trágico como fuerza política: quedó efectivamente aplastada entre las enemistades duales de los nazis y los comunistas, y el propio Erlich fue asesinado por órdenes de Stalin, tras caer en cautividad de los soviéticos durante la guerra. Pero su escrito resulta de una clarividencia asombrosa. Después de la creación del Estado de Israel, el periodista William Zukerman —un espíritu afín a Erlich— reflexionó sobre los lazos del antisemitismo y el nuevo país. «Sin el antisemitismo —escribió—, Israel sería tan solo uno más de los Estados pequeños, como Irlanda, Grecia, Dinamarca y el Líbano. Con el antisemitismo, en cambio, es un Estado con una tarea mesiánica especial: redimir a todos los judíos». Para Zukerman, por lo tanto, no solo el sionismo necesitaba que hubiera antisemitismo en el mundo para poder justificarse a sí mismos, sino también Israel: el mismo Israel cuyos estadistas prometían que daría seguridad a los judíos al permitirles escapar del yugo del antisemitismo. ¿De veras podría acabarse así con el antisemitismo o sencillamente sería sustituido —advertía Erlich— por la nueva enemistad que se crearía al establecer un Estado judío en tierras árabes?[8]

Como aparente confirmación del punto de vista de Erlich, en el propio Israel, la idea de que el antisemitismo era una aversión que resultaba crucial para entender el pasado de los judíos dio forma a los estudios académicos: un grupo de historiadores sionistas —conocidos con el nombre colectivo de Escuela de Jerusalén— enmarcó los siglos de vida de los judíos en Europa como el relato de «un pueblo aislado», condenado a la persecución siempre que se hallara «en el exilio», hostigado sin tregua por lo que uno de esos autores caracterizó como «el odio más prolongado de todos», una aversión visceral de los gentiles que, aunque de vez en cuando se mitigara, nunca dejaría de reaparecer.[9] Según ellos relataban la historia, esta se convertía en un drama cósmico eterno, en el que «no cambian ni el judío ni el antisemita, solo cambian las máscaras que los antisemitas visten». Era una clase de historia judía que no destacaba *nuestros* logros y actos, por así decir, sino más bien la serie continua de sentimientos, estereotipos e ideas que *ellos* han ido teniendo sobre *nosotros*. (Las obras de uno de esos historiadores, Benzion Netanyahu, especializado en la Inquisición española, marcaron la perspectiva de su hijo, el primer ministro israelí que más años ha ocupado este puesto.)[10]

Los primeros líderes del nuevo Estado judío sintieron repulsión por esta concepción deprimente del pasado. No veían con buenos ojos que se debatiera sobre el Holocausto porque esto podía perpetuar la idea de que los judíos eran débiles; la obsesión por el antisemitismo, desde su punto de vista, solo podía intensificar el viejo relato de la pasividad y la impotencia. Para ellos, la creación de Israel debía marcar el momento en el que el antisemitismo dejaba de importar o, con más precisión, cuando importaba únicamente como motivo para que los judíos de la diáspora se decidieran a volver de su «exilio». Los historiadores de la Escuela de Jerusalén, sin embargo, no estaban de acuerdo: el antisemitismo nunca perdería su importancia. Tampoco limitaban los tonos oscuros al pasado europeo, pues consideraban que un fenómeno tan arraigado como el antisemitismo no podía haber concluido con el Holocausto. Veían su pervivencia tanto en la Unión Soviética de Stalin como en la Organización de las Naciones Unidas, como metástasis de lo que se estaba transformando en una fuerza global con bastiones en el Oriente Próximo y el mundo musulmán. Para estos expertos, la hostilidad árabe, en particular, no era ni la clase de reacción natural al hecho de la existencia de Israel sobre la cual los bundistas habían advertido, ni el reflejo de un sentimiento de solidaridad étnica o religiosa con los palestinos desposeídos. Todo era mucho más simple: era sencillamente la más reciente encarnación de un odio que no iba a morir nunca. Esta interpretación convertía la diplomacia, básicamente, en una acción de contención, cuando no en un absurdo, pues ¿qué podía hacerse frente a un aborrecimiento eterno, más allá de no cejar jamás en la vigilancia? Cualquier paz que se acordara no pasaría de ser temporal. En el fondo, esta concepción abolía el espacio del pensamiento político y dejaba tan solo la figura del enemigo inmortal.

Si nos preguntáramos cómo pudo ocurrir que el sionismo —cuyo sueño original era restaurar la normalidad política para los judíos e incluso convertirlos en un modelo para las demás naciones— llegara a adoptar una perspectiva tan sombría, deberíamos contestar que, en este caso, como en otros, bebía de ideas heredadas de la tradición religiosa. En particular, el sintagma hebreo *sinat Yisrael* [«odio a Israel»] era un axioma bien asentado en el pensamiento rabínico, según el cual el hecho de que los no judíos odien a los judíos resulta inevitable. Hasta donde sabemos, este tropo se consolidó en algún momento que oscilaría entre el fin de la Antigüedad tardía y los inicios del período medieval, como parte de un proceso más general en el que se estaban demarcando conceptualmente las fronteras entre los judíos y los no judíos. Desde entonces, muchas generaciones de rabinos lo han aceptado como un hecho irrebatible. «Uno de los aspectos únicos de nuestra historia —comentó el destacado talmudista y rabino ortodoxo Joseph B. Soloveitchik— es sin duda nuestra capacidad de evocar el *sinat Yisrael*, la hostilidad persistente y omnipresente que la humanidad dirige hacia nosotros en tanto que pueblo; es un hecho extraño e inexplicable de nuestra historia.»[11]

En la actualidad, los datos conocidos sugieren que, en los tiempos antiguos, los judíos habían aceptado que las naciones eran de distintas clases, y no todas hostiles por necesidad; la concepción más fuerte y simple llegó más adelante. Sin embargo, muchos comentaristas miran hacia la Biblia para confirmar su propia visión de una nación judía rodeada por la enemistad y citan en especial la historia veterotestamentaria de Esaú, hermano de Jacob, al que este robó los derechos de primogenitura mediante un engaño. Desde una perspectiva teológica, podría decirse, pues, que la antipatía de los no judíos hacia los judíos puede situarse en la afirmación bíblica: «Esaú odia a Jacob». *Sinat Yisrael*, en pocas palabras, proporciona una explicación religiosa del antisemitismo como un precio que los judíos tienen que pagar a cambio de gozar del favor de Dios.

Este punto de vista no se ha limitado a los rabinos. La idea de que los judíos son —en palabras de la Biblia— «un pueblo que vive aparte» se ha convertido en un tópico presente en muchas figuras de la vida pública de Israel. Es corolario, quizá, del concepto no menos axiomático según el cual los judíos tienen una obligación especial de amarse y cuidarse unos a otros. Sin lugar a dudas, hubo también alternativas más positivas: se dijo, por ejemplo, que los judíos estaban destinados a arrojar su «luz sobre las naciones» o que Dios había previsto (según los términos filosemitas del siglo XIX) que el país desempeñaría alguna clase de «misión de Israel» ante el mundo. Pero el hecho de que puedan existir puntos de vista alternativos al de *sinat Yisrael* que, siendo de origen asimismo bíblico, dan fe de ideales de coexistencia pacífica no reduce la importancia de un sintagma que el primer ministro Yitzhak Shamir invocó a menudo y del cual el erudito diplomático Yaakov Herzog formuló una defensa formidable. Según el momento, Yitzhak Rabín lo adoptó o lo rechazó; con el tiempo, acabó por considerar que era un impedimento para la paz.

¿Cómo se debe interpretar históricamente el *sinat Yisrael*? No es fácil responder a esta pregunta porque la idea teológica con la que se relaciona muy estrechamente —el carácter único de los judíos— plantea un problema especial cuando se reflexiona sobre el pasado. El historiador Yosef Yerushalmi, en una obra clásica, identificó este punto como una paradoja central a la que su profesión se enfrentaba: «La historiografía judía debe situarse en clara oposición a su propio campo de estudio, no en tal o cual detalle, sino en referencia a su núcleo central: la creencia en que la divina providencia no es solo un factor último, sino activamente causal, en la historia judía, así como la creencia asociada en la singularidad de la historia de los judíos por sí misma». En otras palabras, identificar la experiencia judía como algo condicionado por alguna clase de relación única con Dios supone aceptar una premisa que no solo se sitúa fuera de la historia, sino que en cierto sentido la contraviene.[12]

Yerushalmi tenía en mente a los historiadores nacionalistas que veían el pasado judío como el relato de un pueblo único, indudablemente elegido por Dios. Shmuel Ettinger, una de las figuras que contribuyó a dar vida a la Escuela de Jerusalén, criticó a los que habrían deseado «convertir a los judíos en un elemento marginal e incluso casual [...] en el marco de la historia del mundo». El historiador Yitzhak Baer planteó en cierta ocasión la asombrosa afirmación de que «existe un poder que eleva al pueblo judío, sacándolo del reino de toda la historia casual». Era como proponer que los judíos, debido a su relación especial con Dios, están exentos de las leyes que se aplican a todos los demás.[13] La historia, no obstante, es una disciplina secular que intenta explicar los acontecimientos mediante referencias a las acciones humanas y, por lo tanto, es fundamentalmente incompatible con una concepción del mundo teológica que invoque lo divino como causa. Para quienes no sean capaces de seguir a Baer a lo largo de su camino de misticismo, la conclusión es clara: básicamente, la historia no se puede entender tomando como base un concepto como el de *sinat Yisrael*. Por la misma razón, tampoco puede desplegar la versión apenas secularizada de ese concepto, es decir, la clásica interpretación sionista del antisemitismo como un «odio eterno». Pero si el antisemitismo no es un relato ininterrumpido que nos retrotrae hasta el momento mismo de la aparición de los judíos —en otras palabras, si el punto de partida de su historia no es la Alianza de Dios con su Pueblo Elegido—, entonces lo que nos queda es la pregunta crucial que todo historiador se formula siempre: ¿por dónde empezamos?

Quizá conviene empezar por el hecho simple e incontestable de que, durante muchos siglos, los prejuicios sobre los judíos eran habituales. Tal hecho carecía de una etiqueta propia porque se daba en sociedades donde los prejuicios de toda clase eran normales, según ha sucedido durante la mayor parte de la historia conocida. Las guerras del pasado, a fin de cuentas, han visto exaltar odios crueles contra toda clase de pueblos: los judíos, desde luego, no fueron las únicas dianas de tal aversión. Esto no equivale a decir que los prejuicios contra los judíos carecieran de argumentos o características específicos: en el mundo politeísta de la Antigüedad, destacaban por su exclusividad, por ser devotos de un dios único y desdeñar los dioses ajenos, pero no hay pruebas que demuestren que los judíos se enfrentaban a una animosidad especialmente intensa, en comparación con otros grupos.[14]

Donde el cristianismo se estableció como religión de Estado, no obstante, las cosas empeoraron de forma abrupta; de hecho, la longevidad del odio antijudío en Europa debe mucho al éxito político del cristianismo durante más de dos milenios, porque este retoño del monoteísmo no fue capaz de perdonar a los judíos que se negaran a reconocer a Jesucristo como su Mesías. El hecho de que a la postre el cristianismo hubiera surgido del judaísmo y que además acabara por definirse en contra de este, imposibilitó todavía más aceptar la obstinación de los judíos. Aun así, la antipatía de los cristianos hacia los judíos se intensificó por el hecho de que al final los cristianos decidieron incorporar la Biblia hebrea como parte de sus propias Sagradas Escrituras, lo que suponía reconocer que su fe se originaba en la de los judíos: cuando Marción, teólogo del siglo II, propuso excluir el Viejo Testamento al considerar que no era cristiano, la idea se rechazó. En consecuencia, la teología cristiana existía en un estado de enorme ambivalencia con respecto a los judíos, que fueron un grupo tolerado, sometido a un estatus legal variable y que existía —desde su propio punto de vista— en una clase de provisionalidad secular, una prolongada espera de su Mesías. Con el paso de los años, el carácter precario de su posición acabó interiorizándose como un rasgo definidor de su clase: el estudioso Simon Rawidowicz comentó en 1948 que una generación de rabinos tras otra creía que los judíos estaban a punto de extinguirse, haciendo caso omiso del hecho de que las generaciones anteriores ya habían sentido exactamente ese mismo temor. En palabras de Rawidowicz: «El mundo se forma muchas imágenes de Israel, pero Israel solo tiene una única imagen de sí mismo: la de que se halla siempre a punto de cesar de existir, a punto de desaparecer».[15]

Este sentimiento perdurable de amenaza existencial se vio reforzado por experiencias traumáticas de expulsión y masacre. Estas se apoyaron en los numerosos estereotipos negativos que caracterizaban las mentalidades de los pueblos cristianos de Europa, prejuicios sostenidos por varios siglos de enseñanzas de la Iglesia: se decía que los judíos eran secretistas, no se podía confiar en ellos, solo atendían a su propio clan, se creían superiores a los no judíos...; también corrían cuentos terroríficos sobre su deseo de verter sangre cristiana. En fechas ya más bien avanzadas, llegó también su supuesto amor por el dinero y la riqueza, una creencia que en muchos lugares se basaba de hecho en que las leyes locales los obligaban a ejercer ocupaciones determinadas, tales como el prestamismo, la banca o el comercio. Todos estos estereotipos arraigaron profundamente en los territorios de la cristiandad, influyeron de forma notable en el pensamiento occidental y, en los tiempos más modernos, florecieron en teorías conspiranoicas a las que se ha dado crédito en todo el mundo.[16]

Sin embargo, estos prejuicios de las Edades Media y Moderna expresaban a su vez premisas características de tiempos muy distintos a los nuestros. El estudioso Amos Funkenstein, tras preguntarse retóricamente hasta qué punto el antisemitismo moderno «hundía sus raíces en la tradición cristiana», dio una respuesta clara: «Sean cuales sean sus fuerzas impulsoras, el antisemitismo parece ser algo muy distinto a las actitudes antijudías de los cristianos».[17]

En la historia, no hay cortes abruptos entre las eras, y los prejuicios y animosidades que mostraron los cristianos de siglos anteriores siguieron alimentando el antisemitismo hasta bien entrado el siglo XX e incluso más allá. Pero la Ilustración trajo consigo una transformación fundamental en las relaciones de judíos y cristianos. Entre finales del siglo XVIII y mediados del XIX, la transición al capitalismo, la difusión de nuevas tecnologías y el crecimiento de grandes ciudades comportaron cambios radicales en los conceptos de religión, tiempo e historia. La nueva alfabetización masiva y el surgimiento de una esfera pública permitieron que las ideas circularan y se debatiera sobre ellas con más amplitud y libertad que nunca. Había nacido la política en su sentido moderno y el ascenso del ciudadano y el del sujeto político moderno pusieron sobre la mesa, por primera vez, la cuestión de la emancipación legal de los judíos.[18]

Con la aparición de activistas y agitadores, el clima ideológico de mediados del siglo XIX fue en general de disputa tormentosa. Se batalló en la prensa y, lingüísticamente, se manifestó como una especie de aluvión de términos de oposición, caracterizados por el prefijo *anti-*. En Gran Bretaña, surgieron *antidarwinistas* y *antiprotestantes*; en Francia, *antirrepublicanos* y *antirrevolucionarios*. De Estados Unidos llegaron voces como *antiabolicionista* (1854), *antiesclavista* (1862), *antinegrata* (*antinegro*, 1862), *anticuli* (1869) y *antichino* (1872). Que en Alemania empezara a hablarse del *antisemitismo* (*Antisemitismus*, 1879) fue, literalmente, una expresión de los tiempos.

El hecho de que en el último cuarto del siglo XIX se acuñara en Europa esta palabra nueva —*antisemitismo*— sugiere por sí mismo la importancia de estos cambios trascendentes. Aún es más llamativo que en las décadas siguientes se iniciara una época cuya historia no se puede contar con plenitud sin conceder un papel central al tema del antisemitismo. Es un proceso verdaderamente tan novedoso que difícilmente exageraremos al hacer hincapié en su novedad. Hasta aquel momento, durante muchos siglos, no puede decirse que los judíos hubieran tenido gran importancia desde la perspectiva de la historia universal: era razonable verlos como una secta reducida y venerable, que controlaba muy poco poder, como les había sucedido también a los parsis o los jainistas, notables antes que nada por su afinidad ancestral con los dos monoteísmos mucho más exitosos —el cristianismo y el islam— que tanto les debían.

Gracias a los nazis, todo esto cambió: de pronto, por todo el mundo, se hablaba sin parar de los judíos. «Se ha convertido a los judíos en lo que los nazis siempre habían pretendido que eran: el punto de convergencia de la historia», escribió el teórico social Max Horkheimer, en 1942. Según apuntó el historiador Salo Baron en ese mismo año: «[El antisemitismo] ha destrozado todos los precedentes históricos y ahora va más allá de los límites de cualquier país o grupo concreto de países. Se ha convertido en un factor principal de las relaciones internacionales». En 1950, Hannah Arendt llamó la atención

—como pocos habían hecho ni hicieron posteriormente— sobre «el hecho extravagante de que un fenómeno tan pequeño (y tan carente de importancia en la política mundial) como el de la cuestión judía y el antisemitismo pudiera convertirse en agente catalizador, primero, del movimiento nazi, después de una guerra mundial y, por último, de la creación de los centros de exterminio». Era un auténtico «atropello al sentido común».[19]

Algunos números bastarán para destacar el acierto de Arendt. A principios del siglo XX, más del 80 % de la población judía del mundo vivía en Europa, pero, aun así, los judíos apenas representaban el 2 % de la población total del continente (unos cuatrocientos millones de personas) y menos del 1 % de la población mundial. En las décadas siguientes, este diminuto grupo religioso —para ser más precisos, un conjunto de actitudes obsesivas y hostiles al grupo— interpretó, pues, un papel de una importancia desproporcionada. Cuando los nazis se alzaron con el poder en Alemania, en 1933, se adoptaron de forma oficial medidas antisemitas primero en este país (el más poderoso del continente) y, luego, a medida que avanzaban la conquista y la ocupación, en buena parte de Europa. Lo que empezó siendo la humillación de los judíos de Alemania, con ataques, una discriminación sistemática y después la expulsión física, dio paso en el invierno de 1941-1942 a una acción sin precedentes y todavía hoy sin igual, que pretendía exterminar biológicamente, con medios semiindustriales, a toda la población judía del continente. Los nazis lograron asesinar a más de la mitad, antes de que el intento se derrumbara con la derrota en la guerra.

Las consecuencias globales fueron de enorme calado: tras el Holocausto, los judíos representaban menos del 1 % de la población de Europa y apenas el 0,1 % de la mundial. Por primera vez en muchos siglos, el centro de gravedad de la historia judía pasó a hallarse fuera de Europa; en 1950, la judería europea suponía solo un tercio de la judería mundial, cuando en 1900 ascendía a un 80 % del total. En 2010, cuatro quintas partes de la población judía del mundo vivían en Estados Unidos e Israel. Si antes de 1950 el antisemitismo había sido básicamente una cuestión europea, posteriormente esto ya no fue así.[20]

VARIACIONES DE LA POBLACIÓN JUDÍA, 1900-2010 (EN MILLONES)[21]

	Mundo	Europa	Norteamérica + Israel (después de 1948)	Europa como % del total mundial
1900	11,3	9,0	1,6	80
1950	11,5	3,5	6,3	30
2010	13,9	1,4	11,6	10

El sociólogo W. E. B. Du Bois había señalado ya en 1942 que el antisemitismo tenía consecuencias globales. Tras observar que quienes en aquel momento pensaban al respecto parecían aspirar con frecuencia a que se los admitiera en lo que él calificó llamativamente como «Europa blanca», Du Bois escribió, en una reseña de dos obras sobre el tema:

> Es curioso observar que, en ambos libros, el problema se concibe como la negativa, por parte de la cultura aristocrática y dominante en nuestros días, a admitir a la cultura judía como un igual. Al parecer, nadie maneja otro punto de vista bastante diferente: concebir a los judíos como uno más de los múltiples pueblos —chinos, japoneses, indios de las Indias Orientales, negros africanos, negros americanos e indios americanos— que forman la inmensa mayoría de los habitantes de la Tierra y a los que, como a los judíos, también se los excluye de la aristocracia que rige el mundo [...]
>
> ¿Y si suponemos que los judíos, en vez de considerarse una minoría sin esperanzas de integrarse en la «Europa blanca», podrían concebirse como parte de la mayoría de los hombres, una mayoría desheredada a la que podrían ayudar a tomar el poder y lograr la autorrealización y, al mismo, tiempo imbuir a los hombres de tolerancia cultural y fe en la humanidad?[22]

Las variaciones demográficas que la guerra acarreó hicieron que la propuesta de Du Bois fuera al mismo tiempo más clarividente y más irrealizable, pues, por un lado, el antisemitismo ya no podía considerarse exclusivamente como un problema europeo: ya no podía eludirse la relación que Du Bois estableció entre el antisemitismo, la raza y el imperio, y, por otro lado, la gran coalición antirracista que él promovía —y en la que los judíos participaron en efecto durante las primeras décadas de la posguerra— parece hoy más irrealizable que nunca porque la vieja izquierda, para la cual esta visión resultaba natural, ha menguado mucho; porque hoy se acusa al propio Israel de colonialismo, y porque en Estados Unidos las categorías raciales enfrentan a blancos y negros sobre una brecha casi insalvable. Hoy en día, cuesta recordar la época en la que la principal organización pro derechos civiles de la población negra, la Asociación Nacional para el Progreso de las Personas de Color (NAACP, en sus siglas inglesas), tenía un presidente judío —de hecho, entre 1930 y 1975, tuvo tres— y en la que la venerable asociación francesa LICRA (Liga Internacional contra el Racismo y el Antisemitismo) dirigía su luz hacia el futuro, en vez de centrarse en un pasado inalcanzable. La lucha contra el antisemitismo, que antaño unió, hoy es motivo de división. Esta evolución también forma parte de nuestro objeto de estudio.

Como veremos, son muchos los factores que intervienen en este cambio, pero el principal es que el contexto del debate contemporáneo sobre el antisemitismo ha experimentado una transformación radical: la cuestión histórica de la impotencia de los judíos en el sistema de las naciones Estado europeas ha dado paso a una muy distinta, sobre el poder de una nación Estado judía en el Oriente Próximo. Este cambio se ha producido con una celeridad asombrosa: todavía es posible, en el marco de una vida humana, haber nacido en un mundo en el que el centro de la vida judía era Europa, según lo venía siendo desde hacía siglos; haber alcanzado la madurez durante la guerra fría, cuando los judíos de Estados Unidos adquirieron una situación de preponderancia entre sus correligionarios de todo el mundo, y, finalmente, ser testigo de cómo Israel sobrepasa a Estados Unidos como el país con la población judía más numerosa del planeta, pues el Holocausto no fue tan solo una tragedia sin precedentes: también fue un episodio decisivo. En la década de 1920, la mayoría de los judíos vivía en alguno de los Estados europeos, formando minorías vulnerables;

los judíos estadounidenses eran objeto de una discriminación que se intensificaba con rapidez, y en Palestina una población diminuta vivía sometida a regañadientes al Imperio británico, bajo la égida de la Sociedad de Naciones. Hoy la situación es muy distinta: en Europa, el antisemitismo organizado lucha contra los fantasmas del pasado; los judíos de Estados Unidos han prosperado; Israel se ha convertido en un Estado nuclear, populoso y asediado, con elevados ingresos per cápita, una cuantiosa minoría árabe y las ventajas de gozar de una relación especial con la potencia militar más poderosa del mundo. Así pues, el contexto necesario para entender el antisemitismo ha cambiado más rápido y más profundamente de lo que es habitual tener en consideración. Estamos muy lejos del mundo que había acuñado la palabra.

2

La emancipación y sus enemigos 1880-1914

> El primer objetivo político de los antisemitas, por lo tanto, es deshacer el pecado original del siglo XIX europeo: revocar la emancipación legal concedida a los judíos [...] [Los ideólogos antisemitas] dan la emancipación por supuesta y quieren actuar en contra, lo cual los convierte en un fenómeno totalmente nuevo en la historia de los judíos.
>
> AMOS FUNKENSTEIN, *Perceptions of Jewish History*[1]

> La era de la Emancipación ha supuesto una ruptura radical con la totalidad del pasado de los judíos.
>
> ARTHUR HERTZBERG, ED., *The Zionist Idea: A Historical Analysis and Reader*[2]

El antisemitismo como movimiento político surgió en una época en la que Europa estaba a medio camino de una transformación prolongada y trascendente. Desde hacía muchos siglos, más de los que la gente podía recordar, había sido un continente de imperios, ducados, ciudades Estado y principados, gobernados con pocas excepciones sobre la base de dominios hereditarios y de acuerdo con los preceptos cristianos. Sin embargo, en un proceso que se inició a mediados del siglo XVIII y se extendió hasta mediado el XX, Europa se convirtió en una comunidad problemática, con Estados nación más o menos laicos, gobernados mediante una diversidad de formas de la política de masas, que iban de la dictadura a la democracia. Los hábitos antiguos de la deferencia se desvanecieron, así como las marcas de distinción; a las monarquías, cuando no quedaron barridas, se les bajaron los humos. Los poderes de la Iglesia establecida quedaron restringidos. Las aristocracias terratenientes perdieron sus posesiones o se vieron obligadas a pactar con los que habían sido sus inferiores sociales, que ahora gozaban de una representación política propia. El *ancien régime* que se había erigido en torno a una sociedad principalmente agrícola y analfabeta, con un sistema multisecular de gremios y corporaciones, dio paso a una sociedad en transformación perpetua, de ciudades enormes, mercados abiertos, comunicaciones rápidas, masas alfabetizadas y dinero rápido. Fue clave la codificación de una legislación que convertía a los súbditos en ciudadanos. Aparecieron por vez primera partidos políticos con programas ideológicos que batallaban entre sí en el terreno de la opinión pública. En la actualidad, estos son elementos tan consolidados en nuestro mundo que resulta fácil pasar por alto que de hecho son un fenómeno muy reciente. Este proceso representó una ruptura radical con el pasado y fue sumamente conflictivo.

La forja de una concepción moderna de una ciudadanía con todos sus derechos se inició con las revoluciones norteamericana y francesa, pero el proceso perduró hasta bien entrado el siglo XX y, en ciertos aspectos, hoy aún está evolucionando. A lo largo de muchas décadas, y con numerosos reveses y reacciones, incluía la lucha por ampliar el sufragio a las mujeres, a los pobres y los desposeídos, a los disidentes y a los no conformistas. El movimiento comprendía asimismo la lucha por abolir la esclavitud y la servidumbre: la emancipación de siervos y esclavos representó un hito crucial en el marco de un camino mucho más prolongado. El sufragio masculino universal no se aprobó en la generalidad de Europa hasta los inicios del siglo XX; el derecho a votar de las mujeres tardó aún más en reconocerse. El contexto de esta gran batalla es el que enmarca también la campaña continental por la eliminación de las restricciones civiles y políticas que limitaban a los judíos europeos: se aspiraba a lograr que se los reconociera como miembros de pleno derecho de los países en los que vivían, aptos para prestar servicio en las fuerzas armadas, legitimados para adquirir tierras, entrar en política, desplazarse a su antojo y residir sin vetos. En su reciente —y soberbia— narración de este proceso, el historiador David Sorkin ha llamado la atención sobre el hecho de que el Holocausto y el establecimiento de Israel han eclipsado entre los dos la importancia fundamental que esa transición tuvo en la historia moderna de los judíos. Dice Sorkin: «[El Holocausto y la creación de Israel] fueron reacciones a la emancipación, más propiamente, derivadas de ella. En la jerga de la filosofía, fueron *epifenómenos*. La emancipación fue, y sigue siendo, el acontecimiento principal».[3]

En su momento, se captó plenamente la importancia de este afán de libertad política. «¿Cuál es [...] la gran tarea de nuestro tiempo? —se preguntaba el poeta judío alemán Heinrich Heine, en 1828—. Es la emancipación. No solo de los irlandeses, los griegos, los judíos de Fráncfort, los negros de las Indias Occidentales y los pueblos similarmente oprimidos, sino la emancipación del mundo entero.» El término *emancipación* era nuevo en sí mismo y se había difundido por Europa, esencialmente, de resultas de la publicidad recibida por el debate sobre la admisión de los católicos en el Parlamento de Inglaterra.[4]

Por entonces, se había iniciado ya una clara apertura progresiva de la vida comunitaria judía, anteriormente cerrada. En las ciudades de Italia y Alemania —donde se había obligado a los judíos a vivir en guetos abarrotados e insanos y se les había vetado el acceso a la mayoría de los comercios y profesiones—, el gobierno de los Habsburgo trajo consigo cierta relajación de las viejas restricciones, pues el emperador José II, influido por los ideales del despotismo ilustrado, proclamó en 1781 un edicto de tolerancia con los disidentes religiosos de su imperio católico. En lo personal, el emperador (como muchos de los pensadores ilustrados) no sentía simpatía por los judíos, pero desde su perspectiva esto era menos relevante que los principios racionalistas, favorables a abolir las discriminaciones por razón de fe y avanzar hacia la igualdad legal de todos los súbditos. Con el objetivo de hacer que «la población judía resulte de utilidad para el Estado», les abrió la puerta a algunos oficios, les otorgó una posibilidad —aún muy condicionada— de estudiar en las universidades y les permitió residir en lugares antaño prohibidos para ellos. Estas medidas son ejemplo de una de las vías de la emancipación: los decretos de un monarca autocrático, bajo la forma de privilegios que este podía otorgar con una mano e igualmente revocar con la otra.

Un modelo muy distinto fue el proporcionado por las revoluciones de Norteamérica y Francia, donde los disturbios políticos engendraron nuevos órdenes constitucionales que proponían un modelo de ciudadanía universal y limitaban poderosamente —cuando no abolían por entero— la fe religiosa como marca de privilegio o desventaja. Los ejércitos napoleónicos difundieron estas nuevas ideas por las ciudades y provincias que ocuparon y los judíos de esos territorios empezaron a gozar de unas libertades de las que nunca antes habían disfrutado. Más de cuarenta años después del fallecimiento de Napoleón, el recuerdo de su figura como el «héroe inmortal que en las alas de sus águilas victoriosas había llevado los Derechos del Hombre y del Ciudadano a los israelitas de Europa» aún evocaba gratitud en los círculos judíos. El triunfo de la *indiferencia* del Estado hacia el judaísmo representaba un cambio asombroso en la cultura política de una Europa cristiana que fue saludado con regocijo por unos, pero que sembró en otros —tanto judíos como cristianos— la desorientación e incluso la consternación. Suponía alejarse radicalmente de un pasado en el que el gobierno, el servicio militar y la mayoría de las profesiones y ocupaciones habían sido siempre reserva exclusiva de los cristianos.[5]

Las innovaciones que la conquista francesa trajo consigo no sobrevivieron mucho tiempo a la derrota de Napoleón, pero debe destacarse que cuando el Congreso de Viena se reunió en 1815 para debatir sobre el orden que imperaría en la Europa posnapoleónica, fue un conservador, Metternich, quien abogó por eliminar las restricciones de ciudadanía de los judíos. En otras palabras, la causa de la emancipación judía —al igual que su enemigo tardío y desesperado, el antisemitismo— halló respaldo tanto en la Revolución francesa como en el mundo que la sucedió, la Europa de la Restauración. Se convirtió en un ideal de los salones y de los racionalistas de la Ilustración, una especie de movimiento político que batallaba por la opinión pública en revistas y diarios, con capacidad de librar campañas y contracampañas más allá de las fronteras nacionales. Durante el medio siglo posterior, se lograron muchas victorias que, no obstante, también fueron despertando una oposición creciente.

La emancipación se extendió a tres zonas geográficas, con claras diferencias entre ellas. En la primera —que comprendía Estados Unidos, Inglaterra, Francia e Italia—, la batalla por la igualdad de los judíos se ganó con relativa rapidez. En Estados Unidos, los derechos se consolidaron con prontitud gracias a las garantías de la constitución federal, con su neta separación entre Iglesia y Estado, pero avanzaron con más lentitud en los diversos estados integrantes de la federación nacional, donde varias restricciones legales menores sobrevivieron hasta entrado el siglo XIX. En Inglaterra, se bloquearon en más de una ocasión los proyectos de ley que aspiraban a abolir todas las restricciones civiles impuestas a los judíos, pero la fortaleza del sentimiento liberal por todo el país, sumada a una serie de pactos y acuerdos parciales, supuso que a la conclusión de la regencia de la reina Victoria, en 1901, perduraran en la práctica pocos impedimentos institucionales a la integración. En Francia —donde hubo un ministro de Justicia judío, Adolphe Crémieux, que en 1848 abolió la esclavitud en las colonias y eliminó la pena de muerte para los delitos políticos—, a mediados de siglo, los judíos ya gozaban de igualdad ante la ley. En la Italia independiente, hubo judíos entre los generales y los ministros del gobierno. Un alcalde judío de Roma, Ernesto Nathan, presidió la magistratura municipal entre 1907 y 1913, guio la explosión inmobiliaria de la nueva capital y sentó las bases tanto de su sistema escolar laico como de la red de transporte público.

Aunque estos países europeos representaban el extremo de las posibilidades liberales, lo cierto era que su población judía era una fracción poco significativa en el total del continente: entre el 5 y el 10% del total. La población judía de Europa había crecido muy rápido, pasando de menos de un millón en 1700 a dos millones en 1800 y cerca de cinco millones mediado el siglo XIX, pero el crecimiento más acelerado se produjo en Rusia, una nación sin emancipación ninguna.

Contando las provincias polacas que había conquistado a principios del siglo XIX, Rusia sumaba como mínimo dos tercios de la judería europea, considerados en general «extranjeros». Estaban confinados en su mayoría en una zona concreta —conocida como Zona de Asentamiento— y sometidos a las restricciones y la violencia del gobierno zarista, sin apenas medios evidentes ni esperanza siquiera de provocar un cambio. La batalla más feroz sobre el lugar que los judíos podían ocupar en la vida política se produjo, pues, entre las dos grandes áreas ya mencionadas: en la Europa Central. Las tensiones más agudas se vivieron en el corazón de Europa, en Alemania y el Imperio austrohúngaro, donde los argumentos ilustrados a favor de la emancipación chocaban con un creciente nacionalismo étnico.

«La emancipación de los judíos se ha convertido en un asunto de lo más volátil —comentó Karl Gutzkow, un escritor alemán con simpatías hacia la comunidad judía—, tanto que apenas lo puedes mencionar sin verte envuelto de inmediato en una controversia.» La oposición, en efecto, alzó la voz con furia en muchos Estados. En Suecia, el decreto de 1838 que había abolido la discriminación de los judíos fue rescindido a consecuencia de las protestas públicas; en Hungría, la Dieta se atrevió a plantear un proyecto de ley de emancipación, pero no lo aprobó. En la Italia de principios del siglo XIX, el reino de Cerdeña reintrodujo su antiguo código de vestimenta especial y el papado reactivó medidas originarias del siglo XVI que recluían a los judíos de Roma en el gueto.[6] Los contrarios a la libertad de los judíos no procedían solo del sector reaccionario. En un extremo del espectro político opuesto al papa de Roma, el anarquista francés Pierre-Joseph Proudhon vertió un odio virulento, en diatribas privadas, contra lo que consideraba un «enemigo de la humanidad» al que se debía «enviar de vuelta a Asia o exterminar». Esta perspectiva asesina de Proudhon, tan extremista, no era representativa de la izquierda revolucionaria, pero aun así eran muchos los socialistas que compartían los prejuicios antisemitas habituales en la época. Karl Marx, cuya obra estaba imbuida de los estereotipos antijudíos, representaba una posición más típica entre los izquierdistas: no se oponía a la emancipación legal, sino que defendía que no había ido lo suficientemente lejos; para Marx «el judío» era la encarnación de todo lo que funcionaba mal en la sociedad burguesa, un ejemplo perfecto de la alienación y, por lo tanto, «el judío» necesitaba una revolución tanto como los demás.[7]

Las revoluciones que en 1848 barrieron Francia, el norte de Italia y las tierras de Centroeuropa mostraron con claridad hasta qué punto la causa de los judíos se asociaba estrechamente con los liberales y radicales. Según observó el filósofo alemán Bruno Bauer, la *emancipación* —junto con otras palabras como *libertad*, *derechos humanos* y *justicia*— era inseparable del léxico liberal de la época. Los propios judíos participaban más que nunca en el activismo político y los rabinos reformistas saludaban el advenimiento de una nueva era. «Alabado sea Dios porque ya no se habla de "judíos" ni "cristianos"», le escribió el joven erudito Moritz Steinschneider a su prometida, desde Berlín, en marzo de 1848.[8] (A este polímata se le atribuyó la acuñación del concepto de *antisemita*, bastante más adelante, cuando la revolución hacía mucho que se había apagado.) Pero en aquellos meses tan llenos de incidentes, algunos episodios pusieron de manifiesto que no todo el mundo veía con buenos ojos esta perspectiva sin precedentes. Las noticias de la revolución de París provocaron disturbios antijudíos en Alsacia. En múltiples ciudades de toda Europa se volvieron habituales los asaltos contra los judíos, a menudo por parte de policías y guardias nacionales. Los motivos más ostensibles de estos actos de violencia oscilaban desde los viejos prejuicios religiosos al incremento de los precios de los alimentos (una preocupación típica de los meses de primavera, que se atribuía a la intervención de especuladores judíos) o el rechazo al «atropello» de permitir que los judíos pudieran incorporarse a vecindades u oficios que antes les estaban vetados, pero en su mayoría la clave era un elemento nuevo: la oposición al nuevo orden cívico que la emancipación presagiaba.[9]

La oposición al liberalismo también estaba muy arraigada en las comunidades judías. El envenenamiento de un rabino reformista en mitad de las revoluciones de 1848 —por obra de sus opositores, en la ciudad de Lemberg, en la Galitzia de los Habsburgo— se ha descrito como el primer asesinato de un líder judío por otro judío desde los tiempos de la antigua Roma. En todo caso, manifestó que la emancipación no solo suscitaba debates en las sociedades más amplias en las que los judíos vivían, sino también polémicas no menos apasionadas en el seno de las propias comunidades judías, porque la emancipación entrañaba cambios radicales en el tenor y la organización de sus vidas.[10] En Lemberg, el choque entre los partidarios judíos de la Ilustración y sus oponentes jasídicos se estaba cociendo desde hacía muchos años, pero, en general, entre los judíos de Europa, lo que para unos representaba una buena oportunidad, a otros les generaba mucho recelo. Muchos pensaban que el coste asociado a su admisión en la vida política moderna era inaceptablemente alto, pues amenazaba la esencia de su fe y sus costumbres.

El estilo de vida habitual en las comunidades judías se caracterizaba por el aislamiento. Incluso en una fecha tan tardía como 1940, si en la comunidad judía de Berlín se atrapaba a alguien portando un libro en alemán, esto podía acarrearle la expulsión. Por eso, una de las exigencias más llamativas del emperador José II había sido que los niños judíos aprendieran la lengua de la sociedad en la que vivían: «Queremos que todos nuestros súbditos sean capaces de leer, escribir y sumar. Para esto no se necesitan personas muy doctas». En consecuencia, muchos rabinos, y seguidores de ellos, temían que el aprendizaje judío se debilitara y que se produjeran cambios súbitos en la vestimenta, la moda y la sociabilidad; consideraban peligros nuevos el teatro, la filosofía o los bigotes (en sustitución de la barba). El rabino lituano Jacob Halevi Lifschitz añoraba la época en la que

> la Torá era nuestra única nacionalidad [...] El pueblo era en su mayoría disciplinado, piadoso y humilde [...] y no se atrevía a expresar su opinión en público poniendo en duda las reflexiones de sus líderes [...] Pues entonces era inaudito prestar atención a las opiniones de la masa en nombre de la «opinión pública» y las disputas internas se resolvían delante de Dios por medio de quienes destacaban en el conocimiento de la Torá.[11]

El fracaso de las revoluciones de 1848 supuso un revés para la causa de la emancipación de los judíos: a medida que se iban aplastando los levantamientos, se evidenciaba con más claridad la escala de las fuerzas que eran contrarias a ese proceso. Algunos simples rumores de emancipación bastaron para provocar disturbios y protestas.

Por lo menos, en una comuna de Baden, los propios judíos, temerosos de las consecuencias, rogaron que no se los emancipara. Los polemistas favorables a la libertad de los judíos hallaban respuesta en la obra de panfletistas que la criticaban. Empezaron a circular los primeros tratados con rasgos claramente antisemitas, que denunciaban que los judíos controlaban la economía. Así, en respuesta a *La emancipación de los judíos*, obra del político italiano Massimo d'Azeglio, sus oponentes alegaron que la emancipación se traduciría tan solo en que los judíos gozarían de licencia para oprimir a los no judíos. Afirmaban que lo necesario no era *emancipar a los judíos*, sino lo que —entre otros, el compositor Richard Wagner— bautizaron como *emanciparnos nosotros de los judíos*.[12]

En los territorios alemanes, la oposición cristiana era tan intensa que los partidarios de la emancipación adoptaron un programa progresivo, empezando con reformas educativas que aspiraban a crear un nuevo tipo de judío, cuya fe personal o privada no sería obstáculo para que dominara la lengua nacional o participara patrióticamente en la vida del país. El objetivo último era, a todas luces, la asimilación; un resultado menos predecible era la reestructuración de la vida institucional de la religión de los judíos, con la aparición de los judaísmos reformista, conservador y ortodoxo. Así fue como surgió el movimiento favorable a la «reforma de los judíos», como acompañante de la expansión de sus derechos cívicos y políticos y con la transformación paralela de la religión en sí misma. La apuesta por la asimilación presuponía que, al dejar de diferir de los conciudadanos cristianos —salvo en la fe privada—, los judíos lograrían erradicar los motivos de la hostilidad de la que eran objeto. Sin embargo, el futuro demostró que esto no iba a ser así.

El verdadero punto de inflexión, en Centroeuropa, fueron los rápidos cambios políticos que se vivieron entre 1867 y 1871, en el momento del apogeo del liberalismo. Con la unificación de Alemania y la creación de un Imperio alemán encabezado por Prusia, la igualdad legal se hizo realidad en la zona, por vez primera y de pronto. Prácticamente en las mismas fechas, grandes reformas constitucionales comportaron un resultado similar en el Imperio de los Habsburgo. Ninguno de estos dos reinos era todavía una democracia reconocible, en el sentido moderno, pero en los dos se había eliminado la mayoría de los impedimentos constitucionales a la igualdad legal.

El logro tuvo una celebración concreta: en la segunda mitad del siglo XIX, se levantó una multiplicidad de grandes sinagogas en emplazamientos céntricos de las ciudades grandes y medianas de Europa. Fueron símbolos del orgullo de una clase media judía que acababa de adquirir la respetabilidad social y dieron testimonio de la transformación de la vida comunitaria generada por el crecimiento y la prosperidad de una élite urbana judía que empezaba a participar públicamente, por primera vez, en la vida de sus países. La tendencia se había iniciado con la ingente sinagoga del distrito de Leopoldstadt, en Viena, en 1858, a la que siguió, al año siguiente, el templo no menos masivo de la ciudad húngara de Pest. En Berlín, la sinagoga central de la Oranienburger Straße —con capacidad para tres mil fieles— abrió las puertas en 1866, con la presencia del mismísimo Bismarck. Pero estos casos son solo los más conocidos entre varias decenas. No menos de cincuenta sinagogas (algunas, enormes) se construyeron con el llamativo estilo neomorisco que evocaba los vínculos —a la sazón de moda— con los árabes y la España medieval. Este estilo, que hallamos en multitud de ciudades, desde Mánchester hasta Kiev, lo había inaugurado la sinagoga de Semper, en Dresde, que sirvió de inspiración a otras en Leipzig y Colonia. Las siguieron los templos de Zagreb, Praga, Estocolmo, Besançon, Florencia, Turín, Pilsen, San Petersburgo, Esztergom, Timisoara, Trieste, Amberes, Kiev y Sarajevo, con interiores generosamente polícromos, cúpulas doradas y columnas que apuntaban influencias de la Alhambra, el Taj Mahal o las mezquitas de Constantinopla. Otras rendían homenaje a Bizancio, el neorrománico o el *art nouveau*. En Roma, se demolió el gueto en el que durante tres siglos se había estado confinando a los judíos de la ciudad; en su lugar, se levantó el vasto edificio columnado de la Gran Sinagoga, cuya combinación de estilos —que mezclaba lo grecorromano con lo babilonio y el Egipto faraónico con el *art nouveau*— resultaba extrema incluso en aquella era tan ecléctica; la cúpula de aluminio, de base cuadrada, aún destaca hoy en varios kilómetros a la redonda.[13]

Estas sinagogas —símbolos del deseo de participar tanto de un pasado histórico común como de un futuro común— expresaban por encima de todo la confianza suma en que la marea fluía en una dirección de libertad y progreso. En nuestros días, al menos allí donde sobreviven, estos edificios son tan solo monumentos olvidados de una época ya remota. En los territorios alemanes, muchas quedaron reducidas a cenizas durante la *Kristallnacht* («Noche de los Cristales Rotos», en 1938) o la posterior guerra. Otras fueron destinadas a nuevos usos en la posguerra, como establos, almacenes u oficinas. Los templos supervivientes nos recuerdan que, al mismo tiempo que este fenómeno tan llamativo atestiguaba la magnitud histórica y continental de la transformación del mundo judío en Europa, las corrientes contrarias también estaban incrementando su fuerza. Desde finales de la década de 1870, esta oposición cristalizó en el discurso de un nuevo movimiento político: el antisemitismo.

Muchos de los pueblos de Europa —quizá la mayoría— mantuvieron de un modo u otro los prejuicios contra los judíos, con independencia de la clase social o la geografía y constatables a lo largo de todo el espectro político. Formaban parte de la enorme cantidad de estereotipos que los europeos manejaban, los unos sobre los otros, y que podíamos hallar tanto en la derecha como en la izquierda, entre los clérigos o entre los filósofos, entre personas obsesionadas con «la cuestión judía» y personas que no le daban importancia. A este respecto, en realidad, podían hallarse entre los propios judíos. La Ilustración no había logrado terminar con los viejos mitos, sino tan solo añadir mitos nuevos. Aun así, la emancipación había seguido avanzando. Por lo tanto, lo que aquí nos ocupará no son las actitudes, los símbolos o los estereotipos, sino las acciones, las teorías, las organizaciones y los resultados políticos. La novedad del antisemitismo de la década de 1880 fue en efecto que representó una especie de movimiento político que, a lo largo de las décadas siguientes, fue cosechando tanto éxitos como fracasos. Surgió como un contramovimiento que pretendía contener, frenar y, en algunos casos, tal vez incluso revertir los logros obtenidos por las campañas favorables a la emancipación de los judíos, y sus victorias dependieron no tanto de convencer a la población sobre la validez de los estereotipos asociados a los judíos —que ya eran moneda habitual—, como conseguir que creyeran que los judíos representaban una amenaza grave para sus principales preocupaciones políticas o sociales.

Aparte de las enseñanzas de la Iglesia, las bases argumentales de tal ideario las habían puesto, durante las dos o tres décadas precedentes, intelectuales y académicos que trabajaban en una diversidad de disciplinas: la filología comparativa, los estudios bíblicos, la antropología y la historia. Sus publicaciones divulgaron la idea de que los judíos formaban un grupo cohesionado que resultaba esencialmente extraño a las sociedades en las que vivían. Algunos antisemitas los definieron por oposición al cristianismo; otros, por oposición a cierto ideal del helenismo; unos terceros lo reducían todo a la raza. Algunos autores criticaban a los judíos porque destacaban en exceso, otros les reprochaban la asimilación. La coherencia nunca fue un factor clave: hubo múltiples versiones de la idea básica. Estas obras académicas popularizaron una especie de teoría sobre el poder, conectada cada vez más con el nuevo lenguaje de la lucha biológica, que permitió que el tema de la emancipación de los judíos (en sí mismo, un asunto de poca relevancia para la mayoría de la sociedad) se asociara con otras preocupaciones del momento, mucho más arraigadas y debatidas: el futuro de la nación; el respeto por la monarquía y la Iglesia; la salud de las masas; las virtudes y los vicios del capitalismo.

En ocasiones, esto funcionó, pero a menudo no fue así. En una Europa donde los estereotipos antisemitas eran un lugar común que sin embargo no se consideraba especialmente merecedor de comentarios, era fácil que se reprochara a los antisemitas acérrimos que adolecían de una obsesión de tipo profético: destacaban por dar una importancia suma a cuestiones que a los demás les parecían secundarias. Con frecuencia tuvieron que lidiar por la respetabilidad social, pues, dada su dependencia de la prensa y la publicidad, su conciencia histórica y, por encima de todo, su llamamiento a la acción, el antisemitismo se convirtió en gran medida en un movimiento de la nueva política de masas. Así, se dirigía a sectores de la población tales como los campesinos, los estudiantes y los artesanos, que estaban emergiendo por vez primera como actores en la escena nacional. Por lo tanto, si la emancipación fue un logro obtenido gracias a la labor de intelectuales y élites, el antisemitismo era una especie de levantamiento potencial desde las capas humildes de la sociedad; era un indicio, quizá, de que el futuro democrático escondía una faceta oscura.

Muchos de los sentimientos de ambivalencia que provocaba la emancipación de los judíos eran reflejo del hecho de que esta había coincidido con otra transformación del modelo de vida de Europa, un cambio de mucho más alcance e importancia: la difusión, por todo el continente, del capitalismo y de un estilo de vida monetizado. Al igual que la emancipación, el advenimiento del capitalismo encontró bastante oposición y creó perdedores, además de ganadores. Aumentó el endeudamiento en el campo, mientras que la disponibilidad de manufacturas baratas y el auge de los primeros grandes almacenes dejó en situación de desventaja a muchos gremios, tenderos y artesanos, lo que creó una profunda reserva de descontento potencial. Las ciudades crecieron con una rapidez extraordinaria, dando origen a suburbios enormes de un proletariado numeroso con alojamientos míseros. El antisemitismo, por lo tanto, fue una especie de reacción contraria a la aceleración de los tiempos modernos, una reacción que ofrecía la promesa de una vida mejor y el regreso a formas más antiguas y conocidas. Esta visión salvífica —cuya aceptación se basaba únicamente en un conjunto de afirmaciones sobre la culpabilidad de los judíos— tenía la ventaja de dar una encarnación material, y no meramente abstracta, a las fuerzas que movían la agitación social.

Por supuesto, había otros modos de explicar y criticar la emergencia del capitalismo que no se centraban en los judíos. El más obvio e influyente fue el socialismo, pero, mientras que los socialistas identificaban como principal brecha política la que separaba las clases sociales, los antisemitas hicieron hincapié en la raza, la religión y la etnicidad y, con ello, sus ideas se orientaron hacia el nuevo espíritu del nacionalismo, que estaba barriendo Europa. También cabe discernir rastros de antisemitismo en algunos escritos socialistas, en especial cuando se dirigían contra el poder internacional de las élites financieras y bancarias, pero fueron pocos los socialistas que dieron mucha importancia al antisemitismo, que, para muchos, era un anatema y un signo de idiocia intelectual.

En 1874, cuando Alemania experimentó un repentino deterioro económico, Otto Glagau —un periodista antiliberal— publicó una serie de artículos en la que reprochaba a sus enemigos que hubieran creado un caos económico que había generado estafas, bancarrotas, despidos y una absoluta degeneración moral. Desde su punto de vista, era una crisis social de primera magnitud y los culpables eran «los judíos», que estaban

> por todas partes, abriéndose paso a la fuerza hasta la primera línea, hasta la cúspide, apropiándose de los puestos de liderazgo y llevando la voz cantante [...] En la actualidad, son nuestros soberanos; poseen una supremacía peligrosa y ejercen una influencia de muy mal agüero. Después de muchos siglos, ha vuelto a suceder que una tribu extranjera, tan reducida en número, domina de nuevo a la nación verdaderamente grandiosa. La historia entera del mundo no conoce otro ejemplo de pueblo sin hogar, de raza decididamente degenerada en lo material y lo psicológico, que sin embargo domine el mundo en su totalidad.[14]

Buena parte de lo que ocurriría en el futuro ya puede verse en estas palabras. Aquí los judíos representan una nueva amenaza no solo porque gozan de nuevos derechos, sino porque se han situado en una posición de dominio sobre los alemanes; no solamente sobre los alemanes, de hecho, sino sobre «el mundo en su totalidad». Su poder es económico y ellos han salido ganando —sin honradez—, mientras que los alemanes honrados lo han perdido todo. Los judíos no tienen hogar ni sentimiento nacional; no ocultan que ambicionan el poder —al contrario, se les reprocha la claridad con la que aspiran a ello—, pero lo hacen sin atenerse a frenos morales. Aunque se ha aprobado la emancipación, son irremediablemente «extraños» al país. Su relación con la sociedad alemana no es religiosa, sino racial y biológica: amenazan con la degeneración física. En pocas palabras, aquí el problema no es solo un estereotipo o el credo religioso: se trata de toda una teoría de la historia universal.

Un panfleto que se convirtió en superventas proporcionó un marco histórico más extenso —laberíntico, incluso— para estas ideas.

Con unas doce ediciones en menos de un decenio, *La victoria del judaísmo sobre la germanidad*, del periodista Wilhelm Marr, advertía que los judíos, después de dieciocho siglos de lucha por la supremacía, estaban a punto de triunfar y hacer realidad el objetivo de convertir Alemania en «la nueva Palestina de Europa». En 1879, Marr fundó la Liga de los Antisemitas (*Antisemiten-Liga*), una organización política abierta a los «alemanes no judíos de cualquier credo, partido y ocupación» que quisieran contribuir a salvar al país de la «judaización total». Tras hacer hincapié en que se limitaría a los «medios legales», Marr defendió que la Liga combatiría para «devolver a los antisemitas a la posición que les corresponde por su importancia numérica». Podemos ver pues que se proponía un modelo político de unidad racial que consideraba secundarias todas las demás diferencias ideológicas y que, en retrospectiva, es una especie de precursor distante del Partido Nazi y sus sueños de una *Volksgemeinschaft* [«comunidad nacional», «comunidad popular»].[15]

Por descontado, Marr no era el primero. Desde al menos dos décadas antes se estaba formando en los círculos católicos una especie de hostilidad prototípica contra los judíos. En Baviera, por ejemplo, justo después de las revoluciones de 1848, diversas campañas populares lograron revocar la legislación que había aprobado la igualdad cívica. Muchos liberales alemanes contemplaban con dudas la emancipación, y el antisemitismo actuó como gran unificador capaz de superar las diferencias confesionales del cristianismo.[16] Marr aportó la energía política y el poder movilizador de los radicales de una generación atrás y conmocionó a la clase dirigente de la época con su politización racializada de las consecuencias de la emancipación. Durante los años inmediatamente posteriores, el «movimiento del antisemita» fue objeto de debates recurrentes en la prensa, en especial, porque contaba con el respaldo de uno de los eruditos más destacados de Alemania, el reputado historiador Heinrich von Treitschke, pero la lucha se escindió con la misma celeridad con la que había prosperado, entre polémicas y rivalidades personales. Algunos de quienes se declaraban antisemitas querían revocar la emancipación, pero otros no. Unos eran cristianos devotos y se horrorizaban con la mención de la raza; otros sentían recelo ante cualquier indicio de que el movimiento pudiera basarse en prejuicios religiosos. También había esnobismo: muchos conservadores consideraban que los líderes del movimiento eran demagogos surgidos del entorno radical, con pasados sospechosos y sin la debida respetabilidad. Mediado el año de 1885, uno de los miembros más jóvenes del movimiento contemplaba la situación con bastante pesimismo:

> En su apariencia exterior, el antisemitismo se halla casi en la bancarrota (o, al menos, los antisemitas) [...] Estos «emprendedores antisemitas» que ahora flotan en la superficie son tipos que, de hecho, no merecen la más mínima confianza: en cuanto se los somete siquiera a una pizca de presión, estallan como pompas de jabón y se dispersan como la paja en el viento.[17]

En consecuencia, podemos ver a los antisemitas como un grupo marginal de personas obsesivas que no lograron acceder a la escena mayoritaria y, hasta el estallido de la primera guerra mundial, ejercieron una influencia muy poco destacable sobre la política de partidos de Alemania, pero hablar de marginalidad política no equivale a hacerlo de fracaso, porque los antisemitas introdujeron ideas que luego tuvieron una vida muy larga.

En Francia el antisemitismo político surgió hacia las mismas fechas que en Alemania, iniciado también por la prensa y diversos periodistas. Hubo otros factores similares entre los dos países: hundimientos de la Bolsa, estafas y escándalos que focalizaron la atención sobre el nuevo capitalismo; transformaciones asombrosas de la vida nacional, como, por ejemplo, los ferrocarriles y el rápido crecimiento de unas capitales que pasaron a dominar a las provincias y atraer a muchos inmigrantes. Ahora bien, el contexto político era bastante distinto y, por lo tanto, también lo fueron el carácter y el significado del antisemitismo. Bastante antes de que se declarase la Tercera República, en 1870, los judíos de Francia estaban ya mucho más integrados en la vida nacional que sus homólogos alemanes. En Alemania, debido a su estructura algo volátil de protestantes y católicos, no era fácil que el nacionalismo antijudío adoptara una forma confesional: el punto unificador era la raza. En Francia, la situación era distinta, no solo porque el país fuera, en su inmensa mayoría, católico; además, era una república, surgida de la derrota en la guerra franco-prusiana y el nuevo sistema gozaba de poca aprobación. Después de que las leyes anticlericales de 1880-1882 suprimieran a los jesuitas y establecieran la educación estatal obligatoria y gratuita, así como los matrimonios civiles, muchos católicos franceses trataron con hostilidad la Tercera República. Les costaba comprender de qué manera el país había caído en manos de los enemigos de la Iglesia y la monarquía, y el antisemitismo les ofreció una posible respuesta.

Cuando el periodista Édouard Drumont empezó a llenar la interminable serie de páginas violentamente antisemitas que le dieron fama, su punto de partida fue ese: la defensa de la fe. Era un católico ardoroso que se imaginaba a sí mismo batallando contra Satán, influido por autores anteriores como el hoy olvidado Roger Gougenot des Mousseaux, cuya obra *Le Juif: Le judaïsme et la judaïsation des peuples chrétiens* [«El judío: el judaísmo y la judaización de los pueblos cristianos»], de 1869, había denunciado que en el mundo moderno el judío asimilado representaba una amenaza muy grave para los valores cristianos. El libro que lanzó a la fama a Drumont fue un superventas de dos volúmenes y doscientas páginas, *La Francia judía*, una crítica vitriólica de la Tercera República considerada creación de los judíos.[18]

Este católico fanático era asimismo racista y su periódico antisemita, *La libre parole*, era un vehículo de gran difusión de caricaturas étnicamente estereotipadas que en aquel momento todavía eran poco habituales. «Los semitas tienen un cerebro distinto al nuestro», afirmaba Drumont. Expuso cómo se habían apoderado de Francia y conspiraban siniestramente para reunir en sus manos un dominio absoluto. Para ayudar a sus lectores a reconocer al enemigo, describió así sus rasgos externos: «La famosa nariz aguileña, el parpadeo de los ojos, el cuerpo excesivamente largo, los pies planos, las piernas estevadas, el cabello excesivo, la mano húmeda y carnosa como es propio de los hipócritas y traidores. Con frecuencia tienen un brazo más corto que el otro». Sobre esta base, que se presentaba con la apariencia del conocimiento científico, Drumont guio a sus seguidores a la batalla en el asunto Dreyfus.[19]

El famoso caso que durante más de medio siglo contribuyó a definir el rumbo de la historia de Francia comenzó en 1894, cuando se acusó erróneamente a un capitán de artillería francés, Alfred Dreyfus, de haber espiado para los alemanes. Un tribunal lo declaró culpable, sobre la base de pruebas muy endebles; lo expulsaron del ejército y lo enviaron a la penitenciaría de la isla del Diablo, una colonia penal situada en aguas de la Guayana francesa. La lucha por demostrar su inocencia se arrastró durante más de un decenio, hasta que en 1906 se anuló la condena. Entretanto, el caso actuó como campo de batalla en el que se enfrentaron distintas visiones de Francia. Contra los partidarios de Dreyfus se alineó una diversidad de monárquicos, católicos y defensores del honor del ejército francés; entre ellos, los artistas Edgar Degas y Auguste Renoir. Hubo peleas en las calles de París y otras ciudades francesas. Un bando defendía la emancipación, el legado de la Revolución y los beneficios que se derivarían de la asimilación de los judíos en la cultura de Francia; el otro identificaba el país con el cristianismo, la Iglesia católica y la voluntad de rechazar con firmeza las tentaciones de la modernidad. No es casual que en estos mismos años se produjera el auge del santuario de Lourdes como gran fuente de inspiración para el catolicismo popular, así como la aparición de nuevos grupos políticos católicos.

Los seguidores de Drumont, desde luego, tenían talento para la táctica de choque y la retórica sanguinaria, pero, al igual que en Alemania, a los antisemitas franceses la política se les resistió: en el campo de la política, su éxito fue más huidizo que en el del sensacionalismo literario y periodístico. El marqués de Morès —compañero de armas de Drumont— fue un aristócrata aventurero, aficionado a los duelos, cuya carrera de inversiones especulativas lo había llevado a Dakota del Norte, donde publicó *The Badlands Cow Boy* [«El vaquero de las *Badlands*»] y fundó la Compañía de Coches de Refrigeración del Pacífico Norte; tras perder una fortuna, probó suerte en la India y la Indochina francesa. Cuando se estaba quedando sin dinero, de regreso en Francia, Morès descubrió a Drumont y, como compartía con este la aversión a la República, le ayudó a organizar un congreso de «antisemitas» en el extrarradio de París. Unos meses más tarde, formaron una liga, la Ligue Antisémitique Française, precursora de las agrupaciones paramilitares de extrema derecha de los años de entreguerras: su objetivo principal eran los judíos, pero no el único, pues apenas odiaban menos a los masones, los protestantes y los británicos. Morès llegó a formar una escuadra de matones sin empleo para que, con vestimenta de vaqueros, atacaran a los *dreyfusards* y sabotearan sus reuniones. Las ligas antisemitas del país tuvieron su punto culminante en 1898, cuando estallaron en Francia más de cincuenta disturbios generados por multitudes de cientos e incluso miles de personas que asaltaron y saquearon comercios y hogares judíos. Estos grupos no tardaron en disolverse, pero la participación de estudiantes, tenderos, soldados y obreros es un indicio de que gozaban de un apoyo extenso.[20]

Las ideas políticas de Morès eran una mezcolanza confusa de monarquismo, anarquismo y sindicalismo, que su biógrafo ha descrito como un «revoltijo ideológico»; las de Drumont no eran mucho más claras. Los dos hombres destacaban más por la capacidad de insultar que por la de gestionar nada políticamente. Morès falleció sin cumplir los cuarenta años. En cuanto a Drumont, su carrera parlamentaria duró tan solo unos años. Después de que el papa de Roma pidiera a los católicos franceses que aceptaran la República, Drumont se volvió también en contra del pontífice, lo que generó confusión en muchos de sus adeptos. Un tercer líder de la Liga Antisemita Francesa, Jules Guérin, intentó organizar un golpe de Estado y fue detenido después de que la policía sitiara su refugio; pasó el último decenio de vida en prisión. «Hoy el antisemitismo vive un período de decadencia», escribió en 1910 uno de los antiguos seguidores de Drumont, el periodista Raphaël Viau, en unas memorias nostálgicas de los años vividos junto a su ídolo. Al igual que la mayoría, por entonces ya hacía mucho tiempo que Viau había abandonado el movimiento.[21]

Solo en la Austria de los Habsburgo —en la capital imperial, Viena— el antisemitismo político prosperó en la escena parlamentaria. Aquí, el Partido Socialcristiano sirvió de modelo formativo al joven Adolf Hitler. Su líder, el vienés Karl Lueger, dominaba con tanta fuerza la política municipal que a la postre el emperador se vio obligado, muy a su pesar, a reconocerlo como alcalde en 1897. Lueger contaba con el respaldo del papa León XIII y se beneficiaba del sufragio masculino universal, introducido en ese mismo año de 1897; su principal aportación consistió en mostrar cómo podía crearse con éxito un partido católico de masas. Este político nato, que admiraba a Drumont, era un pragmático que reconocía el antisemitismo como una vía de acceso al poder, aunque, una vez que asumió el cargo, apenas hizo un uso sistemático de esas ideas. Sus seguidores lo adoraban y lo llamaban «el rey de Viena» y «Karl el hermoso» (*der schöne Karl*); era un oportunista ideológico de carácter afable. Sus discursos denunciaban que los judíos oprimían a los cristianos y, de palabra, apoyó los intentos de limitar la entrada de inmigrantes judíos al imperio, pero su famoso comentario «Yo decido quién es judío» pone de manifiesto que en el fondo el tema le preocupaba poco. Aunque es comprensible que un destacado periódico austríaco lamentara con alarma que Viena era «la única gran ciudad del mundo cuyo administrador es un agitador antisemita», en la práctica, en tiempos de Lueger, los derechos legales de los judíos no sufrieron ningún ataque de importancia.[22]

Casi treinta años después, en su celda de la fortaleza de Landsberg —donde se le había encerrado en 1923, tras el fracaso del golpe de Estado (*Putsch*) de la Cervecería, en Múnich—, Adolf Hitler hizo memoria de la Viena de Lueger. La ciudad había sido una especie de laboratorio del politiqueo antisemita y quien a la sazón era un estudiante pobre observó la situación con sumo interés. Desde la perspectiva de Hitler, Lueger había errado en el tema de la «cuestión judía» porque se había mostrado indiferente al asunto racial. A este respecto, Hitler prefería a Georg von Schönerer, un pangermanista que también había competido políticamente en la capital de los Habsburgo. Aunque gozó de un éxito muy inferior, Schönerer era importante —a juicio de Hitler— porque había sabido apreciar que la naturaleza del conflicto era esencialmente racial, no religiosa. Si no había triunfado era porque —a diferencia de Lueger, pero también de los grandes rivales de este: los socialdemócratas austríacos— carecía de talento para la política de masas. En cambio, Hitler supo combinar el racialismo de Schönerer con el genio político de Lueger. Para que esto pudiera hacerse realidad, no obstante, hizo falta que la primera guerra mundial y el caos posterior a su finalización crearan las condiciones necesarias.[23]

«Aunque el antisemitismo ha sido desenmascarado y desacreditado, es de temer que la historia aún no ha concluido», se leía como conclusión del lema *antisemitismo* en la *Encyclopaedia Britannica* de 1910. La advertencia de este texto —redactado por el escritor Lucien Wolf— no se limitaba a reflejar el fracaso generalizado del movimiento antisemita durante sus tres décadas de existencia, sino que también daba cabida a la inquietud por lo que podría venir. En la Europa Central y Occidental, en 1914, no había sobrevivido ni un solo partido devoto de la causa antisemita; tampoco habían conseguido revocar ninguno de los derechos cívicos que los judíos habían obtenido en el siglo anterior. Sin embargo, el antisemitismo racial estaba en ascenso y cada vez era más habitual que la prensa publicara caricaturas estereotipadas y figuras insultantes. En Francia, el caso Dreyfus demostró que el antisemitismo impregnaba profundamente todo el movimiento contrario a la República, reforzando una nueva clase de nacionalismo que idealizaba las regiones, la Iglesia y la tierra y veía a los judíos como el arquetipo de los intrusos. El propagandista literario Maurice Barrès afirmó que para confirmar la culpa de Dreyfus no le hacían falta pruebas: la raza era suficiente. La Action Française, otra emanación antidreyfusiana, dio una nueva forma a la derecha política francesa, dirigiéndola hacia lo que más adelante se conoció como fascismo. Su principal ideólogo, el escritor Charles Maurras, acabó apoyando al mariscal Pétain y el gobierno colaboracionista de Vichy, durante la segunda guerra mundial, cuando la tradición antidreyfusiana de Francia pudo tocar por fin un poder real. Vale la pena destacar que ni Barrès ni Maurras eran figuras marginales. Ambos gozaban de un gran éxito literario e influencia cultural.

En Gran Bretaña, en cambio, los intelectuales derechistas (y, más en general, los intelectuales) no consiguieron gozar de tanta adulación. Sin embargo, en este país, la inmigración masiva de judíos rusos, hacia el final de siglo, también generó descontento y una antipatía innatista. «En el continente, la cuestión judía hirvió hasta desbordarse; en Gran Bretaña, se cocía a fuego lento», ha escrito un historiador de los judíos británicos. No había una organización política antisemita —no olvidemos que los *tories* habían sido dirigidos por un primer ministro de ascendencia judía— y, a principios del siglo XX, las figuras de la judería accedían fácilmente a la corte del rey Eduardo VII. Aun así, se debatía ampliamente sobre si los judíos eran en verdad capaces de asimilarse y la inquietud frente a la inmigración masiva hizo que en 1905 se aprobara una Ley de Extranjería con la intención de atajar el flujo. El sentimiento antiinmigrante se hizo extensivo incluso a una ciudad pequeña y empobrecida como la de Limerick, en el oeste de Irlanda, que en 1904 resultó convulsionada por el asalto violento de una multitud antijudía, después de que un sacerdote local atacara a las treinta y cinco familias judías que se habían establecido en la población. El lexicógrafo James Murray, fundador del reputado *Oxford English Dictionary*, admitió hacia esta época que lamentaba no haber incluido desde el principio en su diccionario la entrada «antisemitismo». En su momento, le pareció que el término sería efímero, pero luego constató que se equivocaba. «Los últimos años del siglo XIX han puesto de relieve, por desgracia, que en buena parte el cristianismo es tan solo un encubrimiento pasajero de un salvajismo brutal —escribió—. Es de una tristeza insoportable para alguien como yo, que recuerda el [año 18]48 y las grandes esperanzas que tuvimos en la década de 1850.»[24]

En los territorios alemanes, el impacto del antisemitismo en la sociedad fue mucho más profundo, en especial, después de que en 1888 la monarquía pasara a manos del káiser Guillermo II, de un chovinismo extremo. Sus padres habían tildado de «lunáticos» a los demagogos antisemitas y, en varias ocasiones, habían acudido a sinagogas para poner de manifiesto cuál era su punto de vista. Sabían del odio vulgar y rotundo que sentía su hijo —sin un orden concreto— hacia los judíos, los austríacos, los liberales, los católicos, los ingleses y los chinos. Guillermo daba crédito a las teorías conspiranoicas del antisemitismo y, con el paso del tiempo, sus prejuicios se hicieron más francos y extremos. «Los judíos son los parásitos del imperio. La cuestión judía es uno de los principales problemas que debo resolver.

¡Lo malo es que no se puede hacer nada al respecto!», se lamentaba. Tras exiliarse una vez concluida la primera guerra mundial, la obsesión antisemita del káiser llegó a un punto de desvarío. Falleció en junio de 1941, bendiciendo la conquista alemana de Europa como una «sucesión de milagros» que conseguirían por fin expulsar de Europa a todos los judíos.[25]

Las actitudes de la élite, en el país germánico, fueron en paralelo a las del káiser. La ciencia de las razas gozaba de un prestigio enorme y en Alemania avanzó más que en ningún otro lugar. Las fraternidades estudiantiles —buen indicador de cómo serían los líderes futuros del país— habían hecho una purga más o menos exhaustiva de sus miembros judíos desde principios del siglo XX. Prejuicios similares circulaban hacia los estratos inferiores de la escala social y estallaron, por ejemplo, en controversias sobre los cambios de nombre, típicas de la época. En Prusia, el decreto de 1812 sobre la emancipación había obligado a los judíos a elegir un apellido para registrarse como ciudadanos. Pero los antisemitas detestaban la idea, porque si los judíos se cambiaban el nombre, sería más difícil distinguirlos de cualquier otro habitante. En 1893, el «caso de Schmul-Goetze» acaparó titulares en toda la nación, después de que un mercader judío apellidado Schmul solicitara llamarse en adelante Goetze —de apariencia más germánica—, alegando que tal había sido el apellido de su abuelo. Cuando se aprobó su solicitud, otro Goetze protestó y envió una carta en la que, junto con otras veintiséis firmas, afirmaba que se trataba de un «apellido genuinamente cristiano y alemán» que nadie debía utilizar «con el único fin de ocultar su ascendencia judía». Las organizaciones antisemitas le mostraron su respaldo; el número de firmas de apoyo se multiplicó. El káiser recibió una petición suscrita por 116 Goetze en la que se denunciaba que el cambio de apellido era un indicador claro de que «[los judíos] son del todo conscientes de que son incapaces de convertirse en verdaderos alemanes»; era así, según la citada petición, porque se trataba de una «especie tribal» ajena.[26] Estos episodios no solo tenían un aire farsesco, sino también trágico: sugerían que la historia iba mucho más allá del fracaso político del antisemitismo organizado. En buena parte de Centroeuropa, en efecto, la emancipación había despertado enemistades y sospechas que, desde luego, no solo no se extinguían, sino que impregnaban cada vez más la vida cotidiana.

Aparte, estaban los territorios del este de Europa. En 1898 —el mismo año en que se produjeron en Francia algaradas antijudías—, una oleada de disturbios mucho más graves estalló en Galitzia, provincia remota del oriente del imperio de los Habsburgo. Los perpetradores eran en su mayoría polacos —campesinos, obreros y mineros—, y los blancos del ataque, judíos que vivían en las ciudades pequeñas y los pueblos de la región, cuyos comercios y hogares fueron objeto de saqueos y vandalizaciones. Hasta que la gendarmería y el ejército pusieron fin a los asaltos, se informó de unos cuatrocientos. La volatilidad de la situación pilló por sorpresa a las autoridades, pero con el tiempo se produjeron más de cinco mil detenciones y dos mil condenas.[27] En cuanto a los territorios del Imperio ruso —que dio al mundo una palabra nueva: *pogromo*—, la violencia estuvo aún más extendida y la actitud del Estado hacia ella fue mucho más ambigua. Aquí también nos encontramos con una economía agrícola que funcionaba sobre la base de una diferenciación étnica entre los campesinos cristianos y los intermediarios judíos de las pequeñas ciudades, que dirigían las fincas, poseían tabernas y comercios y actuaban como comisionistas en el comercio de los cereales. Las fuerzas de la modernidad —el ferrocarril, que facilitaba la agrupación de multitudes más numerosas, y la prensa sensacionalista, que todavía representaba una novedad en una sociedad principalmente analfabeta— crearon una situación explosiva en un mundo en el que aún era habitual dar crédito a los antiguos libelos de sangre. Aunque la violencia masiva y directa fue relativamente rara, se vivieron algunos episodios tras el asesinato del zar Alejandro II, en 1881. En un pogromo aún más terrible —en la ciudad de Kishiniov y sus alrededores, en Besarabia, en 1903— murieron varias decenas de judíos y la cifra de asesinados conmocionó al mundo. Tan solo quince años después, no obstante, este incidente parecería comparativamente trivial.[28]

Al igual que los Habsburgo, las autoridades imperiales rusas consideraban que los desórdenes públicos eran un desafío a su legitimidad. La diferencia, sin embargo, es que la corte de los Románov era antisemita y veía como una posible amenaza la actividad de los partidos políticos, casi de cualquier índole. Con el temor —no infundado— a conspiraciones terroristas, la corte dio respaldo al crecimiento de organizaciones promonárquicas y proeclesiales, a las que se podía utilizar para la violencia antirrevolucionaria y antisemita. Además de la volatilidad, hay que tener en cuenta la pervivencia del antisemitismo popular y del odio a la vieja usanza; estos sentimientos antijudíos fueron avivados por las cabeceras de la prensa local, en manos de nacionalistas y resultaba difícil de controlar. En vísperas del pogromo de Kishiniov, por ejemplo, el diario regional *Bessarábets* había dado publicidad al libelo de los asesinatos rituales y reunió a un grupo local de antisemitas acérrimos que difundieron rumores sobre conjuras maliciosas de los judíos contra el campesinado.[29]

El carácter violento del antisemitismo ruso dio lugar a una sucesión de casos célebres de alcance internacional que contribuyeron a la escasa reputación del país entre la opinión pública liberal de los países extranjeros. Unos diez años después de los pogromos de Kishiniov, se celebró un juicio escandaloso contra Mendel Beilis, en Kiev: los antisemitas locales, con el respaldo de las autoridades zaristas, llevaron ante los jueces a un judío al que acusaban de haber asesinado a un niño para poder utilizar su sangre para el *matzo* (pan ácimo). El caso habría resultado ridículo de no tener implicaciones de suma gravedad. Fue un recordatorio escalofriante de lo que muchos rusos corrientes creían con respecto a los judíos y puso sobre la mesa con especial vigor que en el siglo XX aún persistía, en diversas franjas de Europa, el hecho medieval de los libelos de sangre.[30]

El juicio en sí tuvo una respuesta sobre la que vale la pena detenerse. A las pocas semanas, media docena de teatros de Nueva York —lugar de residencia de una gran cantidad de judíos rusos recién inmigrados— habían escenificado obras en yidis sobre este caso y el nombre de Mendel Beilis se había popularizado en las dos orillas del Atlántico. Se trataba de una era de internacionalización que afectó por igual al antisemitismo y a sus críticos. El proceso se había iniciado casi al mismo tiempo que la agitación antisemita organizada, que echó a andar en 1880 y los años inmediatamente posteriores, cuando diversos agitadores de Francia, Alemania, Rumanía y Austria-Hungría se esforzaron por crear un movimiento antisemita mediante una serie de conferencias internacionales. Estas lograron un efecto poco relevante. Fue mucho más exitosa la respuesta internacionalista en la que comunidades y notables judíos de Estados Unidos, Gran Bretaña y Francia se aliaron y movilizaron en defensa de los correligionarios que se enfrentaban a la persecución en el extranjero, en especial, en Europa del Este y las tierras otomanas; una persecución que en gran medida no venía directamente de los activistas políticos, sino más bien de los Estados discriminatorios o permisivos. Ya en el Congreso de Berlín, en 1878, grupos judíos de Francia y Alemania habían cabildeado para que las grandes potencias retrasaran el reconocimiento de Rumanía —recién constituida como Estado independiente— hasta que sus políticos se comprometieran a respetar los derechos de los judíos. El pogromo de Kishiniov supuso la primera entrada en la escena internacional de las organizaciones judías de Estados Unidos. El AJC (Comité Judío Estadounidense) se fundó poco después de esos sucesos, en la ciudad de Nueva York, con la misión de «impedir que se infrinjan los derechos civiles y religiosos de los judíos y mitigar las consecuencias de la persecución».[31] En las guerras balcánicas de 1912-1913, diversos grupos judíos volvieron a defender los derechos de las minorías cabildeando ante las grandes potencias, con lo que fueron adquiriendo una experiencia que les resultaría de utilidad pocos años después. De este modo, lo que se dio en llamar «la cuestión judía» quedó integrada en la diplomacia europea y pasó a formar parte del proyecto con que los liberales aspiraban a «civilizar» no solo el continente europeo sino el mundo, por medio del derecho internacional.

Sin embargo, el internacionalismo judío, nacido en respuesta al antisemitismo, provocó a su vez una respuesta contraria. Para los antisemitas, los signos de la influencia de los judíos sobre la diplomacia europea eran una confirmación de sus pesadillas: creyeron que había figuras del judaísmo actuando entre bambalinas, con una capacidad real de controlar las fortunas mundiales y usar esta riqueza legendaria para doblegar la voluntad de las naciones. El temor a una conspiración internacional radical, por supuesto, no era un miedo nuevo: los monárquicos católicos temían la amenaza de la masonería desde finales del siglo XVIII y en la década de 1820 fantasearon con redes revolucionarias clandestinas. La policía secreta temía la existencia de una internacional anarquista. A finales de siglo, como la imaginación de la época era cada vez más racializada, se tendió a imaginar a los judíos moviendo los hilos. Así pues, la creciente internacionalización de la lucha contra el antisemitismo reforzó miedos ya arraigados a un sistema secreto y malicioso de dominación por parte de los judíos. La expresión más famosa de estos temores es el texto titulado *Los protocolos de los sabios de Sion*, publicado por vez primera en un periódico de San Petersburgo por Pável Krusheván, un periodista que había estado en el núcleo de la agitación que promovió el pogromo de Kishiniov. Es muy probable que Krusheván fuera el autor del texto, que sin embargo se presentaba como la traducción de las actas de una reunión secreta de un contubernio de ancianos que planeaban instaurar la dominación global de los judíos. En nuestros días no es necesario recordar cuánto daño pueden hacer las teorías conspiranoicas. Tras la Gran Guerra de 1914-1918, la amenaza que los *Protocolos* exponían se convirtió en una obsesión para hombres como Adolf Hitler y, con el ascenso del nazismo, llevaría a una segunda guerra mundial que incluiría como asunto central el destino de los judíos.[32]

3

El auge del antisemitismo 1914-1933

> Una cruzada de antisemitismo ha campado con furia desde el Rin hasta el Vístula y desde el Báltico hasta el Egeo, durante los últimos seis meses, con una virulencia que prácticamente sobrepasa todas las manifestaciones del odio a los judíos que se han visto desde el final de la guerra.
>
> ISRAEL COHEN, «The Reign of Antisemitism»[1]

De no haberse librado la primera guerra mundial, en nuestros días quizá le prestaríamos a Wilhelm Marr y otras personas de ese jaez tan poca atención como le prestamos hoy a los oscuros monárquicos franceses que, en el *fin de siècle*, continuaban confiando en el regreso de un rey que no iba a regresar nunca, pues, en 1914, pese a la gran difusión de los estereotipos y los prejuicios contra los judíos, la marea de la emancipación avanzaba a favor de estos y, en cambio, a los movimientos antisemitas, la resistencia apenas les daba réditos. Allí donde se habían conquistado derechos civiles, estos no se anularon. En los primeros días y meses de la guerra se produjeron en diversos lugares de Europa unos pocos episodios que, si se comparan con los asaltos que sufrieron otras minorías, eran de escasa consecuencia, pero la gran duración del conflicto, el ingente número de víctimas y los importantes disturbios que estallaron por todo el continente cambiaron todo: el triunfo de los antisemitas fue en lo esencial el fruto de un terremoto ideológico derivado de la primera guerra total.

Cuando estalló la guerra, los judíos ingresaron en las filas de los ejércitos europeos y unieron su destino al de sus compatriotas. Para los que poseían una conciencia política más clara, era una buena ocasión de demostrar su patriotismo y manifestar que participarían de las obligaciones de la emancipación, y no solo de los derechos. Entre los muchos alemanes cultos que se sumaron al patrioterismo del momento estuvo el poeta Ernst Lissauer, compositor del infame *Haßgesang gegen England* [«Canto de odio a Inglaterra»]. En el ejército francés estaba, por ejemplo, el joven antropólogo judío Robert Hertz, que ensalzó la camaradería que encontró en las trincheras e inició un estudio etnográfico de sus comilitones hasta que perdió la vida en combate. Uno de los poetas bélicos más conocidos de Gran Bretaña en el frente occidental fue Siegfried Sassoon, procedente de una acomodada dinastía anglojudía: jugaba al críquet, se había educado en Cambridge y era nieto de un magnate del comercio bagdadí. Este escritor notable, y oficial de una valentía casi suicida, fue galardonado con la Cruz Militar por su labor en el frente occidental; más adelante, denunció la guerra con el mismo atrevimiento.[2]

Sin embargo, en la zona que se extendía del mar Báltico al mar Negro, la casta militar siguió estando vetada a los judíos y mostrándose hostil a ellos. El estallido de la guerra comportó ocupaciones enemigas, deportaciones masivas y actos de violencia destructiva contra los civiles en una escala inaudita hasta entonces; esto situó a los judíos, y otras minorías, como objeto inmediato de las suspicacias. Desde finales de 1914, los ejércitos imperiales —otomano, ruso y habsbúrguico— atacaron a grupos demográficos que les parecían sospechosos y vivían cerca del frente o de zonas fronterizas delicadas; aquí fue donde se produjeron, a menudo, las primeras masacres y deportaciones. En la Anatolia occidental, el infortunio cayó sobre los griegos; en las tierras del oriente otomano, en cambio, las víctimas fueron los armenios, como preludio de la violencia genocida del año siguiente. En la frontera meridional del imperio de los Habsburgo, se atacó a la población de etnia serbia. En las tierras fronterizas occidentales del Imperio ruso, las víctimas fueron sobre todo los judíos.[3]

Para cientos de miles de los judíos confinados en la Zona de Asentamiento, que vivían en pueblos y ciudades pequeños cada vez más míseros y abarrotados, vulnerables a los ataques de los campesinos que los rodeaban con hostilidad, la única huida posible, antes de la guerra, había sido la emigración: se calcula que cerca de 1,5 millones de judíos emigró a Estados Unidos entre 1880 y 1914, convirtiendo Nueva York en la ciudad con más judíos del mundo (con mucha diferencia). Pero, tras iniciarse la guerra, en 1914, cuando los ejércitos imperiales barrieron la región, las rutas de la emigración transatlántica quedaron cerradas y las comunidades judías de la Zona de Asentamiento se vieron sometidas a actos de violencia perpetrados no por los camorristas locales del pasado, sino por el propio ejército ruso. A finales de 1914, las unidades rusas estaban avanzando hacia el oeste, más allá de las lindes del imperio, y se adentraron en los *shtetl* de Galitzia, donde precipitaron una orgía de destrucción. Los soldados prendieron fuego a ciudades y asesinaron a sus habitantes judíos, con frecuencia como si estuvieran practicando alguna clase de deporte sádico. Como era de esperar, la reaparición del ejército de los Habsburgo fue acogida con un «frenesí de gozo» por los supervivientes.[4]

Con el éxito de la contraofensiva alemana, el ejército zarista se derrumbó. Durante su retirada, este contestó ordenándole a una gran parte de la población civil sobre la cual mandaba que se alejara del frente: para el ejército, los judíos de la Zona de Asentamiento eran potenciales quintacolumnistas, favorables a los alemanes, y dirigió su violencia contra ellos. Se calcula que, hasta el verano de 1915, unos seiscientos mil judíos rusos o habían huido o habían sido deportados a la Rusia central, obligados por el ejército en retirada a desplazarse hacia el este, en un clima de «terror indescriptible». Así pues, fue la guerra lo que finalmente terminó con la Zona de Asentamiento e hizo irrelevantes las restricciones legales a la movilidad de los judíos, que habían estado en vigor hasta entonces. Mediada la década de 1920, la población judía de Rusia que vivía fuera de la Zona de Asentamiento se había duplicado.[5]

En Londres y Nueva York, los mismos grupos judíos que habían estado atentos a la evolución del antisemitismo oficial de Rusia esperaban —aunque en vano— que el gobierno zarista reconocería la aportación de los doscientos mil judíos que se habían unido a sus fuerzas armadas. Cuando el gobierno imperial decretó la autonomía de los polacos, previeron que habría un decreto similar para los judíos. «A la vista de los grandes valores liberales en cuya defensa han estado combatiendo los Aliados —escribió Lucien Wolf, uno de los principales expertos anglojudíos—, [creemos que] será imposible que el gobierno ruso mantenga el sistema del presente.» Sin embargo, los ministros del zar no mostraron ningún signo de inclinarse a las demandas relacionadas: plantar cara al antisemitismo, contener al ejército o mitigar las restricciones legales que aún afectaban a los judíos.[6]

A medida que la guerra se prolongaba, fue incorporándose a la ecuación un nuevo elemento: la financiación de la campaña. Todos los bandos empezaron a dirigir la mirada hacia los mercados financieros estadounidenses, para solicitar préstamos e, irónicamente, la concepción antisemita del mundo que compartían los estadistas y diplomáticos de ambas orillas del Atlántico hizo que cobrara especial importancia la necesidad de convencer a los banqueros judíos de Estados Unidos. «El antisemitismo [de Rusia] dificulta mucho que los Aliados puedan obtener la asistencia económica de los judíos, y esta guerra quizá acabe dependiendo de la economía», escribió un subalterno del gobierno británico en enero de 1916.[7] Ante la terquedad de la élite rusa, no obstante, los diplomáticos británicos y franceses se dispusieron a tantear otro asunto que quizá conquistaría la buena voluntad de los judíos hacia las potencias de la Entente. Según varios responsables destacados del Foreign Office, tal asunto podía ser el sionismo. En su mayoría, aquellos funcionarios desconocían qué era exactamente el sionismo y, más aún, si era una corriente verdaderamente popular entre los judíos. Las respuestas fueron ambivalentes. Apenas cabe duda de que en el ministerio de Exteriores británico no se intuía que a las élites judías tanto de Inglaterra como de Estados Unidos las convencía poco (o nada) la idea general de un Estado nacional judío. Los funcionarios solo sabían que sería más fácil obtener tierras de un enemigo, en un futuro reparto del Imperio otomano, que obtener concesiones de sus propios aliados rusos. En consecuencia, los británicos abandonaron el empeño —más bien tibio, la verdad— de utilizar la guerra para promover la emancipación de los judíos en Rusia y se dedicaron a preparar lo que acabaría siendo la Declaración de Balfour. En noviembre de 1917, cuando las tropas británicas empezaban a expulsar de Palestina al ejército otomano y Rusia vivía en la agitación revolucionaria, el secretario de Exteriores británico, Arthur Balfour, pronunció su fatídica promesa de que Gran Bretaña daría apoyo a «establecer en Palestina un hogar nacional para el pueblo judío».[8]

La vaguedad de la afirmación era deliberada: el concepto de «hogar nacional» carecía de un sentido definido en el derecho internacional y tampoco se precisaba quién mandaría sobre el territorio afectado, una vez concluida la guerra. Además, una mayoría de la élite judía asimilada, de la Europa Occidental y Estados Unidos, era claramente contraria al sionismo, un concepto que no la atraía lo más mínimo. El lobista Lucien Wolf temía que la Declaración de Balfour pudiera socavar la posición de los judíos en Inglaterra —arrojando sospechas sobre su lealtad—, por lo que no vaciló en pronunciarse en contra, en la medida de sus posibilidades. En una carta enviada a *The Times* y suscrita por él y otros firmantes judíos, se hizo hincapié en que los judíos del mundo no eran «una nacionalidad sin hogar, incapaces de identificarse plenamente, en lo social y lo político, con las naciones en las que viven». El economista libertario anglojudío J. H. Levy también protestó, con un razonamiento que fue adoptado por los liberales: «Si nosotros mismos nos proclamamos extranjeros [...] me cuesta entender cómo podremos alzar la voz en contra de la injusticia de que se nos trate como a extranjeros [...] Lo único que parece probable que el sionismo consiga es fabricar una base lógica para el antisemitismo».[9]

Entre los judíos del este de Europa, en cambio, la Declaración de Balfour despertó una enorme emoción. Sin embargo, la mayoría no quería —tampoco allí— abandonar las tierras en las que había nacido y, además, parecía que las Potencias Centrales protegerían sus derechos más que sus oponentes. Los judíos rusos dieron la bienvenida al ejército alemán, en su ocupación de territorios de Rusia, y desde Berlín se presentó a Alemania como la emancipadora de las naciones cautivas de la región. En 1916, el general Hindenburg anunció que el yidis sería reconocido como lengua oficial e hizo planes para otorgar cierta capacidad de autogobierno a las comunidades judías. Al iniciarse 1918, cuando Rusia estaba paralizada por la revolución y parecía probable que en el este de Europa se acordara una paz con los alemanes, el ministro de Exteriores de Alemania se declaró favorable a los derechos de las minorías. Su socio habsburgo ofreció una representación proporcional e incluso una secretaría de Estado para los asuntos judíos. Por el modo en que se desarrolló luego la historia real —con el hundimiento alemán pocos meses más tarde—, estos recordatorios de cuán distinto podría haber sido el destino de los judíos en una Europa monárquica dominada por Alemania han caído en el olvido; más aún: nos resultan casi incomprensibles. Ya en la segunda guerra mundial, una de las primeras tragedias del frente oriental fue que muchas comunidades de judíos polacos recibieron con los brazos abiertos a la Wehrmacht, pues confiaban en que interpretaría el mismo papel que el ejército del káiser había interpretado en el conflicto precedente.[10]

A finales de 1918, los acontecimientos dieron un giro del todo imprevisto entonces, cuando los Imperios alemán y habsburgo empezaron a desintegrarse con una celeridad inesperada, hasta correr la misma suerte que el del zar. Con Rusia ya sumida en una guerra civil, se abrió un vacío de poder que polacos, ucranianos y otros aprovecharon para batallar por su independencia: entre unos combates de una complejidad desconcertante, los judíos de la región soportaron un derramamiento de sangre cuyo horror volvía a superar todo lo conocido hasta el momento. Al informar sobre la noticia de que en la ciudad de Proskúrov —un *shtetl* de la antigua Zona de Asentamiento— los soldados ucranianos habían masacrado a más de un millar de judíos en febrero de 1919, *The New York Times* habló del «primero de una nueva serie de acontecimientos que van más allá del alcance de los pogromos ordinarios y adquieren el carácter de masacre». Los distintos grupos nacionalistas chocaron con el recién formado Ejército Rojo, con campesinos insurgentes, con aventureros psicópatas y caudillos militares. En las provincias orientales de las tierras de los Habsburgo, las comunidades judías fueron atacadas por nacionalistas polacos. Las unidades paramilitares derechistas de Alemania, que luchaban contra los bolcheviques y contra los nacionalistas polacos y ucranianos, las atacaron por su parte en una zona que se extendía desde Estonia, por el norte, hasta Ucrania, por el sur. Se produjo una oleada de pogromos que eclipsaban los vividos durante el zarismo. Resulta imposible establecer cifras precisas, pero la matanza fue extraordinaria: hasta que terminó la guerra civil, es posible que tan solo en Ucrania murieran más de cien mil judíos, aparte de generarse varios miles de desplazados. En la Europa de los tiempos modernos, ninguna matanza de civiles había alcanzado aquella intensidad; solo se vio superada por la masacre de los armenios en la Anatolia.[11]

En la primavera de 1919, cuando aún se luchaba con ferocidad en el este, los delegados judíos que acudieron a París para la conferencia de paz intentaron atraer la atención de los vencedores hacia el sufrimiento y las penalidades de sus correligionarios. Sin embargo, aquellos tenían muchas otras cosas en mente y apenas se interesaron por la situación hasta que llegó a París la noticia de que algunas unidades militares polacas actuaban desbocadas. Los Cuatro Grandes cayeron en la cuenta de que redibujar el mapa de Europa sería más complicado de lo que habían imaginado en un principio, puesto que era fácil que los nuevos Estados nación se comportaran como garantes de la paz, pero también como promotores de la guerra. Se pidió, pues, al que se dio en llamar Comité sobre los Nuevos Estados que construyera un marco legal para los derechos de las minorías, marco que fue debidamente incorporado a los tratados que dieron reconocimiento internacional al mapa territorial de la posguerra. El derecho internacional también consagró esa legislación y se incluyó entre las responsabilidades de una nueva organización internacional permanente: la Sociedad de Naciones. Este fue quizá el momento que marcó el apogeo del internacionalismo judío, una época en la que la inquietud por los derechos de los judíos y los beneficios del derecho internacional parecieron ir de la mano; en ese período, las ventajas de la emancipación de los judíos no solo se ampliaron, sino que gozaron del respaldo de una supervisión internacional protectora. Las ideas subyacentes a la protección de la nueva Sociedad de Naciones se asumieron con gran seriedad, en un principio; en la década de 1920, los judíos y los alemanes destacaron entre las minorías étnicas de Europa del Este que acudieron conjuntamente al Congreso Europeo de las Nacionalidades, para cabildear en defensa de los derechos que el acuerdo de paz les había concedido.

Este acuerdo de paz fue un punto y aparte en la reflexión sobre las relaciones de mayorías y minorías. El modelo liberal decimonónico, basado en la emancipación, se construía sobre las premisas de la asimilación y de un trato igual a todos los individuos, independientemente de su credo; en Versalles, dio paso a un modelo nacionalista, que daba prioridad a la nación Estado y garantizaba los derechos colectivos de las minorías con acuerdo a su etnicidad. Para los judíos de Europa del Este esto supuso un avance, en comparación con el régimen al que habían estado sometidos hasta entonces, pero también los convirtió en rehenes de la nueva configuración del poder, pues, en tanto que minorías, quedaban sometidas a la autoridad de los recién creados Estados nacionales, que no deseaban la supervisión de la Sociedad de Naciones. Además, el sistema en su conjunto había sido el producto combinado de la victoria de las grandes potencias, la derrota de Alemania y el hundimiento de Rusia. Por lo tanto, cualquier recuperación combinada de Alemania y Rusia podía amenazar su pervivencia.

Esto era aún el futuro. En los primeros años de la década de 1920, las fuerzas favorables a la emancipación de los judíos parecían haber triunfado en toda Europa; se habría dicho que el antisemitismo, en tanto que movimiento político, había sido derrotado. El régimen más antisemita del continente —el del zar ruso— había sido derrocado, sin posibilidad de que se recuperase; la emancipación había llegado también a Rusia, por fin —y súbitamente— con las revoluciones de 1917. Por su parte, en el este de Europa, las grandes potencias liberales parecían ejercer una protección benigna sobre los núcleos de la población judía asquenazí. En 1925, se anunció un pacto polaco-judío para «acabar con el antisemitismo», después de varias reuniones a las que asistieron grupos de las comunidades judías y el gobierno de Varsovia. «El pueblo polaco ha despertado y ha comprendido que su antisemitismo era un error», afirmó el ministro de Exteriores durante una visita transatlántica, según la prensa. Dos años más tarde, se produjo quizá el punto culminante de esta reacción contra el antisemitismo, cuando se juzgó en París a Sholem Schwarzbard. Este joven judío había perdido a familia en Ucrania, durante los pogromos de 1919, y se había vengado asesinando al líder nacionalista ucraniano Simon Petliura, que se había exiliado en la capital francesa. Lo más asombroso del juicio —que se cerró con una sensacionalista absolución de Schwarzbard— fue que los dos bandos se mostraron de acuerdo en que el antisemitismo era deplorable. Según un comentarista: «El asesino no había matado a un hombre: había atacado el antisemitismo [...] y el antisemitismo se llamaba [...] Petliura». Este último, por su parte, siempre había insistido en que él no era antisemita. Para los grupos judíos, el proceso de Schwarzbard representó una ocasión de juzgar el antisemitismo ante el tribunal de la opinión mundial. También tuvo por consecuencia la formación de una Liga Internacional contra el Antisemitismo, una organización de autodefensa activa que impulsó nuevas leyes que permitieron juzgar a antisemitas en las cortes de Francia.[12] La efectividad de esta estrategia, no obstante, demostró ser dudosa. Entre las dos guerras mundiales, hubo varios intentos de utilizar los tribunales de diversos países para la persecución del antisemitismo, pero ninguno obtuvo un éxito inequívoco y la protección legal demostró topar con límites poderosos. Hubo, por ejemplo, un juicio contra los editores suizos de *Los protocolos de los sabios de Sion*, en Berna, en 1933-1934, que, aunque sirvió para sentar a los nazis en el banquillo, se saldó no obstante con un veredicto insatisfactorio por su falta de resolución.[13]

En realidad, el antisemitismo distaba mucho de haber sido derrotado. En los estadios finales de la primera guerra mundial, en la práctica, se había intensificado en buena parte de la Europa Central y Oriental. De hecho, la violencia anárquica de la última fase de la contienda y de su inmediata continuación fue lo que más contribuyó al auge del antisemitismo como movimiento político. El cataclismo de la guerra había sido abrumador y, al cerrarse, aparte de los millones de muertes causadas por los propios combates, se generó una cascada de consecuencias imprevistas: la repentina derrota de las Potencias Centrales y el derrocamiento de monarquías con siglos de existencia; la hiperinflación y una grave inestabilidad económica; una pandemia y entradas masivas de refugiados empobrecidos; la emergencia de Estados Unidos como gran potencia capaz de determinar el futuro de Europa, y, como amenaza venida ante todo del este, el triunfo sin precedentes de un movimiento revolucionario radical en Rusia: el bolchevismo. El giro de los acontecimientos sembró tanta confusión que, para muchos, la evolución resultaba del todo incomprensible. Las teorías sobre una conspiración de los judíos se ramificaron como explicación fácil de aquellos cambios desconcertantes y, por eso, en los primeros años de la década de 1920, *Los protocolos de los sabios de Sion* —un texto que en 1914 había pasado en buena medida inadvertido— interesó a un público llamativamente vasto, a una y otra orilla del Atlántico. Figuras de la política británica y francesa sopesaron con seriedad si aquel libro misterioso ofrecía la clave que les permitiría comprender lo que estaba pasando en el mundo. En Nueva York, según comentaba un magnate judío estadounidense, los *Protocolos* fueron «el tema de conversación de todos los salones y todas las esferas sociales». Henry Ford concedió una gran importancia a aquel texto y, en el Estados Unidos de entreguerras, fue quien más contribuyó a crear un clima favorable al antisemitismo.[14]

Quizá sintamos la tentación de ver paralelos con la celeridad con la que las teorías conspiranoicas se difunden en nuestro propio presente, pero, por muchas réplicas que hayan causado los terremotos de la crisis económica global de 2008-2009 o del COVID-19, no se acercan siquiera a la magnitud del impacto de la primera guerra mundial. Lo que impulsó el giro hacia una concepción del mundo antisemita fue, sobre todo, el temor a que el triunfo del constitucionalismo liberal en la conferencia de paz de París fuera tan solo el preludio de un socialismo revolucionario desatado en toda Europa. En los meses turbulentos que siguieron al final repentino de la guerra, esto no parecía imposible: hubo huelgas, ocupaciones de fábricas y disturbios —desde Clydeside, en Escocia, hasta el norte de Italia— que pusieron de manifiesto el nuevo poderío de la izquierda y el movimiento obrero organizado. Alemania quedó conmocionada por la derrota súbita, las carestías de alimentos y combustible y la epidemia de gripe y, a finales de 1918, vivió con particular intensidad una oleada de revoluciones socialistas —de corta vida— entre cuyos líderes radicales destacaron algunos judíos. Como ya había angustia por la supuesta amenaza que representaban los miles de *Ostjuden* (judíos de la Europa Oriental) que huían hacia Austria y Alemania por la violencia imperante en las tierras fronterizas de Rusia y Polonia, entraron en acción numerosos militares desmovilizados. Muchos integrantes de los *Freikörper* (literalmente, «Cuerpos Libres») derechistas, convencidos de ser la única defensa de Alemania frente al bolchevismo, eran virulentamente antisemitas; se fundó una organización clandestina, la Organización Cónsul, como escuadrón de la muerte encargado de «limpiar el gobierno alemán de socialistas y judíos». Los rusos blancos y los alemanes étnicos desarraigados por la guerra civil rusa y el avance de los bolcheviques dieron publicidad a lo que ellos consideraban un enemigo nuevo y siniestro: el judeo-bolchevismo. No se dio importancia al hecho innegable de que en su mayoría los judíos no eran bolcheviques y en su mayoría los bolcheviques tampoco eran judíos; era una amenaza mítica y como tal atrapó la imaginación de muchos.[15]

Precisamente en estos meses, los judíos pasaron a ocupar un lugar central en la cosmovisión de Hitler. Durante la guerra, en el cuartel de su regimiento —que se había convertido en su hogar—, apenas había dado a sus comilitones indicio de cuáles iban a ser sus futuras obsesiones. Antes al contrario, el teniente Hugo Gutmann, el edecán del regimiento que había seleccionado a Hitler como candidato a recibir la Cruz de Hierro, era judío. Unos días antes de que el futuro líder del nazismo llegara a Múnich en noviembre de 1918, siendo un joven soldado con un futuro incierto, la monarquía bávara había sido derrocada por un grupo revolucionario encabezado por el socialista Kurt Eisner. Para la opinión pública alemana, uno de los aspectos más extraordinarios y escandalosos de aquel giro de los acontecimientos fue que tanto Eisner, el nuevo ministro presidente de Baviera, como varios miembros de su gobierno eran judíos. Era en efecto algo extraordinario: antes de la primera guerra mundial, a diferencia de lo ocurrido en otros muchos países, en Alemania, los judíos no habían ocupado posiciones gubernamentales de importancia. Muchos miembros de la propia comunidad judía de Múnich miraban con aprensión la repentina instauración de un régimen socialista liderado por un judío. «En aquel entonces nos inquietó que tantos judíos ocuparan puestos ministeriales. Era una gran desgracia. Fue el principio de la catástrofe judía [...] Entonces ya lo sabíamos y ya lo dijimos», rememoraba la feminista Rahel Straus. Resulta de interés que en ese momento Hitler optó por no desmovilizarse y tampoco se incorporó a ninguna formación paramilitar derechista, sino que siguió prestando servicio —ahora, a la nueva república socialista— en el ejército. Figura incluso en una grabación del cortejo funeral que acompañó a Eisner después de que este fuera asesinado por un nacionalista de derechas en febrero de 1919. Pero en la atmósfera fervorosamente antisemita de la posterior represión contrarrevolucionaria, el futuro *Führer* —como tantos de sus compatriotas— pasó a atribuir a los judíos todos los males de Alemania.[16]

En agosto de 1920 —apenas dieciocho meses después del funeral de Eisner—, en una cervecería muniquesa, Hitler pronunció un discurso titulado «¿Por qué somos antisemitas?». Entonces se había incorporado activamente al turbio mundo de la política bávara de derechas y su discurso, de dos horas de duración, estaba concebido con la clara intención de diferenciar frente a sus rivales al nuevo Partido Nazi. En una época en la que muchos muniqueses debatían sobre la prominencia de los judíos en la política, no bastaba con ser antisemita: la clave era explicar el porqué. Hitler eligió hacerlo de dos modos. El primero fue hacer especial hincapié en el racismo biológico. Afirmó que su partido era la vanguardia del movimiento antisemita en el conjunto de Alemania y advirtió que los judíos eran un bacilo que amenazaba la salud del pueblo alemán. Este es el origen de una serie de ideas que, dos décadas después, conducirían a un asesinato masivo patrocinado por el Estado. El segundo modo —como reflejo de que el nuevo partido aspiraba a obtener votos entre los socialistas y los obreros nacionalistas— suponía quitar importancia a la amenaza del bolchevismo, enemigo recurrente de los conservadores y católicos. El discurso pone de manifiesto que el futuro dictador alemán reconocía, aun de forma indirecta, que entre su público habría personas que no se preocupaban por los temores del antisemitismo y, más bien al contrario, se avergonzaban si se los identificaba con este movimiento. Por eso, imagina que le objetan: «¿Cómo puedes ser antisemita siendo socialista? ¿Acaso no te da vergüenza?» y, luego, se jacta: «Llegará el tiempo en el que preguntaremos: "Siendo socialista, ¿cómo puedes no ser antisemita?"». En la misma línea, imagina otra objeción, la de que «antes de la guerra nadie hablaba de los judíos». «Decís que antes de la guerra nadie hablaba de ellos, pero ¿no es lamentable que ahora que sí que estáis al corriente de toda la verdad, algunos aún no tenéis el valor de uniros a nosotros?», contestaba Hitler. Aspiraba a convencer a los que todavía no se habían incorporado al bando de la ultraderecha, y sus comentarios —que casi representan una narración codificada de su propia evolución ideológica— nos recuerdan que, en Alemania, antes de 1914, los grupos políticos antisemitas se habían topado con importantes obstáculos sociales. Pero entre la humillante conmoción de la derrota bélica, el colapso de la monarquía y el miedo a la revolución, aquellas reservas y tabúes se desvanecieron. Los partidos conservadores adoptaron en su mayoría puntos de vista antisemitas y empezaron a vetar el acceso a sus filas a los judíos. Hitler estaba siguiendo la tendencia de su tiempo: usaba el antisemitismo para hacer un llamamiento capaz de superar las brechas de clase de la sociedad alemana.[17]

La primera oleada de la violencia derechista culminó con disturbios antisemitas en Berlín y el fallido *Putsch* de la Cervecería, organizado por Hitler en Múnich en 1923. Tras ser encarcelado por su papel en el intento de golpe de Estado, Hitler ocupó la misma celda de Landsberg que había ocupado anteriormente el asesino de Eisner y se puso a elaborar una historia de sus años anteriores, narrada para destacar su camino hacia la conciencia política antisemita. La obra resultante, *Mein Kampf* [«Mi lucha»], describía a su padre como un funcionario civil imperial, de talante cosmopolita, que desdeñaba y consideraba vulgares el antisemitismo y el nacionalismo. Hitler sostuvo que después de trasladarse a Viena comprendió por fin el poder oculto de los judíos y su ambición de dominar el mundo. En realidad, introdujo en los años vieneses —y también en el servicio bélico— un antisemitismo obsesivo que quienes le habían conocido entonces dudaban de que hubiera existido en efecto y, además, pasó por alto la decisión, potencialmente embarazosa, de haberse puesto a disposición del gobierno de Eisner en Baviera, a finales de 1918. El libro cumplió con su cometido: una vez le devolvieron la libertad, en 1924, Hitler vio que el antisemitismo radical, en vez de bloquearle el camino hacia el poder político, podía contribuir al éxito del Partido Nazi en el sistema parlamentario de la propia República de Weimar.[18]

No era un caso exclusivo de Alemania. En Polonia —el país con la población judía más numerosa de Europa—, un nuevo gobierno abiertamente antisemita manifestó con claridad que no tenía intención de cumplir con la obligación constitucional de respetar los derechos de las minorías. En Rumanía, se interpretó, con gran enojo, que las grandes potencias liberales seguían humillando al país al defender los derechos de los judíos, de modo que a las cuantiosas poblaciones de judíos incorporadas a la Gran Rumanía —por los acuerdos de paz de 1919— se las dejó, de forma deliberada, en un limbo político. En Hungría, un sóviet revolucionario había sido derribado por el régimen anticomunista del almirante Horthy, que instituyó un «terror blanco» propio: los derechistas consideraban que la fallida revolución probolchevique de Béla Kun —que era judío— era simplemente otra «revolución judía». Como respuesta al hecho de que el tratado de paz de Trianon impuso a Hungría la pérdida de unos territorios muy vastos, se produjo aquí una explosión de antisemitismo. «¿Acaso Hungría se va a convertir en un país judío?», decía con inquietud un destacado obispo católico romano, en septiembre de 1918. En el plazo de dos años esto dio origen a una concepción absoluta de Hungría como bastión de la civilización cristiana, que debía salvar Europa de la «moralidad judía». En resumidas cuentas, ideas que en 1918 se tenían por extremistas en 1920 eran mayoritarias.[19]

A lo largo de la década, no obstante, la contrarrevolución estuvo contenida porque los vencedores de la primera guerra mundial, de talante liberal, todavía suscribían el sistema internacional. Hubo una entrada masiva de capital estadounidense en la República de Weimar; el bolchevismo quedó detenido en la frontera soviético-polaca; la Sociedad de Naciones siguió supervisando los acuerdos relativos a la Europa Oriental. Mientras este equilibrio de poder estuvo vigente, se logró moderar los efectos políticos de los regímenes antisemitas de la Europa Central y Oriental. Pero el fin de la República de Weimar, entre la depresión económica mundial, marcó el principio del triunfo del antisemitismo a escala europea. Cuando los nazis se alzaron con el poder, en 1933, Alemania cayó en manos de un partido que solo se distinguía de sus rivales por la importancia que concedía a luchar contra los judíos. Si el programa fundacional del Partido Nazi, de 1920, contaba con veinticinco puntos, no menos de ocho se ocupaban de un modo u otro de esta cuestión. Entre los compromisos que se adoptaban figuraba privar a los judíos de la ciudadanía alemana, expulsarlos de los cargos públicos e identificarlos como una amenaza racial para la nación. De esta manera, el Partido Nazi se asociaba al objetivo de revertir la emancipación. Era evidente qué iba a significar esto sobre el papel: ir eliminando los derechos que habían convertido a los judíos en parte de la nación alemana y extirparlos de la estructura política del Estado. Lo que iba a significar en la realidad, en cambio, aún no estaba claro.

4

El antisemitismo como poder mundial 1933-1945

> Es malo que te oprima una minoría, pero es peor que una mayoría te oprima, pues en las masas hay una reserva de poder latente que, si se convoca a la acción, la minoría difícilmente logrará resistir.
>
> Lord Acton, *The History of Freedom in Antiquity*[1]

> La cuestión judía es la clave de la historia universal.
>
> Oficina de Prensa del Reich, 3 de febrero de 1944[2]

En una historia como la presente resulta tentador —y, hasta cierto punto, quizá inevitable— presentar el antisemitismo como si existiera en aislamiento, como algo que debe comprenderse en sí mismo, sin referencia a asuntos y actitudes más generales. Sin embargo, el antisemitismo casi nunca es una fuerza o un programa autónomo; una de las razones del fracaso de los movimientos antisemitas antes de 1914 fue tal vez que habían pensado que podían ser en efecto autónomos. En realidad, no se lo puede comprender adecuadamente si no se lo enmarca dentro de su contexto histórico. Esto resulta especialmente cierto en la era del fascismo, cuando el antisemitismo organizado alcanzó su cenit. Los historiadores han dedicado mucho esfuerzo a examinar la importancia real del antisemitismo en la derecha europea, en los años de entreguerras y los de la contienda, y el modo en que se tradujo en medidas adoptadas por el poder. En el momento en que llegaremos al Holocausto en sí, estas cuestiones resultarán ser más complicadas de lo que podrían parecer a primera vista.

Para el movimiento fascista italiano, por ejemplo —que acabó prestando su nombre al fenómeno del fascismo en general—, el antisemitismo fue mucho menos relevante que las batallas contra la clase obrera en las ciudades industriales del norte o entre los terratenientes y la mano de obra desposeída que cultivaban las fincas del valle del Po. De hecho, en el ascenso del fascismo italiano al poder, el antisemitismo no interpretó ningún papel destacado. Los prejuicios y estereotipos antijudíos que circulaban en Italia se asociaban a la Iglesia católica y, por lo tanto, estaban algo mitigados por el anticlericalismo acérrimo que caracterizaba buena parte de la vida política del país. El propio Mussolini no tenía especial interés en la cuestión; de hecho, su amante, Margherita Sarfatti, era judía, y como mínimo una de las grandes figuras del régimen estaba casado con una mujer judía. Hubo judíos fascistas, tanto como antifascistas, y el gobierno —con su afán por enfrentarse a los británicos en el Mediterráneo oriental— había permitido incluso que los sionistas revisionistas de Vladímir Jabotinski establecieran una academia naval para formar a los miembros de su movimiento juvenil, el Betar. (Jabotinski, figura notable del movimiento sionista, creía que los judíos debían tomar las armas y fue uno de los inspiradores de la formación de una Legión Judía en el ejército británico durante la primera guerra mundial.) Mussolini no introdujo una legislación antisemita hasta finales de la década de 1930, cuando se acercó más a los nazis; todavía se debate sobre las razones que lo explican, pero, en todo caso, la decisión acabó teniendo resultados catastróficos para la vida de los judíos en Italia. El impacto sobre la burguesía asimilada del país lo captó la inolvidable novela de Giorgio Bassani *El jardín de los Finzi-Contini*, pero las repercusiones se sintieron en todo el espectro social y devastaron algunas de las comunidades más antiguas de Europa.[3]

El caso del nacionalsocialismo alemán fue muy distinto. Para Hitler, la raza era la clave de la historia y el antisemitismo estaba en el corazón mismo del programa del partido, pero incluso en el caso de los nazis, no existe un verdadero consenso al respecto de hasta qué punto este elemento de su programa contribuyó al éxito del partido; en especial, porque desde finales de la década de 1920 los nazis compartieron el énfasis antisemita con no pocos de sus competidores políticos. Apenas cabe duda de que, para buena parte del electorado de Hitler, los deseos de revisar las fronteras del tratado de Versalles, de fomentar el empleo y de recuperar el orgullo internacional mediante un rearme no eran menos importantes que el odio a los judíos. Lo que sí está claro es que la opinión pública alemana era muy consciente— desde el momento en que Hitler asumió el poder como canciller, en la primavera de 1933— de que el antisemitismo de los nazis no pensaba contentarse con los legalismos de los gobiernos pasados. El nazismo era un credo derechista no conservador, sino radical: no tenía la intención de hacer retroceder los relojes al siglo XIX, sino que se aventuraría mucho más allá de lo que un Wilhelm Marr, en la era de Bismarck, se había atrevido siquiera a soñar.

Pese a todo, la escala de la violencia antijudía que estalló en las calles alemanas en la primavera de 1933 asombró incluso a los conservadores de la propia coalición gubernamental. Comportó no solo el boicot a tiendas y negocios, sino también asaltos, palizas, desvalijamientos y saqueos de hogares e incluso asesinatos. La violencia fue más grave en las ciudades pequeñas que en las grandes y se dirigió de forma desproporcionada contra los *Ostjuden*, menos asimilados, pero no respetó a nadie, ni siquiera a los turistas. Como se acompañó de un asalto no menos salvaje contra los comunistas, los socialdemócratas y los líderes sindicales, se forjó desde el principio la asociación de que los judíos eran también, por sí mismos, un enemigo político. Aunque suponía una violación grave de las normas sociales existentes, no tardó en aceptarse como signo de un nuevo designio ideológico y apenas fue objeto de protestas. «Un número asombroso de alemanes no judíos fueron capaces de cerrar los ojos a todo lo que estaba sucediendo a su alrededor, incluido lo que ellos mismos estaban haciendo», ha escrito un historiador. Si en nuestros días necesitamos más recordatorios de con qué celeridad pueden revisarse las normas y expectativas en una sociedad muy nacionalista, la Alemania de los meses de primavera de 1933 es un recordatorio perfecto.[4]

Después del terror que acompañó el ascenso al poder en los primeros meses, la violencia más franca se redujo. La purga del SA —la organización de los camisas pardas—, que tuvo lugar en 1934, favoreció la impresión de que la fase de los combates callejeros del nazismo había concluido y, con la excepción de la destrucción causada durante la Kristallnacht o «Noche de los Cristales Rotos», en noviembre de 1938 —un episodio quc generó muchas críticas internas a su instigador, Joseph Goebbels—, los nazis evitaron ofender el sentimiento público de orden y decoro y, en su lugar, atacaron a los judíos alemanes mediante leyes y decretos.[5] Avanzaron progresivamente, excluyendo a los judíos del funcionariado, de numerosas profesiones y de la vida cultural, así como de los colegios y las universidades. Las nuevas leyes sobre la raza y la ciudadanía, promulgadas en 1935, terminaron con la igualdad civil e impusieron una forma de segregación legal a la mayoría de los judíos alemanes. Fueron medidas bienvenidas por diversos sectores de la sociedad alemana, en particular, los que se beneficiaron de la creación de vacíos profesionales y la eliminación de competencia empresarial, pero, cuando se entendió que los decretos iban demasiado lejos o cuando estos introdujeron incertidumbre y complicaciones en la vida cotidiana, también generaron inquietudes y recelos con respecto al propio régimen.

Los científicos raciales dieron una nueva forma a la organización médica, social y de salud pública y prestaron su autoridad a lo que en realidad fue un impulso ferozmente contrario a la asimilación de la población judía de Alemania. Al mismo tiempo, siguió habiendo una resistencia tangible a esas medidas —aunque se expresara con discreción— en determinados sectores de la población, en especial, en la Baviera católica y en los distritos obreros de las áreas industriales. Los líderes del partido estaban resueltos a generar un apoyo renovado a sus medidas antisemitas y fue precisamente esta determinación la que acabó conduciendo a la Kristallnacht, pero incluso después —según documentó la inteligencia de las SS— en buena parte de Baviera seguía «sin entenderse en lo más mínimo la cuestión judía». En el contexto alemán, la violencia antisemita no era solo una expresión de actitudes populares, sino también un medio de radicalizar a una población reticente.

Hoy no solemos concebir el nazismo como un movimiento contrario a la emancipación judía, pero en su momento era así como se lo solía ver. «La Alemania nazi ha establecido un modelo que se aplicó luego en otros países —escribió el estudioso Bernard Weinryb en una obra publicada en inglés durante la guerra, *Jewish Emancipation Under Attack* [«La emancipación de los judíos bajo ataque»]—. Cuando Alemania conquistó Europa, terminó definitivamente tanto con la democracia como con la emancipación de los judíos en la mayoría de los Estados del continente.»[6] A partir de 1933, los Estados de la Europa Oriental se atrevieron, uno tras otro, a volver a imponer la discriminación, y los logros de la década precedente dejaron paso de nuevo a las restricciones. En Polonia —donde muchas de las restricciones de la era zarista habían seguido afectando a los judíos hasta 1931—, el cambio se resumió en que el gobierno prescindió de sus obligaciones para con los derechos de sus minorías. En Hungría, la administración aprobó «leyes judías» específicas. En este contexto de reversión de la emancipación lograda por los judíos a lo largo del siglo XIX, en buena parte de la Europa continental desapareció en general la vergüenza de ser tildado de antisemita. En la década de 1920, según escribió el comentarista Oscar Janowsky, «con independencia de cuáles fueran sus prácticas y opiniones personales con respecto a los judíos, en público [los nuevos Estados de Europa] se habían sentido obligados a repudiar el antisemitismo y denunciar sus excesos más graves. Sin embargo, el caso del nazismo ha borrado el estigma que asociaba el antisemitismo con la intolerancia y ha convertido el odio a los judíos en algo perfectamente respetable».[7]

El país donde el antisemitismo estaba más extendido —en la región y quizá en todo el mundo— era Rumanía. Sus élites liberales ya habían destacado tristemente en el siglo XIX por haberse negado a emancipar a los judíos cuando se logró la independencia del país y sus intelectuales habían destilado una mezcla embriagadora de espiritualidad ortodoxa y odio nacionalista romántico, en la que estaban obsesivamente fascinados por los judíos. El término *antisemita*, que en la década de 1920 se había considerado vulgar, pasó a tenerse por aceptable. «Conozco dos tipos de antisemitas —escribió el judío rumano Mihail Sebastian, autor de la novela *Desde hace dos mil años*, publicada por primera vez en 1934—: los antisemitas corrientes y los antisemitas cargados de argumentos.» Entre estos últimos había amigos que casi nunca parecían darse cuenta de lo ridículo de sus palabras. «El antisemitismo no resuelve los problemas de un pueblo, ni el nacional ni el social», escribió el filósofo Emil Cioran, de un antisemitismo fervoroso. Así, los intelectuales antisemitas despreciaban a sus primos vulgares. «¿Antisemitismo? Es una leyenda, un absurdo o una farsa política o, más sencillamente aún, una panda de vagabundos y gamberros —escribió Mircea Eliade, amigo de Cioran y no menos antisemita—. Es mucho más difícil, más radical y, ¿por qué no reconocerlo?, en la práctica, mucho menos eficiente intentar pensar por ti mismo.» Esta clase de argumentos, aunque aparentaban referirse a una verdad superior —que el antisemitismo no era un pensamiento propio, sino un sustituto del pensamiento—, circulaban por un medio que parecía ser incapaz de prescindir de ellos. Cuando la Guardia de Hierro, de carácter paramilitar, ascendió hasta obtener un 16% de los votos, se aprobaron nuevas medidas discriminatorias por iniciativa de gobiernos cada vez más antisemitas. A finales de 1939, se había privado de la ciudadanía a más de un tercio de los judíos rumanos.[8]

El continente europeo se estaba dividiendo, de forma progresiva, en dos bandos armados: por un lado, los liberales, vencedores de la Gran Guerra, con su fe en la democracia, en el sistema de Ginebra y el capitalismo internacional; por el otro, los revisionistas, encabezados por el Tercer Reich, que creían estar destinados a terminar con un orden anticuado e instaurar en su lugar un sistema nuevo, de dictaduras con conciencia racial y pureza nacional. Este reordenamiento de Europa, a su modo de ver, supondría levantar un bastión más efectivo contra la amenaza del bolchevismo soviético; situarse en mejor posición para lidiar con los efectos de la depresión económica mundial; combatir el materialismo procedente de Estados Unidos, que se estaba extendiendo por el otro lado del Atlántico, y reformar la sociedad europea para que fuera más disciplinada y jerárquica. El antisemitismo era un elemento imprescindible en este programa porque se identificaba a los judíos con todos los males que la derecha quería erradicar, del socialismo al jazz. De hecho, cada vez era más habitual que se añadiera el prefijo *judeo-* a todos los enemigos ideológicos, como el judeo-bolchevismo, el judeo-capitalismo y la judeo-democracia. A la postre, por supuesto, se llegaría a lo que Hitler denominaba «la guerra judía». «Durante mucho tiempo me resistí a la suposición de que nosotros [...] nos hallábamos hasta ese punto en el centro mismo del nazismo —escribió Victor Klemperer, un judío convertido al protestantismo, al que expulsaron de su trabajo y obligaron a llevar la estrella amarilla—. Pero lo cierto es que era así.»[9]

Cuando un país estrechaba sus lazos con Alemania —como fueron haciendo uno tras otro los países de la región, por lo general, por razones económicas, después del hundimiento del patrón oro—, era habitual entender que esto implicaba también desarrollar una nueva intolerancia oficial hacia los judíos. «Rumanía sin duda será nazi —escribió fríamente sir Orme Sargent, del Foreign Office— y esto zanjará automáticamente la cuestión judía.» A los pocos meses, un checo «decente» le comentó a otro diplomático británico: «Nosotros nunca hemos sido antisemitas, en ningún punto de nuestra historia, pero el mundo nos está obligando a convertirnos al antisemitismo».[10] En vísperas de que lo nombraran primer ministro, en febrero de 1939, el conde húngaro Pál Teleki analizó la situación ante un diplomático británico. Afirmó que resultaba tentador atribuir lo que estaba sucediendo a la influencia alemana. «Es del todo natural que un movimiento y una ideología tan poderosos como el antisemitismo alemán influya en la mentalidad de los pueblos que viven en las inmediaciones», dijo, pero luego hizo hincapié en que el antisemitismo no era ninguna novedad en Hungría. En 1919, se había intensificado por efecto de la revolución comunista, liderada por judíos y, posteriormente, se había mitigado de nuevo porque «Hungría es demasiado pequeña y débil como para iniciar un movimiento europeo [...] en mitad de un continente que es distinto y no se interesa por la cuestión [...] [sino que] se opone a tales ideas». Esto cambió «tan pronto como la atmósfera europea que nos rodea se hizo favorable a ello [...] No hay en esto nada de asombroso: toda idea expansiva, todo líder exitoso tiene entusiastas. Todavía hay miles de personas que tienen un retrato de Napoleón en el salón».[11]

En tanto que movimiento contrario a la emancipación de los judíos, el antisemitismo implicaba esencialmente una crítica a la idea de que la ley debía tratar a todas las personas por igual. Ya fuera por motivos raciales o religiosos, los antisemitas consideraban que los judíos eran irremediablemente extraños y, por lo tanto, no se les debía otorgar la misma ciudadanía, y no digamos ya papel alguno en la administración del país. Los antisemitas, sin embargo, se topaban con el problema de hallar el modo exacto de llevar a efecto ese objetivo y decidir hasta dónde querían llegar. Era difícil, por no decir imposible, retrasar el reloj hasta la época medieval, más aún para los regímenes militaristas que necesitaban industrias modernas y métodos modernos de control y comunicación. Así las cosas, ¿qué deseaban en realidad esos regímenes? Desde luego, la ciudadanía se podía redefinir y se podían aprobar exclusiones para escuelas, universidades, profesiones y la vida pública. Se podía segregar a los judíos, separándolos del resto de la sociedad, pero ¿qué iba a significar esto exactamente para la vida cotidiana o la actividad económica? ¿Había que impedirles, por ejemplo, el acceso a ciertas calles o aceras, como hizo un decreto de la policía de Berlín en diciembre de 1938 («la acera norte de Unter den Linden, desde la universidad hasta el arsenal»)? ¿Había que obligarlos, como en otra ley nazi de carácter retroactivo, a mantener sus «nombres y apellidos judíos»?

De un modo muy similar a como ocurrió con la propia emancipación, la revocación de los derechos no fue un acontecimiento único, sino un proceso tortuoso en el que se determinaron objetivos, surgieron obstáculos imprevistos y se presentaron ocasiones inesperadas. El impulso de excluir a los judíos de un número creciente de sectores de la vida social y económica comportaba por lo demás que, con el tiempo, los judíos dejarían de poder mantenerse por sus propios medios. ¿Qué se haría entonces? Aunque este objetivo no soliera afirmarse expresamente, les parecía evidente que, de un modo u otro, debían desaparecer. El historiador Alon Confino ha formulado con acertada concisión la idea que les daba vueltas en la cabeza: «un mundo sin judíos», pero ni siquiera los líderes del Tercer Reich habían anticipado qué podría suponer su desaparición ni cómo podrían llevarla a cabo.

Después de la Kristallnacht, en noviembre de 1938, muchos ayuntamientos alemanes colgaron carteles que indicaban a los judíos que no debían acercarse de nuevo; muchos temían regresar a sus hogares y se quedaron vagando por las calles o intentaron refugiarse en algún parque. «Hay gente a punto de morirse de inanición», escribió un observador.[12] A finales de 1938, las figuras más destacadas del Reich se vieron obligadas a lidiar con una secuencia urgente de cuestiones prácticas de carácter diverso pero espinoso asociadas a sus medidas antijudías. En una reunión de alto nivel, uno de ellos planteó que no se permitiera viajar a los judíos con la población no judía, pero ¿cómo? Si les ofrecían compartimentos específicos, ¿no se arriesgaban a que justo los judíos se desplazaran con más comodidad, en especial en las horas punta? No era una decisión fácil. Si en los parques o las playas no podían juntarse con los otros alemanes, ¿había que instalar bancos y crear centros turísticos especiales para ellos? También se habló del tema de los bosques:

> GOEBBELS: ¡Tal vez [...] sea necesario prohibir a los judíos que entren en los bosques alemanes! [...] En el de Grunewald corren por manadas [...]
>
> GÖRING: Deberíamos darles una parte del bosque [y asegurarnos] de que lleven y aclimaten allí a los diversos animales que tanto se parecen a los judíos, como el alce, con su misma narigota.

Sin dejarse distraer por el intento humorístico de Hermann Göring, el director de la Gestapo, Reinhard Heydrich, centró de nuevo la conversación recordando a los ministros que incluso si forzaban al máximo la emigración, en el Reich todavía vivirían muchos judíos durante algunos años y sus ingresos serían cada vez menores. ¿Habría que confinarlos en guetos? A Heydrich esta perspectiva le disgustaba porque allí quizá podrían ocultarse con más facilidad. ¿Y si se creaban ciudades especiales para ellos, como reservas?, sugirió alguien. A Heydrich esta idea no le complacía más. También se planteó si debían permitirles comprar en los comercios arios o trabajar. «El alemán no servirá nunca más al judío», sentenció Heydrich. A lo que Göring replicó: «Un momento... No puedes dejar que se mueran de hambre». Se estaban dando aquí los primeros pasos, aún vacilantes y titubeantes, hacia el genocidio y la destrucción total, por medio de los complejos detalles de la burocracia de la persecución racial y la imaginación embotada de unos hombres sin corazón. Poco más adelante, la guerra reveló nuevos horizontes e incluso la perspectiva de una «solución final».[13]

En *La ciudad sin judíos* —una sátira de 1922, sumamente exitosa—, el escritor austríaco Hugo Bettauer había imaginado tal clase de expulsión masiva de los judíos de la capital de su país, las celebraciones posteriores y luego —irónicamente— el hundimiento de la ciudad. Los nazis se enfurecieron con esta satirización de una de sus ideas predilectas, por lo que Bettauer murió asesinado a tiros por un fanático, en 1925. Pero, en la práctica, expulsar por la fuerza a los judíos, no solo de Viena sino de Europa en su totalidad, había sido una idea muy recurrente desde el siglo XIX, si no antes. El ascenso de la teoría según la cual los judíos formaban parte de una raza distinta, la «semita», daba un fundamento seudocientífico a ese tipo de programas: sugería que eran ajenos a Europa y que debían estar donde les correspondía, en un Estado propio en las tierras de la Biblia. El grupo de los cristianos sionistas abrazó con entusiasmo esta idea del desalojo masivo. «Hay una posición por la que a mis amigos y a mí nos han criticado mucho tiempo e incluso insultado», escribió el autor inglés G. K. Chesterton.

> Siempre se la ha llamado *antisemitismo*; en realidad, siempre ha sido mucho más exacto llamarla *sionismo*. En todo caso, el llamar *sionismo* a esa posición era mucho más propio de su naturaleza, con independencia de si geográficamente se centraba en Sion o no. La esencia de esta herejía no podía ser más simple. Consistía simplemente en decir que los judíos son judíos y, por simple consecuencia lógica, no son rusos o rumanos o italianos o franceses o ingleses [...] Mis amigos y yo teníamos [...] el deseo de darles a los judíos la dignidad y la condición de una nación específica. Deseábamos que, de algún modo, y en todo lo posible, los judíos estuvieran representados por judíos, vivieran en una sociedad de judíos, fueran juzgados por judíos y gobernados por judíos. Por mi parte, soy antisemita si el

antisemitismo es eso. Aunque me parecería más racional llamarlo *semitismo*.[14]

No debemos confundir el sionismo cristiano con el movimiento judío del mismo nombre. Para empezar, en el caso cristiano, era inseparable de una vena de antisemitismo obsesivo, cargado con los estereotipos habituales. Sin embargo, ambos compartían la clara convicción de que los judíos eran extraños en otras tierras y, por lo tanto, la emancipación se basaba en una premisa falsa y peligrosa: lo mejor, para todos los implicados, sería que contaran con una tierra propia. En Centroeuropa, muchos políticos derechistas se habrían mostrado de acuerdo, pero les interesaba sobre todo la cuestión de obligar a los judíos a emigrar; adónde se marcharan les importaba poco y, a una parte de ellos, la simple idea de un Estado judío les parecía indeseable. Sin embargo, el mundo de la década de 1930 les ofrecía pocas opciones: la era de las fronteras abiertas y los grandes flujos migratorios había concluido. Un nuevo «alto comisario para los refugiados», de la Sociedad de Naciones, acabó presentando la dimisión en 1935 ante la imposible tarea de mediar en acuerdos internacionales para hallar acogida a un número creciente de personas desesperadas. En 1938, la conferencia intergubernamental de Évian, convocada para buscar soluciones al problema que los nazis habían creado al forzar la huida de los judíos alemanes, se saldó con un fracaso. Cuando los británicos pusieron freno a la entrada de inmigrantes en Palestina, múltiples geógrafos, antisemitas y los propios judíos desesperados y en número creciente buscaron alternativas por todo el globo, con muy escaso éxito.

La desaparición y la supervivencia de las etnias se convirtieron en obsesiones, no solo en Alemania, sino también en toda la Europa Oriental; el problema de la «viabilidad» de las comunidades judías —planteado primero en la Zona de Asentamiento del Imperio ruso, a finales del siglo XIX, por las condiciones de hacinamiento— se debatió de forma repetida en gran parte de la región afectada por la depresión económica. Los economistas se preguntaban sin ambages si no solo los judíos, sino toda clase de categorías sociales —antes que nada, el «excedente de mano de obra» de las zonas rurales—, debían considerarse simplemente prescindibles, como tal sobrante. En Polonia, el país que en la Europa de entreguerras tenía, con gran diferencia, la población judía más numerosa, el régimen organizó boicots e impuso restricciones contra los judíos. En 1938, unos observadores expresaron su temor porque tales medidas «si se llevan hasta su conclusión lógica [...] suponen la inanición y una muerte lenta para cientos de miles de personas». En una era en la que los economistas empezaban a pensar sobre los problemas asociados al desarrollo de la economía nacional a largo plazo, las medidas antisemitas impuestas por regímenes como el polaco pueden entenderse como una especie de alternativa eliminacionista, es decir, para corregir dificultades del desarrollo económico nacional, identificaban una población sobrante de la que confiaban en poderse librar, ya fuera mediante el crecimiento económico (objetivo más bien inalcanzable en mitad de la Depresión) o mediante la emigración forzada. En la década de 1930, es razonable afirmar que en los gobiernos nadie estaba pensando en un exterminio físico: a lo que se aspiraba era a la expulsión.[15]

En este mismo contexto, llegados al otoño de 1939 los nazis habían logrado expulsar de su Reich de la Gran Alemania a unos 400.000 judíos. Se trata de una cifra colosal: representa más de la mitad de la población judía que vivía originalmente en Alemania y Austria durante el período de entreguerras, y lo habían conseguido en un clima de resistencia internacional. Pero con la invasión de Polonia no solo se inició la segunda guerra mundial, sino que el «problema judío» del territorio polaco pasó a ser un problema del Reich. A medida que los éxitos militares se sucedían y que la Wehrmacht conquistaba un país tras otro, el régimen más antisemita de Europa tuvo que lidiar con la cuestión de qué hacer no ya con la población judía propia, la que aún vivía en territorio alemán, sino con la de toda la Europa ocupada. A finales de 1940, ya solo quedaban en el Reich (sin contar Austria ni los Sudetes) menos de 250.000 judíos, pero la población judía de los países situados bajo el control directo o indirecto de Alemania ascendía entonces a más de 5,5 millones. Otro millón y pico más vivía en Estados aliados con el Reich y la invasión de la URSS amenazaba a cerca de tres millones más. El éxito militar, en pocas palabras, supuso todo un desafío racial para el fervor antisemita del Tercer Reich, a una escala incomparablemente superior a nada vivido hasta entonces. Por asombroso que pueda resultar, apenas hay pruebas (si es que las hay como tales) de que los nazis hubieran reflexionado al respecto de una forma sistemática y anticipada. En aquel momento, no les quedaba más remedio que hacerlo, más cuando la guerra que habían iniciado se definió como una batalla existencial contra los judíos, lo que le daba una dimensión ideológica del todo ausente en la guerra de 1914-1918.[16]

En un discurso tristemente famoso, pronunciado en enero de 1939, Hitler advirtió que

> si la judería financiera internacional de dentro y fuera de Europa tuviera éxito en su afán de sumir a las naciones, una vez más, en una guerra mundial, la consecuencia no será la bolchevización de la Tierra y por lo tanto la victoria de la judería, sino la aniquilación de la raza judía en Europa.

Algunos historiadores han sugerido que estas palabras indican que Hitler ya estaba pensando en medidas de exterminio masivo. La verdad es que esta idea tan extraordinaria aún tardaría tres años en hacerse realidad. De hecho, la palabra clave del discurso de Hitler no era *aniquilación* —desde los tiempos de Marr, los antisemitas habían estado lanzando avisos así de sombríos—, sino *Europa*. En el largo y serpenteante camino que llevó a los campos de exterminio, hubo varias salidas falsas y los líderes alemanes sopesaron también organizar una expulsión general fuera de las fronteras de Europa: primero a la isla de Madagascar (la idea se sugirió brevemente en 1940) y luego a los territorios que habían sido soviéticos. Con el tiempo, el sintagma de «evacuación hacia el Este» se convirtió en un mero eufemismo burocrático de los asesinatos en masa. Según ha apuntado el historiador Christopher Browning, con sus palabras de 1939, lo que Hitler daba a entender era que los nazis ya no aspiraban solo a tener una Alemania *Judenfrei* [«sin judíos»], sino Europa en su totalidad. Esto requería coordinarse con los socios y colaboradores a escala continental. Los precedentes de un frente antisemita internacional, no obstante, eran poco esperanzadores y, en efecto, forjarlo no resultó una tarea sencilla.[17]

Tanto los liberales como los bolcheviques habían puesto de manifiesto su capacidad de cooperar internacionalmente y algunos fascistas creían que la derecha debía ser asimismo capaz de reunir una coalición de aliados de ideologías similares. Ya en 1934, la Italia fascista —que entonces todavía se imaginaba a sí misma como el socio principal de Hitler— había convocado una conferencia internacional de fascistas en Montreux (Suiza). Antes incluso de la guerra, la propaganda fascista había martilleado la necesidad de defender Europa de dos peligros hermanos, el bolchevismo soviético y la plutocracia angloestadounidense, pero, en la agenda de Montreux, el antisemitismo no había ocupado ningún lugar principal. Aunque el delegado rumano insistió en que «debemos hablar de los judíos», la resolución que la conferencia aprobó resultó ser bastante débil. En la práctica, los delegados se habían enfrentado no poco agriamente por la mayor o menor importancia de la cuestión; esto quizá nos indica no solo que el fascismo, a diferencia del liberalismo, no era una ideología especialmente idónea para la colaboración internacional, sino también que el antisemitismo era un asunto que —en cuanto se iba más allá de los tópicos y la retórica de la propaganda, y se abordaban medidas concretas— tendía a dividir a los socios, aun a pesar de las semejanzas ideológicas.[18]

A Hitler todo esto no le impresionó gran cosa. Desde 1939, consideró que la guerra era por sí misma una oportunidad única de rehacer Europa y, como su forma de pensar sobre el continente estaba impulsada por la raza en general y el antisemitismo en particular, tenía la convicción de que sus aliados darían una aprobación casi absoluta a sus medidas antijudías. Aunque la historiadora Lucy Dawidowicz, en un libro pionero de 1975 —*The War Against the Jews*, [«La guerra contra los judíos»]—, exageró la antigüedad del antisemitismo en la concepción del mundo de Hitler, acertó al hacer hincapié en que el Führer fue el principal motor de la radicalización de esas ideas, en especial, una vez iniciada la guerra, cuando su poder quedó libre de las restricciones anteriores. Cuando el líder nazi detectaba vacilaciones, en efecto, se aplicaba en reavivar el entusiasmo. Incluso cuando la «solución final» estaba alcanzando su apogeo asesino, en septiembre de 1942, Hitler pronunció un largo discurso en el Sportpalast [«Palacio de los Deportes»] de Berlín en el que describió la guerra como una batalla por la existencia, que enfrentaba a «los pueblos arios» con los judíos y concluiría con el exterminio de estos. En una fase en la que sabía mejor que nadie que el exterminio era una práctica, y no solo una palabra, saludó el despertar de una «oleada de antisemitismo» que se extendía de un pueblo a otro y que —a su juicio— acabaría fraguando en una alianza de Estados antisemitas.[19] En realidad, a medida que los aliados de Alemania iban conociendo el alcance de las intenciones exterminadoras de Berlín, más difícil resultaba coordinar un planteamiento europeo del antisemitismo.

Por supuesto, es innegable que una de las ideas básicas que subyacían al Nuevo Orden nazi —la de que los males de Europa eran achacables a los judíos— estaba muy difundida más allá de las fronteras de Alemania y, por eso, a finales de la década de 1930 dio forma a leyes persecutorias en muchos países. En buena parte de Europa, la izquierda había sido aplastada o marginada, el poder estaba en manos de alguna variante de la derecha y los antisemitas —tanto si eran racistas pronazis como si eran religiosos conservadores— estaban en auge. En los discursos de los aliados de Hitler era habitual que se identificara a los judíos como el enemigo y se presentara el antisemitismo como una solución continental a la causa de los males de Europa. Todo esto iba más allá de la simple voluntad de granjearse el favor de Alemania y expresaba asimismo el punto de vista de una franja importante de la opinión pública nacional. En cuanto se puso de manifiesto la escala de las victorias alemanas, muchos Estados atacaron a su propia población judía. Y a la que las unidades de la Wehrmacht se fueron adentrando en los países de la Europa Oriental, no hizo falta ningún gran esfuerzo para que los matones antisemitas de la población local se embarcaran en matanzas. En los niveles diplomático y militar, por el contrario, había límites en la cooperación del Eje, que se fueron evidenciando con más claridad con el paso del tiempo, pues, aunque las élites proalemanas entendían que perseguir a los judíos era una respuesta políticamente aceptable a una realidad demográfica que les parecía lamentable, esto no significaba que todos los gobernantes de la Europa hitleriana concedieran la misma importancia que el Führer al asunto o estuvieran dispuestos a llegar a sus mismos extremos. Antes al contrario: aunque muchos líderes del Eje estaban contentos con satisfacer los deseos del régimen nazi cuando los costes de hacerlo así les parecían asequibles, cuando el coste se elevaba, empezaban a vacilar.

El mejor ejemplo al respecto quizá sea Rumanía. En el verano de 1941, el asesinato de miles de judíos en las calles de la ciudad de Jassy conmocionó incluso a los nazis por su brutalidad; sin embargo, el mismo gobierno rumano que había sancionado la matanza se puso a dar largas un año después, cuando los alemanes exigieron que acelerara la deportación y entrega de los judíos del país. Esto no quiere decir que los líderes rumanos se hubieran vuelto menos antisemitas, sino que la exigencia alemana amenazaba un interés irrenunciable del Estado: la soberanía. Si un imperio todopoderoso te ordena que le entregues a una parte de tu ciudadanía, se crea la imagen de subordinación y desigualdad que los aliados y vasallos de Alemania consideraban no solo humillante sino alarmante (¿cuál iba a ser el final de ese camino?), por lo que intentaron reafirmarse en su independencia. Consideraciones similares, asociadas al prestigio, ayudan a explicar por qué otros regímenes colaboracionistas se mostraron dispuestos a entregar a los judíos que no eran ciudadanos del país, pero, más allá, se mostraron menos cooperativos. No era lo mismo librarse de unos apátridas recién llegados —y, de paso, aplacar a un aliado— que abandonar a tus propios ciudadanos judíos. No porque estos les complacieran, por supuesto; sino porque cada vez estaba más claro que los enviaban a un programa siniestro, de masacre patrocinada por el Estado alemán, e incluso entre los antisemitas no pocos rechazaban esta idea. En Hungría, el anciano dictador anticomunista, el almirante Horthy, cuyo régimen había aprobado leyes antisemitas y había aprobado algunas deportaciones, se resistió obstinadamente a las exigencias de un Hitler furioso, hasta el punto de que los nazis lo expulsaron del poder y ocuparon el país.

Los alemanes —ha afirmado el historiador Salo Baron— quizá habrían podido convertir el antisemitismo en un poder mundial, pero la coalición asesina antijudía que intentaron forjar en su Nuevo Orden resultó ser inestable. Poco a poco, los nazis empezaron a captar las sensibilidades diplomáticas que obstaculizaban y ralentizaban su empeño, pero esto tan solo los empujó a acelerar el genocidio, según escribió un especialista nazi en los asuntos judíos en marzo de 1942: «La cuestión judía tiene que resolverse en el transcurso de la guerra porque solo de este modo puede resolverse sin levantar un clamor internacional».[20] La creciente insistencia del régimen en el secretismo era una forma de reconocer, implícitamente, que la «solución final de la cuestión judía» que ellos manejaban resultaba escandalosa incluso para un mundo en el que parecía que los antisemitas habían triunfado. Así, al iniciarse las masacres a gran escala, los fusilamientos masivos que se produjeron en los territorios ocupados a la Unión Soviética a finales del verano de 1941 se desarrollaron a menudo a la vista tanto de las unidades próximas del propio ejército como de los civiles locales: de hecho, hubo que emitir órdenes para impedir que los espectadores se congregaran en muchedumbre en los lugares de las masacres, como hacían con el fin de contemplarlas y fotografiarlas. En la práctica, estas prohibiciones se cumplieron solo excepcionalmente: cinco décadas más tarde, recorrió Alemania una exposición que conmocionó al país y generó mucho debate, al presentar cientos de instantáneas de ese genocidio. En cambio, la planificación, la concepción y el funcionamiento de los campos de exterminio, a partir de 1942, se desarrollaron en condiciones de extremo secretismo.[21]

A principios de 1944, tras constatar de forma clara los signos de resistencia y recelo de sus aliados ideológicos, Berlín se esforzó por insuflarles más determinación. Los alemanes hicieron planes para convocar un congreso antisemita paneuropeo en el que se debatiría sobre «el peligro global de los judíos». Los organizadores previeron un programa completo para los cerca de doscientos invitados previstos, con conciertos, obras de teatro y película. La iniciativa llegó tarde y no se hizo realidad, aunque sí se celebraron seminarios más reducidos, en cierta «posada de los enemigos de los judíos» donde los profesionales podían abordar temas como «El poder de los judíos sobre Europa» o «La judaización de la clase dirigente de Inglaterra». Los diplomáticos alemanes, conscientes de que la poderosa ambición nazi de alzarse con el liderazgo continental era peligrosa, tenían miedo de que aquello pudiera perjudicar «la plantita del antisemitismo, que en muchos países es delicada».[22]

Por lo general, no se tiene en cuenta que, en buena medida, ni el grado de antisemitismo de una sociedad dada, ni tampoco siquiera la afinidad ideológica con el nazismo, fueron los factores de mayor importancia a la hora de determinar el saldo final de muertos en el genocidio: lo más importante fue la condición jurídica de los países afectados. Los prejuicios y las actitudes fueron en efecto menos relevantes que la naturaleza del Estado y sus limitaciones burocráticas. (También hubo otros factores cruciales, como la geografía y el momento.) Donde los asesinos alemanes hallaron más libertad para actuar, el número de víctimas fue muy elevado; por eso, en los territorios ocupados a la antigua URSS —donde los nazis no se toparon con impedimentos legales al asesinato masivo—, los pelotones de ejecución de las SS continuaron con su terrible labor sin prestar atención a la opinión pública internacional. El economista nazi Otto Ohlendorf, que capitaneó uno de los Einsatzgruppen que actuaron en esos territorios, fue acusado en la posguerra de haber supervisado en persona la ejecución de no menos de noventa mil personas por parte de su grupo. En los restos de Polonia que se rebautizaron como Gobierno General, la numerosa población judía de la región también quedó indefensa, porque la ocupación la había situado bajo el control de un grupo de nazis ambiciosos, afanosos por matarlos con la mayor celeridad posible; en consecuencia, la mayoría de los 2,3 millones de judíos que habían quedado atrapados en el Gobierno General perecieron en los campos de la muerte en el plazo de muy poco más de un año. Paradójicamente, el diminuto número de judíos que aún vivía dentro del Reich (habitualmente, en matrimonios mixtos) gozó de una suerte quizá una pizca mejor, porque el poder de las SS estaba moderado por el hecho de que los otros ministerios retenían la jurisdicción sobre Alemania. En el resto de Europa, los alemanes encontraron con frecuencia la ayuda burocrática que requirieron, pero en ocasiones se toparon con dificultades diplomáticas inesperadas. En las zonas balcánicas ocupadas por Italia, tanto los oficiales del ejército como los diplomáticos obstruyeron los propósitos de los nazis. En Bulgaria, donde las autoridades habían puesto en marcha medidas antisemitas en 1940, el gobierno deportó al campo de exterminio de Treblinka a toda la población judía de los territorios que el ejército búlgaro había ocupado en 1941, pero, ante las protestas populares —extraordinarias—, los judíos que eran súbditos búlgaros desde antes de la guerra no sufrieron ese mismo destino, sino que fueron enviados a campos de trabajos forzados en las provincias del propio país. Como Bulgaria era un aliado, no una potencia derrotada, los alemanes no podían hacer mucho más.

Pero, aunque a veces sus aliados arrastraran los pies, el poder de la maquinaria bélica alemana era abrumador y no estaba encontrando un freno genuino. Al terminar el conflicto, y pese a la enormidad y complejidad de la tarea que se habían impuesto y la escasez de tiempo del que dispusieron, los nazis consiguieron hacer realidad un exterminio sin precedentes. La magnitud del crimen era un indicio de la importancia suma que los líderes del Tercer Reich habían dado a su perspectiva antisemita. Los alemanes habían asesinado a casi todos los judíos que en 1939 vivían en el Reich: del cerca de medio millón que vivía en Alemania cuando Hitler se alzó con el poder, sobrevivieron apenas diecinueve mil. También habían asesinado aproximadamente al 90% de los judíos que vivían en territorio polaco al iniciarse la guerra, en su mayoría en los campos de exterminio construidos con esa finalidad específica: quienes sobrevivieron lo hicieron gracias a haber huido en fecha temprana a la seguridad de la Unión Soviética; muy pocos lograron salvar la vida escondiéndose. Auschwitz-Birkenau, que había empezado siendo un campamento para los prisioneros de guerra polacos, aprovechando unos viejos cuarteles de antes de la guerra, experimentó una metástasis para convertirse en un monstruoso complejo de trabajos forzados y asesinato. En su conjunto, los nazis y sus ayudantes mataron a cerca de seis millones de judíos —y a otros varios millones de civiles—, lo que representaba casi la mitad de la población judía de Europa identificada por los grandes líderes del Reich en la conferencia de Wannsee, a principios de 1942. Los siglos de pasado judío de Europa —un rasgo muy importante de su experiencia histórica— habían quedado prácticamente arrasados. Con posterioridad, solo se pudo tener un atisbo de ese pasado por el rastro de la aniquilación que se había producido en el territorio continental.[23]

La «solución final de la cuestión judía» todavía estaba plenamente en marcha cuando algunos de los principales funcionarios alemanes implicados en ella tuvieron conciencia de que los Aliados los habían calificado de criminales de guerra. Entre ellos figuraba Adolf Eichmann, cuyo papel en la organización de las deportaciones emprendidas por toda Europa lo implicaba tanto como a quien más. Cuando se avecinaba ya la derrota, este hombre —que en cierto momento soñó con que se le levantaría un monumento en reconocimiento a sus logros y confiaba en que Hitler lo nombraría «comisario mundial para los judíos»— empezó a alardear de su especial relevancia en la lista de personas más buscadas por las Naciones Unidas. Después de la guerra, se ocultó en Argentina y, cuando hablaba con sus amigos, se jactaba de ello: «Una vez encontré la lista de los criminales de guerra. Yo era el número 9 y la verdad es que me reí con ganas». Esta reacción apunta a una vena de grandiosidad y complacencia en su misión que contrasta con la imagen que intentó dar cuando lo juzgaron en Jerusalén, en 1961. Pero no debería sorprendernos que estuviera al corriente de que los enemigos de Alemania consideraban criminales a los asesinos de los judíos y tenían la intención de perseguirlos. A fin de cuentas, internacionalmente, las implicaciones genocidas del antisemitismo nazi habían empezado a captarse —y condenarse— como mínimo desde diciembre de 1942, cuando los Aliados, conmocionados por los informes que llegaban de Polonia, denunciaron en público lo que calificaron de «política bestial de exterminio a sangre fría». En 1944, apareció un libro sobre los detalles de la ocupación nazi, en el que un jurista judío polaco, Raphael Lemkin, acuñó el término *genocidio*. Empezaban a verse con claridad las auténticas consecuencias que había tenido la política antisemita. Cuando la contienda se acercaba ya a su fin, un comentarista judío estadounidense, en un análisis de las expectativas para el mundo de posguerra, expuso que el antisemitismo había quedado dañado irreversiblemente por su asociación con el nacionalsocialismo: «La guerra de los nazis contra el resto del mundo ha identificado con más claridad que nunca [...] la causa del antisemitismo con las fuerzas de la reacción política, la corrupción y la agresividad bélica».[24] A largo plazo, se constata que estaba en lo cierto. Sin embargo, las conclusiones deben matizarse bien: el afán de los Aliados de denunciar explícitamente el antisemitismo resultó limitado y la Declaración de las Naciones Unidas, en 1942, fue de lo más infrecuente; no solía alzarse así la voz en contra del sufrimiento de los judíos. Los gobiernos de Gran Bretaña y Estados Unidos tenían sus propios problemas, con sus propias formas nacionales de antisemitismo, por lo que en adelante se esforzaron por no destacar especialmente a los judíos entre las víctimas. En octubre de 1943, se dio a conocer una declaración sobre las atrocidades de la guerra firmada por Churchill, Stalin y Roosevelt, pero que no mencionaba a las víctimas judías: solo hubo una referencia general a «atrocidades, masacres y ejecuciones masivas a sangre fría».[25]

En el período de la inmediata posguerra, los Aliados victoriosos enviaron un mensaje no menos ambiguo. Abandonaron las ideas de los derechos de las minorías y de la protección especial de los grupos étnicos vulnerables y, en ningún caso, tendieron a presentar la guerra como una contienda librada por mor de los judíos. (De hecho, en los juicios de Núremberg, la causa central no destacó el genocidio como el aspecto clave.) Esto no significa, aun así, que fueran indiferentes al asunto. Por el contrario, en el trato que dieron a las potencias derrotadas que habían formado parte del Eje intentaron poner punto final al racismo oficial de los nazis, para de este modo contraponer la causa de la victoria frente a los prejuicios del enemigo derrotado, en especial, porque imperaba la convicción de que el odio racial y el nacionalismo extremo más en general habían interpretado un papel esencial en los orígenes de la propia guerra, es decir, se creía que para combatir cualquier posible renacer del antisemitismo había que ocuparse de cuestiones más globales como la paz entre las naciones, el respeto al derecho internacional y la reconstrucción de las democracias en un continente en el que estas se habían desmoronado.

Una consecuencia inmediata —aunque poco comentada— de la victoria aliada fue por lo tanto la derogación, en todo el continente, de las leyes antijudías en materia de ciudadanía. En la Alemania ocupada, el comandante supremo de los Aliados abolió la legislación racial de los nazis con su primer decreto. En Francia, se declararon nulas e inválidas las leyes antisemitas de Vichy. En Italia, se derogó la

«Ley para la protección de la raza italiana», instaurada en 1938. Todos los acuerdos de armisticio firmados en la Europa Oriental obligaban a las nuevas autoridades a rechazar las leyes y los decretos discriminatorios. En Austria, se restauró la Constitución de 1921, que era sumamente democrática. El caso más llamativo fue quizá el del nuevo gobierno de Polonia, que se alzó con el poder en el verano de 1944, apoyado por los soviéticos, y anunció la restauración de la antigua Constitución de entreguerras, que había prohibido por ley cualquier discriminación racial o religiosa. La reversión de toda la legislación racista y antisemita tardaría varios años y una parte de la burocracia contestó con tácticas dilatorias y oposición; en ciertos aspectos, nunca fue total, pero no por ello debemos hacer caso omiso de la derogación, ni quitarle importancia: fue indicio de un deseo genuino de distanciar la Europa de posguerra de los valores nazis.[26]

Aun así, ¿había alguna razón para creer que el repudio del antisemitismo iba a durar? Después de la primera guerra mundial, había experimentado un auge, ¿volvería a suceder lo mismo después de la segunda? En cierto nivel, no cabe duda de que los comentaristas coetáneos estaban en lo cierto: el nazismo se había asociado indeleblemente al antisemitismo y el recuerdo del régimen fue un peso difícil de sobrellevar para los antisemitas de la posguerra; el Tercer Reich tuvo como efecto desacreditar el antisemitismo en tanto que programa, durante varias décadas. Más aún, Alemania no solo había sido derrotada, sino que fue ocupada y dividida. La coalición victoriosa, a pesar de sus múltiples desacuerdos, estaba unida en la determinación de asegurarse de que el nazismo no volviera a amenazar nunca la paz europea. La Europa posterior a 1945 —ya fuera la sometida a Stalin en el este o al poder angloestadounidense en el oeste— estaba bajo el control de potencias que, con independencia de sus limitaciones, hipocresías y deficiencias internas, se oponían a que un Estado pudiera ser antisemita. La política, no obstante, era una cosa, y otra distinta el punto hasta el cual la derrota del nazismo habría cambiado la actitud popular hacia los judíos. Los antisemitas habían sido derrotados, desde luego, pero ¿qué sucedió con la serie más extensa de actitudes antisemitas que se había heredado del pasado? Para combatirlas se iban a necesitar, sin lugar a dudas, armas distintas, y esa batalla —de una guerra que por supuesto no había terminado— se libraría en un campo distinto. James Parkes, uno de los pioneros británicos en el estudio de esta cuestión, no estaba seguro de cuál iba a ser el resultado: «Para descubrir medios efectivos de lidiar con este azote extendido en todo el mundo se requerirá, durante muchos años, la pericia de estadistas y educadores», escribió en 1946.[27]

5

Secuelas: la Europa de la guerra fría

> Los judíos, mi querido señor, los judíos: había dificultades con ellos, sí. Pero Alemania ya no tiene un problema judío. En toda Alemania quedan tan solo unos 30.000 judíos. En su mayoría son viejos y guardan silencio. Los jóvenes se van en cuanto pueden, y supongo que esto no deja de ser comprensible. Los judíos ya no nos preocupan.
>
> Adolf von Thadden, político de extrema derecha[1]

La Europa Occidental

En la Europa Occidental, los tres decenios posteriores al final de la segunda guerra mundial vieron ascender la democracia a partir de las cenizas de la derrota. «Europa» se convirtió en un proyecto de paz, y varias décadas de un crecimiento económico sin precedentes transformaron la sociedad. En la década de 1960, varios observadores hablaban del «fin de la ideología» porque los votantes de izquierdas y derechas habían renunciado a los extremos y resolvían en un terreno intermedio sus diferencias sobre el sistema de gobierno. Dos dictadores envejecían en España y Portugal como recordatorios del pasado fascista y polarizador que el resto de Europa había dejado atrás. La extrema derecha —la reserva espiritual del antisemitismo político— había quedado relegada a la marginalidad en todos los países, frenada tanto por la rabia pública contra lo que el fascismo y el nazismo habían generado como por los vetos constitucionales a la recuperación de los partidos ultraderechistas de antes de la guerra. Sin embargo, en 1945, nada de esto habría sido previsible.[2]

Hasta el último día del Tercer Reich, la propaganda nazi había seguido advirtiendo a los alemanes en contra de la «amenaza judía» que los aguardaba si los defensores de la pureza racial no triunfaban. Goebbels anunciaba así que la «revolución mundial contra la raza judía [no terminará] hasta que consiga su objetivo». Mientras los ejércitos aliados convergían sobre Berlín, el Ministerio de Propaganda transmitía a los soldados alemanes que los judíos estaban celebrando el sábat en el Reich mientras la población corriente se moría de hambre. El veneno contenido en estos mensajes tardó mucho tiempo en disiparse. No es pues de extrañar que los primeros informes sobre la Alemania ocupada afirmaran que los judíos supervivientes «desconfían de los alemanes no judíos, muchos de los cuales intentan disimular los crímenes cometidos con unos modos serviles y rastreros». En los bancos de los parques de Berlín, un año después del fin de la contienda, todavía podían leerse inscripciones de *Nicht für Juden* [«No para judíos»] y las actitudes populares no se modificaron con más rapidez: según una encuesta realizada por el ejército estadounidense en 1947, en la Alemania ocupada el antisemitismo seguía siendo un asunto preocupante. La decisión de los Aliados de concederle a Austria un estatuto diferente al de Alemania permitió que el antisemitismo se manifestara allí más abiertamente. Los funcionarios civiles preguntaban a quienes regresaban de los campos: «¿Qué sois, judíos o "arios"?», como si el dominio de los nazis no hubiera caído. La organización comunitaria de los judíos de Viena describió la ciudad como «el centro del antisemitismo más feo y traicionero». Los estudiantes universitarios celebraron el regreso de diversos profesores nazis y, entre los políticos que se presentaron a las elecciones de noviembre de 1945, los había conocidos por su antisemitismo. Se reveló que el propio presidente de la nueva Asamblea Federal afirmaba: «Yo siempre he sido antisemita», y el canciller del país lo excusó porque «no era antisemita por motivos raciales sino económicos».[3]

En resumidas cuentas, la guerra no acabó con el antisemitismo. Tampoco parece lógico que hubiera sido así, puesto que tan solo unos años antes, este movimiento había alcanzado un predominio político extraordinario. Un periodista comentó que los primeros meses y años de la posguerra eran un «intervalo» en el que los supervivientes judíos calibraron la seguridad de su situación principalmente según la medida en que los gobiernos se mostraron dispuestos a protegerlos y actuar en lo judicial y en lo legal contra los perpetradores y especuladores de la guerra. Muchos de los que se habían beneficiado económicamente del sufrimiento de los judíos durante la contienda conservaron la riqueza adquirida y, cuando los judíos intentaron reclamar sus propiedades u obtener compensaciones, fue a costa de arriesgarse a despertar de nuevo la hostilidad. En algunos países —Austria fue un ejemplo notable—, los beneficiarios de las posesiones judías se asociaron para oponerse colectivamente a la restitución y además usaron los tribunales y los partidos políticos para bloquear tales intentos y no perder las ganancias del mercado negro.[4]

A fin de cuentas, en la vida política y gubernamental había muchos supervivientes del *ancien régime* fascista. El historiador italiano Claudio Pavone ha descrito el enorme poder de la continuidad administrativa en los Estados modernos, incluso a través de cambios ideológicos abruptos y de guerras; la purga de los fascistas y la desnazificación no bastaron, ni de lejos, para introducir un cambio completo de la guardia. El gobierno de la Alemania Federal que formó Konrad Adenauer en 1954 contaba con cuatro ministros que habían sido afiliados del Partido Nazi y dos, miembros de las SS. Por lo general, estos hombres evitaron hacer declaraciones antisemitas, pero algunos, como Friedrich Middelhauve, del FDP (Partido Democrático Libre), no tuvieron problema en seguir apostando por el mismo caballo; de hecho, Middelhauve colaboró con uno de los hombres que, a las órdenes de Goebbels, había estado acosando a los judíos, en lo que al parecer era un intento neonazi de hacerse con el control del FDP (hasta que la inteligencia británica descubrió la conjuración y la frustró).

El temor a un renacimiento del nazismo hizo que la inteligencia británica empleara a varios agentes humildes, entre ellos, un joven graduado de Oxford llamado David Cornwell. Su misión fue por lo general poco emocionante, pero se evoca con brillantez —junto con el clima de angustia característico del momento— en *Una pequeña ciudad de Alemania*, novela que publicó con el seudónimo de John le Carré, iniciando una brillante carrera literaria. En buena parte la novela describe versiones ficcionalizadas de los partidos neonazis que nacieron, ascendieron momentáneamente y cayeron en aquellos años. Un tribunal de Hamburgo terminó con las actividades de dos neonazis que habían fundado un Freikorps Deutschland [«Cuerpo Libre Alemania»] en 1952. Dos años más tarde, un juez de Colonia condenó a un joven de veintitrés años que se hacía llamar Reichsführer de un nuevo Movimiento Juvenil del Imperio Alemán, cuyos miembros vestían uniformes inspirados en los de las Juventudes Hitlerianas y dedicaban el tiempo a leer a Hitler y Goebbels. Hubo incluso una Asociación de Damnificados por la Desnazificación, cuyos socios se manifestaron por cientos para reclamar compensaciones por el tiempo que habían pasado internados. Mediada la década de 1950, la desnazificación perdió fuerza y los juicios por crímenes de guerra tocaron a su fin, como recordatorios de un paso que el grueso de la opinión pública de la Alemania Occidental y Austria había decidido dejar atrás. Los votantes que antaño habían dado su apoyo dócilmente a los dictadores se ajustaron entonces —sin queja y a menudo con alivio— a la vida democrática, pero el poder cultural y gubernamental siguió estando principalmente en las manos de quienes habían crecido bajo el nazismo.

Paso a paso, las expresiones públicas de antisemitismo fueron desapareciendo, junto con los demás recordatorios del Tercer Reich, hasta convertirse en indicios de una posición política extrema que había dejado de ser la más habitual en el momento. Ya en 1955 se informó de que «la afirmación manifiesta de prejuicios contra los judíos era infrecuente». El antisemitismo iba camino de ser un tabú político y, en especial, los líderes ultraderechistas de la Alemania Occidental comprendieron que debían evitar a toda costa el tema de los judíos; en consecuencia, pasaron a dirigir su furia mayoritariamente contra el poder de los estadounidenses, la amenaza del comunismo, la degeneración de la nueva sociedad de consumo y la falta de disciplina y de valores morales en un mundo cada vez más igualitario.

Sin embargo, la cuestión de los judíos pervivía por debajo de la superficie y de vez en cuando emergía como si fuera en defensa de la libertad de expresión. «NO TIENE NADA DE MALO HABLAR DE ESTO: EL ANTISEMITISMO EN NUESTROS DÍAS», decía un titular del semanario oficial del derechista NPD (Partido Nacionaldemocrático de Alemania), en septiembre de 1966. El artículo empezaba con un comentario para buenos entendedores, al admitir que «no debemos hablar sobre los judíos del mismo modo en que algunos judíos hablan hoy de los alemanes y en el pasado algunos alemanes lo hicieron sobre los judíos», para luego advertir que el comunismo soviético y «las ideas políticas de la judería organizada son exactamente lo mismo».[5] Al año siguiente, cuando estalló en el Oriente Próximo la guerra de los Seis Días, esta clase de comentarios se hicieron más frecuentes, aunque los teóricos conspiranoicos no siempre estaban de acuerdo en quién estaba moviendo los hilos. Para el líder del movimiento belga Jeune Europe [«Joven Europa»], Israel era «un bastión del imperialismo estadounidense». Para el antisemita francés Maurice Bardèche, era «la ciudadela del poder internacional de los judíos». Bardèche, erudito literario que había colaborado con los nazis durante la guerra, era cuñado del escritor colaboracionista Robert Brasillach, ejecutado por la Résistance en 1945. La muerte de Brasillach convirtió a Bardèche en un apologeta obsesivo del fascismo y uno de los primeros negacionistas del Holocausto; su antisemitismo era el anverso de una moneda cuyo reverso era el deseo de rehabilitar la derecha. Esta clase de lenguaje antisemita era habitual entre quienes habían renunciado a la política parlamentaria y preferían formar grupúsculos de debate intelectual o círculos de militantes armados. Un buen ejemplo fue el Centro Studi Ordine Nuovo [«Centro de Estudios Nuevo Orden»], que de 1955 a 1971 actuó como vehículo de aquellos neofascistas italianos cuya nostalgia del fascismo histórico no se acompañaba de la paciencia necesaria para la política electoral. Ahora bien, su extremismo no se compadecía con la estrategia perseguida por los políticos derechistas de Nápoles o Roma, que en su mayoría preferían defender el mito del «italiano bueno» y hacer hincapié en la aversión al comunismo, antes que abundar en sus credenciales fascistas o soltar abiertamente la lengua contra los judíos.[6]

La ultraderecha consiguió algunos éxitos aislados. En la Alemania Federal, el ya citado Partido Nacionaldemocrático se fundó en 1964 y dio un susto morrocotudo a todo el mundo, pero en la década de 1970 ya declinó. En Italia, el Movimento Sociale Italiano fue más duradero: fue creado en 1946 por exfascistas y logró mantener una presencia parlamentaria constante durante toda la guerra fría. Aun así, en comparación con la persistencia de los simpatizantes del fascismo en las burocracias estatales, las empresas y la judicatura, las organizaciones de extrema derecha adquirieron una importancia política tan escasa que varios de los grandes estudios sobre la democracia en la Europa Occidental después de la contienda apenas se ocupan siquiera de ellas. Es llamativo que, aunque el estudio del fascismo floreció a partir de la década de 1960, los historiadores casi no se interesaron por los sucesores de la posguerra. El conflicto todavía estaba muy cerca y el fracaso histórico de la derecha era tan reciente que esas entidades apenas lograron hacer carrera, menos aún en una época de una prosperidad económica sin precedentes.

Un buen indicador del fracaso de la extrema derecha fue su fragmentación y sus luchas internas, que fueron constantes. Tampoco las ayudó que los líderes fascistas de la década de 1940 —menos preparados a este respecto que las monarquías del pasado— habían rehuido el tema de la sucesión, con el resultado de que no habían ungido a líderes que pudieran continuar con su lucha. Para quienes añoraban y recordaban como días gloriosos los del pasado, las personas que se estaban situando en la vanguardia eran simples segundones. La brecha abierta entre los activistas y los nostálgicos se amplió y se amplió más aún la que separaba a los combatientes callejeros de las personas de familias acomodadas. El salón de posguerra de Winifred Wagner en la ciudad de Bayreuth —Winifred, que había nacido en Inglaterra, era la nuera del compositor Richard Wagner— reunió a diversas ancianas viudas de los nazis junto con viejas glorias de la aristocracia como Oswald Mosley: aquello se parecía sobre todo a los grupitos altivos de vejestorios monárquicos que tiempo atrás habían poblado los márgenes de la vida francesa. En comentario a un estudio pionero sobre la «tentación neofascista» en Francia, publicado en 1984, el reseñista observó mordazmente que el interminable desfile de facciones y banderas, por parte de nostálgicos exvichystas entrados en años a los que siguió un número muy escaso de jóvenes maníacos, servía tan solo para desmentir la tesis del autor: «En Francia, no hubo una tentación neofascista porque la idea no tentó a nadie».[7]

El fascismo y el nazismo se habían jactado de ser el futuro y estar fundando civilizaciones nuevas que perdurarían varios siglos; el fracaso tan evidente de este empeño era una mácula que no resultaba fácil limpiar. Tampoco ayudó que ese fracaso se acompañara de asesinatos masivos, bombardeo de civiles y una gran destrucción. Los sucesores de aquellos regímenes no pudieron de ningún modo presentar esos hechos como logros, por lo que no les quedó otro remedio que «revisar» los hechos mediante el revisionismo histórico y la negación del Holocausto: unos insistían sobre todo en que la realidad no había sido tan negativa como la pintaban; otros, en que el otro bando no había sido mejor. Estas perspectivas llamaban la atención lo suficiente como para singularizar un espacio político y ocupar algún que otro titular, pero, en su inmensa mayoría, la opinión pública —incluso aquellos a quienes la obligación de enfrentarse a los crímenes del pasado les resultaba dolorosa— no estaba dispuesta a seguir el camino del revisionismo. En resumidas cuentas, la historia por sí misma era una trampa de la que la extrema derecha solo podría escapar a medida que, con el paso del tiempo, fueran extinguiéndose los veteranos, los exintegrantes de las Waffen-SS y los pétainistas.

Otro indicador claro del fracaso de esta derecha fue, aunque pueda parecer paradójico, el internacionalismo. Como nacionalmente no lograban resucitar la magia de antaño, los fascistas organizaron continuas conferencias «internacionales» —y esencialmente estériles— en Venecia, Múnich, Malmö y otras ciudades agradables, donde se dedicaban a denunciar el resultado de la guerra y lamentar la esclavización de Europa. El «europeísmo» siguió siendo un valor favorito de la extrema derecha, solo que su versión estaba perjudicada por el recuerdo aún muy vívido de lo que el Nuevo Orden nazi había supuesto en la práctica; también por el éxito evidente del europeísmo rival, de carácter democrático, representado por el Mercado Común Europeo. En Venecia, en 1962, los líderes ultraderechistas presentaron una «Declaración europea» y pusieron en marcha el Partido Nacional de Europa, una idea del fascista británico Oswald Mosley, que no dio frutos. Diez años más tarde, en Múnich, se congregó el encuentro más numeroso de fascistas desde la segunda guerra mundial, con cerca de mil doscientos participantes, pero el movimiento siguió sin lograr una institucionalización efectiva.

Un tercer indicador de su fracaso fue la deriva violenta: bandas callejeras, como en Reino Unido, y terrorismo y subversión política, como en Italia. El matonismo de los cabezas rapadas del Frente Nacional Británico nunca gozó de las simpatías de la opinión pública y se quedó sin apoyos. El giro de los derechistas italianos, con su «estrategia de tensión», fue mucho más preocupante porque tuvo detrás una red bien financiada de ideólogos y activistas, con el respaldo de varios servicios de inteligencia y de dos regímenes dictatoriales que lo veían con buenos ojos —Portugal y Grecia—, y aspiraba a subvertir la democracia mediante atentados terroristas y otros atropellos. El atentado de la *piazza* Fontana, en Milán —que en un principio se atribuyó a anarquistas—, causó la muerte de más de una docena de personas. Hubo después más ataques, que culminaron con la matanza de Bolonia: el estallido de un artefacto explosivo en la principal estación de tren de la ciudad, en 1980, que mató a decenas de personas. Pero ninguno de estos actos surtió el efecto deseado y los extremistas se dieron a la fuga, amparándose en los últimos refugios disponibles: las dictaduras en decadencia de la península ibérica, los regímenes autoritarios de América del Sur y las colonias africanas dominadas por los blancos, donde prestaron sus servicios en las últimas trincheras de la lucha colonial. No dejaba de ser un final idóneo: el neofascismo de posguerra era esencialmente una causa perdida que se sintió atraída por otras causas perdidas. En cuanto a la ideología del antisemitismo, pareció quedar como obsesión de aquellas personas para las cuales el reloj se había detenido en los primeros años de la década de 1940.

Esto no equivale a decir que el antisemitismo, y menos aún el racismo, hubieran desaparecido en la Europa Occidental. Antes al contrario, aunque políticamente el antisemitismo organizado se había quedado en una vía muerta, en los márgenes del periodismo y la edición todavía circulaban los viejos estereotipos y prejuicios. Un vehículo clave al respecto fue el negacionismo del Holocausto. Al igual que en las polémicas de los nacionalistas turcos sobre el genocidio armenio, se discutían sin descanso las cifras de muertos, pero a diferencia de los nacionalistas turcos, los negacionistas del Holocausto insistían en hablar de bulos y conspiraciones, como si todo el asunto fuera una invención buscando algún beneficio. La negociación de compensaciones entre Alemania e Israel se interpretaba como un caso de fraude, o de chantaje moral, de la judería internacional. Cuando vio la luz el primer gran estudio sobre la «solución final» —*La destrucción de los judíos europeos*, de Raul Hilberg, publicado originalmente en inglés en 1961— se respondió con una oleada de intentos de refutación. Un personaje contradictorio como Paul Rassinier, marcado por la angustia y el desconcierto —había sobrevivido a las torturas de las SS y el campo de Buchenwald para luego acabar, por la vía del pacifismo, en los brazos de la ultraderecha—, se hizo tristemente famoso por sostener que nunca hubo ninguna clase de genocidio. El historiador inglés David Irving optó por otras líneas de argumentación: destacó que los dos bandos habían cometido crímenes de guerra y luego defendió que no había pruebas de que Hitler hubiera autorizado la «solución final». Por su parte, los círculos ultraderechistas de la Alemania Occidental reclamaban que se abordara la cuestión de la expulsión de millones de alemanes étnicos, realizando así uno de los primeros ejercicios de victimología comparada.

En nuestros días, impera el consenso de que la segunda guerra mundial fue una lucha contra la intolerancia racial, en la que el genocidio de los judíos resultó crucial, pero esta no fue la percepción pública generalizada en los primeros años de la posguerra. Gran Bretaña supuso en parte una excepción porque las imágenes de la liberación de Bergen-Belsen y Buchenwald circularon ampliamente y conmocionaron a en la opinión pública. En la Alemania Occidental, el debate sobre el recuerdo y el significado de la guerra adoptó la forma de una batalla entre generaciones, espoleada en los primeros años de la década de 1960 al llevar ante los tribunales a los guardias de Auschwitz y, en Jerusalén, a Adolf Eichmann. Así, al concluir la década, el país había manifestado con firmeza la voluntad de investigar la era nazi, gracias en buena medida a la labor del Instituto de Historia Contemporánea, cuya sede estaba en Múnich, precisamente la ciudad donde medio siglo antes había emergido el movimiento nazi. A partir de 1972, el instituto fue dirigido por el historiador Martin Broszat, una figura ejemplar, que pone de manifiesto la potencia de los cambios generacionales: este antiguo miembro de las Juventudes Hitlerianas había completado un doctorado sobre el antisemitismo alemán en la temprana fecha de 1952, prestó declaración en los juicios de Auschwitz e interpretó un papel crucial a la hora de ayudar a sus compatriotas a comprender cómo había arraigado el nazismo en la sociedad alemana. En Italia, donde los historiadores habían empezado a estudiar el fascismo ya en la década de 1950, por el contrario, la investigación sobre las políticas raciales del país estaba muy atrasada. En Francia, donde los gaullistas se complacían en fingir que Vichy nunca había sucedido, se tardó todavía más en pasar cuentas con la derecha antisemita. Quizá no fuera falso que, según escribió un politólogo en 1968, «en nuestros días, el antisemitismo no supone ningún negocio rentable en la política francesa», pero, en su mayoría, los franceses no creían que Vichy o Pétain hubieran sido fundamentalmente antisemitas, por lo que no veían razón para someter sus actos a un nuevo escrutinio. El silencio lo rompieron un joven historiador estadounidense, Robert Paxton, y directores de cine como Marcel Ophüls, Louis Malle y Joseph Losey; solo entonces empezó a disiparse la niebla que cubría Vichy y el historial de Francia como colaboradora en la «solución final». Entretanto, la Iglesia católica siguió siendo un bastión de los prejuicios no revisados y mantuvo con vida un antisemitismo moderado tanto en las ciudades de provincias como entre los círculos de la élite.[8]

Al mismo tiempo, la derecha francesa es un ejemplo de cómo la antigua antipatía hacia los judíos se debilitaba por acontecimientos que no esperaban: ante todo, la creación de Israel. En general, la ultraderecha europea estaba dividida con respecto a la cuestión del sionismo, más todavía porque el gobierno laborista de Israel aún era una causa popular entre la izquierda. Así, para algunos ultraderechistas, era otra conjura maquiavélica de los judíos, pero, para muchos, era más bien una especie de solución ideal. A fin de cuentas, les gustaba la idea de que el lugar idóneo para los judíos estaba fuera de Europa y, si apoyaban las pretensiones del sionismo, podrían invalidar la acusación de antisemitismo a la vez que mantenían de hecho los prejuicios. Ya en marzo de 1945, un antisemita radical había escrito que «los franceses [...] son partidarios al cien por cien del sionismo y reclaman con todo respeto que se devuelva a Palestina a esos caballeros judíos». «Hay que tener el valor de decir, como dicen ellos [los sionistas], que en algunos casos la asimilación es imposible», escribió un articulista de los ultraderechistas y populares *Écrits de Paris*, en julio de 1948. Después de la crisis de Suez, en 1956, las actitudes de la derecha hacia Israel se volvieron más positivas y el nuevo país empezó a verse no como un simple vertedero en el que echar a los indeseados, sino como un aliado útil en la batalla contra los enemigos de Occidente. La lucha contra el nacionalismo argelino reunió a viejos antisemitas como los colonos franceses (*pieds-noirs*) con los judíos argelinos, en una alianza conservadora que prosperó con el paso de las décadas. Después de emigrar y establecerse en Francia, muchos de los judíos de origen argelino hicieron causa común con la derecha: *Je suis un juif fasciste*, «Soy un judío fascista», decía uno de ellos de sí mismo, sin duda con plena consciencia de la ironía histórica. Mediada la década de 1960, era del todo habitual hallar en la prensa derechista expresiones de admiración hacia Israel. «Sin lugar a dudas, los judíos pueden ser exasperantes», escribió un corresponsal del popular semanario *Rivarol*, en 1965, cansado de que «siempre estén invocando la cifra, evidentemente exagerada, de seis millones de víctimas», pero, por mucho que lo irritaran, hizo hincapié en que hasta «el más acérrimo de los antisemitas» debía estar de acuerdo con la idea de ubicar a los judíos en un solo territorio. Por otro lado, Israel no era solo un aliado, sino que «en 1965 sigue siendo el único país del mundo que vive en una síntesis armoniosa de nacionalismo, socialismo y racismo. Quizá esto parezca paradójico [...] [pero] ciertos valores aborrecibles del nacionalsocialismo han encontrado refugio en las orillas del río Jordán».[9]

Son declaraciones que requieren de matices. No era tanto que la derecha francesa se hubiera enamorado de Israel —esto no sucedería hasta que el propio Israel viró radicalmente a la derecha, unas décadas más tarde— como que había encontrado una nueva forma de expresar su aborrecimiento por De Gaulle, quien, a su juicio, no solo había traicionado a la Argelia francesa, sino que además intentaba reforzar los lazos con el mundo árabe. El apoyo a Israel era del todo compatible —según muestran declaraciones como las anteriores— con la pervivencia del antisemitismo. Así perduró en efecto entre los antiguos conservadores vichystas que nunca habían considerado que los judíos fueran verdaderos franceses; entre los católicos enojados porque el Vaticano se había distanciado del antisemitismo en 1963, y, por encima de todo, en los escritos de los nostálgicos del fascismo, que soñaban con una Europa autoritaria. Sea como fuere, eran voces que envejecían; salvo en la forma de la negación del Holocausto, el antisemitismo no solía emerger abiertamente en público; persistió como un pasivo electoral, antes que como un activo; era un vestigio del pasado que no tardaría en verse arrastrado por una nueva oleada de prejuicios contra los inmigrantes que entraban en Francia después de la guerra, venidos de África y del Caribe. El antisemitismo, en pocas palabras, se convirtió en un tabú al mismo tiempo que el racismo contra quienes venían de las antiguas colonias se convirtió en una poderosa fuerza electoral, no solo en Francia, sino en general en la Europa Occidental.

Detrás del telón de acero

«[El Consejo de los Comisarios del Pueblo] da orden a todos los diputados soviéticos de tomar medidas implacables hasta arrancar de raíz el movimiento antisemita. Quienes participan en los pogromos y quienes los provocan deben quedar fuera de la ley.» Así rezaba el extraordinario decreto que Lenin firmó a finales de julio de 1918, en mitad de su batalla por alzarse con el poder en Rusia. Antes incluso el gobierno provisional había derogado las restricciones legales que la era zarista había impuesto a los judíos y otras minorías. «¡Ha sucedido un milagro! En el plazo de unos pocos días, ¡Rusia se ha convertido en un país libre!», se exclamaba en el principal periódico sionista del país. En efecto, la revolución bolchevique trajo consigo la emancipación de la comunidad judía más numerosa de Europa, la que padecía desde hacía más tiempo. Los líderes bolcheviques se situaron a la vanguardia del continente y declararon estar ideológicamente comprometidos con la oposición y la erradicación del antisemitismo.[10]

Una vez acabada la guerra civil, en teoría, los judíos gozaban de igualdad con respecto a cualquier otro grupo de la URSS. Sufrieron la misma imposición progresiva de restricciones políticas, a medida que se iban prohibiendo los partidos o se los desmembraba; también sufrieron las exigencias de un Estado levantado sobre la ideología del materialismo marxista-leninista, con su sospecha inherente tanto contra los enemigos de clase como contra la religión organizada, pero no tuvieron que sufrir el antisemitismo que el Estado zarista había tolerado oficialmente. Y, como en sus primeros años el régimen no pudo parar ni un momento, ocupado por el proyecto de instaurar el socialismo en la sociedad rusa, el resultado fue una recuperación inesperada de muchos aspectos de la vida cotidiana de los judíos de provincias. Aunque el Estado ejercía su control a través de una Sección Judía del Partido Comunista, muchas de las viejas instituciones y prácticas religiosas sobrevivieron hasta entrada la década de 1920 o, por lo menos, se toleró tácitamente que existieran. En Minsk, los visitantes se sorprendían al encontrar que los carniceros *kosher* aún dominaban el negocio del abastecimiento de carne local, mientras que cientos de estudiantes de las escuelas talmúdicas (*yeshivá*) seguían recibiendo tanto clases en la semiclandestinidad como fondos provenientes de asociaciones de beneficencia de Estados Unidos, pero, precisamente por muchas de esas mismas razones, también pervivió el antisemitismo popular; en realidad, el triunfo del socialismo lo alimentó y renovó, porque para muchos judíos la revolución bolchevique abrió las puertas a un ascenso inaudito en la escala social, con acceso a nuevas oportunidades profesionales. «Entre las múltiples "revoluciones rusas", la judía fue una de las más exitosas», ha escrito el historiador Yuri Slezkine. En consecuencia, se musitaba que existía una «dominación por parte de los judíos». Entre la vieja élite cultural de Rusia, floreció un antisemitismo moderado y discreto; los sorprendió que, de pronto, la esfera pública diera acogida a numerosos nombres judíos y que muchos se estuvieran estableciendo en Moscú y en Leningrado, aprovechando la abolición de las antiguas restricciones zaristas a la movilidad. En capas inferiores del espectro social, las acusaciones de los libelos de sangre aparecieron de vez en cuando, aunque con la diferencia de que ahora sus responsables podían ser perseguidos judicialmente por ello, ya que se consideraba una actividad «contrarrevolucionaria».[11]

«¡Vergüenza debería darles a quienes fomentan el odio a los judíos!», había recalcado Lenin en marzo de 1919. El régimen se enorgullecía de haberlo borrado del mapa, pero el antisemitismo popular pervivía y al gobierno el tema le resultaba una provocación. En la década de 1920, hubo debates y seminarios en el cuartel general del partido en Moscú, pues se temía que el antisemitismo estuviera expandiéndose de los campesinos a la clase obrera. El primer ministro soviético Mijaíl Kalinin avisó de que estaba creciendo y la prensa hizo campañas públicas en contra. El propio Stalin lideró una de estas campañas en 1927 y, cuatro años más tarde, denunció que el antisemitismo era «una pervivencia de las prácticas salvajes del período de los caníbales». Una vez que los nazis se alzaron con el poder, la prensa soviética publicó artículos que se ocupaban del renacer de los prejuicios en Alemania y recordó que los líderes soviéticos llamaron la atención sobre el hecho de que el propio Marx era de orígenes judíos. (Sin embargo, se guardó en secreto, con todo rigor, que Lenin había tenido un abuelo judío.)[12]

La segunda guerra mundial, una catástrofe para los judíos de la URSS, marcó la verdadera ruptura. En el transcurso de la invasión, y ya desde las primeras semanas, los militares nazis, en colaboración con las SS, libraron una guerra ideológica de exterminio (*Vernichtungskrieg*) contra la población soviética en general y los judíos del país en particular. Vale la pena recordar que en la contienda fallecieron probablemente unos 18 millones de civiles soviéticos, cifra que debe compararse con los 70.000 de Reino Unido (y en Estados Unidos, menos de la mitad). Entre 700.000 y un millón de judíos soviéticos —cifra brutal y sin precedentes— fueron asesinados por los alemanes en el transcurso de la invasión, en su mayoría ejecutados en masacres perpetradas por los pelotones de exterminio o gaseados en las furgonetas especiales que recorrieron Ucrania y Bielorrusia. Los que pese a todo sobrevivieron, cuando regresaron a sus hogares una vez concluida la guerra, fueron recibidos con sospechas y hostilidad. Las organizaciones comunitarias se volvieron a poner en funcionamiento con lentitud, en los casos en que volvieron a funcionar; la vida cultural de los judíos de la región, antaño floreciente, había quedado arrasada.

Al mismo tiempo, los cálculos de los políticos al respecto del antisemitismo cambiaron para peor. Por ejemplo, en la ciudad de Kiev, que en otoño de 1945 aún estaba arrasada por la guerra, los retornados y los recién llegados establecieron una competencia feroz por los alojamientos y refugios, que derivó en un pogromo en el que dieciséis judíos perdieron la vida y varias decenas resultaron heridos. El partido se esforzó por moderar a los alborotadores y restaurar el orden, pero se topó con resistencias. El antisemitismo popular estaba floreciendo; según los informes, en algunas zonas, era tan poderoso que amenazaba con socavar el control del partido. Una fuente (no especialmente fidedigna) cuenta que un funcionario destacado dijo sin ambages: «No nos interesa que los ucranianos asocien la vuelta del poder soviético con la vuelta de los judíos». Después de 1945, por lo tanto, las perspectivas de futuro de los judíos de la URSS eran incomparablemente más sombrías que en la década de 1920: comunidades enteras habían resultado destruidas y el régimen sospechaba todavía más que antaño de cualquiera que tuviese contactos con Occidente. A pesar de todo, dado que la población judía de Polonia, Hungría, Alemania y otros países había sufrido una mortandad tan espantosa, en aquel momento, la de la Unión Soviética era, con cierta diferencia, la más numerosa de Europa.[13]

Además, los supervivientes judíos tuvieron que enfrentarse, por primera vez, con la incorporación del antisemitismo a las medidas oficiales de la URSS, bajo la bandera de una lucha contra el cosmopolitismo y el sionismo. El hecho de que la guerra, en sus estadios finales, hubiera comportado el contacto cultural con Occidente —pues los ejércitos victoriosos interactuaron unos con otros y también con la población de las zonas conquistadas— creó en Stalin una honda preocupación. Temía que se produjera una contaminación política, ideológica y cultural y sospechaba de los judíos por sus familias extensas y el sentido de la solidaridad transfronteriza. Pese a que se rodeó de varias personas leales de origen judío, Stalin era intensamente antisemita. El impacto de su actitud personal sobre la política soviética no había resultado especialmente obvio durante la mayor parte del período de entreguerras, pero, cuando la Unión Soviética se acercó a la Alemania nazi, en 1939, se pusieron de manifiesto los primeros indicios de que el régimen estaba atento a esta cuestión entre sus funcionarios más señeros. Durante la guerra en sí, la tendencia devino inconfundible: primero se expulsó a los judíos del Ministerio de Asuntos Exteriores y luego la purga se hizo extensiva a toda la administración. Ni siquiera la creación de un Comité Judío Antifascista, durante la guerra, fue lo que parecía. Pretendía obtener apoyos en Occidente para la campaña bélica soviética, pero no como indicio de las simpatías de Stalin hacia los judíos de su país, sino como señal de que el líder soviético creía que en particular los judíos estadounidenses tenían la capacidad de orientar la política de Estados Unidos a favor de Rusia (los consideraba más poderosos de lo que eran en realidad), es decir, la iniciativa era perfectamente compatible con su convicción de que los judíos estaban demasiado bien conectados internacionalmente y, por lo tanto, no debía confiar en ellos.

En 1946, Milovan Djilas, el principal ideólogo comunista entre los partisanos que habían actuado en Yugoslavia durante la guerra, visitó el Kremlin. La decadencia física de Stalin le causó asombro, pero también le extrañó un giro nuevo en la conversación. Stalin empezó por preguntarle a Djilas por qué había tan pocos judíos en el Partido Comunista de Yugoslavia. Este contestó que en el país no vivía un gran número de judíos y que el único destacado en el Comité Central era Moise Pijade, un veterano del partido que además había traducido *El capital*. «¡En nuestro Comité Central no hay judíos!», estalló Stalin, y añadió con aire provocador: «¡Eres un antisemita, tú también eres un antisemita, Djilas!». Como este era experto en cuestiones de ideología, prefirió guardar silencio: había entendido que Stalin jugaba con él y que, de hecho, le estaba comunicando cuáles eran sus propias ideas al respecto.[14]

Durante la guerra, se había evidenciado que Stalin había adoptado el nacionalismo ruso, lo que también explicitó durante el famoso brindis que pronunció el 24 de mayo de 1945 «a la salud del pueblo ruso». No obstante, la oleada antijudía que después de la segunda guerra mundial barrería tanto la URSS como sus satélites de Europa del Este cogió a muchos por sorpresa. Se había originado en la guerra fría y en la creciente paranoia de Stalin, potenciada no solo por su propio temor a la inminencia de una nueva guerra mundial —para la cual la Unión Soviética no estaba preparada—, sino también por su convicción de que los servicios de inteligencia de Gran Bretaña y Estados Unidos estaban resueltos a encontrar la manera de apartarlo del poder.

Solomón Mijoels era un destacado dramaturgo judío y el director del Teatro Judío Estatal de Moscú. Confiaba en lograr que se reconociera oficialmente el yidis —lengua vernácula de los judíos de Europa del Este— como lengua dramática y gozó de renombre internacional gracias a la producción de una serie de obras que fueron desde *El rey Lear* y *Tevie el lechero* (la fuente de *El violinista en el tejado*) a *Levantamiento en el gueto*, de 1947. En el verano de 1941, Mijoels había organizado un mitin en Moscú, en el que advirtió a una multitud numerosísima de los planes de Hitler para la «total aniquilación del pueblo judío». Un año más tarde, Stalin lo eligió presidente del Comité Judío Antifascista; también se formaron comités similares para las mujeres, los jóvenes, los científicos y los eslavos, que rendían cuentas todos ellos ante un veterano del bolchevismo, Solomón Lozovski, en la Oficina de Información Soviética. En 1943, se organizó un viaje de refuerzo de la moral que culminó en una manifestación organizada en Nueva York aquel mes de julio, en apoyo del Ejército Rojo y la campaña militar soviética. El escritor Sholem Asch comentó que la URSS había sido el primer país en abolir el antisemitismo, lo que de paso aludía veladamente al hecho de que, en Estados Unidos, los judíos aún sufrían restricciones. Tras regresar a la URSS el año siguiente, el comité, presidido por Mijoels, debatió sobre algunos temas delicados: cómo documentar el genocidio, cómo luchar contra el antisemitismo y, por último —lo que resultó tener un resultado fatídico—, si convenía establecer una república judía en Crimea. La organización destacó los obstáculos con los que se topaban los judíos que volvían a sus casas y se preguntó si reasentarlos en Crimea contribuiría a aliviar los signos de un antisemitismo creciente. La Unión Soviética ya había intentado crear una región autónoma judía en la remota Birobidzhán. La propuesta demostró carecer de atractivo y el comité pensaba que Crimea podría ser una especie de alternativa bolchevique a la idea de Palestina.[15]

El triunfo del sionismo en el Oriente Próximo y la creación de Israel agravaron la angustia y los temores de Stalin. Durante la guerra, se había producido una serie de contactos vacilantes entre representantes soviéticos y sionistas que sentaron las bases para que en 1948 —de forma inesperada— la URSS reconociera el Estado de Israel, pero las conversaciones estuvieron llenas de ambigüedades, reflejo de las dudas de Stalin. Lo último que este deseaba era fomentar el separatismo o el nacionalismo de los judíos: los objetivos del líder soviético pasaban por que los judíos se reintegraran y asimilaran, no por concederles una autonomía territorial. Determinadas investigaciones internas llevaron a Stalin a sospechar que el Comité Judío Antifascista se había convertido en un instrumento de intereses extranjeros y estaba adoptando un «carácter cada vez más nacionalista y sionista». La organización, por ejemplo, había defendido con insistencia levantar un monumento a las víctimas judías de la masacre de Babi Yar, en Kiev, y quien hacía tal cosa siempre era probable que disgustara a Stalin, puesto que la línea oficial, una vez concluida la guerra, era no destacar el sufrimiento de ningún pueblo en particular (y, menos aún, de los judíos). Stalin también era consciente de que los líderes sionistas confiaban en que se dejaría emigrar a Palestina a un gran número de judíos rusos, lo que permitiría corregir la debilidad demográfica del nuevo Estado. Además, constaba que Mijoels había manifestado sus simpatías hacia la creación de una patria judía en Palestina; al propio Mijoels no se le escapaba que ello podía causarle problemas. Pese a todo, lo que sucedió a principios de 1948 carecía de precedentes.[16]

Según se revelaría pocos años después del fallecimiento de Stalin, fue el propio dictador quien dio órdenes de atraer al dramaturgo soviético fuera de Moscú, a Minsk, donde lo asesinaron el 12 de enero de 1948, junto con su escolta de la policía secreta. Los cadáveres fueron abandonados en una carretera y, cuando los descubrieron, se informó oficialmente de que habían muerto de resultas de un accidente de tráfico; pocos dieron crédito al engaño. Aunque el asesinato de Mijoels no fue el final inmediato del Comité Judío Antifascista, este no tardó en llegar. En septiembre de 1948, llegó a Moscú Golda Meir, como nueva ministra israelí, y fue recibida por multitudes enormes que la siguieron y vitorearon por las calles. A Stalin le resultó inaceptable y, en noviembre, el comité se clausuró por ser «un centro de propaganda antisoviética». Consideraba que el nacionalismo estaba creciendo desmedidamente y había que segarlo de raíz.[17]

Las primeras detenciones se produjeron casi de inmediato y durante los meses posteriores las siguieron otras. En el verano de 1952, después de varios meses de interrogatorios y torturas, se inició un juicio contra los supuestos conspiradores judíos, celebrado en el Ministerio de Seguridad Estatal. Se realizó a puerta cerrada y ocurrió algo inusual: solo dos de los acusados admitieron plenamente la culpa de haber conspirado en contra de la URSS y cuatro se negaron a declararse culpables de nada. En aquellas sesiones cerradas se permitió que los acusados recusaran a los fiscales y se repreguntaran entre sí. Se desarrolló un drama extraordinario, anotado palabra por palabra por los estenógrafos de la corte, mientras las conversaciones más privadas del comité se abordaban delante de los jueces, a menudo desconcertados. El fiscal jefe, ante lo que escuchaba, solicitó que el proceso se detuviera y la investigación se reabriera, pero el resultado fue el único imaginable: en agosto de 1952, se ejecutó a trece de los quince acusados.

Años más tarde, cuando emergieron en los archivos las transcripciones del proceso, se puso de manifiesto que la estrella había sido el mayor de los acusados, Lozovski, la figura ante la cual rendían cuentas Mijoels y el comité. Lozovski le contó al juez —que se quedó asombrado— que había firmado las confesiones solo para llegar con vida al juicio y poder revelar la verdad sin sufrir el acoso de los interrogadores. Descartó las acusaciones, que tildó de risibles; se burló de la historia según la cual planeaban establecer en Crimea una cabeza de puente para el imperialismo estadounidense. Dio ante el tribunal una lección sobre lo que había supuesto crecer siendo un judío en la Rusia anterior a la revolución y explicó, sin ambigüedad ninguna, por qué había suscrito unas «confesiones» tan absurdas:

> Déjenme explicar por qué firmé. Firmé porque en el transcurso de ocho interrogatorios nocturnos el coronel Komarov no dejaba de decirme y repetirme que los judíos son viles y sucios, que todos los judíos son unos piojosos de mierda, que toda la oposición al partido se limitaba a los judíos, que los judíos de toda la Unión Soviética participan de una campaña para hacer circular rumores antisoviéticos y que los judíos desean aniquilar a todos los rusos. Así me lo decía el coronel Komarov. Y yo os pregunto: ¿qué clase de lenguaje es este?, ¿es acaso esta la forma de expresarse de un soviético y de un funcionario soviético?

Cuando se le acusó de ser un nacionalista judío que se extralimitaba para dar todos los empleos posibles de su oficina a otros judíos, contestó: «Yo nunca he entrado en esa clase de cálculos. Ni me he sentido nunca atraído hacia los judíos ni por otro lado he negado nunca ser judío: una persona que niega su nacionalidad es un hijo de puta».[18]

Lozovski planteó otro tema sumamente delicado. Dijo al tribunal que su interrogador había exigido saber qué altos funcionarios de Moscú tenían esposas judías, a lo que él respondió que no era una información que se dedicara a recopilar. Lo llegaron a poner delante de la esposa de Mólotov, el exministro de Exteriores, que era judía: la habían detenido, probablemente porque la policía secreta implicada en la forja de la supuesta conspiración confiaba en que Lozovski no vacilaría en incriminarla, pero la detención de Mólotova —y el interés de Stalin por las esposas judías de otras grandes figuras del Kremlin— apunta a que hubo otra razón más, por detrás de la purga: Stalin había llegado a la convicción de que los servicios de inteligencia estadounidenses confiaban en recurrir al círculo más íntimo del líder soviético para averiguar más cosas sobre la segunda esposa de Stalin, que se había suicidado en 1932, aunque él siempre había guardado secreto sobre esta muerte. Con una paranoia cada vez más aguda, sin duda tuvo noticia de que Mólotova había recibido cordialmente a Golda Meir cuando esta visitó Moscú y, más en general, sentía miedo ante los contactos internacionales de las figuras judías del Kremlin.

Con el juicio todavía en marcha, se arrestó asimismo a cierto número de médicos bien situados. Uno era pediatra en una clínica del

Kremlin, otro había sido el principal oficial de medicina del Ejército Rojo. A partir del mes de noviembre, las detenciones se aceleraron. Una enorme cantidad de los arrestados tenían nombres claramente judíos, según pudo saberse cuando la prensa —por instrucciones del Kremlin— dio a conocer en enero de 1953 la existencia de una lista de «médicos saboteadores». La opinión pública soviética, asombrada, supo entonces que, por vez primera desde el Gran Terror de mediados de la década de 1930, iba a realizarse de forma inminente otro gran juicio público amañado.

La noticia precipitó el pánico entre los antisemitas y el Kremlin se vio inundado por advertencias y rumores. Mientras se informaba de nuevos arrestos por todo el país, se multiplicaron también las acusaciones. En Vilna, un afiliado comunista denunció que un médico judío estaba asesinando a niños infectándolos de cáncer. Corrieron múltiples historias sobre médicos judíos acostumbrados a asesinar a sus pacientes en los hospitales. Se extendió el temor a que, sobre todo si uno estaba enfermo de tuberculosis, lo envenenaran so pretexto de vacunarlo. De otros médicos se contaba que les daban a los niños píldoras rellenas de simples piedras. Era como si los antiguos libelos de sangre hubieran renacido, bajo una nueva apariencia solo levemente secularizada. El «nuevo hombre soviético» no parecía haber cambiado tanto en comparación con la versión que existía antes de 1917: por debajo de la bata blanca, un médico seguía siendo un judío que albergaba intenciones asesinas contra los infortunados cristianos que tenían la mala suerte de caer en esas manos. La prensa atizó la histeria y habló incluso de «una banda de médicos asesinos».[19]

Para el régimen seguía siendo ideológicamente importante negar que su gobierno fuera antisemita, por lo que cuando uno de los pocos judíos que aún quedaban en el círculo más próximo a Stalin falleció en febrero, se le organizó un funeral en la plaza Roja. Esto no evitó que hubiera protestas internacionales y en las Naciones Unidas se reclamó al delegado soviético que justificara lo que estaba pasando. Hay pruebas de que Stalin estaba resuelto a desarrollar el guion teatral de la supuesta conjuración de los médicos delante de la opinión pública, con un juicio seguido de ejecuciones en la plaza Roja. Se dijo que se habían iniciado los preparativos de unas deportaciones en masa y se rumoreaba que toda la población judía de Moscú acabaría en Siberia. Se preparó una carta que debía firmar la mayoría de las figuras judías del régimen soviético, en repulsa de los médicos. Muchos, en efecto, la suscribieron, pero otros se negaron: al parecer, el escritor Iliá Ehrenburg, que había servido lealmente a Stalin durante muchos años, dirigió una carta personal al líder soviético para advertirle de las repercusiones que el proceso tendría en el extranjero. Solo la súbita muerte de Stalin, a principios de marzo de 1953, puso fin a la amenaza. Irónicamente, muchos de los médicos que podrían haberle ayudado estaban en la cárcel... A los pocos días, se autorizó a Mólotova, la esposa del ministro de Exteriores, a regresar a Moscú y, a lo largo del mes siguiente, se acordó olvidarse de la conjuración de los médicos y devolver la libertad a los detenidos.

Sin embargo, en lo que respectaba a los judíos soviéticos, el asunto no terminó aquí. *Pravda* anunció que la conjuración había sido un intento de «promover la hostilidad contra nuestra nación». No contaba quién la había forjado, ni en contra de quién, pero a todas luces su dedo señalaba a los propios judíos. La noticia de la liberación de los médicos judíos generó consternación por todo el país y la prensa recibió un aluvión de cartas. Algunas daban respaldo a las autoridades, otras abogaban por rehabilitar a los doctores. A juzgar por los resúmenes que se prepararon para diversas figuras del partido, la mayoría de la gente estaba en otras dos categorías: muchas personas se negaban a creer en la inocencia de los médicos y muchas expresaban puro y simple desconcierto. Algunas voces acusaban a la prensa de fomentar el antisemitismo: «El periódico ha lanzado una campaña antisemita que se parece a un pogromo [...] y ha intentado demostrar, a la manera de los panfletos fascistas, que [los judíos] se merecen lo que les iba a pasar [...] Os habéis prostituido, sois unos animales [...] unos fascistas». Otros se escandalizaban porque los judíos «¡han vuelto a salir impunes de todo!». Durante varios meses reinó la confusión pública. Lo único que había quedado claro era que el antisemitismo no solo vivía, sino que gozaba de muy buena salud en un país cuyo gobierno había proclamado su derrota histórica.[20]

En la Europa Oriental, el antisemitismo popular —endémico antes de la segunda guerra mundial— tampoco concluyó en ningún modo ni con la derrota del nazismo ni con la llegada del Ejército Rojo. Polonia, que antaño había sido un gran centro de la vida judía, estaba asolada; su capital, Varsovia, se hallaba en buena parte en ruinas. De su extensa población judía de antes de la guerra —cerca de 3,4 millones de personas— no había sobrevivido ni siquiera un 10 %; la inmensa mayoría había sido asesinada en los campos de exterminio, pero no por ello habían terminado los problemas de los supervivientes, ni mucho menos. En los meses en los que se libró algo que no distaba mucho de una guerra civil —antes de que los comunistas polacos triunfaran, con la ayuda de los soviéticos—, perdieron la vida cientos de judíos que volvían a sus hogares. Pervivía la asociación popular entre judíos y riqueza y constan muchos casos de campesinos que excavaron y demolieron casas con el convencimiento de que los judíos muertos habían dejado tras de sí muchos objetos de valor. También hubo otros ecos del pasado: en agosto de 1945, hubo disturbios en Cracovia, por los rumores de que en una sinagoga se acumulaban cadáveres de niños cristianos; en Kielce, en 1946, un pogromo provocado por acusaciones de asesinato ritual se saldó con cuarenta y seis muertes.

En el período de la inmediata posguerra, las autoridades polacas no pusieron ningún obstáculo a los judíos que deseaban marcharse del país. En consecuencia, más de 100.000 judíos se dirigieron casi acto seguido a los campos de desplazados que los Aliados gestionaban en la zona occidental de Alemania, en muchos casos con la esperanza de llegar luego a Estados Unidos o a Palestina. Junto con otros supervivientes de Rumanía, Yugoslavia y Hungría, a principios de 1947, por lo menos 250.000 judíos vivían en los campos de refugiados. Esto suponía un porcentaje menor entre los muchos millones de personas que en aquellos años estuvieron desplazadas o en movimiento por la Europa Oriental, pero era una parte más significativa si pensamos en cuántos judíos habían sobrevivido en aquellas regiones. Entre el final de la guerra y mediados de la década de 1950, la población judía de Checoslovaquia se redujo de 45.000 a 15.000 personas; la de Hungría, de 140.000 a 80.000; la de Bulgaria, de 43.000

a unos 5.000. En Rumanía, la población quedó reducida a la mitad: unos 200.000 judíos aproximadamente.[21]

Muchos factores explican tal éxodo, pero entre los principales destacaban las campañas antijudías que se pusieron en marcha en la Europa Oriental, que extendían a la religión la estrategia política por la que Moscú confiaba en que usar a los judíos como cabezas de turco serviría para ampliar el apoyo popular al comunismo. Cuando las tensiones de la guerra fría entre la URSS y Estados Unidos se agravaron, en 1947-1948, había aumentado el nerviosismo de Stalin, que dudaba de si podría mantener el control sobre unos territorios que consideraba cruciales para la seguridad de los soviéticos. Con la desmovilización de las tropas propias, la clave estaba en si los partidos comunistas locales serían capaces de gobernar sociedades que antes habían sido ferozmente contrarias al comunismo. Cuando el líder yugoslavo Josip Broz Tito rompió con Stalin, en el verano de 1948 —en la primera manifestación de franca resistencia al Kremlin—, se alzó el espectro de una resurgencia nacionalista más generalizada, enfrentada a Moscú. El desafío de Tito coincidió con el asesinato de Mijoels en la URSS y el viraje de Stalin al antisemitismo. La fusión de estas dos obsesiones gemelas —preservar el dominio soviético en Europa del Este y la pesadilla de la influencia judía— sirvió de puntal a una secuencia de juicios amañados por toda la región, que pronto desarrollaron matices inconfundiblemente antisemitas.

La secuencia empezó en Hungría, donde la batalla por desenmascarar a los «titoístas» acabó por derribar al ministro de Interior, László Rajk. Cuando la purga se hizo extensiva a Checoslovaquia, en la primavera de 1949, la policía secreta local y sus asesores soviéticos recurrieron a la misma clase de razonamientos antisemitas que se estaban aplicando entonces en Moscú, con el fin de aplastar cualquier tentación que los líderes del partido checo pudieran sentir de perseguir una vía de socialismo propia. El principal acusado en un juicio crucial, el de 1952 contra el «centro conspiratorio antiestatal», fue el judío Rudolf Slánský, secretario general del Partido Comunista, a quien se acusó de realizar «actividades trotskistas-titoístas-sionistas al servicio del imperialismo estadounidense». Slánský confesó en el marco del juicio trampa y murió ahorcado. Junto con el secretario general, se juzgó a otros trece acusados, en su mayoría asimismo judíos. A continuación, hubo diversos procesos menores y una purga que con el tiempo afectó a más de cien mil personas.

Según pusieron de manifiesto los juicios a Rajk y Slánský, el comunismo soviético podía enorgullecerse quizá de haberse enfrentado al antisemitismo y aun vanagloriarse de haberlo erradicado, pero en la práctica había hecho algo más modesto y equívoco: había imposibilitado, en mayor o menor grado, la retórica abiertamente antisemita. El uso del término *sionista* como eufemismo para los judíos se había iniciado en la década de 1920, pero en una época en la que el sionismo todavía no era un hecho en la vida internacional, era minoritario. A finales de la década de 1940, cuando en gran parte del bloque comunista se había declarado delito el antisemitismo, el antisionismo funcionaba como clave para identificar el origen étnico de un judío. En el contexto del comunismo, desde luego, no era neutral, puesto que aludía —por medio del reproche asociado del «cosmopolitismo»— a la idea de que los judíos nunca podrían ser auténticos patriotas y, peor aún, que toda simpatía por el sionismo los convertía en agentes potenciales no solo de Israel, sino del verdadero enemigo que estaba detrás de los israelíes: el imperialismo estadounidense.

La rumana Ana Pauker, a la que algunos llamaban «la emperatriz», había sido ensalzada por la revista *Time* a finales de 1947 por ser la primera ministra de Asuntos Extranjeros de la historia conocida. Esta mujer judía era, en efecto, ministra no ya de uno de los países más antisemitas de la región, sino precisamente del que al concluir la guerra poseía la más numerosa de las comunidades de supervivientes judíos. Pese a que Pauker era la principal responsable de la consolidación del poder del partido y su rápido crecimiento después de la contienda, era plenamente consciente de que la rodeaba un antisemitismo generalizado; según una fuente diplomática británica, de 1946, los rumanos consideraban a los judíos «traidores *a los que se debería exterminar a la primera ocasión*».[22]

Pauker era una comunista incondicional, leal estalinista y, durante muchos años, confidente del Kremlin. Había sobrevivido a las cárceles de su país e incluso a la desaparición de su esposo durante el Gran Terror de la década de 1930. El cataclismo de la guerra le había dejado asimismo una huella indeleble. «Después de todo lo que ha pasado, ¿cuántos quedamos?», le escribió con tristeza a su hermano, tras haberlo ayudado a emigrar a Palestina en 1944, en uno de los pocos buques que pudieron navegar por el mar Negro durante la guerra; también ayudó a su padre, judío ortodoxo, a seguir el mismo camino, tres años después. Hizo caso omiso de los deseos de Moscú en asuntos como la emigración, la colectivización y otros —su independencia fue asombrosa—, por lo que era solo cuestión de tiempo que cayera en la emboscada del estalinismo. En el partido rumano, como en tantos otros de la Europa Oriental, estaban ascendiendo hombres nuevos. Pero el ambicioso jefe del comunismo nacional, Gheorghe Gheorghiu-Dej, no actuó con la celeridad que el Kremlin deseaba. En abril de 1952, tuvo que volar a Moscú para recibir la reprimenda de un Stalin enfurecido: «Dej, ¿cuántas veces te he dicho que tienes que librarte de Ana Pauker y tú no me has entendido? [...] Si yo hubiera estado en tu lugar, hace mucho que le habría pegado un tiro en la cabeza [...] Estaba convencido de que por tus venas corría tan solo sangre proletaria, pero [ahora veo que] es sangre pequeñoburguesa».[23]

En febrero de 1953, cuando se arrestó a la ministra, ya se había iniciado una campaña contra el cosmopolitismo. Gheorghiu-Dej había comprendido por fin lo que se le pedía y reunió el valor necesario para organizar un juicio amañado, con Pauker como estrella principal, que coincidió aproximadamente en el tiempo con el juicio moscovita contra los médicos. La muerte de Stalin comportó, no obstante, la suspensión del proceso, antes de que el tribunal se reuniera, y la exministra fue liberada con prontitud a finales de marzo, gracias a la intercesión de Mólotov, el ministro de Exteriores de la URSS. A pesar de todo lo sucedido, y de haber quedado en situación de arresto domiciliario, Pauker rompió a llorar cuando supo del fallecimiento del líder soviético. «¡No llores! Si Stalin siguiera con vida, tú habrías muerto», le dijo un colega. Pauker vivió siete años más, ganándose desde entonces la vida como traductora de francés y alemán.[24]

En cierto sentido, Rumanía era un caso atípico entre los Estados de Europa del Este. Nunca rompió las relaciones diplomáticas con Israel, ni siquiera después de la guerra de los Seis Días; autorizó la publicación de la única revista en hebreo que podía ver la luz en el bloque comunista, y fomentó contactos limitados con Occidente. Ser el rabino mayor en tal entorno no era una tarea fácil, pero el cargo estuvo ocupado por dos figuras notables. Entre 1940 y 1948, Alexandru Safran recurrió a sus contactos de alto nivel con los tribunales rumanos para convencer al gobierno fascista de la guerra que se negara a cumplir con la exigencia alemana de las deportaciones. Después de que los comunistas lo expulsaran, lo sucedió Moses Rosen, al que sus detractores llamaban «el rabino rojo». Prestó servicio durante un período inauditamente largo, superior incluso a la vigencia del propio comunismo: fue el líder de la comunidad hasta su muerte, en 1994. Tanto Safran como Rosen eran conscientes de que el antisemitismo era solo uno de los factores que daban forma a la política estatal, tanto en Rumanía como en otros países. Era una fuerza cultural y política de importancia, pero no necesariamente determinante.

Milovan Djilas —uno de los analistas políticos más agudos y menos sentimentales de su siglo— comentó que el antisemitismo se había vuelto habitual en la región, bajo el comunismo, incorporado como un rasgo propio del dominio soviético de la posguerra: «El capitalismo estatal y burocrático de la Gran Rusia ha tenido que volverse no solo nacionalista, sino también racial [...] Y es inevitable que se convierta también en antisemita; de hecho, ya lo es».[25] Sin embargo, la muerte de Stalin y el posterior «deshielo» comportaron que lo peor hubiera pasado. Sus sucesores habían sido testigos de que la violencia popular podía escapar a su control y nunca jugaron con fuego al modo estalinista. Nikita Jrushchov no era ningún Stalin ni tenía una visión del mundo tan intensamente paranoica como el georgiano; su propio antisemitismo tendía a expresarse en bromas groseras o en meteduras de pata, antes que en campañas políticas sostenidas. Aun así, el temor de los soviéticos al «sionismo» había arraigado y en los círculos del partido pervivieron la suspicacia y los prejuicios contra los judíos.[26]

En la Europa del Este posestalinista, los judíos vivían en una atmósfera algo más libre y menos sofocante. En general, la política de los partidos comunistas no soviéticos fue más liberal que en la URSS; las organizaciones comunitarias judías gozaban de una autonomía algo mayor; en ciertas ocasiones, se podía viajar al extranjero. Pero vivían a la sombra del pasado y muchos de los factores ya conocidos golpearon con fuerza la vida de los judíos. Los funcionarios los tenían en el punto de mira por sus orígenes de clase (los consideraban burgueses), porque los acusaban de contactos con Israel (y, por lo tanto, con el imperialismo estadounidense) o por ser practicantes de su religión. El antisemitismo popular se mostraba en la prensa en las cartas de los lectores, descontentos con la cantidad de judíos presentes entre los líderes del partido o con su supuesto acceso a privilegios. En Polonia, después de que una serie de purgas internas del partido produjeran una nueva oleada de emigración, la situación se agravó tanto que el periódico oficial, *Trybuna Ludu*, comentó con una franqueza inusitada que «durante los doce años transcurridos desde la fundación de la República Popular de Polonia se han creado las condiciones objetivas para acabar con el antisemitismo, pero los resultados no han sido satisfactorios». El diario advertía que la huida de los pocos judíos polacos que aún vivían en el país causaría descrédito nacional en el extranjero y llevaría al pueblo a preguntarse hasta qué punto el socialismo había construido o no una sociedad con igualdad de derechos.[27]

Una década después, emergió la última de las grandes campañas antisemitas de la guerra fría. El pretexto fueron los acontecimientos del Oriente Próximo: tras la victoria de Israel en la guerra de los Seis Días, un bando nacionalista del partido que gobernaba Polonia aprovechó la ocasión para denunciar a sus enemigos internos por ser «sionistas» y la prensa inició una campaña furibunda en nombre del «antisionismo». Como algunos judíos polacos habían celebrado abiertamente la victoria de Israel, las autoridades estaban convencidas de que eran unos traidores. Se emprendió una purga de periodistas y de funcionarios al mando de las organizaciones comunitarias judías y, en la primavera de 1968, las autoridades organizaban manifestaciones con enseñas en las que se podía leer: «¡Que mueran los agentes del imperialismo y el sionismo reaccionario!». En un mitin ante activistas del partido, su líder Władysław Gomułka hizo hincapié, no obstante, en que combatirían «con absoluta firmeza contra cualquier manifestación de antisemitismo». La esposa de Gomułka era judía y en otro momento había abordado con seriedad el problema de los prejuicios, pero, cuando tuvo que navegar por la delicada política de la campaña antisionista de 1967

—instigada por su propio ministro de Interior, un hombre ambicioso—, se doblegó ante lo que se había convertido en una acción puramente antisemita, que expulsó de los puestos públicos a numerosos judíos. Entre las víctimas había muchos integrantes de los servicios de seguridad y la judicatura, oficiales del ejército, periodistas destacados, profesores universitarios y otros representantes de la intelectualidad. Entre 1968 y 1970, cerca de 25.000 judíos abandonaron Polonia, casi la mitad de ellos con destino a Israel, luego ya no quedaron ni siquiera 10.000. Gomułka puso fin a la campaña, pero las reverberaciones continuaron y acabaron provocando su propia caída. Entretanto, en Checoslovaquia, cuando los tanques soviéticos entraron en el país para terminar con la Primavera de Praga no solo se volvió a un gobierno de línea dura, sino también a las técnicas estalinistas de la purga antisemita como medio de calumnia de los opositores. Tras estos acontecimientos, no cabía duda de que el comunismo de posguerra no solo había fallado en el intento de derrotar el antisemitismo, sino que de hecho había desarrollado una variante propia. Por todo el bloque soviético, mientras las últimas comunidades judías seguían menguando, pervivía tan solo lo que un analista denominó «antisemitismo sin judíos».[28]

Segunda parte

EN EL CAMPO DE BATALLA DE LAS IDEAS

Población judía en el mundo, hacia 1920[1]

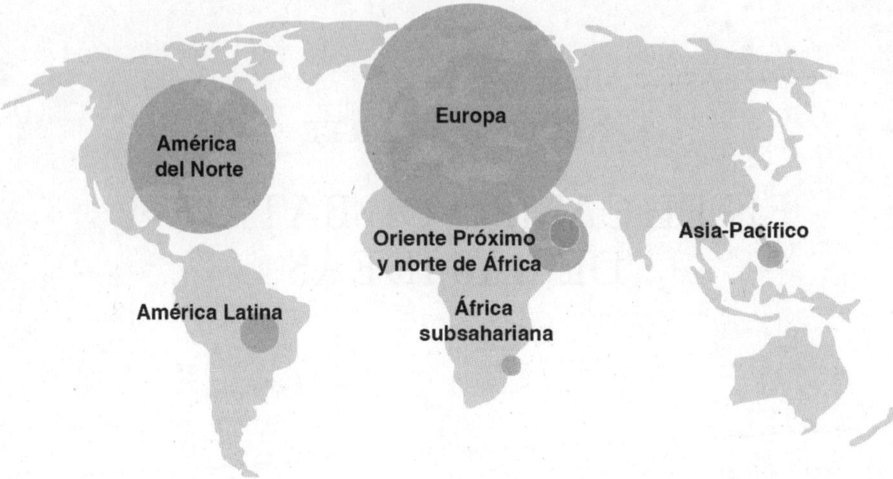

Población judía en el mundo, hacia 2020[2]

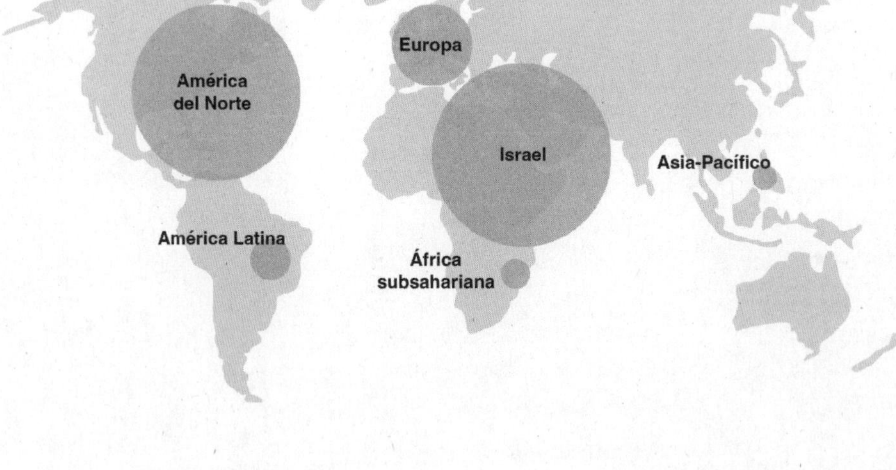

6

Preludio: Estados Unidos, Israel y el Oriente Próximo, décadas de 1940 a 1960

> En el mundo judío de la posguerra [hay] dos grandes entidades judías: nosotros y los israelíes.
>
> BEN HALPERN, «The impact of Israel in American Jewish ideologies», 1959[1]

Europa había sido, durante muchos siglos, el epicentro histórico de la vida judía: cuando se convirtió en la arena principal de la batalla por la emancipación, con la emergencia de las políticas antisemitas, acogía a más del 80 % de los judíos del mundo. Esta batalla por los derechos de los judíos culminó con la guerra genocida de los nazis, que prácticamente borró del mapa los extensos núcleos judíos de la Europa centro-oriental y devastó, dividió y debilitó no solo la propia Alemania, sino el continente europeo en general. Los prejuicios antijudíos (como hemos visto) sobrevivieron, pero el antisemitismo en sí, en tanto que movimiento político, quedó muy desacreditado en la región que lo había visto nacer.

Sin embargo, la vida del antisemitismo no concluye aquí. Perduró en la URSS y en la Europa del Este dominada por los soviéticos y se transformó y extendió gracias a dos cambios geopolíticos fundamentales. El primero fue la emergencia de Estados Unidos como superpotencia, en la guerra fría, un factor que con el paso del tiempo otorgó a las inquietudes, la influencia y las acciones organizadas de los judíos estadounidenses un peso en los asuntos internacionales que hasta entonces nunca habían poseído. Hacia 1950, vivían más judíos en Norteamérica que en ningún otro lugar del mundo, lo que acabó por catapultar a la comunidad judía estadounidense hacia un nuevo papel mundial, con el resultado de que la interpretación estadounidense del antisemitismo alcanzaría una influencia cada vez más global. El segundo cambio fue el hundimiento del poder imperial europeo en el Oriente Próximo, la creación de Israel y la aparición de la cuestión palestina. Aunque empezó siendo un socio minoritario, a finales de siglo, la población judía de Israel rivalizaba con la de Estados Unidos, tanto en cantidad como en poder. La vida de los judíos en el mundo, desde entonces, quedaría políticamente conformada por la dinámica de estos dos polos, tanto la interior de uno y otro polo como, cada vez más, la interacción mutua. El concepto de antisemitismo se desplazó de su lugar de origen y adquirió nuevas asociaciones políticas en nuevos contextos.

¿Un país sin antisemitismo?

Tras dibujar un panorama de la deprimente situación de la judería mundial en 1934 —un año después de que los nazis se alzaran con el poder—, el gran historiador anglojudío Lewis Namier acabó ocupándose de la cuestión de los judíos en Estados Unidos. Sus expectativas le resultaban difíciles de entender, «como un libro cerrado», pues él había nacido en la clase acomodada de los judíos de Polonia, en tierras fronterizas entre Rusia y los Habsburgo, y se había formado en L'viv, Lausana y, antes de 1914, Oxford. Namier era, por ende, un hombre muy arraigado en la cultura de la vieja Europa; le preocupaba que, al asentarse en Estados Unidos, los inmigrantes judíos se despojaran de los vestigios culturales del pasado europeo oriental y dejarían tras de sí «un judaísmo anémico y cada vez más débil». ¿Desaparecerían del todo, por la asimilación? ¿O acaso la presión del antisemitismo los mantendría unidos incluso después de que se desvanecieran sus «valores interiores» específicamente judíos? Namier no fue el primero ni el último en temer que en Estados Unidos los judíos se enfrentarían a las amenazas no solo de la hostilidad, sino también de la aceptación, ni el único que se inquietó por lo que provocaría una desaparición del antisemitismo. El historiador había captado acertadamente que los judíos eran inmigrantes relativamente recientes en un país cuyas tradiciones políticas y sociales eran muy distintas de las europeas, por lo que su experiencia se diferenciaría mucho de la de cualquier otra comunidad judía del mundo.[2]

El contexto estadounidense difería del europeo en dos aspectos cruciales. El primero era que, con salvedades muy menores, los judíos que llegaban a la república estadounidense gozaban desde el principio de la emancipación cívica. Que el contexto político les resultara más favorable que en ningún punto de la Europa continental —no solo a ellos, sino a las minorías religiosas de todo tipo— reflejaba el hecho de que Estados Unidos se había concebido en sí mismo como una respuesta republicana y democrática a las sociedades cerradas y profundamente jerárquicas del Viejo Mundo. Esta respuesta tenía una limitación fundamental, no obstante: la raza. La otra gran diferencia con Europa era que en Estados Unidos la ciudadanía y la imaginación política se estructuraban de acuerdo con una dicotomía racial: aun a pesar de que la Constitución Estadounidense guardaba silencio discretamente sobre la cuestión, nadie que viviera en el país podía dudar de su importancia. La Ley de Nacionalidad de 1790 limitaba la naturalización a los extranjeros que fueran «personas blancas libres», explicitando la dicotomía del color de piel y sus desigualdades. La brecha fundamental separaba a quienes eran esclavos (o sus descendientes) de todos los demás. Los primeros inmigrantes judíos llegados de Europa pudieron beneficiarse, por lo tanto, de un decreto político que negaba la emancipación a los esclavos estadounidenses. Quienes llegaron a finales de siglo hallaron refugio en un país que se esforzaba por echar para atrás los avances en la emancipación de los antiguos esclavos y sus familias, para lo cual se aprobaron las leyes de «los Jim Crow»* y se hizo la vista gorda con la multiplicación de los

* *Jim Crow* era una referencia despectiva a la población negra. (*N. del t.*)

linchamientos. «Tienen a gente que son más judíos que los judíos, como son los negros —se maravillaba el escritor Joseph Roth en 1927—. Por supuesto, los judíos siguen siendo judíos, pero aquí, y esto es crucial, son blancos. Por primera vez, a los judíos la raza les está generando ventajas de hecho.»[3]

Veremos más adelante, en el capítulo 7, las consecuencias de esta situación, odiosa para las relaciones entre negros y judíos, que como es natural resultaron ser complejas, intensas y enmarañadas. En este punto, nos ocuparemos del fenómeno del antisemitismo, que cobró en la vida estadounidense una importancia de la que había carecido hasta entonces. Gracias a los inmigrantes venidos de la Europa Oriental —parte de una oleada aún mayor de inmigración europea—, la población judía de Estados Unidos se multiplicó por más de diez, pasando de menos de 300.000 personas en 1880 a más de tres millones antes de que, concluida la primera guerra mundial, se restringiera la entrada de nuevos inmigrantes. Este fue el contexto en el que el nativismo revivió y el antisemitismo hizo su aparición por primera vez a escala nacional.

Los judíos no tardaron en chocar con las realidades brutales del prejuicio racial en Estados Unidos. En 1913, Leo Frank, director de una fábrica, fue condenado en Atlanta (Georgia) por el asesinato de una joven obrera. El caso —que sucedió en el mismo año en que se juzgaba a Beilis en Rusia— fue sumamente controvertido; el desenlace fue aún más espeluznante, dos años más tarde, cuando se linchó al desafortunado Frank. Este había presidido la sección local de una organización de fraternidad judía, la B'nai B'rith; tras el juicio, esta entidad creó la ADL (Liga Antidifamación), que, en lo relativo a la lucha contra el antisemitismo, quizá fue la más conocida de las organizaciones judeoestadounidenses. Tanto la Liga como otras organizaciones nacionales judías tuvieron que abordar una abundancia de asuntos en poco tiempo. Acabada la primera guerra mundial, cuando los políticos dieron prioridad a frenar la inmigración, los representantes de tendencia conservadora advirtieron en contra de cambios perturbadores en el estilo de vida estadounidense, Henry Ford ayudó a convertir *Los protocolos de los sabios de Sion* en un superventas nacional y la discriminación antisemita se intensificó poderosamente en todo el país. Una serie de rectores universitarios apáticos —cuando no antisemitas— fue ocupando los puestos directivos en lugar de otros que habían mostrado más simpatía con los judíos, por lo que el rápido crecimiento en la admisión de judíos en los colegios y universidades estadounidenses se invirtió de golpe y (como en Europa) se instauraron cuotas de admisión. Diversos clubes sociales, hoteles y centros turísticos cerraron las puertas a los judíos. Cláusulas restrictivas mantuvieron una segregación de los alojamientos y excluyeron a los «hebreos» (judíos) como a las personas «de raza etíope, malaya o asiática», es decir, negros, filipinos y asioamericanos. El Ku Klux Klan se reagrupó y varios observadores expresaron su asombro ante lo que consideraban «el primer intento serio de aprovechar el antisemitismo —y el odio racial y religioso, más en general— para fines políticos reaccionarios». La ciencia de las razas difundió la idea de que los judíos suponían una amenaza para la raza anglosajona; la idea del «peligro rojo», en referencia a los comunistas, también retrataba a los judíos como una amenaza revolucionaria. El antisemitismo político organizado al modo de Europa no llegó a arraigar de veras en Estados Unidos, pero la derecha católica —por medio del padre Coughlin, una figura de la radio tristemente famosa a finales de la década de 1930— propagó ponzoña antijudía. También se notó el impacto del fascismo europeo porque los nazis aportaron muchos fondos para financiar a los grupos estadounidenses que los respaldaban; en 1932 solo había uno, pero una década después eran más de un centenar.[4]

La agitación continuó durante la segunda guerra mundial y después de la contienda. En julio de 1945, un periodista constató que «desde el principio de la guerra, se ha desarrollado en Estados Unidos una de las campañas antisemitas más exhaustivas que este país haya vivido nunca». Los comentaristas judíos estaban preocupados por el futuro. «Incluso en Estados Unidos hay un peligro grave de reacción antisemita, si las cosas no van bien en el período de la posguerra —dijo Koppel Pinson—. Todos los factores que identifican el antisemitismo nazi con la hostilidad hacia nuestra seguridad nacional podrían golpearnos de nuevo de mal modo si nuestras esperanzas y expectativas para el mundo de la posguerra no se hacen realidad con la debida firmeza.» Entre 1944 y 1946, las encuestas mostraron un ascenso en el porcentaje de estadounidenses que creían que los judíos poseían demasiado poder en el país.[5]

En la atmósfera intensamente anticomunista de la guerra fría, el movimiento socialista judío, antaño boyante, menguó mucho. «En un período no superior a la vida media de un ser humano —ha escrito un experto en los judíos estadounidenses y la izquierda política—, la relación entre el socialismo y la comunidad judía experimentó, en Estados Unidos, un cambio radical.» Aunque el número de judíos que había militado en la extrema izquierda era muy escaso, sin embargo, en los años de entreguerras, representaban una parte elevada de los militantes del Partido Comunista de Estados Unidos. Tras la guerra, la prensa izquierdista en lengua yidis empezó un largo proceso de decadencia. El periódico judío más difundido en el país era *The Forward*, de izquierdas, pero, si en los primeros años de la década de 1930 su circulación ascendía a unos 275.000 ejemplares, en 1962 había bajado de 60.000 y seguía cayendo. Toda posible asociación con el comunismo generaba angustia, más aún cuando se detuvo a una pareja judía, Julius y Ethel Rosenberg, acusada de espiar para la Unión Soviética. El juicio, celebrado en 1951 —con fiscales y jurado judíos, como si con ello se quisiera aliviar las inevitables sospechas—, se convirtió en una *cause célèbre* internacional. Pero, en su mayoría, las grandes organizaciones comunitarias judías de Estados Unidos no se sumaron a la campaña a favor de la libertad de los Rosenberg, porque no compartían la sospecha generalizada entre la izquierda internacional, para la cual la causa era el fruto de la histeria antisemita de la guerra fría. Sartre calificó la sentencia de «linchamiento legal» y otros comentaristas franceses lo compararon con el caso Dreyfus. En realidad, a diferencia de Dreyfus, Julius Rosenberg había actuado en efecto como espía, por lo que era culpable; muy probablemente, sin embargo, su mujer era inocente.

El temor a que persistiera en Estados Unidos la vieja asociación de entreguerras que relacionaba a los judíos con el bolchevismo, no se desvaneció con rapidez; en 1961, el AJC aún contaba con un comité encargado de «disociar en la opinión pública los judíos y el comunismo». Daba trabajo a una diversidad de figuras de la intelectualidad judía que, con el tiempo, pasaron de inquietarse por el comunismo estadounidense a presionar a la URSS en nombre de los judíos soviéticos. Esta trayectoria ayuda a explicar un viraje muy llamativo entre determinados autores judíos de Nueva York, bastante conocidos, que pasaron de la izquierda no comunista a la derecha anticomunista; este mismo camino, con el tiempo, hizo que muchos acabaran en el neoconservadurismo, con su cultura del miedo al marxismo en los campus universitarios.[6]

Los historiadores del antisemitismo tienden a ser catastróficos en su atención y solo raramente se ocupan de aquellos períodos en los que el fenómeno se aquieta. Menos frecuente es aún que los actuales abanderados de las campañas contra el antisemitismo se detengan a preguntarse qué pueden aprender de tales períodos de mayor calma. Es como si no pudieran creerse que tales momentos significan lo que en efecto parece que significan, sino que serían aberraciones que inevitablemente terminarán en lágrimas. Así las cosas, probablemente merece la pena que nosotros sí nos detengamos en lo que ocurrió en Estados Unidos a partir de la década de 1950, una época en la que la principal autoridad sobre la materia ha hablado de una «metamorfosis evidente»: la intolerancia hacia los judíos se redujo y los prejuicios francos perdieron una parte de su respetabilidad política y social, pues, en la práctica, el temor de los judíos estadounidenses a que la discriminación antijudía continuara en vigor sufrió un alivio inesperado y el antisemitismo estadounidense, en tanto que sistema de discriminación institucionalizada, se desmanteló con la misma celeridad asombrosa con la que se había construido. En 1948, la Liga Antidifamación ya comentaba la decadencia de los antiguos grupos pronazis; en 1956, un observador hizo constar que «el antisemitismo organizado ha quedado hoy confinado en su mayoría a la marginalidad más fanática». Las encuestas confirmaron esta sentencia: las actitudes antisemitas no desaparecieron del todo, desde luego, y hubo episodios de violencia a baja escala que confirmaron su persistencia, pero las grandes barreras discriminatorias referidas al alojamiento, el empleo y el acceso a las universidades se derribaron. Los centros de estudios que habían introducido cuotas en la década de 1920 las abolieron y la admisión de judíos se multiplicó; se les abrieron muchos puestos de trabajo que antes les estaban vetados, con la excepción de los sanctasanctórums del derecho y la empresa, donde la vigilancia excluyente se mantuvo estricta por más tiempo, hasta que estos sucumbieron también ante el embate deliberado de una campaña del Comité Judío Estadounidense. Como si se quisiera borrar el recuerdo de las penalidades vividas durante el confinamiento en los *shtetl* del terruño de origen, los constructores, los promotores inmobiliarios y los arquitectos judíos emprendieron una labor de (en palabras de un observador) «recreación del espacio»: transformaron una gran extensión de la ciudad de Nueva York y contribuyeron a crear la Manhattan moderna como lugar de vida y de trabajo. La ciudad pasó a conocerse por sus cooperativas residenciales y los bloques de apartamentos equipados con ascensor. En 1960, la revista *Fortune* ensalzó lo que calificó de «impulso judío», que estaba dando a Nueva York los rasgos de «carácter dramático, emoción, originalidad, estridencia y capacidad de sorpresa».[7]

Cuando la segregación de los judíos en los alojamientos empezó a ser cosa del pasado, lo mismo ocurrió con los centros de vacaciones. La zona conocida como «el Cinturón del Borscht» (o «los Alpes yidis») congregaba cientos de hoteles, *campings* de bungalós y campamentos de verano en los montes Catskill, a escasa distancia en coche desde la ciudad de Nueva York. Entre los hoteles, figuraba, el Grossinger's, de cuyo comedor principal se decía que tenía 1.300 asientos, y la torre Nevele, con su piscina Waikiki y la famosa sala de espectáculos Stardust Room en su club de campo. Tales lugares vivieron su auge durante la década de 1950, pero, cuando la discriminación se desvaneció y la rebaja de los billetes de avión hizo más apetecibles otros destinos, se inició la decadencia. Los gustos también estaban cambiando. Cuando el ganadero Max Yasgur, judío de los Catskill, aceptó albergar el festival «Tres días de paz y música» en el verano de 1969, medio millón de personas bajaron a sus campos para escuchar a Santana, The Who y Ten Years After (entre otros), y el nombre de Woodstock resonó por todo el mundo. En la actualidad, la mayoría de los grandes hoteles del Cinturón del Borsch están en ruinas, han sido pasto de las llamas o han encontrado usos nuevos, en servicio de la creciente población ortodoxa judía de la costa oriental de Estados Unidos. Quienes antaño pasaron allí las vacaciones de niños hoy probablemente gozan de la jubilación en las costas de Florida o en otras comunidades de otro «cinturón», el Cinturón del Sol, por el sur del país.[8]

Aunque de vez en cuando se produjeran episodios antisemitas, los observadores se mostraron, de acuerdo en que los judíos de Estados Unidos —como, en general buena parte del país— entraban en una era de moderación y oportunidades, después de la tensa polarización política del medio siglo precedente. En vez de sumirse de nuevo en una depresión, la economía estadounidense —que en 1945 ya representaba el 50% del PIB mundial— vivió un auge. El pleno empleo y el consumo de masas borraron el recuerdo de la década de 1930, con sus tormentas de polvo y las colas del desempleo. Los judíos estadounidenses se beneficiaron de la prosperidad de la posguerra y se sumaron a la explosión consumista y los placeres de la vida en las zonas residenciales del extrarradio urbano. Una encuesta realizada entre rabinos reformistas y otros líderes, en 1960, da constancia del optimismo imperante en el momento. Cuando se les pidió que predijeran cómo sería el año 2000, hubo consenso en que, aunque las tres principales ramas religiosas del judaísmo estadounidense no lograrían restaurar la unidad ecuménica (en este punto, al menos, fueron realistas), en el mundo exterior se habría alcanzado la paz entre Israel y los Estados árabes; Estados Unidos habría tenido a un judío como candidato a la vicepresidencia, y, en el país, el antisemitismo habría seguido declinando. Aunque todavía sufrían discriminación —pues los clubes sociales y los rectorados universitarios aún colgaban carteles excluyentes—, en su conjunto, los judíos habían acelerado en el paso a las comodidades de la clase media más que ningún otro de los grupos étnicos que habían atravesado con ellos el centro de inspección de la isla de Ellis, en el trayecto de la emigración desde Europa. En 1972, un director de la Liga Antidifamación celebró que «el antisemitismo manifiesto prácticamente ha tocado a su fin» en Estados Unidos y comentó que las décadas de la posguerra estaban siendo una «edad dorada» en la que los judíos estadounidenses gozaban de una seguridad y una aceptación social sin precedentes en la historia.[9]

¿Cómo y por qué sucedió exactamente así? Se diría que es importante comprenderlo, pero —según suele ocurrir con los giros culturales— no hay una explicación simple. Sin duda, la experiencia de la guerra interpretó un papel propio, aunque en Estados Unidos, como en los demás países, la victoria contra el fascismo y el nazismo no bastó para desacreditar del todo el antisemitismo ni, menos aún, los prejuicios raciales en general. En parte no cabe duda de que fue también un logro organizativo de la judería estadounidense, que se movilizó para luchar contra las barreras discriminatorias y quizá con más éxito que ningún otro grupo étnico. En tal movilización hubo un elemento intelectual relevante: vale la pena llamar la atención sobre el hecho de que, en esa época, no solía considerarse que el antisemitismo pudiera o debiera tratarse como algo distinto a otros tipos de prejuicio o discriminación. Antes al contrario, las organizaciones judías —como reflejo de la convicción de que el antisemitismo era un ejemplo más de un desajuste social y psicológico mayor, que podía curarse por medio de la educación pública y la seguridad laboral— encargaron estudios científico-sociales sobre las causas de los prejuicios raciales, que ayudaran a ponerles fin. Así, en particular el Comité Judío Estadounidense (AJC) —cuya División de Investigación Científica fue fundada y liderada por el psicólogo social John Slawson, formado en la Universidad de Columbia— patrocinó diversas investigaciones especializadas de importancia y, mediante la serie *Studies in Prejudice*, las divulgó con ediciones de bolsillo que se convirtieron en superventas. Aunque en la actualidad esta obra está anticuada, el volumen de 1950 *La personalidad autoritaria* fue quizá la más conocida e influyente de esas investigaciones; la redactaron refugiados alemanes cuyos estudios sobre el antisemitismo y el prejuicio se habían iniciado durante el Tercer Reich.

Pero también intervinieron giros culturales de más difícil definición, como el paso de las generaciones y los cambios en los horizontes de experiencia, pues, cuando una generación que había crecido con la conmoción de la inmigración masiva y el bolchevismo entregó el relevo a una cuyo recuerdo principal era el del combate contra el nazismo, las actitudes variaron. La lucha contra el antisemitismo se asociaba con la batalla más general por mejorar la calidad de la democracia estadounidense. En las fraternidades universitarias era evidente que los estudiantes más jóvenes querían abrirse a los judíos y otros grupos, aun topando con la resistencia de los alumnos mayores.

Y luego estaba el impacto de la creación de Israel. En 1942, un comentarista había sugerido con tanto atrevimiento como perspicacia, en referencia al antisemitismo, que crear una patria judía en Palestina podría «normalizar» el lugar de los judíos en la vida estadounidense, puesto que les daría, como a los demás inmigrantes de Europa, un «país de origen». Era lo contrario de lo que temían muchos integrantes de la élite judía del país, a saber: que un Estado judío incrementara la sospecha (como sucedió en efecto en la URSS y la Europa del Este) de que los judíos no serían leales a su nación de acogida, sino a Israel. También era lo contrario de lo que ansiaban y esperaban muchos sionistas: una emigración masiva que abandonara Estados Unidos con destino a Israel. La aparición de un Israel independiente puso a prueba todas estas afirmaciones y modificó para siempre el lugar de los judíos en Estados Unidos.[10]

Antes incluso de llegar a existir, Israel formaba parte de la mentalidad de los estadounidenses. Los predicadores de la era colonial llamaron Canaán a sus nuevas tierras; para Melville, los estadounidenses eran «el pueblo singular, el pueblo elegido, el Israel de nuestros días». En el período del Segundo Gran Despertar, los protestantes estadounidenses se obsesionaron con la Tierra Santa y (quizá como contestación) un predicador judío ya había pedido en fecha tan temprana como 1818 que los judíos se asentaran en la Siria otomana.[11] El sionismo cristiano floreció y ha seguido suponiendo una fuerza poderosa en la política estadounidense hasta nuestros días, pero el sionismo en su sentido moderno fue ante todo el producto de la emigración masiva desde el Imperio ruso e incluso en los años de entreguerras los movimientos sionistas de Estados Unidos se hallaban todavía subordinados socialmente al AJC —oficialmente, el comité era «no sionista»—, que representaba a los líderes del sector más asimilado de la población judía, cuya llegada había sido anterior a la de «los rusos». La actitud de ese sector tuvo reflejo en la resolución de 1898 del Movimiento Reformista Estadounidense, que se declaró «opuesto de manera irrenunciable al sionismo político», al considerar que «los judíos no son una nación sino una comunidad religiosa». Hasta entrada la década de 1930, el AJC se opuso a crear una organización judía internacional, de tipo cuasi parlamentario, por temor a que ello implicara que los judíos se debían lealtad unos a otros por encima de su lealtad a las instituciones políticas de sus propias patrias; cuando se propuso crear el Congreso Judío Mundial (WJC, en sus siglas inglesas), el Comité Judío Estadounidense se manifestó contrario a la idea de que «el pueblo judío» fuera (o pudiera verse como) «un organismo nacional unitario». Quien fuera presidente del AJC durante la guerra, el juez Joseph Proskauer, consideraba que la propaganda sionista favorable a establecer una patria en Palestina era una «catástrofe para los judíos» e insistió en que «pensando en la seguridad de los judíos en Estados Unidos, desde todo punto de vista, los judíos debemos disentir clara y fuertemente del nacionalismo y del sionismo político».[12]

El abandono de esta posición y el viraje total de los judeoestadounidenses hacia el sionismo no llegó hasta la segunda guerra mundial y los años posteriores. En 1942, pese a la oposición tanto del Consejo Estadounidense del Judaísmo (voz que durante la guerra era conocida por su antisionismo) como del Comité Judío Estadounidense, varios grupos acordaron reclamar que en la posguerra se creara un «territorio autónomo judío» en Palestina. La amenaza del antisemitismo se entendía como de suma gravedad en todos los bandos, pero en lo relativo a cómo le afectaría un Estado judío, las conclusiones eran divergentes. Los sionistas creían que una patria nacional judía terminaría con el problema, al ofrecer un refugio hacia el que todos los judíos tenderían a ir naturalmente. Para los antisionistas, el antisemitismo era un problema derivado de los prejuicios raciales y la democratización incompleta, por lo que era preferible combatirlo en solidaridad con otras minorías en los movimientos sindicales; a su juicio, la cuestión no iba a resolverse convirtiendo a otro pueblo —los árabes palestinos— en minoría sin hogar. La gran inquietud del AJC era que el antisemitismo estadounidense socavara la aceptación de los judíos en el país norteamericano, con lo que siguió comprometido con el ideal a largo plazo de la emancipación política de ámbito mundial. «Nos negamos a aceptar la tesis de que la emancipación judía es un fracaso porque la presión de los nazis ha obligado a revertirla en muchos países», podía leerse en un análisis interno redactado durante la guerra.[13]

Pero, con la creación de Israel —recibida como un hito histórico en prácticamente todo el espectro judeoestadounidense—, el antisionismo en tanto que posición política se debilitó y la organización más netamente antisionista, el Consejo Estadounidense del Judaísmo, se encogió hasta caer en la práctica irrelevancia. Entre las pocas figuras que se manifestaron en contra de la marea quizá la más notable fue la de William Zukerman, un periodista que desde hacía varias décadas informaba sobre los asuntos judíos del panorama internacional. Alegó que desde 1948 los términos *antisionista* y *sionista* habían perdido el significado y se calificó a sí mismo como «favorable a Israel» pero «antinacionalista». Criticó lo que tildó de «la oleada de nacionalismo mesiánico que el Holocausto hitleriano ha provocado» entre los judíos de Estados Unidos: al abrazar estos el chovinismo étnico que se había extendido por todo el mundo desde finales de la década de 1930, Zukerman temía que los judíos se arriesgaban a desarrollar una crueldad que en aquel entonces ya estaba cambiando «el carácter entero de nuestro pueblo». Israel había convertido a los judíos en unos «conquistadores» cuya indiferencia ante las penalidades de los refugiados árabes contravenía la tradición judaica de la simpatía por los oprimidos. Para Zukerman, el empeño deliberado de los líderes de Israel por conseguir que el país quedara identificado con los judíos que vivían en el extranjero servía únicamente para acrecentar el antisemitismo al que estos quizá tendrían que hacer frente, pues introducía «nuevas razones diplomáticas y políticas, junto con las viejas razones sociales, económicas y psicológicas».[14]

Los artículos de Zukerman fueron objeto de mucho debate entre los judíos estadounidenses, en aquella época, y, en nuestros días, están atrayendo a nuevos lectores. No estaba solo: otros líderes judíos expresaron inquietudes similares, pero no era una posición fácil y, como era de esperar, se denunció al autor como antisemita, un «judío que se odia a sí mismo». Fue víctima de lo que calificó de «razonamiento chovinista pervertido», por el que algunos trataron sus opiniones «como si fueran casi equivalentes a una traición»: «La crítica de cualquier medida del gobierno de Israel —ya sea el dejar sin hogar a un millón de árabes nativos, tratar a la minoría árabe como ciudadanos de segunda clase o transformar el nuevo Estado en una teocracia racial— se denuncia no solo como antiisraelí, sino como antisemita». Se percibe la conmoción que le causó que le aplicaran este último adjetivo, a él que se había esforzado como el que más por trazar el mapa del ascenso del antisemitismo en la Europa de entreguerras. Nos hallamos en el principio mismo de lo que uno podría asemejar con un uso sionista del término, tal que solo podía concebirse una vez que Israel había empezado a existir de hecho. Una investigación reciente ha revelado que los diplomáticos israelíes estaban tan preocupados por la influencia de Zukerman que entre bambalinas organizaron una campaña en su contra, para la que reclutaron a organizaciones sionistas estadounidenses y luego incluso presionaron a los propietarios de los periódicos judíos para que prescindieran de su pluma. De resultas, sus artículos dejaron de poder leerse con facilidad y, cuando falleció, en 1961, su *Jewish Newsletter* —que había mantenido con vida durante catorce años— echó el cierre.[15]

Un factor de más consecuencia —porque la agrupación ocupaba una posición de poder en la vida pública de los judeoestadounidenses— fue la transformación del Comité Judío Estadounidense, que había sido declaradamente «no sionista»: a finales de la década de 1940, sus simpatías políticas habían empezado a ajustarse a la creación de Israel. Además de trabajar para reconstruir la vida de los judíos en Europa, el AJC también respaldaba a los refugiados judíos que emprendían el camino de Palestina. Pese a todo, la jactancia de los sionistas le disgustaba y seguía temiendo que los judíos estadounidenses fueran vulnerables a la acusación de no ser unívocamente leales, en especial durante la guerra fría, con la tensión del momento, el miedo a los espías y la desconfianza ante los extranjeros. El comité también se preocupaba sin descanso por los actos de los israelíes; si en los tiempos más recientes ha pasado a adoptar el papel de *cheerleader*, entonces no era así. Vale la pena recordar que en 1950 la población judía de Estados Unidos era cuatro veces superior a la de Israel —solo en la ciudad de Nueva York vivían el doble de judíos—, lo que por fuerza iba a generar una extraordinaria disputa por el poder entre los notables de la comunidad judía estadounidense y, por otro lado, el Estado judío y sus líderes.

El nuevo factor político lo representaba el primer ministro israelí, David Ben-Gurión. A partir de 1948, dedicó muy poco tiempo al movimiento estadounidense del sionismo organizado, pues consideraba que había perdido su razón de ser, una vez ya existía Israel; en consecuencia, orquestó la caída de su líder, Abba Hillel Silver, que temía que podía poner freno a su propia libertad de maniobra. «El sionismo no atraviesa ninguna crisis, sino que está en bancarrota», comentó Ben-Gurión con satisfacción, al poco de expulsarse a Silver. Al menos esto era lo que él deseaba. Daba por sentado que todos los sionistas estadounidenses dignos de tal nombre querrían mudarse a Israel y puso en duda la fortaleza de su carácter (a veces, en público) cuando para su consternación comprobó que la realidad era otra. Para Ben-Gurión —como para Zukerman, que en esto sí estaba de acuerdo—, la cuestión subyacente era sencilla: si la creación de Israel suponía el fin del antisionismo entendido como un movimiento contrario al establecimiento de un Estado judío, ¿no suponía esto también, por la misma lógica, el fin del sionismo?[16]

Aunque no tuviera ninguna sintonía especial con la sensibilidad de los estadounidenses, Ben-Gurión comprendió que en gran medida ya había hecho suyos a los sionistas del país norteamericano. Para conquistar a la judería estadounidense más en general, debía cortejar a los «no sionistas» del Comité Judío Estadounidense, cuyo líder, Jacob Blaustein, gozaba además de influencia en la Casa Blanca de Truman, pero esto se complicaba por el hecho de que Ben-Gurión insistía una y otra vez en que los judíos estadounidenses emigraran a Israel, idea que más de una vez enfureció a Blaustein. Pero el primer ministro israelí temía que su nuevo Estado no alcanzara una población suficientemente numerosa y veía Estados Unidos como una reserva sumamente necesaria de «material humano» de la mayor calidad (a su juicio, muy preferible, desde muchos puntos de vista, a los supervivientes andrajosos y traumatizados que venían de la Europa de la guerra). «Ben-Gurión nos insta a que, como padres, enviemos a nuestros hijos a Israel, para que se queden allí a vivir», rezaba un titular asociado a un discurso que había pronunciado en el nuevo Estado en 1949. «Llamamos a los padres a que nos ayuden a traer aquí a sus hijos», había dicho antes de echar aún más leña al fuego con la afirmación de que «aunque ellos se nieguen a ayudarnos, traeremos a los jóvenes a Israel». Los líderes del AJC se enojaron tanto que avisaron a Ben-Gurión de que organizarían protestas públicas si no se moderaba. Era imprescindible que corrigiera sus premisas, le advirtieron: los judíos estadounidenses no vivían en el exilio; su hogar era Estados Unidos, no Israel; los responsables de los niños judíos eran las propias familias, y no los políticos israelíes. Querían que este mensaje quedara muy claro, de lo contrario, se les podría acusar de carecer del debido patriotismo estadounidense.[17]

La situación empeoró hasta el punto de que, en el verano de 1950, Blaustein visitó Israel por invitación del primer ministro y con el objetivo de resolver las discrepancias. Fue una reunión extraordinaria. Los comentarios de Ben-Gurión *a posteriori* fueron conciliadores; los de Blaustein, más extensos, duros y enfáticos. El líder del comité hablaba como si fuera el socio principal de la relación e hizo hincapié en que «la judería estadounidense» estaba a la par de Israel, en condiciones de igualdad, con el deseo de apoyar al Estado israelí, pero también cuidando de sus propios intereses. Destacó la necesidad de que la democracia liberal arraigara en el nuevo país y ofreció la ayuda de los judíos de Estados Unidos, pero «dentro del marco de su ciudadanía estadounidense». También advirtió de que la buena voluntad era «una calle de dos sentidos».[18]

Los dos hombres cumplieron con sus metas, pero quizá uno obtuvo más frutos. Blaustein dejó claro que los judíos estadounidenses no estaban en el exilio, pero Ben-Gurión no renegó totalmente del ideal de la *aliyá*; antes al contrario, aunque la emigración de estadounidenses a Israel en la década de 1950 no llegó de promedio ni a las cuatrocientas personas anuales, Ben-Gurión siguió con sus llamamientos para que acudieran y se establecieran en el país. Fue un tema recurrente en las visitas que realizó en 1960 a diversos campus estadounidenses, donde se puso de manifiesto —en especial, en las conversaciones con los propios estudiantes— que estaba resuelto a fomentar como fuera el viaje a Israel de los jóvenes judíos estadounidenses de mayor cultura, con la esperanza de que, una vez allí, se quedarían en el país. Su mensaje fue antes que nada el de un activista. «Por favor, no entendáis mis palabras como una blasfemia —dijo el primer ministro ante el público de la Universidad Yeshiva, en Nueva York—, [pero nosotros, el gobierno de Israel] hemos asumido la misión de arreglar o terminar lo que por alguna razón el Santo (bendito sea) eligió no terminar.» Probablemente, Blaustein consideraba la *aliyá* un asunto inherentemente político; para Ben-Gurión era de carácter divino.[19]

Por razones similares, el primer ministro israelí también insistió en que las organizaciones sionistas del exterior tenían la obligación absoluta de «ayudar al Estado judío [...] en cualquier circunstancia y condición». Esta afirmación la pronunció mientras estaban en marcha los juicios amañados de Europa del Este y, con ello, a las comunidades judías de esos países no les hizo precisamente un favor; el AJC se enfureció de nuevo con su declaración. El comité tampoco acogió con alegría que los funcionarios israelíes hubieran comenzado con la práctica —que en aquellos días no se consideraba tan normal como en la actualidad— de abordar los incidentes antisemitas del exterior directamente con los gobiernos implicados, prescindiendo de los jefes de las comunidades judías locales, como si Israel fuera el protector principal de todos los judíos. Blaustein se enojó en particular con unos comentarios de Moshé Dayán en Canadá, cuando este afirmó que «nuestro gobierno [el israelí] debería representar no solo al pueblo de Israel, sino los intereses de todos los judíos». Al final, Blaustein se enfrentó con Ben-Gurión acusándolo de no cumplir con las garantías que le había dado en la reunión de 1950. Reclamar que todo sionista ayudara a Israel con independencia de la posición de su propio gobierno suponía «una petición de lealtad inaudita ante una potencia extranjera».[20]

Sin embargo, el gobierno de Ben-Gurión continuó aseverando que tenía el derecho y la autoridad «para hablar y actuar en nombre de los judíos de todo el mundo». La ley de 1952 que selló el destino de las viejas organizaciones sionistas empezaba declarando: «El Estado de Israel se concibe a sí mismo como la creación del pueblo judío en su totalidad». El AJC había negociado la inclusión de una cláusula crucial: «El Estado de Israel, *cuya representación se limita a la de sus propios habitantes*, se concibe a sí mismo como la creación del pueblo judío en su totalidad». Pero tal cláusula no figuró en la versión aprobada por la Knéset. Blaustein se enfureció, pero Ben-Gurión apenas se molestó en disculparse: a los estadounidenses enfadados les contestó que Israel era como cualquier otro Estado y, por lo tanto, no necesitaba definir a quién representaba. Los dos hombres habían comprendido qué estaba en juego en realidad y ambos sabían asimismo quién estaba imponiéndose. Ben-Gurión volvió a provocar una reacción airada cuando dijo, en el vigésimo quinto Congreso Sionista, que los judíos que vivían con las comodidades de Occidente estaban violando el credo judaico, de modo que el judaísmo «se enfrenta al beso de la muerte: la decadencia lenta e imperceptible en el abismo de la asimilación». El Comité Judío Estadounidense protestó otra vez y, de nuevo, con escaso efecto.[21]

En los primeros años de existencia de Israel, según sugiere esta serie de desencuentros, el nuevo Estado distaba de generar en Estados Unidos la clase de respaldo general con el que lo asociamos en nuestros días. El estudioso Ben Halpern había mostrado, en 1959, que había un sentimiento generalizado de simpatía e identificación con el nuevo país, pero no por ello los judeoestadounidenses consideraban necesariamente —no en su mayoría— que su propio destino estuviera vinculado con el bienestar de Israel, a diferencia de lo que ocurriría más adelante. En 1966, el rabino Arthur Hertzberg —que destacó por ser uno de los comentaristas más agudos sobre la escena de los judíos de Estados Unidos— dirigió incluso una reprimenda a los rabinos de su país, a los que consideraba excesivamente fríos con Israel: «Hoy nadie puede hacer carrera de forma significativa entre la judería estadounidense por medio de la actividad política sionista». La inhibición ante la dualidad de lealtades seguía siendo poderosa; también seguía siendo fuerte el ideal del asimilacionismo, que no fomentaba potenciar en público la conexión de los judíos estadounidenses con Israel.[22]

El verdadero punto de inflexión fue quizá la guerra de los Seis Días, que dio un enorme empuje a la imagen de Israel en Estados Unidos y, con ello, transformó la relación entre los judíos estadounidenses y el país de reciente creación. A partir de aquí, los últimos conflictos y desacuerdos ideológicos marcados que se habían puesto de manifiesto durante la segunda guerra mundial dieron paso a un abrazo mutuo, no solo político, sino también emocional. El sionismo —en un sentido nuevo y atenuado: apoyar en general a Israel y sentirse unido a él por alguna clase de relación especial— fue unificando cada vez más la corriente central del judaísmo estadounidense. En palabras del historiador israelí Evyatar Friesel, «no solo se "americanizó" el sionismo, sino que los judíos de Estados Unidos se "sionizaron"». Desde nuestro presente resulta difícil captar plenamente la naturaleza radical de este viraje, para empezar, porque era un tanto paradójico. En palabras del comentarista Henry Feingold, «la identidad judeoestadounidense, que el sionismo había predicho que estaba destinada a desaparecer [...], en la práctica quedó reforzada por el establecimiento del Estado judío».[23]

Con la guerra de los Seis Días, el sentimiento de los judíos estadounidenses corrientes hacia Israel —y, por extensión, hacia sus propias vidas— se tornó muy apasionado. Así se revela en las entrevistas concedidas por residentes judíos de un barrio del extrarradio del Medio Oeste al brillante sociólogo Marshall Sklare, que trabajaba para la División de Investigación Científica del AJC. En la década de 1950, Sklare ya había visitado un lugar que denominó *Lakeville* y volvió allí tras la guerra de los Seis Días. (Probablemente, *Lakeville* era Highland Park, una ciudad sita junto al lago Michigan, no lejos de Chicago.) Las personas con las que habló le dijeron que la intensidad del momento los había atrapado más que ningún otro acontecimiento que pudieran recordar. Todos se habían sentido inequívocamente israelíes y tenían la certeza de hallarse en el bando al que acompañaba la razón. No habían sentido ninguna incompatibilidad entre la lealtad hacia Estados Unidos y la que los unía a Israel; las palabras de Sklare al respecto precisan mucho: «Se esforzaban por no percibir ninguna clase de incompatibilidad». Todos habían donado dinero para contribuir a la causa y a Sklare le asombró que, «por extraño que pueda parecer» y aun teniendo en cuenta que no había ningún indicio en respaldo de la siguiente creencia, «hoy todavía relacionan sus propias acciones con la victoria de Israel». En su mayoría recibieron con alivio que los estadounidenses que no eran judíos también hubieran dado respaldo al bando israelí y creían que, gracias a la victoria de Israel, los judíos estadounidenses habían adquirido una respetabilidad nueva a ojos de sus compatriotas. En este contexto, a Sklare le llamó la atención que ninguno hubiera visitado Israel durante la década anterior, a pesar de que los billetes de avión habían reducido su precio, y le pareció aún más asombroso que solo uno manifestara planes de viajar allí en el futuro. En cuanto a la idea de sumarse a la *aliyá* y establecerse en Israel, la negativa era rotunda. En *Lakeville* se vivía bien.

Sklare llegó a la conclusión de que, en el fondo, el sentimiento de profunda unión con Israel tenía menos que ver con el propio Estado de Israel (la mayoría sabía poca cosa al respecto) que con la historia de la década de 1930. Era algo que solo se podía entender desde la perspectiva de la psicología. El análisis de Sklare merece citarse por extenso:

> Las respuestas recibidas en *Lakeville* deben entenderse a la luz del hecho de que los judíos estadounidenses, por una circunstancia afortunada, se han salvado [del Holocausto]. La crisis [actual] trajo al primer plano de la conciencia la posibilidad de que aquella historia se repitiera: la posibilidad de otro holocausto. Al igual que el primer holocausto —del que los judíos estadounidenses se salvaron no por virtud de ninguna nobleza especial, sino ante todo por simple casualidad—, otro holocausto habría supuesto que, de nuevo, los judíos estadounidenses habrían escapado milagrosamente de todo daño. Si tenemos dificultades para justificar que nos salvamos del primero, lo mínimo que podemos hacer es actuar y contribuir a impedir un segundo holocausto; en el peor de los casos, tal gesto indicará que en el hecho de salvarnos nosotros había algún buen fin [...] es decir, nuestro apoyo a Israel se conecta íntimamente con nuestro deseo de preservar el sentimiento de que, como seres humanos, somos valiosos.
>
> También apoyamos a Israel para proteger la convicción de que las cosas tienen sentido. Israel ha creado sentido porque significó que a partir de la destrucción del holocausto nació algo nuevo, limpio y bueno. Así pues, Israel ha protegido nuestra convicción de que las cosas tienen sentido y eso en un mundo que había destruido toda sensación de sentido que los judíos pudieran haber albergado. La

> destrucción de Israel, por lo tanto, habría supuesto la destrucción del sentido. Hitler, al que creíamos muerto y derrotado, habría revivido; la victoria final sería suya. Al terminar de pronto con nuestra fe en el sentido de las cosas, un nuevo holocausto habría sumido a la judería de Estados Unidos en la anomia total. Desde esta perspectiva, Israel debía recibir el apoyo máximo, hasta lo nunca visto. Su destrucción habría supuesto nuestro fin como judíos estadounidenses porque no podríamos haber sobrevivido a la pérdida total del sentido [...] Para los estudiantes de la etnicidad en general, y de la vida judía en particular, la respuesta de *Lakeville* demuestra que los sentimientos de identidad judía —aun a nivel inconsciente— son más poderosos de lo que hasta ahora teníamos razón para sospechar que eran.[24]

El apoyo de la opinión pública estadounidense a Israel en 1967, en la guerra de los Seis Días, reveló la existencia de un entorno político nacional que era esencialmente de apoyo a los israelíes, un apoyo que solo ha empezado a fracturarse estos últimos años. Los judíos de Estados Unidos, que nunca habían sido monolíticos, se unieron para darle un respaldo sin precedentes. «Israel se convirtió en el foco de atención de los judeoestadounidenses», ha escrito un estudioso. Las donaciones recibidas por la United Jewish Appeal* pasaron de 65 millones de dólares en 1966 a 240 millones el año siguiente y 511 en 1974. Este fue el momento en el que, verdaderamente, en Estados Unidos empezó a abogarse políticamente por Israel, aunque entonces la escala aún era menor, en comparación con nuestros días. Cuando las manifestaciones de los judeoestadounidenses pusieron de relieve que la causa se había vuelto muy popular, el AJC abandonó los últimos residuos de su «antisionismo». Todavía se escuchaba alguna voz recelosa, sin embargo. Un miembro de la junta directiva advirtió que el comité debía «proceder con extrema cautela [...] El mundo está calificando Israel de "conquistador" [...] y el destino de los cinco millones de judíos estadounidenses está quedando subordinado al destino de los dos millones de

* Organización filantrópica judía cuyo nombre completo precisaba inicialmente su fin: «para las necesidades de los refugiados y ultramar». *(N. del t.)*

judíos de Israel». Pero quien hablaba aquí era la vieja guardia. Cuando los líderes del AJC volaron a Israel para instar al primer ministro a negociar la paz, este les pidió que no se implicaran en la cuestión de las concesiones territoriales: de ellos se esperaba solo un apoyo incondicional. Con excepciones meramente esporádicas, es lo que Israel ha recibido desde entonces. En el informe anual del AJC en 1966-1967, «Israel» ocupaba un lugar muy secundario, en comparación con la lucha por los derechos civiles y en contra de la discriminación y el antisemitismo, pero en el de 1967-1968 había pasado al primer lugar. Allí se quedó.[25]

En un aspecto crucial, no obstante, aquellos tiempos fueron muy distintos a los nuestros. Ya había voces —muchas de ellas, de judíos— que advertían de que los triunfos militares y las conquistas territoriales de Israel quizá acabarían suponiendo solo una victoria pírrica. En todo caso, todavía no se conectaban automáticamente las críticas al país con la cuestión del antisemitismo. En la década de 1950, en la mentalidad mayoritaria entre los judíos de Estados Unidos, el antisemitismo seguía asociándose con el nazismo y las ideas de la supremacía blanca y los prejuicios raciales: lo que aún quedaba de un mundo que «parecía haber quedado destruido junto con los ejércitos de Hitler», en palabras de la Liga Antidifamación, pero que aún no se había erradicado por completo. En 1962, se celebró en Nueva York un congreso para debatir sobre el antisemitismo, que nos ofrece una instantánea intrigante sobre cómo se interpretaba este asunto en aquella época. Los participantes se centraron principalmente en el extremismo de la ultraderecha (que creían que se estaba extinguiendo), el fundamentalismo cristiano y los modelos aún vigentes de discriminación social y profesional. Un profesor de sociología dio una conferencia sobre los estereotipos y la dificultad que entrañaba comprender de verdad el fenómeno, desde un punto de vista teórico. Se debatió sobre la pervivencia de las exclusiones en los clubes privados y centros turísticos y sobre la maleabilidad de los jóvenes; se habló de promover la capacidad de «aceptar las disensiones». Aun así, sorprendentemente, se conversó poco sobre el movimiento pro derechos civiles o de la batalla por terminar con la segregación, y dos cuestiones que hoy resultarían inseparables de cualquier análisis del antisemitismo ni siquiera se pusieron sobre la mesa: la primera era el Holocausto; la segunda, Israel. En tan solo unos pocos años, la situación viviría una transformación radical.[26]

En el Oriente Próximo

En vísperas de la crisis de Suez, en 1956, el gobierno israelí estaba cada vez más preocupado por el carismático presidente de Egipto, el coronel Náser (o Nasser). Se habían emprendido conversaciones secretas con el vecino egipcio, pero sin resolver las diferencias; Ben-Gurión llegó a la conclusión de que había que darle una lección a «ese *Nasser-Schmasser*», según él lo llamaba en privado.* A continuación, se produjo una serie de incursiones y contraincursiones transfronterizas en las que hubo muertos. Luego se supo que Náser había llegado a un acuerdo armamentístico con el gobierno checoslovaco, que amenazaba con alterar el equilibrio de poder y otorgar a la URSS un bastión en el Oriente Próximo. Ben-Gurión se alarmó y pronunció un discurso en la Knéset con abundancia de aciagas alusiones históricas.

> Los gobernantes de Egipto están adquiriendo esas armas con un único objetivo: acabar con el Estado de Israel y con su pueblo [...] El jefe de la facción militar que gobierna en El Cairo ha anunciado que esta guerra no se dirige solo en contra de Israel, sino de los judíos del mundo y de las finanzas judías que afirma que mandan en Estados Unidos. Son palabras que ya conocemos de los días de Hitler y resulta del todo desconcertante que el gobierno de Checoslovaquia —¡el de Checoslovaquia, precisamente!— haga caso omiso de que en las orillas del Nilo se hace sonar de nuevo el dogma de los nazis.[27]

* Probable reiteración sin un sentido específico, aunque el tono se antoja netamente despectivo. El periodista David Schwartz, de la Jewish Telegraphic Agency, consideraba al hilo de esta expresión en concreto que «en yidis es muy común» el «repetir una palabra, o su variante, por más énfasis». *(N. del t.)*

¡Náser, como el nuevo Hitler! ¡Los árabes, como nazis! El desafío al que Israel hacía frente se presentaba así como la continuación de las persecuciones antisemitas sufridas con anterioridad por los judíos de Europa. Ben-Gurión repitió una y otra vez la analogía con el nazismo, ante el temor a quedar rodeados por los árabes y a que un líder carismático guiara a estos a la victoria. Sin embargo, lo hacía así de cara a la opinión pública. A sus confidentes más cercanos, en privado, les contaba una historia distinta, que, aunque no era más optimista en cuanto a la probabilidad de que Israel sobreviviera, sin embargo, hundía mucho menos sus raíces en la invocación del antisemitismo.

El fervoroso y destacado sionista Nahum Goldmann encabezaba el Congreso Judío Mundial y, en la década de 1950, fue uno de los principales negociadores de las compensaciones económicas que se reclamaron al gobierno de la Alemania Occidental. Llevaba años trabajando —y chocando— con Ben-Gurión. En sus memorias, pinta un retrato vívido del líder israelí como un hombre dominante y voluble, político brillante, sin ningún escrúpulo a este respecto y con un dominio de la historia sin igual. El principal desacuerdo de ambos radicaba en las negociaciones con los Estados árabes. Aunque Ben-Gurión quería que Goldmann se ocupara de ese asunto, este creía que el primer ministro era tan suspicaz y vengativo que nunca se podría alcanzar la paz. Una conversación en concreto convenció a Goldmann de estar en lo cierto. Era una tarde de verano, en 1956, con los dos hombres solos en el balcón de Ben-Gurión. Según solía hacer, el primer ministro empezó a hablar y lo que dijo dejó asombrado a Goldmann, que era un experto diplomático.

> No entiendo tu optimismo. ¿Por qué iban a firmar una paz los árabes? Si yo fuera un líder árabe, nunca llegaría a un acuerdo con Israel. Es natural que sea así: les hemos quitado su territorio. Es obvio que a nosotros Dios nos lo había prometido, pero a ellos, ¿qué les importa? Nuestro dios no es su dios. Nosotros venimos de Israel, pero del Israel de hace dos mil años. ¿Esto significa algo para ellos? Ha habido antisemitismo, han pasado los nazis, Hitler y Auschwitz, pero ¿era culpa de [los árabes]? Ellos solo ven una cosa: que hemos venido aquí y nos hemos apoderado ilegalmente de su

territorio [...] Es sencillo: tenemos que ser siempre fuertes y mantener un ejército poderoso. Nuestra base está toda aquí. De lo contrario, los árabes nos borrarán del mapa.[28]

La hostilidad de los árabes, en pocas palabras, aunque se expresaba con una retórica eliminacionista que evocaba el pasado, en realidad procedía de una lucha territorial: Ben-Gurión era consciente de que, desde la perspectiva de los árabes, el sionismo era pura y simplemente un expolio. Era difícil cuadrar la retórica pública con la evaluación más sombría, y a todas luces menos apasionada, que Ben-Gurión le transmitió a Goldmann en privado.

Ben-Gurión no fue el único que diferenció entre el antisemitismo europeo y las causas de la hostilidad de los árabes. De hecho, era una diferenciación habitual en toda una generación de sionistas, firmemente convencidos de que cuando los judíos se hubieran marchado de Europa y poseyeran un país propio, el antisemitismo iba a desaparecer. Por ejemplo, el sionista neerlandés Peretz Bernstein, autor de un ensayo pionero sobre el antisemitismo, publicado en 1926, fue categórico al respecto: una vez que los judíos dejaran de ser minorías, el antisemitismo quedaría «liquidado para siempre». Esto no significaba —precisó— que los judíos no tuvieran enemigos; antes al contrario, «un pueblo judío que vive en asentamientos aislados en su propio territorio sin duda estará expuesto a las enemistades normales de sus pueblos vecinos; según ha sido la costumbre del mundo, la guerra alternará con la paz». Hizo hincapié, no obstante, en que ello no pasaría de ser una «enemistad normal». Para el destacado teórico sionista revisionista Vladímir Zhabotinski, cuyo influyente ensayo *The Iron Wall* [«El muro de hierro»] apareció también en aquellos años, la hostilidad árabe frente el asentamiento de los judíos era asimismo esperable: desde su punto de vista, era un caso previsible de resistencia de los nativos a la colonización. En el citado ensayo, la palabra *antisemitismo* no aparece ni una sola vez. En 1934, el entonces veterano sionista alemán Arthur Ruppin comentó: «El conflicto de judíos y árabes en Palestina no se asemeja gran cosa al antisemitismo de una clara mayoría no judía frente a una débil minoría judía, sino, sobre todo, a una rivalidad entre dos naciones iguales. Tal rivalidad puede ser notable, pero carece del tono de desprecio e impotencia que hace del antisemitismo europeo algo tan insoportable para los judíos». Ruppin, que conocía bien el enfrentamiento histórico de alemanes y polacos en las fronteras orientales de Europa, veía sencillo trasladar este modelo al Oriente Próximo. Para él —que conocía demasiado bien la realidad del antisemitismo—, el antisemitismo era algo muy distinto.[29]

No era solo que los pensadores sionistas no creyeran que los árabes fueran antisemitas. Desde el punto de vista de un observador externo, lo que llama la atención es que buena parte del pensamiento de los primeros sionistas —Theodor Herzl sería una excepción, pero parcial— pareció dedicar relativamente poca atención a los árabes como factor político; si en algún caso lo hacía, se dejaba llevar por las ilusiones. Zhabotinski, al aceptar la probabilidad de la violencia, se destaca de los demás. En la mayoría de los casos, se debatía sobre los distintos modelos de asentamiento en Palestina como si quienes habitaban entonces en el territorio fueran menos reales que los judíos del pasado y un obstáculo para los planes sionistas menos concreto que las autoridades otomanas o, más adelante, las británicas. En la imaginación de los sionistas, la «Tierra Santa», según ha sugerido Amnon RazKrakotzkin, era una «tierra vacía», una *terra nullius* cuyos nativos verdaderos —los que tenían derecho a habitarla— eran exclusivamente los judíos. La afirmación resulta un tanto exagerada. Hacía tiempo que los judíos se interesaban por la cultura árabe e incluso por el supuesto origen racial común, en tanto que «semitas». Pero tales inquietudes intelectuales —refractadas a menudo a través de las lentes del orientalismo europeo o la ciencia de las razas— tuvo pocos efectos políticos concretos.[30]

El que fue quizá el primer análisis de las actitudes de los árabes hacia el sionismo —una obra del jerosolimitano de nacimiento Eliyahu Sapir, publicada en 1899— advertía implícitamente sobre las consecuencias. El autor diferencia entre el antisemitismo cristiano, que describe como irracional e interminable, y las actitudes de los árabes musulmanes, que no excluían la posibilidad de que los judíos se integrasen a condición de que estos se asegurasen «de sentirse como en casa —por completo y no solo como invitados— en esos países, con su lengua y su cultura propias». Pero, en su mayoría, los emigrantes venidos de Europa no tenían el más mínimo interés en los árabes ni aprendieron nunca su lengua: probablemente, muchos habrían compartido la concepción de Max Nordau, según la cual acudían allí con la misión de «expandir las fronteras morales de Europa hasta el Éufrates». Desde esta perspectiva, la idea de que «en Palestina nos haremos asiáticos» resultaba ridícula: ¿acaso los judíos, como europeos, no eran superiores a la población local?, se pensaba.[31]

Es cierto que algunos se mostraron en desacuerdo. Ruppin, que en cierto estadio confiaba en la posibilidad de una coexistencia pacífica, adoptó la inusual práctica de intentar que los recién llegados reflexionaran sobre el asunto de la actitud de los árabes. En la década de 1920, Hans Kohn —excamarada de Ruppin en el ala moderada del bando sionista— se desesperó después de que se matara a tiros a dos árabes, delante de su casa, al parecer como represalia por haber abusado de muchachas judías. Al haber crecido en Praga, conocía bien los problemas de las minorías y la reacción de sus correligionarios le conmocionó. Cuando un vecino le instó a decir que los asesinos habían sido unos árabes, le escribió a un amigo:

> El nacionalismo nos ha hecho degenerar de un modo espantoso [...] Hoy cabe decir que el 95 % de la Yishuv da respaldo a esa clase de asesinos [...] Aquí se ha asesinado a gente inocente, que simplemente pasaba por ahí. Ni siquiera los alemanes han hecho algo parecido. La intelectualidad francesa armó una tormenta por el caso Dreyfus; aquí el asesinato no interesa a nadie. ¿Quién puede permitirse formar parte de esto? [...] ¿Dónde nos lleva? [...] Aquí se está desarrollando un odio racial indescriptible.

Para Kohn, en pocas palabras, en la relación con los árabes, el auténtico problema no era el antisemitismo de aquellos, sino el chovinismo de los judíos. Kohn acabó marchándose de Palestina y se estableció en Estados Unidos, donde se convirtió en una autoridad mundial sobre el nacionalismo.[32]

La actitud de Ben-Gurión fue mucho más típica: nunca aprendió árabe ni demostró especial interés por la historia o la sociedad árabes.

Una biografía reciente sobre la vida del primer ministro durante los años cruciales de la guerra, pese a ser extensísima (más de un millar de páginas), apenas tiene nada que decir al respecto de qué pensaba de los árabes. Era como si la hostilidad de estos, sencillamente, se diera por sentada. Ben-Gurión compartía la idea del bando pacifista, que veía una amenaza en la enemistad de los árabes, pero como a su juicio no podía hacerse nada al respecto, tampoco había que perder tiempo en hablar de ello. «No parece que los árabes merezcan atención política», ha comentado un reseñista del libro. Con el paso del tiempo, los caminos se separaron. Los sionistas que creían que los judíos son «el clásico pueblo minoritario» y deberían evitar cometer los pecados que ellos habían sufrido anteriormente abandonaron Palestina, se retiraron a alguna clase de exilio interior o terminaron apoyando el movimiento pro derechos humanos del país (ya mucho más tarde, porque este aún tardó en nacer). El resto, según había indicado Kohn, evitaron en su mayoría el asunto o adoptaron la premisa de que la disuasión derivada de una fuerza abrumadora era el mejor medio —quizá el único— de gestionar la relación de árabes y judíos. En la década de 1930, Chaim Weizmann (entre otros) ya advirtió de que entre los palestinos se estaba difundiendo un movimiento nacionalista que creaba una generación en la que «desde su punto de vista, ellos son tan "sionistas" como nosotros». El antisemitismo, en suma, era irrelevante; más que considerarlo la causa de la cólera de los árabes con el sionismo, nacionalistas judíos como Weizmann reconocieron que entre los árabes el nacionalismo también poseía fuerza como movimiento político.[33]

Lo que será necesario explicar, por lo tanto, es por qué si en la década de 1930 apenas se debatía sobre la cuestión del antisemitismo árabe, en cambio, medio siglo más tarde, esta cuestión se mencionaba machaconamente para explicar la hostilidad con la que los vecinos trataban a Israel, un proceso que ha generado un aluvión de bibliografía, en su mayor parte polémica. (El estudio de la estereotipación racista de los árabes por parte de los israelíes, por el contrario, ha ido claramente por detrás.) Por supuesto, afirmar que el obstáculo principal a la paz en el

Oriente Próximo es el antisemitismo árabe equivale a decir que no debemos ocuparnos de problemas abiertos, sino de una actitud irracional y despreciable. Una escuela de historiadores revisionistas ha respondido ensalzando el lugar de relativa seguridad en el que los judíos habían vivido, durante muchos siglos, en el seno de las sociedades musulmanas, incluso ha destacado el contraste entre esta posición y las duras penalidades que los judíos vivían en la cristiandad. Ambas escuelas de pensamiento adolecen de parcialidad. Si una exagera la escala y la importancia del antisemitismo, en especial, en el Oriente Próximo anterior a 1950, la otra se arriesga a pasar por alto los aspectos más problemáticos y complicados de un conjunto complejo de relaciones sociales con siglos de existencia. Pero si dejamos de lado la polémica, no resulta difícil distinguir el contorno básico de la historia, gracias a estudios nuevos que han arrojado luz sobre la cuestión.[34]

Antiguamente, hubo comunidades judías sometidas a gobernantes islámicos en tierras que se extendían de Marruecos a Irán. Al igual que los cristianos, su condición era inferior a la de los musulmanes, pero al mismo tiempo se los respetaba y protegía, en tanto que Gentes del Libro. Esas comunidades gozaban de un grado importante de autonomía y no padecieron nada comparable en su escala a la persecución histórica de los judíos en la cristiandad. El islam tampoco se caracterizaba por la intensa animosidad teológica que los cristianos mostraron a los judíos desde el principio. Así pues, en las ciudades de la región, fueron habituales los disturbios por motivo de los alimentos y otras explosiones de descontento, pero fue relativamente raro que estallaran conflictos por motivo de la fe. El que probablemente es el episodio de libelo de sangre más conocido del Oriente Próximo —el que se dio en llamar «Asunto de Damasco», de 1840, cuando se detuvo y torturó a muerte a diversos judíos, tras la desaparición de un anciano sacerdote italiano y su sirviente—, si se analiza con detalle, resulta tener poco o nada que ver con la concepción que los musulmanes tenían de los judíos, aunque entre los árabes cristianos sí que se dio crédito en general al libelo de sangre. El Asunto de Damasco tuvo más que ver con la intervención de los cónsules europeos y con la política de las grandes potencias en el Mediterráneo oriental. En la segunda mitad del siglo XIX, cuando los conceptos políticos europeos de nacionalidad, Estado e imperialismo llegaron al Oriente Próximo, también se importó el antisemitismo, como parte de un fenómeno más extenso de emergencia de la violencia interconfesional. El propio hecho de que el antisemitismo tuviera que importarse ya nos indica, quizá, que entraba en una sociedad de una clase muy distinta.[35]

Los primeros signos de interés de los árabes por el antisemitismo europeo parecen haber llegado por medio de canales católicos: traducciones de textos antisemitas franceses, en el siglo XIX, por obra de árabes cristianos. En un reportaje sobre el ascenso de la política antisemita en Europa, el periódico popular árabe *Al-Manar* describió y denunció el caso Dreyfus en 1898 (el primer año de publicación de la cabecera) comentando que los antisemitas franceses se movían por odio racial, no por discrepancias religiosas. Esta clase de ejemplos de irracionalidad del racismo europeo podían servir para subrayar que las actitudes de los musulmanes eran superiores, en tanto que más razonables; en aquella época, esta era una inquietud clave en los modernizadores de las sociedades árabes. Antes de la primera guerra mundial ya se estaba debatiendo sobre estos asuntos en la prensa árabe del norte de África y, en el período de entreguerras, cuando en Europa el antisemitismo se intensificó, los comentarios fueron más recurrentes. En este momento era difícil equivocar la conexión existente entre el antisemitismo y el programa sionista: un periódico publicó una serie de cuarenta y cinco artículos sobre Hitler y los judíos; otro, el *Filastin*, atacó directamente el antisemitismo nazi: «Se oprime a los judíos por la sola razón de que son judíos, nada más, sin ninguna justificación». La opinión pública del mundo árabe, que en aquellos años estaba emergiendo en torno a una nueva clase media, era del todo consciente del imperialismo extremo de los nazis y los fascistas. El *Filastin* se esforzó por hacer entender un punto básico:

> Los árabes palestinos no necesitan a los fascistas o los nazis para desear actuar en contra de los sionistas. El odio contra el plan de los sionistas en Palestina creció mucho antes del nazismo y el fascismo [...] Pero cada vez que los árabes protestan por las medidas prosionistas de Inglaterra, se nos dice: los árabes palestinos lo han aprendido de los nazis. ¿Los ingleses de verdad se creen tal cosa?

> La realidad es distinta. Los árabes no expulsaron a los judíos de su hogar, mientras que esos extranjeros quieren expulsar del país a los árabes.[36]

Sabedores de que el fascismo amenazaba con inflar las velas del sionismo, los árabes de Palestina veían con inquietud que la determinación con que los nazis expulsaban de su país a la población judía atraería, probablemente, a más colonos judíos a su región. Al mismo tiempo, un creciente sentimiento antibritánico hizo que algunos líderes palestinos se aliaran con el Tercer Reich: el caso más conocido, sin lugar a dudas, es el del muftí de Jerusalén. Tras huir a la capital alemana para que los británicos no lo detuvieran, se puso en manos de los nazis y apostó por la victoria de Berlín en la guerra, pero, según previeron los rivales palestinos de este muftí cada vez más antisemita, su decisión no dio ningún fruto positivo, ni para los alemanes —en Palestina se hizo oídos sordos a su empeño— ni para los propios palestinos. Al igual que los movimientos anticolonialistas del resto del mundo, durante la segunda guerra mundial, los nacionalistas árabes intentaron proteger sus apuestas, pero, a diferencia de, por decir algo, el movimiento nacionalista indio —que se enfrentaba a la misma situación difícil: cómo ofrecer resistencia a los británicos sin caer en brazos de los alemanes—, los palestinos carecían tanto de capacidad organizativa como de líderes políticos provistos de una visión de futuro profunda. De hecho, a pesar del muftí, abundan las pruebas (en Palestina y muchos otros lugares) de que en general los árabes profesaron una posición de neutralidad o de simpatía con los Aliados, con la esperanza de que acabada la guerra estos respaldarían la independencia de los árabes. En octubre de 1944, cuando era del todo evidente que la victoria caería del bando de los Aliados, el Protocolo de Alejandría —que precedió a la formación de la Liga Árabe— lamentó «el pesar que se ha infligido a los judíos en Europa», pero hizo hincapié en que ello no debía confundirse con el sionismo porque «sería injusto resolver el problema de los judíos infligiendo una injusticia a los árabes palestinos».[37]

Lo que dio precariedad al lugar de las minorías judías nativas de los territorios árabes no fue tanto la guerra europea como el sistema colonial que la precedió y que amenazó con sobrevivirla. El ascenso del panislamismo como movimiento anticolonial alimentó un discurso que no estaba bien preparado para diferenciar entre sionistas y judíos, una distinción que, en todo caso, era improbable que fuera adoptada por los estratos analfabetos de la población. Los Hermanos Musulmanes mezclaron de forma repetida a los sionistas con los judíos y manifestaron con frecuencia un antisemitismo franco. En cuanto a los nacionalistas árabes laicos, también fueron identificando cada vez con más frecuencia a los judíos como delegados de un colonialismo europeo que intentaba no perder el control entre las tensiones de su propia guerra interna. En Irak, se produjo durante la guerra un ataque sangriento contra los judíos de Bagdad: el Farhud. Sucedió precisamente en tal clase de contexto, cuando los alemanes y los británicos se peleaban por el control de la ciudad, del país y del Oriente Próximo. El total de fallecidos no tuvo precedentes; tampoco lo tuvo el hecho de que se atacara también a mujeres y niños.

La posición de las comunidades judías del mundo árabe fue tornándose asimismo más delicada por la inquietud creciente al respecto de las intenciones de los sionistas. Muchos árabes empezaron a asociar con el sionismo incluso a los judíos que hablaban árabe y poseían unos profundos lazos históricos con los países en los que vivían. En noviembre de 1945, durante el aniversario de la Declaración de Balfour, hubo disturbios en El Cairo que resultaron en seis muertes, cientos de heridos y la quema de una sinagoga. Pocos días después, hubo algaradas más graves en Libia, que provocaron más de un centenar de fallecidos; el detonante no fue solo la noticia de los acontecimientos de Egipto, sino también los rumores de que las grandes potencias pensaban devolver el país a los italianos. A los judíos del norte de África y del Oriente Próximo se los iba viendo, cada vez más, como servidores del imperialismo europeo y como sionistas secretos. Para socavar su posición del todo, ya no hizo falta mucho.

El acontecimiento que más contribuyó a socavarla fue la guerra árabe-israelí de 1948. Unos meses antes, Naciones Unidas, ante la inminente retirada británica de Palestina, había propuesto dividir el territorio. Aunque el asunto se votó en la Asamblea General de la organización, tanto los judíos como los árabes eran muy recelosos al respecto. En público, la mayoría de las entidades sionistas elogiaron el plan —les otorgaba cerca del 56 % del territorio, cuando entonces poseían menos del 10 %—, pero muchos judíos dudaban de que el nuevo Estado que se preveía, con franjas extensas de desierto y una minoría árabe estimada en el 45 %, pudiera bastar para cerrar el asunto; creían que en el futuro podrían adquirir más territorio y con menos población árabe. En cuanto a los árabes, teniendo en cuenta que iban a perder la mayor parte del territorio del mandato a pesar de contar con una población muy superior, manifestaron su oposición desde el principio.

Al igual que en India un año antes, por lo tanto, la retirada de los británicos creó un vacío de autoridad que resultó letal. El combate entre los dos bandos estalló tan pronto como se anunció el plan de reparto del territorio, pero en la primavera de 1948 vivió una escalada. Los dos cometieron masacres, pero las milicias judías de la Haganá estaban mucho mejor organizadas y tenían más que perder que los ejércitos árabes que invadieron el país: una parte destacable de los combatientes de la Haganá eran supervivientes de la guerra librada en Europa y estaban al mando de una jefatura política unitaria resuelta a salir del conflicto en las mejores condiciones posibles, tanto territorial como demográficamente. Las fuerzas judías no tardaron en imponer su superioridad militar y se produjo un desplazamiento ingente. Es probable que el 1 de mayo ya hubieran huido de sus hogares unos 175.000 palestinos, muchos de ellos expulsados por las tropas judías. Cuando Ben-Gurión anunció la creación del Estado de Israel, a mediados del mes de mayo, la cifra de refugiados árabes ascendía a cerca de 400.000; a principios de 1949, se había duplicado de nuevo, aproximadamente. No hará falta decir que no hay consenso sobre las cifras ni sobre las circunstancias, ni tampoco sobre hasta qué punto el resultado fue el reflejo de una estrategia deliberada de «limpieza étnica», según lo denominaríamos hoy. Sea como fuere, una evaluación interna de la inteligencia de la Haganá calculó que cerca del 75 % del éxito era el producto directo de operaciones de los israelíes.

Lo que se ha acabado conociendo como la Nakba [«la catástrofe»] —con la destrucción y la despoblación de cientos de asentamientos históricos de los árabes de Palestina— fue la última, y políticamente la más duradera, de las violentas turbulencias demográficas que durante la década de 1940 acarrearon el nacionalismo y la guerra en una zona que se extendió desde el Báltico hasta el Mediterráneo oriental.[38]

El repentino establecimiento, mediante la fuerza de las armas, de un Estado soberano judío en tierras que históricamente habían sido musulmanas, con el mencionado desplazamiento masivo de su población árabe, supuso una conmoción colosal —y todavía no resuelta en nuestros días— para las expectativas de los árabes. Fue realmente en este momento cuando empezaron a circular de forma general por el Oriente Próximo las teorías conspiranoicas antisemitas al estilo de las europeas. Recordemos que, aunque en el Occidente de la posguerra la amarga experiencia histórica acababa de crear un tabú contra el antisemitismo expreso, en cambio, en los territorios árabes este tabú no existía, porque aquí el antisemitismo había sido relativamente escaso y no se había producido ningún Holocausto. Así las cosas, de un modo muy similar a lo vivido en Europa y Norteamérica anteriormente, en coincidencia con la Revolución rusa, se acogió *Los protocolos de los sabios de Sion* como un medio de explicar los cambios súbitos y radicales de la estructura del poder mundial. Este texto les sirvió para entender el triunfo del Estado judío —triunfo que, de otro modo, se les hacía casi inexplicable— y algo después también el rápido ascenso del poder de Estados Unidos por todo el Oriente Próximo de la posguerra.[39] Además a las élites árabes les convenía culpar de sus deficiencias políticas, organizativas y militares a unas fuerzas satánicas, y no a la inepcia propia. Los intelectuales islamistas también contribuyeron al fenómeno. En los textos de los movimientos islamistas de la posguerra, como Hamás y la Yihad Islámica, se acumulan las referencias al poder global de la judería; en 1970, se publicó *El gobierno del jurista*, del ayatolá Jomeiní, que advierte —nada inusual en obras similares— que los judíos han sido enemigos de los musulmanes desde el principio y asevera que ese «grupo de personas astutas y con múltiples recursos» aspira a dominar el mundo. Junto con los *Protocolos*, en el Oriente Próximo también se difundió el negacionismo del Holocausto, aunque aquí no con la tendencia de la derecha europea, dada en particular a recurrir a pruebas seudocientíficas que minimizaban el total de judíos asesinados (como si, reduciéndolo lo suficiente, esto restara gravedad a los crímenes del fascismo o los pudiera justificar). En el Oriente Próximo la tendencia se arraigó en el propio conflicto de 1948 y expresaba quizá ante todo el deseo de negar la condición de víctima a un pueblo que estaba perpetrando actos de violencia contra los palestinos, que utilizaba las referencias al Holocausto para justificar las expulsiones y al mismo tiempo recurría a una variante propia del negacionismo: negaba la Nakba palestina.[40]

Algunos críticos árabes, de orientación occidentalista, no tardaron en comprender que la difusión del antisemitismo conspiranoico era una clase de trampa política que impedía evaluar con realismo el equilibrio de fuerzas del Oriente Próximo y además socavaba la defensa de la causa palestina en Occidente. Entre ellos, figuraba Fayez Sayegh, hijo de un pastor presbiteriano sirio. Había estudiado en Estados Unidos, fue director en funciones del Centro de Información Árabe y, en la década de 1950, puso rostro a la diplomacia pública de la Liga Árabe en el país norteamericano. Con el paso del tiempo, Sayegh fue el más efectivo de los abogados de la causa palestina en Estados Unidos. Pero no resultó nada fácil limpiar la propaganda árabe de los indicios de antisemitismo, pues, aunque la mayoría de los estadounidenses que trataron con Sayegh lo consideraron a él en concreto como una figura irreprochable, otros diplomáticos árabes fueron menos cautelosos o cuidadosos con el lenguaje que utilizaban. Además, en lo que atañía a muchos judeoestadounidenses, la simple visión de un árabe que criticaba a Israel bastaba para despertar acusaciones de «antisemitismo viejo en odres nuevos».[41]

En uno de sus últimos artículos, William Zukerman escribió que la oposición de los árabes ante Israel era política y tenía «poco o nada que ver con el antisemitismo tradicional», pero, a su modo de ver, los judíos estadounidenses habían perdido la capacidad de darse cuenta de tal realidad porque habían desarrollado la tendencia a «denunciar como antisemitismo cualquier crítica corriente a las políticas de Israel, políticas que serían los primeros en criticar si otro Estado las emprendiera». Como para destacar el acierto de sus palabras, apenas el Centro de Información Árabe había empezado a actuar en Estados Unidos, la Liga Antidifamación lo condenó y acusó de colaborar con antisemitas. Al año siguiente, la ADL abundó sobre su teoría mediante un libro que repetía y ampliaba las acusaciones. Incluía la inverosímil afirmación doble de que los propagandistas árabes pretendían «destruir por completo el prestigio de los judíos en Estados Unidos» y que atizaban el antisemitismo para debilitar las voces judías que expresaban su apoyo a Israel. Eran ideas relativamente nuevas, en ese momento. Pero en el Oriente Próximo en sí, la causa árabe estaba atrayendo en efecto a figuras marginales de la extrema derecha, que acudieron a darle respaldo. Aunque Sayegh comprendía que se trataba de contactos tóxicos e indeseables y los rechazó, otros colegas —ya fuera por ignorancia, malevolencia o estupidez— no mostraron el mismo cuidado. Así pues, Sayegh se lamentó de que la ignorancia y la corrupción de los regímenes del Oriente Próximo para los que trabajaba estaban socavando su posición. Censuró abiertamente a destacados diplomáticos árabes por propagar materiales antisemitas y acudió a las radios para defender la labor de su centro y aclarar dudas sobre su propia postura. «Soy contrario a Israel y también contrario a los sionistas, pero NO contrario a los judíos», dijo.[42]

En 1965, Sayegh contribuyó a organizar en Beirut el Centro Palestino de Investigación, cuando el movimiento nacionalista local cristalizó en torno a la OLP (Organización para la Liberación de Palestina). Aquí dio a imprenta un texto clave, *Zionist Colonialism in Palestine* [«El colonialismo sionista en Palestina»], que marcó de forma indeleble la percepción global del conflicto. Pero otra obra (escrita en árabe, en esta ocasión) que también surgió del entorno del centro beirutí nos servirá para ejemplificar mejor un debate fascinante que se libró en esta época, dentro del bando palestino, sobre el antisemitismo en sí. En su extenso estudio de 1970 sobre el Talmud y su relación con el sionismo, Assaad Razzouk, un investigador de la OLP doctorado en Filosofía por la Universidad de Tubinga, defendió que los árabes debían dejar de aceptar con credulidad las teorías conspiranoicas europeas. Los árabes no conocían bien el judaísmo —decía—, en particular, no sabían nada sobre el Talmud real, aunque temían su nombre; el antisemitismo era una sandez política y una carga que les haría perder las simpatías de Occidente sin beneficiar en nada a la causa palestina.

El destacable estudio de Razzouk descalifica prontamente la bibliografía árabe sobre el tema —una mezcla de las polémicas teológicas medievales antijudías con un refrito de los absurdos del antisemitismo— antes de introducir su propio texto. Luego, en la que fue quizá su intervención más interesante, explora las conexiones existentes entre el pensamiento religioso judío y la filosofía política sionista. Después de analizar a diversos pensadores sionistas, llega a la conclusión de que el Talmud apenas los había influido directamente, aunque era innegable que había una influencia de la religión, en un sentido más general. Tales conclusiones encajan a la perfección con los debates que se producían al mismo tiempo —y han continuado— entre los pensadores judíos. La idea de Razzouk era simple: que la lucha palestina era algo específico e independiente y no debía trabajar en contra de sí misma: «¿Hasta cuándo seguiremos siendo nuestro peor enemigo, seguiremos cargando de prejuicios la justicia de nuestra causa?».[43]

Uno de los raros comentaristas israelíes que mostró capacidad y voluntad de empatizar con las dificultades de intelectuales árabes como Sayegh y Razzouk fue el escritor Nissim Rejwan. Nacido en Irak en 1924, participó activamente en la vida literaria de Bagdad en la década de 1940, hasta que en 1951 lo obligaron a marcharse a Israel. Rejwan fue uno de los relativamente escasos judíos de su generación que comprendía la región desde dentro. Quizá por ello se mostró inflexible en sus críticas a los polemistas israelíes que seguían machacando con la idea del antisemitismo árabe. En particular, se enfrentó con otro arabista de su país de adopción, Yehoshafat Harkabi, jefe de la inteligencia militar israelí durante la crisis de Suez y comentarista prominente de los asuntos árabes. Rejwan consideraba que el estudio de Harkabi sobre el antisemitismo en el Oriente Próximo era poco valioso y se limitaba a proporcionar excusas para que la gente hiciera caso omiso de toda crítica real de los árabes a Israel. En 1968, le escribió a un colega canadiense que el antisemitismo era «una importación del todo ajena» al mundo árabe. Rejwan supo poner sobre la mesa ambigüedades que hoy aún nos persiguen y siguió diciendo:

Me da la impresión de que Harkabi quiere dos cosas irreconciliables. Él mismo, como sionista, no diferenciaría entre el sionismo y el judaísmo, entre *israelí* y *judío*, pero pretende que los árabes lo hagan y el problema es que, incluso si lo hicieran, él tampoco estaría de acuerdo, seguiría tildándolos de antisemitas porque, como suele decirse aquí, no puede diferenciarse entre el sionismo y el judaísmo porque aquel es el «movimiento de liberación nacional» de los judíos.[44]

Rejwan se preguntaba si era justo acusar de antisemitismo a «personas que uno sabe que son antisionistas y antiisraelíes, más que antisemitas». Reconoció que era un «problema delicado» y algunos años más tarde seguía reflexionando al respecto. En una extensa carta dirigida al crítico estadounidense Irving Howe, Rejwan habló de la creciente instauración del concepto *antisemitismo árabe*. Estaba de acuerdo en que la bibliografía antisemita resultaba popular y, por lo tanto, inquietante, y su carácter pernicioso era innegable, pero seguía teniendo dudas sobre el conjunto.

> Aun aceptando todo lo anterior, para mí sigue siendo una ironía casi extrema que lo que los árabes antisemitas han estado haciendo ¡no es más horrible que aceptar la definición que el sionismo hace de sí! [...] Después de 1948, Israel —la consumación, por parcial que pueda ser, del sionismo— se ha definido de tal modo y ha promulgado leyes y regulaciones de tal naturaleza que prácticamente ha convertido en «ciudadanos» de Israel al 90% de los judíos que viven fuera de sus fronteras. ¿Quiénes somos nosotros, pues, para acusar de antisemitismo a los árabes, cuando lo único que han hecho es caer de lleno en la trampa ideológica que los sionistas les han tendido?[45]

Rejwan nos ayuda a ver de qué modo el conflicto árabe-israelí estaba empezando a transformar las percepciones del antisemitismo. En la mentalidad de los adeptos más fervorosos del sionismo —nos decía—, la creación de Israel equivalía a la culminación política del judaísmo; en consecuencia, era tentador acusar de antisemitismo a los críticos del sionismo por mucho que, en el viejo sentido racial de la palabra, no fueran antisemitas. Por decirlo de otra forma, si uno cree de verdad que el sionismo y el Estado judío representan a todos los judíos, bien puede ser que le resulte imposible concebir cualquier crítica del sionismo o de Israel como algo distinto del antisemitismo. Sin embargo, otras personas —judías o no— pueden ver las cosas de un modo muy diferente y, además, considerar importante preservar la diferenciación entre los dos conceptos. Según veremos, esta es precisamente la divergencia que hoy genera confusión y dicordia, pero, en la década de 1950 eran pocos los judíos estadounidenses o europeos que creían seriamente que Israel hablaba en nombre de todos los judíos; la disputa de Jacob Blaustein, el presidente del AJC, con Ben-Gurión no dejó lugar a dudas al respecto de qué pensaba aquel: el nuevo Estado judío era diminuto, lo integraban en su mayoría inmigrantes y necesitaba ayuda; otras comunidades judías del mundo eran mucho más antiguas, mucho más extensas o las dos cosas. En las décadas siguientes, todo esto cambió. Rejwan, a su manera, estaba anticipando la aparición de lo que para muchos de quienes hoy hacen campaña en contra del antisemitismo es una verdad manifiesta, y para muchos de quienes los critican o se oponen a estos, una elisión interesada. La era en la que se podía hablar del antisemitismo sin hacer referencia a Israel estaba a punto de concluir.

7

¿Un nuevo antisemitismo? La arena internacional

Sionismo es hoy una palabrota. Hasta qué punto este ataque al sionismo es un disfraz del antisemitismo viejo o nuevo y hasta qué punto surge de un desacuerdo genuino —una crítica del carácter y las políticas actuales del Estado— es una cuestión que los judíos deben esforzarse por responder con urgencia. Resulta demasiado fácil invocar el espectro del antisemitismo, hacer un llamamiento a la unidad y con ello renunciar a prestar atención a los cambios que estas novedades representan para la posición de los judíos en el mundo.

ANTONY LERMAN, «Continuity and Change», 1984[1]

En lo que en su momento se denominó «explosión internacional de las esvásticas», el invierno de 1959-1960 fue testigo de un auge del vandalismo contra los lugares judíos en, como mínimo, cuatro continentes. Se inició en la Alemania Occidental, cuando se garabateó en la sinagoga de Colonia, junto con varias esvásticas, el eslogan «Los alemanes exigen que los judíos se marchen». A los pocos días, se habían pintarrajeado grafitis similares en tiendas, tumbas y templos sitos en ciudades de la Europa Occidental y en Nueva York y en lugares tan remotos como Australia y Nueva Zelanda o Sudamérica. Tan solo en la Alemania Federal, a mediados del mes de febrero de 1960, las autoridades habían tomado nota de más de ochocientos incidentes. En el mismo período se registraron varios cientos de actos más —en su mayoría con esvásticas e inscripciones ofensivas— en Estados Unidos. El escándalo internacional sobre el renacer del nazismo en la Alemania Occidental fue subiendo de tono y se expresaron en público dudas sobre la idoneidad del país como miembro de la OTAN, organización a la que se había sumado pocos años antes.[2]

La policía alemana hizo numerosas detenciones, pero le resultó difícil seguir la pista de los culpables. Dos hombres arrestados por el incidente de Colonia resultaron ser afiliados de un partido ultraderechista y pronunciaron diatribas antisemitas en el juicio posterior. Pero de los sospechosos detenidos en las semanas siguientes, solo aproximadamente un tercio pareció haberse movido por convicciones políticas; muchos eran muy jóvenes y un gran número eran imitadores que solo buscaban divertirse con la emulación. Luego resultó que los dos acusados habían visitado a menudo la Alemania del Este y otro neonazi confirmó que un agente germano-oriental les había dado instrucciones de intensificar las acciones antisemitas. Al final, la policía confirmó sus sospechas: toda la operación se había iniciado como una trama de desinformación de la KGB para generar desconfianza entre los países aliados de la Alemania Occidental. Tras ver que diversas noticias sobre incidentes antisemitas en el país habían llevado a la prensa a conjeturar sobre un renacimiento del nazismo, la KGB había iniciado una misión encubierta con el fin de debilitar la alianza occidental, que (según un desertor) denominó «Operación Zaratustra» para indicar que el antisemitismo alemán era tan inmortal como el clásico de Nietzsche *Así habló Zaratustra*.[3]

Lo que entonces sabían muy pocas personas era que la KGB había empezado por organizar una operación de prueba en la propia Rusia, enviando a un grupo de agentes a profanar las tumbas judías y grafitear los edificios de un pueblo situado a no mucha distancia de Moscú. Luego otros agentes informaron sobre la reacción de los lugareños. Algunos se sintieron horrorizados; muchos quedaron asustados y confundidos, pero también hubo quien reveló sus propios prejuicios y empezó a ejecutar acciones similares por propia iniciativa. Así, tan solo dos meses antes de que se iniciara en Occidente la «epidemia de las esvásticas», una sinagoga de la población de dachas de Malájovka quedó reducida a cenizas y se asesinó a la esposa de la persona que tenía el edificio a su cuidado. En las paredes se habían colgado carteles con eslóganes antisemitas de la era zarista.[4]

Así pues, la sociedad europea demostró estar dividida —a los dos lados del telón de acero y casi veinte años después de la guerra— entre aquellos a los que una esvástica les traía recuerdos espantosos y aquellos para los que representaba una licencia para rebelarse. Por supuesto, había una diferencia significativa: en el bando soviético una agencia gubernamental era la responsable de haber instigado todo el asunto y su impulsor, Iván Agayants —director del Departamento Europeo Occidental de la KGB—, se convirtió en una leyenda de la policía secreta, como inventor de lo que en la historia oficial de la agencia se denomina «medidas activas». El Kremlin intentó acallar las noticias sobre la reaparición del antisemitismo en el país y nunca admitió haber sido el instigador de la «epidemia». En el bando occidental, en cambio, la condena fue inmediata y general; de hecho, en varios países europeos el episodio reforzó a quienes pedían que se legislara contra los discursos del odio. En todo caso, el asunto tuvo otra consecuencia que, sin duda, no había sido deliberada ni respondía a los fines de los planificadores de la KGB: hizo que el tema del antisemitismo aterrizara en la agenda de las Naciones Unidas. Este resultó ser el principio de la internacionalización de la campaña contra el antisemitismo, un camino con muchos vericuetos que aún está en marcha en nuestros días y centra la atención de los capítulos que siguen.

Con la descolonización de África y Asia, la Organización de las Naciones Unidas se estaba convirtiendo en una entidad verdaderamente global donde se interpretaban, delante de los medios de comunicación de todo el mundo, las tensiones y los debates asociados a la épica lucha sobre el destino de los pueblos sometidos al dominio colonial europeo. Gracias ante todo al ingreso de los nuevos Estados africanos, caribeños y asiáticos, la Asamblea General pasó de los cerca de 60 miembros de los primeros años de la década de 1950 a 110 en 1962: esto transformó por completo la relación de las Naciones Unidas con Europa. Para los nuevos integrantes, las preocupaciones y la historia reciente europeas eran menos importantes que para los miembros originales de la ONU, a diferencia de asuntos como el imperio, el colonialismo y la raza. Aun así, la noticia de la «epidemia de las esvásticas» llevó a la Asamblea General a aprobar una resolución de condena de las «manifestaciones de antisemitismo y otros prejuicios religiosos o supuestamente "raciales"». Tanto los israelíes como el gobierno de Estados Unidos dieron apoyo a la resolución; para ellos, plantear el asunto del antisemitismo servía para presionar a la URSS y dirigir el foco hacia el trato que se daba a los judíos soviéticos. La delegación soviética contestó señalando el auge del neonazismo y acusando a Occidente de apoyar una Alemania Federal «fascista». Cuando otras voces plantearon la necesidad de relacionar los prejuicios antijudíos con el racismo en general, se llegó a una fórmula de compromiso que citaba el antisemitismo al lado de otros «prejuicios religiosos y raciales» que se consideraban reminiscencia de los nazis.

Pero esta versión, nacida en un comité, cambió de nuevo cuando los países de la Liga Árabe insistieron en que toda mención del antisemitismo requería compensarse mediante una referencia a las penalidades de «la minoría árabe en Palestina». Como hecho aún más relevante, acababan de llegar las noticias de la masacre de Sharpeville, en Sudáfrica, donde la policía había matado a tiros a decenas de manifestantes africanos; esta tragedia elevó el *apartheid* a punto central del día y significó la internacionalización del movimiento *antiapartheid*. En comparación con la escala de la lucha entonces vigente contra la segregación y la discriminación racial, el antisemitismo —pese a que en las mentes de europeos y estadounidenses era una amenaza— se antojaba un asunto del ayer para muchos de los nuevos miembros de la ONU. Así pues, la resolución final condenó «el odio racial, religioso y nacional» sin hacer ninguna referencia al antisemitismo.[5]

Era obvio que la batalla contra el antisemitismo se había convertido en otra pieza del tablero de ajedrez de la guerra fría y todo intento de avanzar al respecto, por parte de los estadounidenses o los israelíes, se topaba con oposición: la delegación soviética quería conseguir «que los americanos prescindan de esa manía del antisemitismo» y advirtió —en vano— que a todo empeño por plantear el asunto se respondería con una referencia al sionismo, pero, además, la cuestión del antisemitismo también quedó eclipsada por la descolonización: entre los nuevos Estados, un bloque numeroso de votantes no veía prioritario un problema que consideraban europeo y algunos mostraban cada vez más simpatías con la acusación —que la crisis de Suez, en 1956, hizo mucho más plausible— de que el propio Israel no era sino un agente y beneficiario del imperio europeo. La conexión colonial que sionistas como Zhabotinski habían destacado antes de la segunda guerra mundial era cada vez más real.[6]

La vieja asociación de mediados de siglo entre el antisemitismo y el racismo también empezaba a tambalearse. Muchos miembros de las Naciones Unidas consideraban más urgentes otras formas de discriminación racial y, aunque de forma casi imperceptible, el significado de *racismo* se estaba modificando. El término lo había popularizado a finales de la década de 1930 el sexólogo judío alemán Magnus Hirschfeld, partidario de un concepto de nazismo que situaba el antisemitismo en el contexto de las teorías ya muy consolidadas de la diferenciación racial. En las décadas de 1940 y 1950, el compromiso compartido contra el racismo había llevado a los grupos judíos derechistas a incorporarse al núcleo del movimiento pro derechos humanos en Estados Unidos y otros muchos lugares, pero, en la década de 1960 —bajo el impacto dual de las batallas en contra de la segregación en Estados Unidos y en contra del *apartheid*—, el término empezó a asociarse primero y ante todo con el sufrimiento de la población negra a manos de los blancos, ya fuera en América por la esclavitud o en África por la explotación colonial a manos de los europeos.

Los nacionalistas árabes habían vinculado casi desde el principio el racismo nazi con el sionismo y habían reclamado con insistencia que no debía pedirse a Palestina que pagara el precio de la persecución de los nazis a los judíos. A finales de 1947, durante el debate en la ONU sobre el reparto de Palestina, el delegado sirio Farid Zeineddine —un experto en nacionalismo, formado en derecho internacional por la Sorbona— fue más allá e hizo hincapié en que el sionismo en sí se basaba en la discriminación racial. La ONU, a su entender, «que se había formado por la voluntad común de destruir el nazismo, no debería dar apoyo al sionismo, que es un paralelo del nazismo». Al conectarse con teorías más generales sobre el imperio y el capitalismo, el concepto de racismo en sí podía ampliarse en respaldo de la causa árabe. Cuando la OLP encontró una voz propia, a mediados de la década de 1960, sus líderes adoptaron de inmediato las expresiones del antirracismo y el anticolonialismo. «El sionismo es un movimiento de base colonialista, de fines agresivos y expansionistas, de configuración racista y segregadora y de medios y objetivos últimos fascistas», afirmaba un artículo de su carta fundacional. Fayez Sayegh también describió el reto de Palestina con esta clase de expresiones de liberación. «En tanto que aventura colonial que ha tenido la anomalía de prosperar precisamente cuando el colonialismo empezaba a extinguirse, [el sionismo] supone de hecho un desafío contra todos los pueblos anticoloniales de Asia y África», dijo. Era, en conclusión, «un sistema racista animado por doctrinas de segregación racial, exclusividad racial y supremacía racial».[7]

Después de que Israel venciera en la guerra de los Seis Días, en 1967, y ocupara militarmente Cisjordania y la Franja de Gaza, un bloque de países del tercer mundo adoptó la causa palestina como parte de la lucha más general contra el colonialismo. En la ONU encontraron un foro —como anteriormente el Frente de Liberación Nacional de Argelia— que confiaban acabaría dominando y en todo caso les ofrecía una atención global. La influencia de los Estados árabes se amplió con el ascenso del cártel de los productores de petróleo, la OPEP, en 1974, y se puso de manifiesto cuando diversos países miembros de las Naciones Unidas cortaron las relaciones diplomáticas con Israel. Al año siguiente, se invitó a Yasir Arafat, jefe de la OLP, a pronunciar un discurso ante la Asamblea General y se concedió a su organización la condición de observadora. Pero la controvertida resolución de la Asamblea General en 1975, que igualaba el sionismo con el racismo, puso de manifiesto hasta qué punto el lenguaje empleado por Sayegh un decenio antes se había generalizado. El texto empieza denunciando no solo las doctrinas de la «superioridad o diferenciación racial», sino también «la inaceptable alianza entre el racismo sudafricano y el sionismo». Luego recuerda una declaración anterior, en la que se afirmaba que «la paz y la cooperación internacional requieren que se hagan realidad la independencia y la liberación nacional, así como eliminar el colonialismo y el neocolonialismo, la ocupación extranjera, el sionismo, el *apartheid* y todas las formas de discriminación racial». Añade una aseveración de la Organización para la Unidad Africana, según la cual «el régimen racista en la Palestina ocupada y los regímenes racistas de Zimbabue y Sudáfrica tienen en común el origen imperialista, constituyen una unidad y poseen la misma estructura racial». Dicho todo esto, era previsible que se concluyera que el sionismo era una forma de racismo.[8]

La resolución conmocionó a Israel y también a sus defensores. No solo no se había conseguido una declaración contraria al antisemitismo, sino que al parecer la Organización de las Naciones Unidas permitía que se tratara a Israel no como el heredero de las víctimas del Tercer Reich —según el Estado judío se veía a sí mismo y según se lo concebía en buena parte de Occidente— sino como un sucesor del nazismo. Daniel Patrick Moynihan, el combativo embajador de Estados Unidos ante las Naciones Unidas, ya había comprendido que su país, en sus propias palabras, debía «pasar a la oposición» en la ONU, porque la Asamblea General se había convertido en un territorio hostil. A su entender —y no sin acierto—, la resolución era ante todo un voto antiestadounidense que disfrazaba la antipatía que después de Vietnam se había extendido por el tercer mundo. En aquel momento, Washington no solo consideraba que sus intereses se alineaban cada vez más con los de Israel, sino que durante las dos décadas siguientes actuó dejando de lado a la ONU —que antaño había dominado—, convencido de que era en lo esencial una causa perdida. Por su parte, los diplomáticos israelíes consideraban que la ONU era una institución irremediablemente contraria a su nación.

Los dos países —Estados Unidos e Israel— tuvieron dificultades para dar sentido al viraje radical que la opinión pública global había experimentado en tan solo un par de décadas, desde la fase anterior en la que el país norteamericano tenía la imagen generalizada de una potencia antiimperial e Israel había sido ensalzado en Europa y Sudamérica como un ejemplo de emancipación nacional. Mediada la década de 1970, no obstante, la guerra de Vietnam situó Estados Unidos como la potencia neoimperialista por excelencia y la mayoría veía a Israel como una potencia ocupante situada en el bando erróneo de la lucha anticolonialista. Algunos comentaristas creían que las críticas cada vez más intensas eran el reflejo de un sentimiento amplio de tercermundismo antiestadounidense o veían detrás de todo la mano de Moscú, pero otros discernieron lo que calificaron de «nuevo antisemitismo», con Israel como diana. «El defecto de la escritura y el habla actuales no es que estas utilicen palabras nuevas, sino que utilizan mal las viejas», había escrito un experto en la lengua inglesa (George Sampson, en su introducción a un clásico de la filología victoriana, *On the Study of Words*, de Richard Chenevix Trench). Se puede debatir al respecto de si el concepto de antisemitismo se utilizaba mal cuando se asociaba a Israel, pero de lo que no cabe duda es de que se utilizaba en un contexto global muy nuevo. Como forma de explicar la hostilidad a Israel de un modo que la relacionaba con el pasado judío, antes que con el papel geopolítico israelí del presente, la invocación del antisemitismo en este contexto señaló el inicio de un nuevo estadio en la historia del concepto. El antisemitismo no perdió en ningún caso las conexiones históricas con las viejas animosidades dirigidas contra un pueblo históricamente minoritario; antes al contrario, su fuerza como referencia crítica derivaba de esos recuerdos y ecos del pasado. Sin embargo, ahora, a tales asociaciones se les estaban superponiendo cada vez más otras connotaciones políticas. Como reacción a la hostilidad manifiesta en las Naciones Unidas y otros foros, esta nueva lectura del antisemitismo reflejaba y procedía de cambios más profundos en el pensamiento intelectual y cultural, tanto en Estados Unidos como en Israel. A continuación, analizaremos con más atención esos cambios.

El descubrimiento de la identidad judeoestadounidense

En la década de 1970, se mire con la referencia que se mire, los judíos de Estados Unidos disfrutaban de un período de logros extraordinarios. Su población se había incrementado con una rapidez notable, hasta alcanzar los 5,7 millones; la mejora en las condiciones de vida impulsó un desplazamiento a los extrarradios residenciales, donde una explosión del todo imprevista en la construcción de sinagogas presagió el desarrollo de una nueva clase de comunidad, muy vibrante. La vida judía estaba cambiando: a medida que la generación de los inmigrantes fallecía, sus hijos y nietos descartaban los antiguos libros en yidis —la lengua que usaban en la vieja Europa, cada vez menos usual en Estados Unidos— y preferían voces más recientes como las de Saul Bellow o Philip Roth. Cada vez había menos barreras en el acceso al empleo; los judíos estaban accediendo a las salas de juntas, los gobiernos y las universidades. La discriminación menguaba y las ciencias sociales empezaron a dedicar menos estudios a los prejuicios antijudíos, un campo que había florecido y destacado en las décadas de 1940 y 1950 y ahora se antojaba menos urgente. Una serie de investigaciones emprendidas a partir de los primeros años de la década de 1960 mostraron «un declive constante en la intensidad de la actitud antisemita convencional entre los estadounidenses». Otras obras llegaron a conclusiones similares. Un exdirector de la Liga Antidifamación describió el Estados Unidos de 1982 como «más hospitalario para con nosotros que para con el antisemitismo». Las encuestas realizadas entre la década de 1960 y los primeros años de la década de 1980 confirmaron de forma abrumadora tal tendencia.[9]

Aunque la gente seguía temiendo «la amenaza que se cierne sobre la supervivencia de los judíos en Estados Unidos» (en palabras del historiador Henry Feingold), la percepción de esa amenaza era muy diversa. «Algunos piensan que la judería estadounidense está amenazada por un antisemitismo furioso —escribió Feingold en 1985—, mientras que otros ven que se ahoga en el mar del perfume exudado por una sociedad que anhela absorberlos.» Esto sugiere que las tendencias estadísticas no alcanzaron a apaciguar la inquietud de cada vez más judíos estadounidenses angustiados por la posibilidad de que el antisemitismo volviera a suponer un peligro importante en un futuro próximo. Se había abierto una «brecha en la percepción», según dijo Jerome Chanes en su repaso a la bibliografía relacionada: crecía la cantidad de judíos estadounidenses que decían a los encuestadores que se sentían «cómodos» en su país pero al mismo tiempo consideraban que el antisemitismo era un problema «grave» y estaba empeorando.[10] Para algunos expertos, era un caso de «disonancia cognitiva» e incluso sugirieron que los judíos estadounidenses habían caído en la «paranoia»; otro calificó la ansiedad de «excesiva o mal enfocada». El historiador Edward Shapiro miró en otra dirección: a su entender, el temor al antisemitismo «lo avivaban organizaciones cuya pervivencia estaría en juego si los judíos estadounidenses llegaran a la conclusión de que en Estados Unidos el antisemitismo ya no pasa de ser un fenómeno marginal. Sin la existencia de un antisemitismo nacional, buena parte de la razón de ser de organizaciones tales como la Liga Antidifamación [...] se pondría en duda».[11]

Feingold, que fue uno de los comentaristas más agudos sobre la vida de la judería estadounidense, había planteado una idea similar, más en general: «Cuando la amenaza a la supervivencia de los judíos estadounidenses procede más de la aceptación que de un antisemitismo rabioso, las agencias cuyo programa se limita a las funciones defensivas corren el riesgo de quedarse sin función. El éxito, tanto como el fracaso [...], puede ser una causa de obsolescencia». Feingold se refería en concreto al Comité Judío Estadounidense, pero el problema era mucho más agudo para la Liga Antidifamación y su combate contra el odio. Por lo tanto, no debería extrañarnos mucho que quienes habían hecho sonar la voz de alarma habían sido de hecho dos líderes de la ADL, Arnold Forster y Benjamin Epstein, con su libro *The New Anti-Semitism* [«El nuevo antisemitismo»], de 1974. Forster, que hacía muchos años que investigaba para la liga y había dedicado los años de guerra a pelear contra los grupos pronazis, narra en sus memorias —quizá con un destello de melancolía— que en los primeros años de la década de 1970 «el antisemitismo organizado, según lo habíamos conocido durante más de treinta años», se había debilitado; se hallaba en un «punto bajo» y era apenas una sombra de la amenaza que había representado antes de la guerra. Como trabajaban para una organización antiodio en una sociedad en la que el odio parecía ser más difícil de encontrar, Forster y Epstein plantearon una pregunta que en aquel momento tuvo que parecer extraña: «¿Ha concluido la luna de miel con los judíos, que había empezado después de la segunda guerra mundial?». La respuesta fue predecible. Su libro —protagonizado por los tipos duros de la Liga Antidifamación, que perseguían con contundencia la pista de una serie de viles fanáticos— cargaba contra los envejecidos predicadores del innatismo y moralizaba sobre los estereotipos que los medios de comunicación usaban con los judíos; por ejemplo, censuraban la versión cinematográfica de *El lamento de Portnoy*, denunciando que habían convertido la novela de Roth en «una vulgar, indecente y barata diatriba en contra de los judíos». Pero como probablemente captaban que esto no bastaba para provocar de veras a nadie, exhortaron a sus lectores a aceptar que «las nociones tradicionales del antisemitismo están pasando por una cierta redefinición». Así pues, aceptaron que la amenaza de la ultraderecha estaba decayendo, pero sostuvieron que en cambio estaba en auge un «nuevo antisemitismo» que se manifestaba como hostilidad hacia Israel. Los autores reprendieron a la sociedad estadounidense por haber generalizado lo que calificaban de «falta de voluntad de comprender que es necesario que Israel exista, para la seguridad de los judíos y su supervivencia en el mundo». ¿Y cuál era la fuente del problema? La izquierda radical.[12]

Se estaban sentado las bases de una nueva ortodoxia, según la cual toda oposición a Israel era antisemitismo y, por lo tanto, era un problema principalmente de la izquierda, más que de la derecha. Treinta años más tarde, serían muchas las personas que acabarían pensando que esto era innegable y de sentido común, pero en aquel momento se trataba de un argumento novedoso. Como presagio del giro derechista y neoconservador de algunas notables figuras y organizaciones judeoestadounidenses, que se dio en las décadas de 1980 y 1990, *The New Anti-Semitism* citaba los siguientes pecados de la izquierda radical: criticar que Estados Unidos apoyara a Israel; ser el coro de animación de Moscú y el movimiento comunista; aprovecharse del cansancio posterior a la guerra de los estadounidenses en Vietnam. A los autores les preocupaban en particular los que llamaban «comunistas trotskistas» y el impacto de los grupos de extrema izquierda en las actitudes políticas y la vida en los campus universitarios. Entonces, como ahora, era habitual la angustia ante la idea de que las universidades pudieran ser un criadero del radicalismo, pero, desde la perspectiva actual, es fascinante ver cómo entonces esta clase de argumentos no resultaban nada habituales. Forster reconoció que el libro había despertado «no pocas protestas y resentimientos» y se atacó a sus autores también por la facilidad con la que etiquetaban a gente como «antisemitas virtuales».[13] Pero es que aun admitiendo que los grupos a los que criticaban insistían en público en que no eran antisemitas y defendían que sus ideas eran puramente políticas, el libro hacía hincapié en que sus acciones eran «claramente antijudías». Como prueba, alegaba que colaboraban con «antisemitas declarados». No se referían a los neonazis estadounidenses del pasado, sino que estas figuras resultaron ser, según el relato del libro, nacionalistas negros. Era quizá inevitable, dado el contexto estadounidense, que los autores de *The New Anti-Semitism* pusieran sobre la mesa la cuestión de la raza.[14]

En 1907, el jurista Louis Marshall, que un año antes había contribuido a fundar el Comité Judío Estadounidense, quedó asombrado al recibir la noticia de que un club de debate judío, sito en el Lower East Side neoyorquino, quería aprobar una petición según la cual «es razonable que el sur prive a los negros del derecho de voto». «A mí me parece increíble —escribió Marshall— que un grupo de judíos que acaba de salir de lo que era prácticamente esclavitud y que busca en este país gozar de un privilegio de votar que se les negaba en la tierra en la que habían vivido sus antepasados, sopese ni por un momento la idoneidad de postularse a favor de privar a ningún ciudadano de este país del derecho de voto.»[15] Con ello, Marshall había identificado la cuestión que más contribuyó a dar forma a las relaciones de negros y judíos en Estados Unidos. En la era de las leyes de segregación de «los Jim Crow», el objetivo de negar la igualdad de derechos a los negros se había perseguido por medios tanto legales como violentos, en especial, mediante los linchamientos. En esas mismas décadas, cientos de miles de judíos de la Europa Oriental llegaron a Estados Unidos huyendo de los pogromos y de la persecución gubernamental, y en el país norteamericano encontraron la libertad. De este modo, la emancipación de los judíos coincidió con la pérdida de derechos de los negros: los destinos de una y otra comunidad en Estados Unidos no podían haberse desarrollado con un contraste mayor. Según comentó en cierta ocasión James Baldwin, en Estados Unidos los judíos europeos habían encontrado una oportunidad, mientras que los afroamericanos, que llevaban allí mucho más tiempo, aún no tenían «dónde ir».[16]

En Estados Unidos, para gozar de buena fortuna en la política, debías ser blanco y, a este respecto, ciertamente, los judíos llevaban ventaja frente a los descendientes de los esclavos, pero, como el racialismo gozaba del crédito general a la vez que carecía de una genuina base científica, era inevitable que hubiera desacuerdos al respecto de cuán blancos eran los judíos. Para algunos no había raza más pura que la suya; para otros, eran equiparables a los negros. «Los judíos, los descendientes de Sem, pertenecen a la raza blanca [...] en todos los países —defendía un clérigo de Nashville, en 1867—. Lo sabemos por la autoridad bíblica, con una certeza matemática: no son negros, ni antes ni después del Diluvio, sino blancos.» En cambio, algunas décadas más tarde, otro autor, Arthur Abernethy, escribió su controvertida *The Jew a Negro* [«El judío, un negro»], donde insistió, por el contrario, en que «el judío de hoy, así como sus antecesores en otros tiempos, es pariente y descendiente del negro». Hasta bien entrado el siglo XX, los judíos existieron, pues, en una zona ambivalente, con una condición racial indeterminada.[17]

Aunque hacía tiempo que los autores afroamericanos se sentían agraviados por el modo en que los inmigrantes europeos lograban ser aceptados en un país que se negaba a aceptar a los negros, en un principio tendieron, no obstante, a excluir a los judíos de esas críticas, con el argumento de que su pueblo también sabía qué significaba padecer: «Hay una semejanza entre el judío y el negro: al uno se lo desprecia casi tanto como al otro», se leía en *The New York Age* en 1889. Durante el caso Dreyfus, muchos comentaristas de la prensa negra atacaron a los franceses por su antisemitismo, pero cuando la violencia contra los negros se intensificó en el sur de Estados Unidos, la gente se preguntaba cómo podía ser que las organizaciones judías del país cabildearan con el gobierno nacional para protestar por los pogromos de Rusia, pero no dijeran nada sobre la persecución interior de otros ciudadanos estadounidenses. La decepción de los negros con el silencio de los judíos fue agravándose. No fue de especial ayuda que los mismos senadores de Misisipi que habían suscrito peticiones al zar hubieran defendido en público los linchamientos en nombre de «la ley y el orden». Para la prensa negra, por el contrario, los paralelos con Rusia eran evidentes. En julio de 1903, después de que una algarada obligara a cientos de residentes negros de Evansville (Indiana) a huir y buscar refugio en los bosques cercanos, un periódico local negro escribió: «Los negros huyen de la Kishiniov estadounidense».[18]

En los círculos judíos de inmigrantes de izquierdas y de clase trabajadora, en cambio, era fácil contemplar Estados Unidos a través de la lente de Rusia, por lo que sus periodistas, en especial, cuando se expresaban en yidis, alzaron la voz con frecuencia en contra del racismo y de la violencia contra los negros. Por ejemplo, *The Forward* informó sobre Evansville con el titular «Pogromos negros». Sin embargo, aparte de que en general las principales organizaciones de los judíos estadounidenses guardaron silencio, además, hubo líderes de la comunidad que incluso protestaron por los paralelismos, con el argumento de que en los pogromos se atacaba a inocentes, mientras que con los linchamientos se castigaba (supuestamente) a culpables. «Entre todos los que, con miseria moral, defienden el crimen del linchamiento en Estados Unidos, el más despreciable de todos es el judío estadounidense que defiende a los linchadores de negros a la vez que denuncia las masacres de Rusia, como en efecto algunos hacen», escribió un periódico negro de Chicago. Poco después, en Maryland, se intentó aprobar la anulación del derecho de voto de los negros; dos de los principales promotores de la medida eran figuras bien conocidas de la comunidad judía de Baltimore, que defendían abiertamente limitar el voto de acuerdo con criterios raciales: «La raza blanca debe triunfar sobre la barbarie. En Maryland, el mejor modo de conseguirlo es reducir hasta el mínimo absoluto el voto de los negros», decía Isidor Rayner.[19]

En los años de entreguerras, con la intensificación de las políticas antisemitas tanto en Europa como también en Estados Unidos, los judeoestadounidenses alzaron más la voz contra el racismo. Mientras que en el sur muchos judíos eran cautelosos e (incluso si en privado disentían) se mostraban recelosos a desafiar el fanatismo imperante entre la sociedad blanca que los rodeaba, las comunidades judías de los estados del norte —mucho más numerosas, por lo demás— y los líderes nacionales, cada vez más organizados, propagaron un mensaje de solidaridad interracial. Fueron años en los que los líderes de ambas comunidades empezaron a esforzarse por forjar conexiones.[20] En realidad, la que se dio en llamar «alianza negro-judía» siempre fue irregular, porque había una evidente asimetría de poder entre unos y otros: la población negra necesitaba mucha más ayuda porque la discriminación y la violencia a las que se enfrentaban eran mucho mayores. La cuestión del doble rasero seguía levantando ampollas. «¿Por qué derramar lágrimas de cocodrilo por la suerte de los judíos de Berlín cuando aquí en Estados Unidos tratamos así a los negros día tras día?», preguntaba *The Black Dispatch*, de la ciudad de Oklahoma. A pesar de todo lo anterior, como contestación al fascismo, se formó una coalición antirracista. «El problema de la raza va más allá de las distinciones de clase, de físico y de creencias», afirmó W. E. B. Du Bois. La NAACP (Asociación Nacional para el Progreso de las Personas de Color) denunció el antisemitismo nazi con la convicción de que eso los ayudaría a luchar también contra el racismo estadounidense. «Los negros sabemos qué significa eso, porque a nosotros ya nos ha pasado —dijo Walter White, el líder de la NAACP, cuando se produjo la Noche de los Cristales Rotos—. Lo que le ha sucedido a una minoría le puede pasar a otras. Es una lección que deben aprender los judíos, los negros y todas las minorías.» En 1947, después de que la NAACP pidiera oficialmente apoyo a una propuesta de ley contraria a los linchamientos, el Comité Judío Estadounidense, que antaño se había mostrado tan distante, declaró su intención de «sumarse a otros grupos en la protección de los derechos civiles que corresponden a los integrantes de todos los grupos, con independencia de su raza, religión, color u origen nacional». Durante las dos décadas posteriores, el AJC se atuvo firmemente al criterio según el cual el mejor modo de servir a los intereses de los judíos era garantizando los derechos de todos los grupos.[21]

Esta nueva determinación de luchar por los derechos civiles en general causó tensiones entre las comunidades judías del sur y las de las otras regiones de Estados Unidos. Ello no quiere decir que los judíos sureños fueran partidarios de las leyes de «los Jim Crow»; en su mayoría, se movían en el extremo más liberal del espectro blanco, pero les preocupaba su propia vulnerabilidad si se los identificaba con el movimiento pro derechos civiles de los negros, y no les faltaba del todo la razón: hubo en efecto ataques contra activistas judíos y varios trabajadores judíos dc los grupos pro derechos civiles fueron asesinados. Se difundieron panfletos que denunciaban que «los judíos han destruido la segregación racial» y una serie de atentados por todo el sur culminó en 1958 en Atlanta, Georgia, donde se intentó hacer saltar por los aires la sinagoga principal, cuyo rabino había apoyado el movimiento pro derechos civiles. El minúsculo Partido Nazi de Estados Unidos, fundado en 1959, alcanzó titulares del todo desproporcionados para sus dimensiones reales durante casi una década, hasta que, tras el asesinato de su líder, se deshizo en luchas internas y fragmentaciones, pero el auténtico problema era el racismo colmado de odio, endémico, en la sociedad blanca del sur.[22] Son muy conocidas las imágenes de Martin Luther King Jr. y el rabino Abraham Joshua Heschel, tomados del brazo a la vanguardia de una marcha, en Alabama, en 1965: los dos representaron quizá el apogeo de la solidaridad nacional entre negros y judíos. En su momento, se prestó menos atención a los temores y angustias de los rabinos judíos del sur de Estados Unidos, que en muchos casos eran conscientes de que sus fieles vivían en situación de vulnerabilidad.

Con la aprobación de grandes leyes sobre los derechos civiles, en 1964 y 1965, la coalición de negros y judíos empezó a resquebrajarse. Los nacionalistas negros estaban molestos con lo que consideraban paternalismo de unos aliados blancos bienintencionados; estos, por su parte, lamentaban que no se apreciara su apoyo. Intelectuales como Harold Cruse y James Baldwin redactaron ensayos en los que analizaron sin sentimentalismos las relaciones de negros y judíos, mientras que un joven sociólogo judío escribió el primer estudio sistémico sobre los prejuicios de los negros. Durante las dos o tres décadas siguientes, aparecieron de forma tristemente regular textos polémicos con reproches mutuos y, a finales de la década de 1980, el conflicto había empeorado —tanto en la letra escrita como en otros ámbitos—

hasta el punto de que ni siquiera los analistas más sagaces encontraban el modo de calmar la situación. «El antisemitismo de los negros y el racismo antinegro de los judíos son reales —escribió Cornel West en *Race Matters*, en 1993— y los dos son tan típicos y propios de Estados Unidos como la tarta de cerezas.»[23]

Antes de examinar el espectro de sentimientos y estereotipos que a menudo se echan a un mismo cajón con la etiqueta de «antisemitismo negro», vale la pena dedicar un momento a la otra cara de la moneda. En muchas de las personas que se preocupan por el antisemitismo, va contra su naturaleza prestar atención a las formas del racismo judío o reflexionar sobre las fuerzas culturales y sociales más generales que intervienen en las conversaciones sobre la raza, de la clase que sean. (En algunos casos, ni siquiera se habla de racismo: en 1958, Lucy Dawidowicz ya estaba dispuesta a reconocer la existencia «entre los judíos de un sentimiento contra los negros», pero no se atrevió a llamarlo *racismo*.) El hecho de poseer una palabra específica para los prejuicios antijudíos —un legado, según hemos visto, de la política europea— puede oscurecer el hecho adicional de que los judíos no han sido más inmunes que otros al discurso racializado. Así, ha tendido (y tiende hoy) a debatirse mucho menos sobre el racismo antinegro de los judíos que sobre el racismo antijudío, pero, como hemos visto, había servido incluso para que los inmigrantes judíos demostraran sus credenciales como estadounidenses y los había ayudado a obtener la aceptación social, quizá especialmente en el Sur durante el período de la Reconstrucción. Políticamente, los judíos de Estados Unidos tendían hacia el liberalismo, el Partido Demócrata y la defensa de los derechos civiles, pero ninguno de estos elementos excluía compartir los estereotipos y las conductas antinegras que se encontraban en una sociedad de mayoría blanca. El tema fue debatido ampliamente con el paso de los años (aunque sin llegar a conclusiones) por parte de los analistas del Comité Judío Estadounidense especializados en las «relaciones intergrupales». En una intervención inusual en un congreso del AJC, en mayo de 1968, el escritor Charles Silberman, uno de los comentaristas más interesantes en lo que atañe a la comunidad judía estadounidense de la posguerra, insistió en que «ha llegado la hora —hace mucho que deberíamos haberlo hecho— de enfrentarnos al prejuicio que hay entre nosotros, rancio y crudo, en contra de los negros. Hablamos sin cesar sobre el antisemitismo de los negros, pero casi nunca hablamos —y menos aún, intentamos ocuparnos de ello— sobre el antinegrismo de los judíos, que vive entre nosotros y está creciendo con mucha rapidez».[24]

El antisemitismo negro —la otra cara de la moneda que preocupaba a Forster y Epstein, de la Liga Antidifamación— era un concepto compuesto y poco preciso, que hacía referencia como mínimo a tres elementos distintos: el primero, suspicaces con los blancos en general, a los que se tiene por explotadores de los negros, identificando a menudo como encarnación perfecta de ello la figura conocida del comerciante o el casero judío; el segundo, la sensación de que los judíos deberían haber sido un pueblo que comprendiera bien las penalidades de los negros pero no estaban haciendo lo suficiente por ayudar, y, el tercero, y no el menos importante de los factores, el resentimiento contra un grupo cuyos integrantes afirmaban haber sido víctimas a lo largo de la historia, a pesar de que, en comparación con quienes todavía sufrían las consecuencias de la esclavitud incluso después de abolirse esta, habían sufrido poco. Pero en lo que respectaba a Forster y Epstein, había también un cuarto elemento: el auge del apoyo de los nacionalistas negros a las luchas de los países africanos por la libertad, que se hacía extensivo fácilmente a la simpatía por los palestinos. Du Bois, desde luego, no había sido el único líder negro que veía la existencia de un Estado nacional judío como un paso positivo para la humanidad; Martin Luther King Jr. lo había descrito como «uno de los grandes puestos avanzados de la democracia en el mundo». Sin embargo, esta concepción benévola de Israel fue repudiada por la generación que los sucedió, que desconfiaba del uso del poder militar de Estados Unidos en el extranjero y denunció la guerra de los Seis Días por ser una contienda «imperialista y sionista», con lo que se enfrentó a la corriente principal de la judería estadounidense.[25]

Así pues, los prejuicios propiamente dichos fueron solo una de las razones de la ruptura de la coalición antirracista y, aunque abundaban en los dos lados, probablemente no fueron la causa más importante. Según sugirió Harold Cruse con brillantez en 1967, las relaciones negro-judías se vieron afectadas de forma fundamental por el cambio de posición de los judíos en la sociedad estadounidense. Con una cita de Arthur Hertzberg, Cruse comentó que, a medida que los judíos pasaban del grupo de los menesterosos al de los pudientes, surgían desacuerdos sobre cómo continuar el camino más allá de los logros de la legislación pro derechos civiles de mediados de la década de 1960. Era una historia conocida y no especialmente típica de Estados Unidos: en esencia, un choque entre los liberales —que creían que establecer una igualdad formal a ojos de la ley era un objetivo suficiente en sí— y los radicales y revolucionarios, que veían que la igualdad legal carecería de relevancia si no se continuaba luchando por la igualdad en los ámbitos económico y social. La inflexión específicamente estadounidense vino del hecho de que, en este caso, el desacuerdo ideológico era también en gran medida racial: buena parte de la corriente mayoritaria de la opinión judía adoptó la posición liberal y dejó que las organizaciones negras se ocuparan de las múltiples fuentes de discriminación que aún persistían en contra de ellos. El distanciamiento creciente de negros y judíos, por lo tanto, iba más allá del asunto de los prejuicios: tenía que ver con el núcleo mismo del modo en que el Estados Unidos del siglo XX lidiaba con sus patrones, muy arraigados en la historia, de discriminación racial.[26]

Durante los últimos años, una de las quejas más habituales en las agrupaciones judías estadounidenses ha sido que el antisemitismo no se toma tan en serio como los otros racismos. Las raíces de tal percepción se hallan en los citados debates de hace medio siglo, en particular, en el hecho de que fructificaran en forma de burocracia antidiscriminatoria, pues a partir de mediados de la década de 1960, las autoridades reguladoras estadounidenses, con medidas antidiscriminatorias y una acción afirmativa, empezaron a usar el poder del Estado federal para desmantelar las barreras al alojamiento, el empleo y la educación que se habían levantado contra los negros y otros grupos minoritarios. En las décadas posteriores, pocos países —quizá ningún otro— han intervenido tan ampliamente como Estados Unidos para mejorar la igualdad de oportunidades de las minorías y entronizar la diversidad como principio de la vida pública. Este enfoque respondía a la crítica de los activistas al *racismo institucional*, un término acuñado por Stokely Carmichael y Charles Hamilton en su libro sobre el *Black Power* (*El poder negro: la política de liberación en Estados Unidos*), de 1967. Otras voces abundaron en lo mismo: el *Kerner Report* sobre los disturbios urbanos de 1965-1968, que vendió más de dos millones de ejemplares, identificó como causa principal del malestar social el «racismo blanco». A partir de la era de Nixon, las agencias federales interpretaron proactivamente los artículos de la Ley de Derechos Civiles de 1964 para imponer un cumplimiento antirracista en muchas áreas de la vida económica y social. Esto implicó un viraje profundo en la propia comprensión de los prejuicios raciales: cada vez se entendían menos como una propensión psicológica o emocional que se manifestaba en acciones individuales y más como un problema social que se expresaba en la infrarrepresentación estadística. Los psicólogos sociales posibilitaron el ascenso de una burocracia de supervisión, con búsqueda de categorías étnicas y raciales, que permitió medir y cuantificar los avances en la lucha contra la discriminación.[27]

Y precisamente aquí estaba la paradoja: el movimiento pro derechos civiles de la década de 1950 había aspirado a eliminar las categorías raciales como principio de clasificación de la vida cotidiana, pero el nuevo modo de ver las cosas los llevaba a necesitar inscribirse de nuevo. Según un comentarista, «El éxito del movimiento, que eliminó la raza de los formularios para reducir la discriminación, representa hoy un obstáculo de importancia en la implantación de medidas potentes para eliminar la discriminación racial», es decir, la categorización racial se había convertido en un instrumento clave para reducir la discriminación racial.[28]

En 1973, la Comisión de Derechos Civiles preparó un informe («To Know or Not to Know») que se preguntaba por la conveniencia de saber o no, y cómo recopilar y utilizar, los datos raciales y étnicos para su uso en los programas de asistencia federal. El informe abogaba claramente por estandarizar los indicadores raciales. Resultó que las seis principales agencias federales que la comisión había investigado utilizaban varios sistemas de clasificación distintos y al menos una de ellas recurría a una categoría racial prohibida: «no blanco». De hecho, había controversias sobre prácticamente todas las categorías posibles —incluida la de «blanco», para la cual se sugirieron otras denominaciones— y una confusión generalizada entre «raza» y «nacionalidad»;

en cuanto a la «etnicidad», pocos entendían de veras de qué se trataba, o si grupos como los polacos o los portugueses debían incluirse en algún cajón de sastre para «otras minorías». Cinco años más tarde, y después de muchos debates, intervino en la discusión la Oficina de Estándares y Política Estadística Federal, del Departamento de Comercio. Cuando esta agencia poco conocida pero influyente publicó su Directiva de Política Estadística número 15, en mayo de 1978, proclamó la existencia de cinco clases: indio americano o nativo de Alaska; asiático o de las islas del Pacífico; negro; hispánico; blanco. Solo cuatro de las clases se consideraban raciales, puesto que *hispánico* se tenía por categoría étnica, no racial. A pesar de la confusión había algo claro desde el principio: desde el punto de vista de la burocracia, en lo referente a las medidas federales para la supervisión de la no discriminación, los judíos (al igual que otras etnicidades europeas) eran estadísticamente invisibles.[29]

La negritud se reclamaba con orgullo por parte de los grupos de protesta y estudiantiles. «Un logro reciente, atribuible ante todo a la juventud universitaria negra, es una inversión semántica sin precedentes de las connotaciones raciales asociadas hasta ahora con las palabras *negro* y especialmente *black*», decía un informe de 1968 sobre las protestas de estudiantes en la Universidad de Columbia. Ser blanco no solo pasó a ser una categoría de paraguas, sin parte de las ventajas de las que otros gozaban; además, sonaba cada vez más negativa. «¿Cómo es que los judíos se han vuelto de pronto "blancos"?», se preguntaba un periódico judío. «¿Qué casilla prefiero? ¿"Blanco"? ¿"Negro"? A menudo marco "Otros"», reflexionaba un periodista. Muchos judíos no querían que los considerasen blancos o aceptar la consecuencia que se les asociaba de entrada: que se los contara entre los opresores, no entre los oprimidos.[30]

De hecho, cuando se propuso reintroducir la categorización racial, la iniciativa contó al principio con la oposición tanto de los grupos judíos como de los negros. El AJC, por su parte, hacía tiempo que defendía que los judíos no existían como *raza*; desde 1943, la estadística nacional de la inmigración a Estados Unidos había dejado de identificar a los judíos como una categoría racial específica y estos hacía mucho que preferían que no se los separase tampoco por motivos religiosos en los censos ni demás documentos oficiales. El hecho de que el antisemitismo no figurase entre las formas de discriminación tratadas no solo daba fe de la convicción general de que los prejuicios antijudíos estaban declinando, sino que además era acorde con los deseos de las organizaciones judías del momento. Sin embargo, resultó que el nuevo sistema regulador incentivaba que te mencionaran.[31] Así, cuando una congregación de Maryland fue a juicio con la intención de que se condenara por violación de los derechos civiles a unos vándalos que habían pintarrajeado esvásticas en una sinagoga, los tribunales fallaron que el sistema legal estadounidense no reconocía a los judíos como grupo racial protegido. Hizo falta que interviniera el Tribunal Supremo para que la protección se ampliara a sus derechos civiles; las peticiones de entidades judías para que se incluyera a los judíos en la maquinaria antidiscriminatoria del Estado se aceleraron en los primeros años del siglo XXI.[32]

Algunos comentaristas judíos lamentaron que la omisión original era del todo injusta, puesto que los judíos tenían tanto de víctima potencial como cualquier otro «grupo protegido». El sociólogo Nathan Glazer —que abogaba por un lenguaje nuevo, de etnicidad y no raza— escribió que Estados Unidos se había limitado a crear una «discriminación afirmativa» e insistió en que las desventajas étnicas también afectaban a grupos blancos. Por su parte, Norman Podhoretz hizo hincapié en que en Estados Unidos también se perseguía a los judíos.[33] A ello se añadían las persecuciones del pasado. Cuando a finales del siglo XX la consideración como víctimas experimentó un auge como forma de capital cultural, la especie de rivalidad en el sufrimiento histórico que ya se había evidenciado en las relaciones de negros y judíos desde por lo menos la era de los pogromos rusos se intensificó radicalmente. La condición de víctima se convirtió en una categoría deseable y una fuente de conflictos entre grupos que se habían beneficiado en grados muy distintos, y por razones diversas, de la transformación social del Estados Unidos de posguerra. En una conversación con James Baldwin, el guionista Budd Schulberg se mostró francamente preocupado porque comparar el padecimiento de la esclavitud con la experiencia de persecución y genocidio de los judíos europeos «podía convertirse, por negligencia, en un ataque contra los judíos». Baldwin no era del mismo parecer y se opuso a cualquier minimización de cuanto habían padecido los esclavos estadounidenses y sus descendientes. En un texto escrito poco después de la conversación con Schulberg, escribió:

> Uno no desea, en pocas palabras, que un judío estadounidense le diga que ha sufrido tanto como ha sufrido el negro estadounidense. Pues no es así, y uno sabe que no es así por el tono mismo en que aquel te asegura que es así [...] El sufrimiento de los judíos se reconoce como parte de la historia moral del mundo, y al judío se lo conoce por su contribución a la historia mundial, pero esto no es aplicable a los negros. La historia judía, independientemente de si uno cree que se la honra como es debido, es sin lugar a dudas una historia conocida; en cambio, la historia negra ha sido objeto de críticas, calumnias y desprecios despiadados.[34]

Estaban, pues, el sufrimiento y, luego, la cuestión de cuánto reconocimiento se le daba. Baldwin parecía estar sugiriendo que era un tanto injusto que los delitos cometidos contra los negros se olvidaban en el mismo país donde se habían cometido, mientras que los judeoestadounidenses recibían muestras de simpatía por la atención cada vez mayor de la que eran objeto las narraciones sobre el padecimiento de los judíos del otro lado del Atlántico, en especial, porque en el Estados Unidos de la posguerra se les había dado un trato singularmente bueno, en general. En efecto, ¿no tenía algo de inquietante —por lo conveniente— que toda atención seria a la esclavitud despertara inevitablemente preguntas incómodas sobre el presente de Estados Unidos, mientras que centrarse en el Holocausto permitía al Nuevo Mundo retratarse con complacencia, en comparación con el Viejo? Aun así, uno se pregunta cuántos judeoestadounidenses habrían estado de acuerdo con tal idea, pues justo en esos años empezaba a prosperar el sentimiento de que el sufrimiento de los judíos debía reconocerse más, no menos. Dentro del mundo judío, Meir Kahane, nacido en Brooklyn, fue una figura polarizadora: un nacionalista judío de carácter extremo que dedicó su organización —la tristemente célebre Liga para la Defensa de los Judíos— a luchar contra el antisemitismo en respuesta a lo que percibía como timidez excesiva de la Liga Antidifamación. Pero cuando Kahane insistió en que los judíos eran «las víctimas más victimizadas» de la historia, sin duda se limitaba a expresar una premisa que muchos judíos estadounidenses compartían. Los afroamericanos habían sufrido la esclavitud —el asunto que seguía estando en el núcleo de la vida nacional estadounidense, por encima de todos los demás—, pero para los judeoestadounidenses estaba el Holocausto.[35]

Peter Novick, con su clásico estudio *The Holocaust in American Life* (*Judíos, ¿vergüenza o victimismo? El Holocausto en la vida americana*), nos puso al corriente de que los líderes de la comunidad judía estadounidense empezaron siendo muy ambivalentes ante la idea de conmemorar en público el sufrimiento de los judíos durante la guerra. Fue principalmente después de la guerra árabe-israelí de 1973 —en la que se entendió que Israel había escapado por poco de la derrota— cuando los judeoestadounidenses empezaron a abrazar la idea de que el Holocausto no era tan solo historia, sino un aviso de cara al futuro y un componente integral de la imagen de sí mismos.[36]

Con un libro de historia que alcanzó cifras de superventas —*The War Against the Jews*, de 1975—, Lucy Dawidowicz, que había sido trabajadora del Comité Judío Estadounidense, lanzó una redefinición de gran alcance de la segunda guerra mundial. Logró que la atención se centrara sobre la «solución final a la cuestión judía» y fue el punto de partida de un empeño investigador colosal que aún persiste en nuestros días. Pero lo que verdaderamente estimuló la atención de la opinión pública en Estados Unidos fue una famosa serie de televisión de la NBC, *Holocaust*. Los neonazis reaccionaron con furia, los cineastas la odiaban y muchos supervivientes la tildaron de vulgar e inexacta, pero *Holocaust* fue un éxito comercial asombroso. Se dice que solo en Estados Unidos la serie fue vista por más de cien millones de personas; en Alemania se calcula que llegó a la mitad de la población adulta. Los debates públicos al respecto fueron muy intensos. En 1980, se constataba una rápida expansión del conocimiento del Holocausto; con la entrada del nuevo milenio, se había difundido por todo el mundo.

El significado de esta transformación de la conciencia global resultaba más que evidente para quienes habían trabajado para provocarla. El presidente del AJC, Robert Rifkind, tomó la palabra ante sus colegas en 1996 para elogiarlos por haber contribuido a «dar un lugar central al Holocausto en la imaginación de la modernidad». En sus palabras, «lo hemos grabado de forma indeleble en la mente de la modernidad [...] Hemos procurado que se convierta en uno de los hechos culturales cruciales del mundo moderno y esto supone una aportación muy relevante a la civilización en la que vivimos». Como valoración general, no parece que la afirmación sea exagerada. En cierto sentido, confirmaba el apunte de James Baldwin: reconocer el sufrimiento es una forma de afirmación y validación cultural. Tal reconocimiento implica conmemorar la impotencia, pero, para que se apruebe, requiere de poder.[37]

Lo que Rifkind describió como «dar un lugar central al Holocausto» en la conciencia moderna tuvo un impacto múltiple. Tuvo efecto sobre la Iglesia católica, que empezó a alzar la voz contra el antisemitismo como nunca había hecho. Tuvo efecto sobre el negacionismo del Holocausto, que pasó a combatirse con más sistematicidad que en el pasado. Y desde el principio hubo también una asociación directa entre el auge de la memoria del Holocausto, la condición cada vez más respetada de los judeoestadounidenses en Estados Unidos y el compromiso cada vez más claro de la política exterior de este país con Israel, so guisa de ayuda militar cada vez más cuantiosa. El propio gobierno de Estados Unidos hizo hincapié en este vínculo. Un mes después de que se emitiera *Holocaust* en su país, el presidente Jimmy Carter celebró en la Casa Blanca el trigésimo aniversario de la fundación de Israel. En presencia del primer ministro Menájem Beguín, anunció que formaba una comisión encargada de conmemorar «a los seis millones de personas que se asesinó en el Holocausto»; la presidiría el autor Elie Wiesel, que era también un superviviente. El proceso —que culminaría quince años más tarde con la apertura del Museo Conmemorativo del Holocausto, en una ubicación central del país, Washington D. C.— se inició, pues, con una iniciativa presidencial destinada a tranquilizar a los israelíes y los judíos de Estados Unidos. Se aspiraba a garantizarles que el empeño de paz de Carter —y su reconocimiento de los derechos palestinos— iba de la mano de un «compromiso absoluto y total con la seguridad de Israel», de modo que «el pueblo judío no estará condenado a que se repita el Holocausto». El antiguo consenso se había invertido. Las organizaciones judías de Estados Unidos, que antaño se habían resistido a los llamamientos a la conmemoración, ahora insistían en que se les diera cumplimiento; los gobiernos israelíes, que antaño eran muy reacios a debatir sobre el pasado, instaban ahora a hacerlo. Y el propio Holocausto —un genocidio perpetrado por europeos en contra de otros europeos— se había convertido, en cierto modo, en una garantía del compromiso de Estados Unidos con Israel.[38]

En su momento, pocos comentaristas parecieron pensar que hubiera algo extraño en todo esto. La historiadora Lucy Dawidowicz fue una de las excepciones: los planes la horrorizaban y dimitió de su puesto en la comisión, pues consideraba que el museo «no es un medio adecuado para recordar a los muertos de la Shoá». Desde su punto de vista, habría sido mejor limitarse a un monumento público, muy preferiblemente en la ciudad de Nueva York. El historiador israelí Evyatar Friesel —que había huido de Alemania siendo un niño, en 1939, y perdió a la mayor parte de la familia en el Holocausto— también dio una respuesta poco entusiasta. Tras leer que el Museo Conmemorativo que se preparaba pretendía que los visitantes tuvieran contacto con la «experiencia» del Holocausto, no pudo evitar disentir: «Había algo claramente erróneo [...] en la forma en la que los judíos de Estados Unidos intentaban retratar la destrucción de los judíos de Europa. Esos museos [...] eran contrarios a la tradición judía del duelo y la memoria: serían poco más que una hora de pena artificial, de trucos y apariencias. Peor aún, [...] eran planes que no indicaban pesar por la destrucción de los judíos europeos, sino alguna clase de dimensión, más sombría e inquietante, en el alma de los judíos estadounidenses».[39]

Quizá no era una simple coincidencia que tanto Dawidowicz (nacida en 1915) como Friesel (nacido en 1930) guardaran recuerdos personales vívidos de cómo era el mundo de los judíos de Europa en vísperas de su destrucción, ni que, como historiadores profesionales, pudieran evaluar la divergencia con el modo en que entonces se proponía representar el mundo, pero sus recelos no fueron compartidos por mucha gente. Llegados a 2011 se habían levantado en Estados Unidos más de una docena de museos y había otros en camino; se creó incluso una Asociación de Organizaciones del Holocausto, que contaba con cientos de miembros. Hubo una explosión de revistas eruditas y programas universitarios. Los centros educativos predicaban lecciones morales universales basándose en los acontecimientos de la guerra al mismo tiempo que destacaban el sufrimiento específico del pueblo judío. Según las encuestas, el Holocausto se convirtió en uno de los episodios de la historia mundial más conocidos por el estadounidense promedio: en 2011, competía con el movimiento pro derechos civiles de Estados Unidos en tanto que punto de referencia histórico para la educación cívica del país; del país, no se olvide, de la posesión de esclavos y de la guerra civil americana. Para un historiador del antisemitismo y la transformación de los significados de este, quizá lo más asombroso fue el modo en que el recuerdo del Holocausto se combinó con la fidelidad a Israel, en un mundo cada vez más diverso y secularizado como era el de los judíos estadounidenses, adquiriendo una función de marcador de la identidad étnica.[40]

Precisamente este sintagma, *identidad étnica*, era un concepto nuevo para tiempos nuevos. «En la actualidad apenas podríamos hablar de etnicidad sin recurrir a la palabra "identidad"», escribió el profesor Philip Gleason, en 1983. La *política identitaria* —término acuñado por un colectivo de feministas negras mediada la década de 1970— estaba en auge en la vida de Estados Unidos, señal de que la sociedad se alejaba del viejo ideal del crisol de culturas. A medida que el «americanismo» tradicional perdía lustre por las tensiones derivadas de la guerra de Vietnam, diversos grupos defendieron que era posible —e incluso deseable— optar por identidades mixtas. Una «nueva etnicidad» se adueñó de la política estadounidense. El proceso lo pusieron en marcha los revolucionarios negros. Pero después, la afirmación de las virtudes de la identidad étnica se incorporó a la corriente principal de Estados Unidos y dio también nueva forma a la vida de los judeoestadounidenses. En esta comunidad emergió lo que un experto ha descrito como «industria de la identidad judía», para la cual la cuestión de la «identidad judía» se convirtió en algo que había que definir, cuantificar, medir y, sobre todo, elogiar y, todavía con más frecuencia, preocuparse al respecto. Se dijo a los judíos estadounidenses que debían preocuparse por la supervivencia de esa «identidad» y, en efecto, lo hicieron.[41]

Esto supuso cierta revolución en la conciencia colectiva. Las generaciones anteriores de judíos inmigrantes, que llegaban (en su mayoría) de países de la Europa Centro-Oriental donde se hablaba en yidis, habían hecho propia la idea de Estados Unidos y habían contribuido a la imagen de sí mismo que el país se había hecho: George Gershwin había fusionado el jazz con la música clásica; Israel Beilin —que cambió el nombre a Irving Berlin— dio al país una de las canciones favoritas de las fiestas nórdicas de Yule: *White Christmas*. Los que habían nacido en los márgenes de la segunda guerra mundial eran menos observantes, pero a la vez menos tímidos en el reconocimiento del propio judaísmo y más inclinados a dar por sentado que eran estadounidenses. Llegados a la década de 1980, la judería de Estados Unidos era un mundo poroso y diverso, en el que más de cuatro de cada diez adultos se habían casado con personas que no eran judías y la asistencia regular a las sinagogas estaba menguando. Muchos comentaristas estaban preocupados por si esto representaba el fin de la vida judía en Estados Unidos: según había hecho ya tiempo atrás el historiador Lewis Namier, temían que el abrazo de bienvenida del país fuera una amenaza existencial. Sin embargo, al mismo tiempo, la abrumadora mayoría de los judeoestadounidenses se declaraban orgullosos de ser judíos y tres cuartas partes sentían fuertemente que pertenecían al pueblo judío. Las fuentes de este orgullo y este sentimiento de pertenencia al grupo eran dobles. Una estaba en la identificación con Israel, que, en palabras de Glazer, era la nueva «religión judía de los judíos estadounidenses». En cifras de 2013, casi la mitad de todos los adultos de la comunidad judeoestadounidense habían estado alguna vez en Israel (cada vez más, por las becas de viaje gratuito de la Fundación Birthright Israel) y cerca de un tercio sostenía que la tierra de Israel era un don de Dios al pueblo judío. La segunda fuente de pertenencia étnica —aun más importante, quizá, a juzgar por las encuestas— era el Holocausto. Por lo tanto, para muchos judeoestadounidenses, el Estado judío y la catástrofe de los judíos se habían coaligado para formar el núcleo combinado de una nueva identidad: por lo general, se entendía que el Holocausto justificaba la existencia de Israel, que a su vez parecía reforzar la seguridad y la condición social de los judíos de Estados Unidos.[42]

El historiador Yuri Slezkine ha hecho objeto de sátira no solo esta transformación, sino también la corriente subyacente con la que compite. En *The Jewish Century*, describe cómo en la década de 1970 los judíos estadounidenses

> se incorporaron por fin con normalidad a la «etnia» de los estadounidenses, sin que faltara nada: un territorio antiguo que era también un nuevo Estado con su bandera, su ejército y su equipo de baloncesto. Y no solo eran «autóctonos» sino que habían pasado a ser los primeros de la etnia estadounidense porque su nuevo territorio antiguo era único por su antigüedad, único por su novedad, único por sus triunfos y único por su victimización. Y, por supuesto, su propia existencia y, por lo tanto, la existencia continuada de todos los judíos [...] era —resultó ser— una respuesta a un acontecimiento que había sido «el más único» de todos los acontecimientos jamás acontecidos.[43]

Con la secularización de la judería estadounidense y el acercamiento de esta a la política étnica, el antisemitismo se asociaba cada vez más con la cuestión de Israel. En palabras del historiador Leonard Dinnerstein, «es posible que los útiles de medición del antisemitismo estén cambiando: mientras que en el pasado el antisemitismo se definía a partir de las barreras políticas, sociales y económicas, en la actualidad muchos judíos consideran que el indicio más revelador es la hostilidad contra Israel».[44] Dinnerstein lo explicaba a partir del hecho de que, en Estados Unidos, la mayoría de las barreras discriminatorias se habían eliminado y se gozaba de aceptación social en prácticamente todas partes. En consecuencia, los judeoestadounidenses eran solo en su propia mente un grupo minoritario que necesitaba la protección del Estado; quienes no eran judíos no los veían así.

En efecto, en general, los propios judíos consideraban que en Estados Unidos la discriminación a la antigua usanza se había reducido mucho y que, en comparación con la década de 1930, la amenaza de la violencia ultraderechista era baja. «Es inconcebible que en Estados Unidos pueda pasar nada como [el Holocausto]», escribió Nathan Glazer. Sin embargo, muchos judíos sentían que la prosperidad y la seguridad de la que gozaban en Estados Unidos no debía ser causa de complacencia, y a menudo reaccionaban negativamente cuando se les comentaba que las expectativas de futuro eran relativamente favorables. «Para llevarle buenas noticias a la comunidad judía, hace falta valor», comentó Charles Silberman.

Según Dinnerstein, los judíos estadounidenses fueron considerando cada vez más un ataque contra sí mismos cualquier amenaza a la seguridad de Israel en particular. En palabras de Henry Feingold, dado que asegurar que Estados Unidos apoyaría a Israel se había convertido en «un activo destacado en la religión civil que profesa la mayoría de los judíos estadounidenses, cuando se ataca [ese apoyo] y la ideología fundadora del sionismo en la que hunde sus raíces el Estado judío, resulta fácil que el antisemita llegue al corazón mismo de las inquietudes y la sensibilidad de los judeoestadounidenses de nuestros días». Ello no obstante, esto planteaba la cuestión de cómo se podría distinguir el antisemitismo de cualquier crítica política razonable, ya fuera al sionismo o a Israel. Era fácil ver que algunas personas acabarían por considerarlas prácticamente lo mismo, en especial, porque a diferencia de las patrias étnicas con las que se sentían conectados los estadounidenses de otras comunidades de inmigrantes —pensemos en Irlanda o Italia, por ejemplo—, el país con el que los judíos estadounidenses se identificaban vivía en estado de amenaza permanente.[45]

¿Acaso la progresiva desaparición del antisemitismo en Estados Unidos permitió que los judíos estadounidenses se sintieran cada vez más como en casa y, por lo tanto, se atrevieran a respaldar a Israel más abiertamente y tendieran más a preocuparse por su suerte? Tuvimos pruebas de que era en efecto así cuando en 1985 se condenó a un analista judeoestadounidense, Jonathan Pollard, acusado de espiar a favor de Israel: de pronto, cobró vida la acusación de la doble lealtad. La traición de Pollard movió a algunas organizaciones judías de Estados Unidos a reflexionar y, durante un tiempo, tornó más incómoda la relación con el gobierno israelí, mientras entre bambalinas hacían en Washington cuanto estaba en su mano, pero otras entidades cabildearon enérgicamente a favor de Pollard y su esposa. «El fantasma de la doble lealtad todavía persigue a nuestra comunidad —dijo un alto funcionario del Comité Americano-Israelí de Asuntos Públicos (AIPAC, en sus siglas inglesas) ante diversos miembros de la organización—, pero aquí, en nuestro país, no deberíamos ser tímidos en lo que respecta a nuestro interés por Israel. Esta es una sociedad plural y para sobrevivir aquí dependemos de ese pluralismo [...] Nos preocupa de todo corazón que suceda en los dos países, en Estados Unidos y en Israel. Esta preocupación no es inconsistente, no adolece de falta de americanismo y no es una lealtad dual. Es solo parte de la democracia.» El politólogo israelí Peter Medding describió con acierto lo que la mayoría de los comentaristas judeoestadounidenses decían aún con medias tintas: en Estados Unidos, había emergido una «nueva política judía» que se caracterizaba por «la asertividad pública militante» con la que en ese momento los judíos estadounidenses estaban integrando los asuntos que les preocupaban en tanto que judíos en la corriente central de la vida política de Estados Unidos y adoptaban por lo tanto un nuevo papel como actores políticos desde el interior. Solo unas pocas voces se preguntaron en público hacia dónde iba a llevarlos esa evolución. El almirante Sumner Shapiro —que había sido director de la inteligencia naval de Estados Unidos— se había encontrado con Jonathan Pollard antes de que lo desenmascarasen; había ordenado limitar los permisos de seguridad de los que Pollard disfrutaba, pero no había conseguido que lo despidieran. A Shapiro, que era judío, le escandalizó que diversas organizaciones judeoestadounidenses apoyaran a Pollard aun después de que este hubiera sido condenado: «Nos ha costado mucho conseguir una posición de solidez y llegar adonde estamos como para que ahora alguien *la cague* [...] y que las organizaciones judías se alineen con este tipo e intenten convertirlo en un héroe del pueblo judío. Esto me preocupa *un huevo*».[46]

El ascenso del Israel judío

Al tiempo que se producían estos cambios culturales en Estados Unidos —por los que cada vez eran más los judíos estadounidenses que consideraban todo ataque contra Israel una amenaza a su propia identidad étnica—, en Israel surgía una angustia paralela asociada con el antisemitismo. Para comprenderla, podemos empezar quizá por una conversación discreta que se produjo en 1968 en la oficina del asesor político del primer ministro israelí. Este asesor era Yaakov Herzog, nacido en Dublín y formado como rabino, jurista y diplomático. Su invitado era un reputado filósofo y politólogo francés, Raymond Aron. Los dos eran de origen europeo, pero no podrían haber sido más distintos entre sí: Herzog era un sionista acérrimo, que le había dado la espalda a su patria europea, mientras que Aron era un ejemplo perfecto de judío asimilado en la élite republicana francesa.

De un modo no menos cortés que directo, Aron inició la conversación preguntándole a Herzog si la creación de Israel en 1948 no se oponía a los conceptos modernos de lo razonable y la justicia política. ¿Acaso no violaba los derechos básicos de los árabes que habían estado viviendo allí con anterioridad? Impertérrito, Herzog le reprochó a Aron que adolecía de una especie de «esquizofrenia espiritual», al creer que podía ser a la vez judío y representante de Francia. Le dijo a la cara que se engañaba, pues los franceses nunca lo aceptarían sin reservas. En realidad, el propio Aron no había aceptado nunca del todo qué significaba ser judío, continuó diciendo Herzog; de lo contrario se habría dado cuenta de que a los judíos no se los podía entender con los conceptos del siglo XX. Herzog no consideraba ni posible ni deseable que un judío se sintiera como en casa en cualquier otro país: la concepción herzoguiana de Israel como Estado judío era contraria a toda idea de normalidad. Incluso los sionistas clásicos —decía Herzog— habían errado al pensar que con la creación de Israel los judíos se convertirían en un pueblo normal, aceptado entre las demás naciones. Habían olvidado que los judíos, como decía la Biblia, son «un pueblo que vive aparte».[47]

«Un pueblo que vive aparte»: este sintagma resumía una forma de ver las cosas que podía encontrarse por todo un amplio espectro, desde el *kitsch* hasta la filosofía política más culta. En la televisión israelí de la época, se podía ver al conjunto Dizengoff Variety Ensemble con una versión cancanera de la canción popular *Ha'olam kulo negdeinu* [«El mundo entero está en contra de nosotros»]. Se trataba de una «melodía muy antigua», según la letra de la propia canción, que ya cantaban sus antepasados y seguirían cantando sus nietos. Sonaban como si estuvieran aceptando alegremente esa hostilidad global. Sin embargo, y al igual que Herzog, la canción suponía alejarse del sionismo clásico —que daba por sentado que Israel podría arrojar «su luz sobre las naciones»— y orientarse hacia el cumplimiento de la profecía bíblica según la cual su destino era único, el de «un pueblo que vive aparte».[48]

En la época de Ben-Gurión, los líderes sionistas habían creído, en su mayoría, que el antisemitismo desaparecería en tanto que problema universal. Les preocupaba poco el prejuicio contra los judíos que vivían en la diáspora y creían que, si a esos judíos el asunto los inquietaba de verdad, la solución era que emigrasen. Cuando Ben-Gurión se reunió con uno de los jefes de la Liga Antidifamación, en 1970, lo saludó con una pregunta desenfadada: «¿Todavía andan liados con lo de salvar a los judíos de los antisemitas?». Para el primer ministro, era un hecho de la vida política de la diáspora, un hecho sobre el que no valía la pena angustiarse, dada la fácil solución de marcharse a Israel. Pero la idea más sombría e introvertida de que Israel estaba eternamente condenado a estar solo había empezado a ganar terreno y fue de las contribuyó a que el Partido Laborista, hasta entonces en el gobierno, cayera derrotado en las elecciones israelíes de 1977.[49]

En cierta ocasión, el historiador Eric Hobsbawm formuló una observación que se hizo famosa: «Los historiadores son al nacionalismo lo que los cultivadores de opio en Pakistán a los adictos de la heroína: somos los que suministramos la materia prima esencial para el mercado». Israel da fe como nadie de que la afirmación es verdadera. Según se sugirió en el capítulo 1, los historiadores de la Escuela de Jerusalén llevaban defendiendo, desde la década de 1950, que el antisemitismo era una forma de antipatía más perdurable y grave que ninguna otra, por lo que no se lo podía comparar con ninguna otra forma de prejuicio sino que destacaba —teológicamente, por así decir— por su singularidad. Su obra proponía una conexión entre historia, fe y política que difícilmente habría podido ser más estrecha. El *leitmotiv* de su enfoque era el odio de los gentiles a los judíos a través de los tiempos.[50] El ensayo «Hatred of Israel as an Historical Continuum», de Shmuel Ettinger (1980), que abordó ese odio concebido «como un continuo histórico», fue una de las primeras muestras de un género asombrosamente exitoso. Cuando Robert Wistrich, formado como historiador en Gran Bretaña, publicó *Anti-semitism: The Longest Hatred*, popularizó la idea de que el antisemitismo era un odio único, interminable, de imposible erradicación.[51] Los historiadores establecidos fuera de Israel —así como, cada vez más, la generación más joven de los expertos israelíes— consideraban que estas ideas estaban mal argumentadas y eran estrambóticas, por no decir simplemente ahistóricas, pues, ¿qué clase de historiador cree que existen fuerzas que pasan a través del tiempo sin sufrir ningún cambio, según describían aquellos autores el antisemitismo? ¿Acaso no es obvio —objetaban algunos— que los historiadores deben distanciarse del nacionalismo que estudian antes que contribuir a él? El debate de los expertos viró hacia otras direcciones, como señalar las maneras en las que el antisemitismo era algo complejo, no estaba desconectado de las corrientes más generales de las diversas épocas, ni siempre era en lo esencial una cuestión de odio.

Aunque otros historiadores se mostraran distantes con las conclusiones y las premisas de la Escuela de Jerusalén, con el tiempo, la opinión pública israelí fue compartiendo un punto de partida de sus trabajos: que un pueblo judío que existía desde los tiempos bíblicos, con un vínculo esencial e inalterado con Dios, padecía, como sombra inevitable de esa luz, la animosidad eterna del mundo. En cuanto a la Asamblea General de las Naciones Unidas, esa opinión pública la creía reflejo de una lucha global poscolonial, con nuevas variantes de antisemitismo. Después de que la asamblea aprobara en 1975 la resolución de la que se habló páginas atrás, un autor afirmó en la prensa israelí que la ONU era «la portadora de la bandera de Hitler en nuestra generación»; otro planteó rebautizar la entidad como «Nazis Unidos». Se afirmaba que era una «organización racista y antisemita» y que no era casual que tuviera la sede en la calle 42 de Nueva

York, famosa como «calle de la pornografía». La idea de un «nuevo antisemitismo» —que amenazaba con repetir el genocidio de los judíos— no solo pasó a considerarse compatible con el sionismo, sino que la retórica oficial la adoptó y se convirtió en una segunda naturaleza para muchos israelíes corrientes. Esta clase de enfoque —según destacó Antony Lerman en 1985— hacía del todo innecesario tomarse en serio cualquier crítica a la política de Israel: «En vez de reconocer que los árabes tienen sus razones ideológicas, consideramos que su antisionismo es un prejuicio. En vez de admitir que los errores de Israel alimentan el antisionismo, preferimos calificar de antisemitas a los críticos».[52]

Este concepto de antisemitismo —como la visión aislacionista del lugar de Israel en el mundo, que le servía de base— apenas dejaba espacio para una diplomacia real; Yaakov Herzog no había vacilado en decirle a Raymond Aron que a su juicio las relaciones internacionales se limitaban a la gestión de los odios. Sin embargo, seguir la teoría demasiado al pie de la letra acarreaba implicaciones prácticas desconcertantes y poco satisfactorias. Si el antisemitismo era determinante entre los árabes, ¿por qué no había impedido que el Egipto de Anwar Sadat —un hombre que en la juventud había colaborado con el Eje— firmara la paz? En lo referente a Sadat, era evidente que lo que dictó las simpatías con el Eje no había sido el antisemitismo, sino la oposición al gobierno colonial. Así pues, quizá el antisemitismo no bastaba en la práctica para explicarlo todo y —lo que era más importante— permitir que un estereotipo guíe la política podía acabar haciendo que lo que se profetizaba se cumpliera. Para ser sinceros, además, era probable que el antisemitismo de los árabes pudiera compararse con un fenómeno menos estudiado, pero que entonces se estaba intensificando: la estereotipación racista de los árabes por parte de los israelíes. En su mayoría, los autores de la Escuela de Jerusalén se resistieron a recorrer ese camino en particular y el tema fue tabú, en Israel, durante muchas décadas, pero, hacia el final de su carrera, el propio Yehoshafat Harkabi terminó admitiendo que lo había pasado por alto y, en 1988, escribió que los prejuicios árabes de los judíos habían crecido hasta el punto de que «ya no podemos encontrar en los árabes defectos que no podamos encontrar también en nosotros mismos».[53]

El concepto de antisemitismo propio de la Escuela de Jerusalén no había sido adoptado en los primeros años de Israel ni por la izquierda laborista ni por buena parte de la derecha laica. Para empezar, el argumento de que Israel era necesario como refugio seguro para los judíos de todo el mundo era bastante incompatible con la afirmación de que el nuevo Estado judío estaba condenado a enfrentarse a un odio eterno. En segundo lugar, la idea parecía implicar que los propios judíos no podían cambiar nunca; sin embargo, en la mente de Ben-Gurión y muchos de quienes lo rodeaban, el primer propósito de Israel había sido romper con el judaísmo a la vieja usanza y crear un nuevo tipo de judío laico: muchos no habrían disentido de la predicción planteada por Arthur Koestler en 1949, cuando afirmó que «en el plazo de una generación o dos, Israel se habrá convertido en un país que no será nada judío». Los sionistas laboristas aspiraban a crear una nueva identidad nacional cívica y provocar el nacimiento de un pueblo nuevo: los israelíes, en los que nadie reconocería a los judíos de la diáspora. Muy lejos de la situación actual, una versión extrema de lo anterior destacaba que «quien sea hebreo [en este contexto: israelí] no puede ser judío». Una gran parte de la corriente central del Israel de la década de 1950 se caracterizaba por el escaso interés en las cuestiones de fe y religiosidad y se centraba en su lugar —guiada por el espíritu del socialismo— en construir un Estado moderno y funcional, con su ejército y una sociedad de un tipo nuevo. Algunos devotos religiosos quizá se preguntaban qué tenía que ver todo ello con el judaísmo. Pero incluso el primer ministro Yitzhak Shamir, en fecha tan tardía como 1989, diferenciaba —de un modo que no tardaría en sonar anticuado— entre los intereses de Israel y los de la judería mundial. Desde su punto de vista, la tarea del gobierno israelí era preservar la seguridad del país; la de las organizaciones judías internacionales, en cambio, combatir el odio.[54]

Por lo tanto, lo que aumentó la receptividad de los políticos a la idea de que Israel debía luchar internacionalmente contra el antisemitismo, liderando ese combate, fue la retórica cada vez más religiosa de la política nacional israelí. La que podríamos denominar como «judaización de la identidad nacional israelí» comenzó quizá al instaurarse en las escuelas laicas los «programas de concienciación judía», pero la consolidaron el crecimiento de las comunidades ortodoxas y —tal vez el factor más importante— el crecimiento espectacular de la población israelí que no era asquenazí. El resultado no fue exactamente que el país se hiciera más judío, sino que su política empezó a basarse cada vez más en el lenguaje de la religión. «La autoridad laica se apropia para sí, en cuanto puede, del aura de la religión (que es también un arma)», ha escrito el historiador Carlo Ginzburg.[55] El proceso se aceleró con la desaparición de la izquierda y el surgimiento de un nuevo sionismo derechista, a partir de 1977, liderado por Menájem Beguín. En un extremo estaba Meir Kahane, un derechista nacido en Brooklyn que entendía que Israel era un mandato divino no sometido a las reglas seculares. A juicio de Kahane, Ben-Gurión se había limitado a crear «*goyim* ['gentiles'] que hablan hebreo», consideraba que ser «religioso es ser nacionalista» y relegaba la normalidad al resto del mundo: «Estar aislado no significa estar solo».[56]

Cuando se incorporó el Holocausto al proceso de transformación de la conciencia cívica de los israelíes, este punto de vista se consolidó. Para Beguín, el Holocausto estaba en todas partes: el primer ministro —que había perdido en la Shoá al padre, la madre y el hermano mayor— lo invocaba sin descanso. En 1982, cuando se invadió el Líbano —una guerra que se acogió con una profunda división, tanto en Israel como en las comunidades judías del mundo—, se criticó mucho a Beguín por la insistencia en mencionar a los nazis. Así, el francés Pierre Vidal-Naquet, un historiador del mundo antiguo cuyos padres habían muerto en Auschwitz, atacó «la utilización diaria de la gran matanza por parte de la clase política israelí». «Hitler ya ha muerto, señor primer ministro —escribió el novelista Amos Oz en un artículo famoso—. Una y otra vez, señor Beguín, muestra usted en público la extraña necesidad de resucitar a Hitler para poder matarlo un día tras otro por medio del terrorismo.» La analogía podía usarse también de otro modo, por supuesto, y acabó rompiendo el tabú que vetaba comparar públicamente a los nazis con la política gubernamental. Los comentaristas abundaron sobre la posibilidad de que la tendencia beguiniana a verlo todo a través de la lente de las vivencias bélicas de su propia familia estuviera generando en realidad un daño perdurable. «Aquí yace la estatura internacional y la integridad moral de un pueblo maravilloso. Murió por una analogía falsa», escribió Ze'ev Mankowitz en el *Jerusalem Post*. «¿En qué momento la devoción a la historia deja de ser un arma contra los errores presentes y futuros y empieza a paralizar a los que buscan su protección?», preguntaba Roger Rosenblatt en *Time*. Pero, al mismo tiempo, en el campo nacionalista eran muchos los que adoptaban la idea de lo que el filósofo Yeshayahu Leibowitz criticó —con una imagen que se hizo famosa— como la política «judeonazi» de Beguín, pues les parecía «mejor un judeonazi vivo que un santo muerto», declaró un acérrimo del nacionalismo israelí, en defensa de la invasión de Beirut y las masacres que se derivaron.[57]

Cuando el Partido Laborista regresó al poder, en la década de 1990, la retórica marcial todavía perduró un tiempo. Yitzhak Rabín, que antaño había combatido por libre, evitó las analogías con el Holocausto porque aspiraba a convertir Israel en «una nación normal». Tuvo cierto éxito en el empeño: el número de países que dieron reconocimiento internacional a Israel creció apreciablemente. Pero, tras morir Rabín asesinado por un fanático ultraderechista, se recuperaron tanto la derecha como el lenguaje instrumentalizado del Holocausto. En las elecciones de 1996, triunfó el eslogan: «Solo Netanyahu es bueno para los judíos». Se planteaba una disyuntiva entre el antiguo Israel laico y el nuevo nacionalismo judío. Cuando Shimon Peres perdió las elecciones, se cuenta que dijo: «Han perdido los israelíes, han ganado los judíos». Uri Avnery, comentarista y activista del pacifismo, escribió: «No es que tengamos solo dos bloques políticos, sino que tenemos dos culturas; en realidad, dos naciones separadas». Por un lado, estaban los «israelíes», que él consideraba integrados en la cultura moderna internacional; por otro, los «judíos», con su perspectiva atribulada de «minoría oprimida».[58]

Pero la minoría empezaba a alzarse con el predominio, por no decir un dominio cada vez más autoritario. A medida que la sociedad israelí se polarizaba cada vez más claramente, los estudios científico-sociales rastrearon la presencia tanto de una derecha racista como de actitudes racistas aún más generalizadas. Los prejuicios eran muy marcados, sobre todo, contra los árabes. Los datos de unas encuestas publicadas en 1999, en vísperas de la segunda intifada, mostraron que no menos del 77% de los israelíes se oponían a la idea de mantener una relación romántica con una persona árabe y más de la mitad eran contrarios a que se concediera a los árabes los mismos derechos sociales que a los judíos. (Como tan a menudo, las categorías eran problemáticas en sí mismas: «árabe» se refería a los árabes musulmanes o cristianos, pero no a los judíos del Oriente Próximo que hablaban en árabe; «israelí» excluía tácitamente a los árabes israelíes.) «El sombrío pasado del pueblo judío no ha contenido el odio —concluían los autores del estudio—. Antes al contrario, es posible que el sufrimiento pasado haya contribuido a la difusión de actitudes xenófobas [...] Una vasta mayoría de los israelíes querría cerrar las puertas del Estado para dejar fuera de las fronteras a "los otros".» Para muchos de los israelíes que tenían edad suficiente para recordar los odios de Europa, ver la emergencia de prejuicios similares en Israel era un motivo de consternación. Shevach Weiss, superviviente del Holocausto que había sido el portavoz de la Knéset, escribió con amargura:

> El típico racista judío odia a los *goyim*, en especial, si esos gentiles son árabes. Es xenófobo, con un odio declarado a los extranjeros. Odia a los judíos que no odian a los árabes. Puede romper cristales porque no ha oído hablar nunca de la Noche de los Cristales Rotos [...] Distingue entre la sangre judía y la sangre árabe.

Esta clase de ideas, según Weiss, eran especialmente reprochables cuando se hallaban entre los judíos, un pueblo con una clara experiencia al respecto. Quienes habían pasado por la «escuela del sufrimiento» como «víctimas del racismo» debían «expulsar de la sociedad» tales ideas.[59]

Pero esta parecía ser la prudencia y la concepción del mundo de una generación ya mayor, que contemplaba cómo el país que habían construido se transformaba hasta resultarles irreconocible. En la década de 1950, la vasta mayoría de la población estaba formada por personas venidas poco antes de países donde habían sido objeto de persecución. A principios del siglo XXI, en cambio, más del 80% de los israelíes habían nacido en Israel, donde habían crecido en un contexto en el que la ocupación, la discriminación de la minoría árabe y un movimiento de colonos cada vez más empoderado eran hechos cotidianos. Weiss escribió que el bando de la paz estaba siendo sometido a un asedio cada vez más poderoso y que en Israel —como en el resto del mundo— la derecha estaba en auge. La cantidad de colonos que residían en los territorios ocupados se multiplicó casi por cien: de los 4.400 de 1977 pasó a 427.800 cuarenta años más tarde. En consecuencia, el movimiento político más exitoso del país estaba entre los más contrarios a un acuerdo de paz con los palestinos. En 1988, se impidió que el derechista Meir Kahane se presentara a las elecciones parlamentarias, gracias a una ley especial contra el racismo —quizá fue la época en la que se rompió el tabú que se negaba a reconocer que Israel tenía un problema de racismo—, pero a su funeral, dos años más tarde, asistieron auténticas multitudes, y sus ideas habían ganado en difusión. En la actualidad, los colonos siguen representando un espacio marginal, violento y —para muchos israelíes— impopular. Pero los puntos de vista que defienden no son exclusivamente suyos. El racismo antiárabe de los hinchas fanáticos de clubes de fútbol como el Beitar Jerusalem y el Maccabi Tel Aviv no es ningún secreto en Israel y, desde hace poco, se ha comprobado en peleas en ultramar. Treinta años después, la declaración de Rabín en 1994 —«No es cierto que el mundo entero esté en contra de nosotros: el mundo está con nosotros»— parece un simple eco de un pasado cada vez más borroso.[60]

Uno de los fundadores del campo de la historia de los judíos estadounidenses, el rabino y estudioso Jacob Marcus, comentó en 1964 que el ascenso de Estados Unidos a la condición de potencia global abría la puerta a que las organizaciones judeoestadounidenses desempeñaran un nuevo papel internacional. En aquel momento, a fin de cuentas, el país poseía la comunidad judía más rica y exitosa del mundo, y la más numerosa, pues como mínimo duplicaba la población de Israel. Tan solo en la ciudad de Nueva York vivían más judíos que en toda la Europa Occidental. Marcus imaginó la formación de una «agencia judía internacional global» que, liderada por los judeoestadounidenses, unificaría los esfuerzos de los judíos del mundo entero y salvaría cuanto aún pudiera salvarse de la vida judía en el Viejo Mundo.[61]

La visión de Marcus plantea la espinosa cuestión del poder internacional y los judíos. Resulta espinosa porque ha sido un *leitmotiv* del pensamiento antisemita conspiranoico, pero al mismo tiempo es también un tema real, porque en distintas fases de su historia los judíos se han hallado impotentes o han sido poderosos. «Si los judíos estadounidenses se sienten incómodos con la noción del "poder judío", no les faltan buenas razones», escribió el autor de un libro que se titulaba precisamente *El poder judío*. Sin embargo, el ensayo demostró que los judíos estadounidenses representan un modelo de movilización políticamente consecuente y han construido no solo un aparato de cabildeo muy temido —con el que reclutan a políticos en apoyo de Israel—, sino también una red vasta y en expansión de organizaciones comunitarias filantrópicas. Con independencia de sus causas y objetos de atención, lo cierto es que el tamaño, la escala y la complejidad política de la vida filantrópica de los judíos de Estados Unidos no tiene parangón con ningún otro grupo de inmigrantes. En nuestros días, no se pone en duda que los judíos estadounidenses gozan de cierto poder político; la clave es qué personas y grupos lo ejercen y con qué fines.[62]

En cuanto a Marcus, resultó que acertaba y se equivocaba al mismo tiempo. La agencia unificadora de sus sueños nunca se creó y entidades como la Agencia Judía para Israel o el Congreso Judío Mundial nunca llegaron a interpretar ni de lejos el papel que Marcus imaginaba. Así, la coordinación entre los grupos judíos no dejó nunca de ser prioritaria para los líderes de las comunidades, precisamente porque con frecuencia eran aliadas y rivales a la vez. A pesar de lo anterior, las organizaciones judeoestadounidenses acabaron por convertirse en actores destacados en la escena internacional, en buena medida con la vena redentora que Marcus preveía. Antes de 1914, los grupos judíos habían cabildeado con la diplomacia de las grandes potencias, como ya hemos visto, pero su posición era marginal y no puede compararse con la que ocupaban las organizaciones sucesoras durante la guerra fría y posteriormente, en la época en la que Estados Unidos había alcanzado una posición de dominio sin rival en los asuntos mundiales y, además, incorporado a Israel como socio destacado. La cuestión que señaló la llegada a la madurez de estas entidades —y puso de manifiesto su influencia— fue la campaña para ayudar a liberar a los judíos soviéticos, la comunidad judía más numerosa (con diferencia) de las que habían sobrevivido en Europa y la que más socorro necesitaba. Terminó por hallarse entre lo que su historiador ha denominado «las movilizaciones transnacionales pro derechos humanos más efectivas del siglo XX».[63]

Las penalidades de los judíos soviéticos habían sido evidentes desde que Stalin viró hacia el antisemitismo, a finales de la década de 1940, pero hasta la década de 1960 esta situación no fue objeto de la atención especial de los activistas judíos estadounidenses. Tras el auge del nacionalismo negro, y con la desintegración interna del movimiento pro derechos civiles, los activistas judíos de Estados Unidos pasaron a dirigir las energías humanitarias hacia el exterior, centrando la batalla contra el sistema soviético. «Si no se puede perdonar la injusticia en Selma, Estados Unidos, tampoco debe pasarse por alto en Kiev, Unión Soviética», dijeron repetidamente.[64] Inspirados por el ejemplo del movimiento del Black Power —que muchos consideraban modélico de las ventajas que podían obtenerse haciendo campaña por los miembros del propio grupo—, las agrupaciones de las comunidades locales judeoestadounidenses asumieron la causa en público y, luego, la adoptaron también las organizaciones más establecidas. Con insistencia, lograron el respaldo del gobierno, que durante las presidencias de Jimmy Carter y Ronald Reagan se mostró dispuesto a ayudarlas. El resultado fue una protesta de activismo social, sobre el modelo del movimiento pro derechos civiles, que transformó para siempre la función asistencial de los judíos estadounidenses.[65]

Entre las consecuencias estuvo la marginación de una generación mayor de judíos expertos en derechos humanos que habían dedicado su vida a la defensa de los derechos universales. Los internacionalistas judíos que habían crecido en la década oscura de 1930 habían contribuido a dar nueva forma a las organizaciones internacionales y el derecho internacional de posguerra. Durante muchos años, procuraron evitar que surgiera un conflicto entre su universalismo y sus compromisos específicamente judíos, ya fuera para con Israel o para con las comunidades de la diáspora. Pero ese universalismo resultó atacado por dos costados: por algunos antiguos aliados, que cada vez dudaban más de las simpatías que pudieran sentir por el sionismo o por Israel y, al mismo tiempo, por muchos judeoestadounidenses que consideraban, cada vez más, que los derechos implicaban *los derechos de los judíos*. El movimiento por la liberación de los judíos soviéticos le reclamó al Kremlin el bíblico «Deja salir a mi pueblo», pero como referencia concreta a un único pueblo: en su mayor parte, los activistas judíos guardaron silencio sobre las penalidades que vivían los alemanes, los armenios y otros grupos que también deseaban huir de la Unión Soviética o del Báltico. Un rabino de Chicago, cuando se le sugirió modificar una pancarta colgada en el exterior de la sinagoga —en la que se reclamaba «Dad la libertad a los judíos soviéticos», cuando podía estar reclamando «Dad la libertad a los pueblos de la URSS»—, replicó que esto sería un «universalismo absurdo». La situación era muy distinta de la que caracterizó una década como la de 1950.[66]

El enorme éxito del movimiento por la judería soviética puso de manifiesto la capacidad asistencial de la judería estadounidense, si se coordinaba discretamente con las agencias israelíes y aprovechaba el formidable poder que alcanzó Estados Unidos en la etapa final de la guerra fría. Las autoridades soviéticas empezaron a aliviar de forma esporádica las restricciones a la emigración, lo que permitió que más de 30.000 personas se marcharan anualmente a Israel en los primeros años de la década de 1970. Pero el asunto se convirtió en un partido de fútbol político: aunque Leonid Brézhnev tenía como eslogan «Ni antisemitismo ni sionismo», en el contexto de la Unión Soviética esto suponía un malabarismo prácticamente insostenible, por lo que en vida de este secretario general también se encarceló a muchas personas a las que se negó el derecho a emigrar. Con la súbita desintegración de la URSS, no obstante, la emigración judía vivió una explosión: en 1990 se alcanzó la cifra máxima, cuando 185.000 personas partieron hacia Israel; el año siguiente, fueron otras 148.000. Cálculos recientes estiman que entre 1970 y 2018 abandonó el país la increíble cifra de cerca de dos millones de judíos soviéticos, de los que aproximadamente 1,3 millones se dirigieron a Israel. Desde la primera guerra mundial no se había producido una emigración judía de una escala así de colosal. Con cifras de principios de 2019, apenas quedaban 200.000 judíos en Rusia, Bielorrusia y Ucrania. Este proceso comportó además una transformación fundamental de Israel.

Con esta última oleada de emigración de los judíos rusos, se cerró un capítulo principal de la historia del antisemitismo. A finales del siglo XIX había empezado a invertirse el prolongado traslado de los judíos de la Europa Occidental a la Oriental. La vasta emigración procedente de la Zona de Asentamiento convirtió a los judíos estadounidenses en los grandes protectores de quienes permanecieron en la zona y erigió Nueva York como centro clave de la vida judía, pero, en la actualidad, la presencia de los judíos en el mundo ruso —con siglos de historia tras de sí— había quedado reducida de una forma tan masiva como definitiva, después de que el gobierno soviético hubiera ayudado a salvarla de la extinción completa en el Holocausto. En 1970, Rusia todavía contaba con la población judía más numerosa de Europa, pero, en 2020, había menguado hasta quedar en tan solo 155.000 personas. Aparte, apenas un puñado de países de Europa contaban todavía con poblaciones judías de una cierta extensión: tan solo en la Cisjordania ocupada, por ejemplo, vivían casi tantos judíos como en toda Francia. Y, por primera vez, gracias a la inmigración venida de las tierras rusas, Israel pareció superar a Estados Unidos como hogar de la población judía más numerosa del mundo.[67]

La lucha por liberar a los judíos soviéticos también resultó importante por otra razón. El modelo de activismo que tan efectivo demostró ser en este caso sirvió de inspiración para lo que se convirtió en una de las principales campañas internacionales del nuevo siglo: la batalla contra el antisemitismo. Habían pasado varias décadas desde la «epidemia de la esvástica», de 1959-1960 —la última ocasión en la que se había intentado movilizar a la diplomacia contra el antisemitismo— y en el mundo habían cambiado muchas cosas. Los imperios europeos habían desaparecido casi por completo, la Unión Soviética se había hundido y Estados Unidos gozaba de la supremacía global, pero, mientras que Europa había logrado una reunificación pacífica, entre Israel y los árabes la paz parecía una posibilidad más remota que nunca.

En este momento, una suma de organizaciones judeoestadounidenses, gestores políticos de Estados Unidos y funcionarios israelíes empezaron a centrarse en el afán de elevar la conciencia internacional sobre el antisemitismo. La escala del empeño eclipsaba todo lo que se había visto hasta el momento. Durante las dos primeras décadas del siglo XXI, cabildearon ante los gobiernos nacionales y las instituciones intergubernamentales; lucharon para que se crearan nuevas agencias de supervisión que recopilaron listas, reunieron datos y publicaron estadísticas e informes; propusieron iniciativas y redactaron propuestas de leyes. En este proceso, como era inevitable, el reto de identificar la magnitud del problema planteó algunas cuestiones básicas. ¿Qué era antisemitismo y —no menos pertinente— qué no lo era? ¿Era un prejuicio étnico? ¿Era culpar de todo a Israel? ¿Esas concepciones estaban relacionadas? ¿Qué límite debía trazarse entre ellas? Y la que era quizá la más importante de las preguntas: ¿quién se encargaría de decidir al respecto?

8

Armamento lingüístico

—La clave es si puedes hacer que las palabras signifiquen tantas cosas distintas —dijo Alicia.

—La clave es quién va a mandar —dijo Humpty Dumpty—, eso es todo.

LEWIS CARROLL, *Alicia en el País de las Maravillas. Alicia a través del espejo*[1]

Las palabras pueden usarse de modos distintos. Pueden ser encantadoras o repelentes. Pueden abrir un debate o clausurarlo. Tras el hundimiento del dominio de los blancos en Sudáfrica, en 1994, *apartheid* pasó de designar una situación histórica específica a convertirse en un delito contemplado por el derecho internacional, definido de una manera que no mencionaba Sudáfrica en absoluto: el concepto flotaba sin atenerse a los detalles de un tiempo y un lugar; se había universalizado. El filósofo francés Jacques Derrida, por ejemplo, calificó el *apartheid* como «el racismo más perfecto del mundo». Algunos críticos de Israel han utilizado este concepto en contra del Estado judío, con la esperanza de que pudiera tener el mismo efecto deslegitimador que una vez ayudó al movimiento *antiapartheid*. Una comparación histórica detallada nos podría hacer llegar a una conclusión inesperada: equiparar la situación de los palestinos con la Sudáfrica del *apartheid* resulta engañoso, no porque exagere las penalidades que viven, sino porque de hecho subestima la opresión que sufren a manos del Estado israelí, que es mucho más letal. Una palabra se puede convertir en un arma si es relativamente inmune a la complejidad de las realidades históricas.[2]

Palabras como *sionismo* y *racismo* también se convirtieron en armas, con consecuencias similares. El sionismo —más aún cuando se usa como término de oprobio— es una abstracción a partir de todo un espectro de ideas (al igual que el antisionismo, como veremos en el capítulo 10). Con el paso de los años, quienes se han calificado a sí mismos de sionistas han dado a entender con ello cosas sorprendentemente distintas; al principio, se discutía sobre qué territorio debía convertirse en patria de los judíos (además de Palestina, se habló de Uganda y otras ubicaciones de los dominios británicos y de las Américas) y luego se proponían visiones constituyentes que a menudo eran radicalmente diversas entre sí. En cuanto al racismo, aunque el término se popularizó internacionalmente en un contexto ensombrecido por las persecuciones del nazismo, por supuesto, nada imposibilita que los judíos puedan expresar puntos de vista racistas: el sionismo racista existe, pero también ha habido una abundancia de sionistas antirracistas, tanto en los movimientos pro derechos civiles de Estados Unidos como en la lucha contra el *apartheid*. Así pues, si debemos optar por una rúbrica única y general, probablemente la mejor descripción del sionismo no es como una forma de racismo, sino —lo que es más coherente con sus orígenes— de nacionalismo. Así es como lo entendieron numerosos críticos de entreguerras, desde los comunistas al Comité Judío Estadounidense o los rabinos ortodoxos, y esa fue la base sobre la que plantearon sus objeciones. En 1944, el rabino londinense Harold Reinhart escribió, en una carta para *The Times*, que el sionismo «nace de la desesperanza y la desilusión —puro nacionalismo— en contra de toda la tradición judía». A Reinhart no se le habría ocurrido, ni probablemente lo habría considerado necesario o apropiado, calificar de racista el sionismo con el fin de criticarlo. Pero, aunque el concepto del nacionalismo nos ayuda a comprender mejor las ambigüedades y el alcance del sionismo, carece de la cualidad estigmatizadora de la acusación de racismo. La palabra no se ha convertido —no aún, por lo menos— en un arma.[3]

Esto nos lleva a nuestro asunto principal. A partir de la década de 1970, según hemos visto, el antisemitismo se concebía cada vez más —en particular, en Estados Unidos e Israel— en un marco que entendía que la mayoría de las críticas a Israel eran simples prejuicios disfrazados. Sin embargo, hasta los primeros años de la década de 2000 esta revisión no llegó a ser un factor relevante en el discurso político global. Lo que provocó fue una especie de batalla retórica que tuvo no obstante consecuencias en el mundo real. Si los críticos con Israel intentaban equiparar el sionismo con el racismo o a Israel con la Sudáfrica del *apartheid*, la respuesta sería reformular el significado del antisemitismo de tal forma que los propios críticos debieran pasar a la defensiva.

El final de la guerra fría fue una época de triunfo de Estados Unidos y euforia liberal, así como, al mismo tiempo, de auge del nacionalismo y el racismo. En una Europa que celebraba haberse reunificado e integrado en paz, los partidos derechistas de más larga tradición se iban viendo superados por los rivales de la ultraderecha. Partidos como el Frente Nacional en Francia, el Partido de la Libertad en Austria y la Alianza Nacional en Italia, que anteriormente se habían considerado extremistas, obtuvieron buenos resultados en las elecciones. En Europa del Este, nuevos movimientos nacionalistas de derechas sacaron provecho de una historia que asociaba el dominio soviético con el «judeocomunismo»; algunos hicieron apología de quienes en la guerra habían sido colaboracionistas. Una oleada de violencia recorrió el continente con ataques contra inmigrantes y solicitantes de asilo. «Un nuevo fantasma recorre Europa: la xenofobia racista y etnocéntrica», advertía *Die Zeit*, en julio de 1989.

Las turbulencias fueron aún mayores en el Oriente Próximo. En un principio, el final de la guerra fría parecía presagiar la paz, pues desembocó en la primera década (y hasta nuestros días, la última) en la historia del conflicto entre Israel y Palestina que transcurrió sin ninguna erupción de violencia a gran escala entre los dos bandos.

Pero en el año 2000, las conversaciones de paz de Camp David se vinieron abajo entre recriminaciones mutuas de israelíes y palestinos; Ariel Sharón hizo una visita provocadora a la Explanada de las Mezquitas, en Jerusalén, y estalló la segunda intifada, un levantamiento mucho más sangriento que el primero.

En este contexto, se celebró en Durban (Sudáfrica) una conferencia mundial contra el racismo, organizada por las Naciones Unidas en otoño de 2001. Se pretendía dirigir el foco hacia las peticiones del Sur Global, al que habría que compensar por la esclavitud y el colonialismo. Algunos participantes también querían destacar la causa palestina como la última gran lucha anticolonial y antirracista, pero, como en los márgenes de la conferencia abundaba el vitriolo antisemita, Estados Unidos e Israel se retiraron de ella. La conferencia acabó el 8 de septiembre y, tres días después, Al Qaeda ejecutó su dramático ataque contra Estados Unidos. La «guerra global contra el terror», con la que Occidente respondió, vio un incremento de la violencia no solo en el Oriente Próximo, sino en el mundo en general.

Durante los meses posteriores, se intensificaron tanto el antisemitismo como la islamofobia. Se asaltaron lugares judíos tales como sinagogas, cementerios y centros comunitarios. A menudo se los seleccionaba como si fueran representantes directos de Estados Unidos e Israel y, de hecho, a veces resultaba difícil distinguir en tales ataques los motivos del antisemitismo clásico: lo que destacaba era la venganza por las invasiones que Estados Unidos lideraba en el Oriente Próximo o la cólera por la grave situación de los palestinos. «A menudo, la reciente intensificación de los sentimientos y acciones contra los judíos en la Europa Occidental ha recibido la influencia de los acontecimientos del Oriente Próximo o se ha fundido con puntos de vista antiisraelíes —informaba el Departamento de Estado de Estados Unidos—. Los grupos de la derecha tradicional siguen siendo los causantes de un elevado porcentaje de los ataques contra los judíos y sus propiedades; los otros incidentes, en su mayoría, fueron responsabilidad de jóvenes musulmanes en situación de desamparo y desafección.»[4] En general, las opiniones públicas de los países del continente europeo se mostraban en desacuerdo (más que en Estados Unidos) con el modo en que Israel gestionaba las protestas palestinas; muchos observadores estadounidenses tendían a asociar también este hecho con una sensación de creciente amenaza a la vida judía.[5] Algunos llegaron al punto de afirmar que en Europa el odio a los judíos se había convertido en lo «políticamente correcto» y, a medida que la angustia se agravaba, proliferaron las analogías con el Holocausto: los comentaristas hablaban de un «segundo Holocausto» o una nueva «solución final». Por el contrario, Leon Wieseltier, editor literario de *The New Republic* y partidario declarado de Israel, consideraba más que problemática esta evocación constante del genocidio nazi:

> Es un argumento político disfrazado de argumento histórico. Está concebido para paralizar el pensamiento y paralizar la diplomacia. No toda violencia es igual que cualquier otra violencia. No toda muerte de un judío es igual a cualquier otra muerte de un judío. Creer otra cosa es revivir el viejo pensamiento tipológico sobre la historia judía, según el cual todo enemigo de los judíos es el mismo enemigo y tan solo existe una única guerra: la guerra contra la extinción, que es una guerra atemporal.[6]

Lo cierto es que la Europa de principios del siglo XXI se asemejaba poco a la de la década de 1930, puesto que entretanto era mucho lo que había sucedido. El recuerdo de la segunda guerra mundial y el fallecimiento de varias generaciones había dado nueva forma a las normas sociales y la cultura pública. Las encuestas indicaban que quienes estaban realmente comprometidos con la ideología antisemita a la vieja usanza eran solo una pequeña minoría —el final de la guerra fría no lo había cambiado— y la mayoría afirmaba asociar a los judíos con elementos positivos. Como reflejo de los impedimentos reales que en Europa iba a encontrar cualquier regreso puro y duro a la política antisemita del pasado, la extrema derecha había realizado un viraje ideológico. Desde el final de la guerra fría, había regresado a la política, eso sí, pero, entre los grandes partidos de la escena europea, muy pocos —quizá ninguno— abrazaban abiertamente el antisemitismo. La razón era evidente: los políticos más ambiciosos de la extrema derecha eran conscientes de que el antisemitismo se erigía como una barrera en el camino del éxito electoral. Pronunciarse en contra de los inmigrantes podía servir para ganar votos, pero mostrar antisemitismo en general los perdía. Según apuntó un analista político de aquel momento: «La estructura y la motivación del antisemitismo son muy distintas a las de la xenofobia».[7]

Este cambio pilló por sorpresa a muchos militantes de la derecha y los cuadros de los partidos no se acomodaron a él, sino que lo desafiaron una y otra vez. El realismo político resultaba especialmente natural entre la generación más joven de líderes, que ansiaban acceder a la corriente principal del poder político. Cuando Marine Le Pen arrebató el control del Frente Nacional a su padre —antisemita contumaz—, rompió decisivamente con él, a este respecto. Según explicó un destacado funcionario de este partido francés: «El antisemitismo impide que la gente nos vote. Ese es todo su fruto». La estrategia de Marine Le Pen —denunciar el antisemitismo para «desdemonizarlo»— permitió que el partido siguiera predicando su mensaje contrario a la inmigración con un coste electoral mínimo. Otros partidos derechistas tomaron el mismo camino, que los ayudaba a acercarse al gobierno. Quienes en cambio continuaron aferrándose a alguna versión del neonazismo tuvieron menos éxito electoral. En el siglo XXI, por lo tanto, repudiar el antisemitismo sirvió para que los partidos de la derecha se sanearan políticamente.[8]

Es posible que cupiera poner en duda la sinceridad de este movimiento, pero el rendimiento político era innegable, por lo que con el paso de los años los diversos partidos de la ultraderecha fueron pronunciándose en contra del negacionismo del Holocausto o empezaron a hablar positivamente de Israel. La época favorecía este giro. La islamofobia que se difundió con intensidad después de los atentados del 11 de septiembre reforzó las sospechas en contra de los inmigrantes; el creciente temor al terrorismo islamista animó a la derecha europea a adoptar a Israel como aliado. También contaron con el apoyo de algunas voces judías que los miraban con simpatía. Así, el escritor alemán Henryk Broder sostuvo que el continente era esclavo del islam, estaba paralizado por la corrección política y no se atrevía a enfrentarse a los sentimientos antiliberales de su propia población musulmana, de origen inmigrante. Por su parte, la escritora anglosuiza Gisèle Littman, que usaba el seudónimo de Bat Ye'or [«Hija del Nilo»], escribió *Eurabia: The Euro-Arab Axis*. Se trata de una fantasía ferozmente islamófoba que sostenía la teoría de que los Estados árabes y los europeos formaban un «eje euro-árabe» y conspiraban juntos para inundar el continente de inmigrantes musulmanes. El historiador israelí Robert Wistrich rebautizó el invento como *Los protocolos de los sabios de Bruselas*.[9]

A este viraje proisraelí de la ultraderecha se reaccionó con una calidez inesperada desde la derecha del propio Israel. Había vínculos de proximidad, por ejemplo, entre Netanyahu y el autocrático líder de Hungría, Viktor Orbán: Orbán utilizó la amistad con el primer ministro israelí para defenderse del reproche de que su partido era antisemita y, cuando atacó al milmillonario George Soros —judío húngaro y tormento favorito de la derecha— en una campaña de publicidad que muchos judíos húngaros consideraron peligrosa y demagógica, Netanyahu lo defendió, haciendo caso omiso de las críticas de los líderes de las comunidades judeohúngaras. Este no fue un caso aislado: los políticos israelíes defendieron a otros políticos de la ultraderecha europea prescindiendo de las protestas de las comunidades de la diáspora judía. En 2024, en vísperas de las elecciones presidenciales de Francia, el ministro israelí de Asuntos de la Diáspora, Amichai Chikli, no vaciló en comentar que si ganaba Marine Le Pen, la líder del Frente Nacional, sería una noticia «excelente para Israel». Chikli también conmocionó a los judíos rumanos al favorecer, en apariencia, a un nacionalista extremo que sentía debilidad por el movimiento fascista prebélico de la Guardia de Hierro. Parece obvio que Chikli —que era asimismo el titular de la cartera ministerial «para la Lucha contra el Antisemitismo»— no veía incongruencia entre este último papel y los acercamientos a los partidos ultraderechistas de toda Europa. Su posición resulta bastante incomprensible si nos atenemos a la interpretación tradicional del antisemitismo, pero es coherente cuando el antisemitismo se redefine como hostilidad a Israel. En la práctica, estas dos carteras de Chikli (Asuntos de la Diáspora y Lucha contra el Antisemitismo) parecían poco compatibles: su postura —al igual que la de su primer ministro— daba a entender que concebían los intereses nacionales de Israel como muy superiores a cualquier preocupación genuina por la seguridad y las opiniones de la diáspora judía. Al parecer, combatir el antisemitismo suponía recibir con los brazos abiertos a cuantos neofascistas y líderes autoritarios apoyaran a Israel, aunque se asociaran con extremistas antisemitas y aunque los líderes judíos locales condenaran su actuación. Cuando el ministerio de Chikli patrocinó una conferencia internacional sobre antisemitismo, en 2025, el programa no incluyó nada que pudiera haber inquietado a ningún ultraderechista; de hecho, se invitó oficialmente a diversos notables de los partidos de la ultraderecha europea, que obviamente consideraban a sus huéspedes espíritus afines.[10]

La izquierda europea también había cambiado desde los días en los que un amplio frente antirracista había unido a los judíos y los no judíos bajo la enseña del socialismo. En aquel momento, la unidad de la izquierda se había debilitado, pues cierto antisionismo, a menudo mal definido, se convirtió en una especie de prueba de fuego del progresismo, lo cual distanciaba a los izquierdistas que miraban a Israel con simpatía. El hecho de concebir el mundo con dualidades crudas —opresor y oprimido o privilegiado y menesteroso— dificultaba ver que los judíos pudieran necesitar protección, pero, en realidad, los judíos también podían ser blanco de prejuicios. Así, cuando Jeremy Corbyn fue elegido para liderar el Partido Laborista británico, un episodio de su pasado reveló varias de las complejidades. En cierto momento, Corbyn había escrito una introducción para un clásico de la era eduardiana, una obra sobre el imperialismo, de la pluma del pensador radical John Hobson; se mostró sensible con el racismo antinegro presente en el texto de Hobson, y se expresó al respecto, pero no dijo nada sobre la forma en la que el pensador hacía hincapié en los financieros internacionales del imperialismo, descritos como «hombres de una raza singular y peculiar». Corbyn no era un antisemita; quizá el antisemitismo de Hobson se le había pasado por alto o quizá no creyó que valiera la pena mencionarlo. Sea como fuere, Hobson había manifestado los prejuicios de su época contra los africanos explotados y contra los judíos; a los primeros se los representaba como una clase explotada; a los segundos, como una camarilla de explotadores acomodados. Históricamente estos dos blancos de la intolerancia habían experimentado una catástrofe. Que Corbyn los tratara de forma desigual era llamativo por venir de un líder de la izquierda, preocupada en general con el racismo. La clave subyacente era cómo debía definirse el antirracismo y si este posibilitaba o excluía preocuparse por los prejuicios contra los judíos.[11]

Si los comentaristas estadounidenses tenían tendencia a malinterpretar las actitudes europeas —identificando lo peor del pasado en un conjunto de dinámicas del presente que en realidad era muy distinto—, quizá era porque el Atlántico separaba a dos comunidades que diferían más de lo que era evidente a primera vista, en su tradición y en su experiencia histórica reciente. En las antiguas potencias coloniales europeas, muchas personas se sentían próximas a la idea de que los palestinos habían terminado siendo víctimas del colonialismo. Otras experiencias históricas de opresión eran también lo suficientemente recientes como para generar una sensibilidad hacia las penalidades de los palestinos mayor que la habitual en Estados Unidos. En Irlanda, por ejemplo, había recuerdos vivos del dominio británico: esto explicaba —mucho más que ningún antisemitismo nativo— el amplio respaldo de los irlandeses a los palestinos. Los recuerdos de la ocupación nazi, que habían servido de base a la admiración de los europeos por Israel, y el apoyo que le dieron en sus primeros años, generaron también a su vez sentimientos de solidaridad con el bando árabe: especialmente a partir de 1967, cuando se mantuvo la ocupación de los territorios palestinos. También estaban las experiencias relativamente recientes de las dictaduras de la década de 1960 —tanto en el sur de Europa como en el comunismo europeo de la guerra fría—, vivencias que habían politizado a muchos líderes europeos y que pervivieron con vigor en la imaginación popular. Ninguno de estos factores tenía equivalentes en la conciencia política de Estados Unidos. La memoria histórica, por lo tanto, ayuda a explicar por qué la ocupación militar era considerada por los europeos un problema genuino y por qué se entendía que el derecho internacional era un logro que debía potenciarse sin ponerlo en duda. Es posible que estas experiencias contribuyan a explicar también por qué el terrorismo no suponía necesariamente una descalificación automática, a diferencia de lo que sucedía en Estados Unidos. De hecho, la paz de Irlanda del Norte ofreció una especie de precedente de poner fin a la violencia terrorista por medio de la negociación. Lo mismo cabe afirmar de

España, donde varias décadas de terrorismo separatista se cerraron con un final pacífico.

En Europa, pues, los críticos eran reacios a lo que consideraban alarmismo de los estadounidenses, que enseguida estaban hablando de peligros existenciales y exageraban los riesgos de los judíos que vivían en el Viejo Mundo. Había amenazas, desde luego, en particular en forma de un racismo resurgente, pero en la Europa Central y Oriental la vida cultural judía estaba al alza y el interés por el Holocausto había alcanzado un máximo histórico. La cifra anual de visitantes de Auschwitz, que había rondado el medio millón de personas desde finales de la década de 1960, ascendió a más de un millón al poco de empezar el nuevo milenio y siguió subiendo hasta llegar a dos millones en 2016. Eran los años en los que los supervivientes, ya muy ancianos, se sintieron por fin capaces de narrar sus historias en público, y una labor colectiva inmensa creó un archivo de testimonios de las víctimas que sirvió de base a estudios históricos con el poder de transformar las conciencias.[12] Los líderes políticos europeos derivaron del Holocausto un mensaje ecuménico e interpretaron que «¡Nunca más!» significaba alzar la voz contra la xenofobia en general. Al expresar solidaridad con los judíos —según hicieron diversos políticos destacados en los primeros años del milenio—, defendían una Europa protectora de las minorías y contraria al etnonacionalismo. Muchos líderes judíos europeos vieron con buenos ojos esta concepción. El secretario general del Consejo Central de los Judíos en Alemania declaró en 2009 que «en tanto que judío, sé que cualquiera que ataque a una persona por motivo de su raza, nacionalidad o religión no está atacando solo a una minoría, sino que ataca la sociedad democrática en su conjunto».[13] Los críticos lamentaban que hablar de un auge sin precedentes del antisemitismo exageraba el peligro que los judíos corrían y pasaba por alto la amenaza mucho más grave que se cernía sobre otras minorías confesionales o étnicas. En Reino Unido, el rabino David Goldberg afirmó que los avisos sobre el ascenso del antisemitismo eran «paranoides y exagerados [...] En la actualidad, resulta mucho más fácil y seguro ser judío que ser musulmán, una persona negra o un solicitante de asilo de la Europa del Este». En 2004, el entonces presidente de la Comisión Europea, Romano Prodi, fue enfático en su diferenciación: «La Europa de hoy no es la Europa de las décadas de 1930 y 1940 y sería falso pretender que lo es». Hizo hincapié en que no había ningún antisemitismo organizado que pudiera compararse con el pretérito, por lo que invocar la Shoá era insultar a sus víctimas.[14]

La discrepancia en las valoraciones —algunas profundamente pesimistas, otras relativamente optimistas— era llamativa en sí misma. Según un funcionario del Congreso Judío Mundial, las cosas nunca habían ido tan mal desde la guerra, pero, desde la Universidad Hebrea, el director del Centro Internacional para el Estudio del Antisemitismo negó que fuera así. El jefe de los rabinos británicos, Jonathan Sacks, advirtió en contra de un regreso aterrador del antisemitismo, pero unos años antes lord Jakobovits, su predecesor, había sido enfático al declarar que a lo largo de toda su historia los judíos nunca, como entonces, habían vivido en un mundo en el que no se enfrentaran a una persecución oficial. Varios incidentes desagradables dieron pie a titulares preocupantes, pero no era fácil detectar las tendencias que en realidad subyacían a ellas. El rabino Arthur Hertzberg, que destacó repetidamente por ser uno de los comentaristas estadounidenses más perspicaces al respecto del antisemitismo, afirmó que aquella divergencia tan grande entre los puntos de vista de los judíos era en sí misma «algo nuevo y de mucha importancia».[15] Muchas personas insistían en buscar las respuestas en los hechos constatados y, por lo tanto, las partes se cruzaron datos y estadísticas. Pero los datos no bastaban para cerrar el debate, porque su recopilación y presentación, lejos de ofrecer un refugio de calma y objetividad, también se había convertido en un campo políticamente minado.

Los delitos de odio eran, en ciertos aspectos, un problema muy antiguo y, en otros, una novedad sorprendente. El concepto en sí no había empezado a generalizarse hasta la década de 1980, en Estados Unidos, en el contexto de los miedos por los prejuicios homófobos y racistas. Después de que en 1990 la Ley de Estadísticas de los Delitos de Odio determinase que las agencias federales contra el crimen debían recopilar esos datos, los expertos debatieron sobre el grado de utilidad de la respuesta. Algunos señalaron que había un problema fundamental: en los medios de comunicación estadounidenses, imperaba el consenso de que el país estaba viviendo una epidemia de crímenes y delitos, pero este se basaba en datos interesados, proporcionados por partes que reclamaban una acción legislativa más dura. Así, los medios elegían los titulares, pero, desde un punto de vista científico, el terreno era inestable: la falta de perspectiva histórica y el interés egoísta de las organizaciones implicadas podía bastar para producir una «epidemia» donde no existía tal. Según afirmaron dos notables criminólogos, James B. Jacobs y Kimberly Potter, en 1997:

> La «hipótesis de la epidemia» afirma que *todas las formas* de crímenes y delitos que derivan de prejuicios están aumentando de forma alarmante [...] Nosotros creemos que es razonable ser escéptico [...] De hecho, apenas cabe duda de que en la actualidad los prejuicios y la violencia intergrupal son muy inferiores a los que se dieron en la mayoría de los momentos previos de nuestra historia. ¿Acaso alguien cree de verdad, por ejemplo, que ahora los afroamericanos corren tanto riesgo de ser atacados por racistas blancos como lo corrían durante la era de «los Jim Crow» [...]? ¿Es verosímil que hoy exista un antisemitismo más virulento (por no hablar del anticatolicismo) que durante el apogeo del padre Coughlin [...]? ¿Es probable acaso que se pueda demostrar que hoy hay más violencia xenófoba que en la era de Sacco y Vanzetti [...]? El redescubrimiento de los delitos de odio se explica probablemente no porque exista una epidemia de violencia derivada de prejuicios, sino porque nuestra sociedad es mucho más sensible a ellos.[16]

En una reseña de esa obra, Jim Sleeper también instó a la cautela. Sugirió que las leyes sobre crímenes de odio no eran la solución que algunas personas parecían creer, pues quizá «reforzarían la condición política de sus promotores y su propio sentimiento de importancia moral, pero reducirían la tolerancia y la justicia». Aunque se suponía que las estadísticas debían presentar una imagen ajustada a la realidad, en verdad reflejaban la autoridad de las cifras y su utilidad política. En esta época, la Liga Antidifamación era el principal grupo de presión de los judíos entregado a dar forma a la expansión de la burocracia de los delitos de odio y, desde entonces, ha cobrado fama por la difusión de datos relacionados con el antisemitismo. Era evidente que la doble misión —presión, por un lado, y recopilación supuestamente objetiva de datos por el otro— tenía un emparejamiento problemático. En palabras de Jacobs y Potter, «Los grupos de presión que recopilan y comunican estadísticas sobre crímenes y delitos usan esas estadísticas para promover sus afirmaciones de que el grupo racial (o religioso o de orientación sexual) al que representan está experimentando una victimización sin precedentes a manos de criminales y delincuentes con prejuicios. Estas afirmaciones se utilizan para recaudar fondos y obtener apoyo gubernamental en una diversidad de asuntos». A pesar de estos problemas, en nuestros días todavía se recurre mucho a las estadísticas de la ADL. Pero la historia del debate sobre el antisemitismo y sobre qué hacer al respecto planteaba los mismos problemas.[17]

Probablemente, el ataque terrorista de 1980 contra la sinagoga de la rue Copernic, en París —con una bomba que mató a cuatro personas e hirió a más de cuarenta—, fue el punto en el que Israel inició un giro de importancia en sus políticas y actitudes oficiales con respecto al antisemitismo. Menájem Beguín acordó ofrecer desde entonces una asesoría de seguridad a las comunidades judías del exterior y el Mosad —la agencia de inteligencia israelí— empezó a reunir datos sobre incidentes y amenazas antisemitas. En 1988, se creó un foro interministerial con la misión de supervisar el antisemitismo; cuatro años más tarde, el gobierno israelí instauró en la Universidad de Tel Aviv un Proyecto de Estudio del Antisemitismo, como salida académica para los trabajos del foro. Al principio, no se prestó excesiva atención a la iniciativa o sus actividades, pero el ímpetu gubernamental en los trabajos de recopilación de datos tuvo un impacto claro sobre los datos en sí: creció la demanda de estadísticas. Cuando el avance de los sistemas informáticos transformó la gestión política en una gran diversidad de áreas, abordar el antisemitismo —como otros «delitos de odio»— se convirtió en un objetivo que dependía de *inputs* cuantificables, por lo que la recopilación de información se aceleró, pero desde el principio hubo un problema con las deficiencias de buena parte de los datos relativos al antisemitismo. Cuando el Instituto de Asuntos Judíos (IJA, en sus siglas inglesas), con sede en Londres, empezó a planear la redacción de un informe anual al estilo de Amnistía Internacional, que evaluara el antisemitismo en la Europa posterior a la guerra fría, se encontró con una dificultad, aun a pesar de que la entidad ya editaba una revista académica prestigiosa. «Entonces ya éramos conscientes de que existía un problema general con la calidad de los datos disponibles», escribió su director, Antony Lerman, cuyas memorias son una fuente de gran valor para conocer lo que sucedía entre bambalinas:

> El panorama general estaba enturbiado por un aluvión de datos sin elaborar, distribuidos por todo el mundo por fuentes del gobierno israelí [...] En su mayoría, los investigadores del antisemitismo tenían claro que este material era de muy baja calidad. Constaba de listas de lo que se calificaba como «incidentes antisemitas» sin que, en muchos casos, hubiera ninguna prueba del carácter antisemita de tales incidentes. Incluso los que se sabía que eran incidentes antisemitas eran a menudo objeto de distorsiones, exageraciones o descripciones erróneas.[18]

En parte, esto reflejaba una dificultad inherente a los datos contra el odio en general: ¿cómo se pueden atribuir motivos a los incidentes sin partir de premisas no fundamentadas? Pero, en este caso, el obstáculo principal era de carácter político. Lerman —que no era precisamente un novato en el mundo cargado de los estudios del antisemitismo— encontró que su enfoque mesurado era objeto de ataques desde dos direcciones: en primer lugar, por las grandes organizaciones judías que extendían sus operaciones a la Europa recién unificada y requerían de material sensacionalista para poner su nombre en los titulares; en segundo lugar, por las autoridades israelíes. Las primeras leían la situación europea a la luz de una historia simplificada en exceso y tendían a exagerar la gravedad de la situación. El Estado israelí no solo quería ayudar a las comunidades judías del exterior, sino también favorecer la *aliyá*: cuanto más alarmante pareciera el panorama, quizá los jóvenes judíos sintieran más poderosamente la tentación de emigrar a Israel, es decir, había el problema de que los datos de los delitos de odio se usaban como «útil de reclutamiento del sionismo». En 1994, Lerman escribió que

> el *ethos* que subyace a la labor [de los israelíes] con el antisemitismo [...] es que solo el sionismo puede dar respuesta al problema del antisemitismo. Por eso, el tono de buena parte de sus trabajos es sumamente alarmista y exagerado [...] Resulta crucial contar con un enfoque riguroso y objetivo, porque solo esta clase de enfoque merecerá el respeto de los gobiernos, las organizaciones internacionales y demás.[19]

En suma, los datos no eran neutrales y despertaban dudas básicas sobre su marco, su perspectiva y su intención. Para ver qué estaba en juego, comparemos los informes mundiales *Antisemitism World Reports*, que publicó anualmente desde 1992 el Instituto de Asuntos Judíos, de Lerman, con los de *Anti-Semitism Worldwide*, volúmenes rivales editados por el Proyecto de Estudio del Antisemitismo, de la Universidad de Tel Aviv. Aunque es evidente que se ocupaban del mismo fenómeno y con frecuencia partían en gran medida de los mismos datos, el tono y las previsiones de las dos series son distintos por completo. La organización de Lerman, con sede en Londres, reflejaba las perspectivas de muchas comunidades de judíos europeos que ansiaban comprender la escala del problema pero sin el deseo de angustiarse sin necesidad. Esto generó un enfoque fundamentalmente distinto de quienes estaban más predispuestos a dar Europa por perdida —al considerar que allí el antisemitismo gozaba de un refugio— y a concebir sus poblaciones judías como peones de una lucha de mayor alcance. Pero Europa había quedado como pariente pobre y el IJA no podía actuar con la ambición de sus acaudalados primos estadounidenses. Por otro lado, como las historias matizadas no son buenas para los titulares, las cifras asociadas a las tendencias del antisemitismo —y de otros «delitos de odio»— solo parecían atraer la atención de los medios de comunicación cuando provocaban alarma. Lerman comentó, con frustración: «Descubrimos que a mucha gente no le interesaba el mensaje de que el antisemitismo estaba reduciéndose».[20]

El problema se agravaba porque el panorama de los defensores de Israel en Estados Unidos estaba cambiando y empezaba a solaparse con la lucha contra el antisemitismo, con el efecto consiguiente. En la década de 1980, la organización dominante había sido el AIPAC (Comité Estadounidense de Asuntos Públicos de Israel), la entidad que más activamente cabildeaba a favor de Israel en Washington. El AIPAC se centraba en potenciar la alianza militar y estrechar los lazos diplomáticos, por lo que apenas participaba en los debates sobre el antisemitismo: sus intereses principales eran de naturaleza estratégica. En cuanto a las organizaciones propiamente judeoestadounidenses, su afán por defender a Israel estaba menguando en una época en la que las negociaciones de paz parecían poder concluir en un acuerdo con los palestinos, una perspectiva que contaba con el respaldo de la gran mayoría de los judíos de Estados Unidos. Muchos consideraban que otras preocupaciones de ámbito interior —como el ascenso de las tasas de matrimonios interconfesionales— eran una amenaza existencial más grave para la vida de su comunidad, y no el futuro de Israel o el antisemitismo. Pero una vez concluida la guerra fría, las principales organizaciones de defensa de los judíos optaron por buscarse un lugar propio en Europa.

En una fase de predominio global de Estados Unidos, se labraron un nuevo papel como intermediarios, en particular, con los gobiernos poscomunistas de Europa Central y del Este. Estos países entendieron que el apoyo de Estados Unidos estaba condicionado al modo en que abordaran asuntos tales como el antisemitismo y los derechos humanos, la memoria del Holocausto y las relaciones diplomáticas con Israel. Las organizaciones judeoestadounidenses podían asesorarlos en esos asuntos y favorecerlos, por ejemplo, declarando en el Congreso a favor de que se los admitiera en la OTAN y otras organizaciones. Lerman avisó a sus directores, en 1993, de que las entidades judías de esa clase «consideraban que tenían el derecho, e incluso el deber, de iniciar alguna clase de actividad en Europa». La primera fue el Congreso Judío Mundial, que había interpretado un papel destacado en la ayuda a la judería soviética y también en revelar el pasado nazi del exsecretario general de la ONU Kurt Waldheim, pero pronto llegaron también otras. En palabras de Lerman, Europa «se convirtió en un campo de batalla que proporcionó a todas esas organizaciones una reserva de material en apariencia interminable, que se utilizó para dar más legitimidad y atractivo a los fines de sus organizaciones». Si Europa fue su campo de batalla, su grito de guerra fue la lucha contra el antisemitismo.[21]

Tras haber superado una crisis económica interna, el Comité Judío Estadounidense empezó a encontrar una voz nueva en el extranjero, que combinaba su preocupación ya antigua por la vida de los judíos europeos con un mayor involucramiento con Israel. Abandonó las reservas que siempre había mantenido con respecto al nacionalismo judío y, desde los primeros años de la década de 1990, abrió sus actos oficiales interpretando el himno nacional de Israel, según hacían ya la mayoría de las organizaciones similares. Se evidenció una división interna entre los junteros del AJC fieles a la tradición previa de investigación e imparcialidad y nuevos líderes venidos del movimiento judío soviético, más interesados por la captación de fondos y deseosos de obtener la primacía entre los grupos proisraelíes.[22] La Liga Antidifamación, que se había especializado en combatir el antisemitismo interior, se había destacado en el cabildeo a favor de la intervención federal en los delitos de odio y había actuado con más rapidez que el AJC para que la identificaran con la causa de Israel, al asociar sus propios estudios sobre el antisemitismo con el programa de Tel Aviv. El actor más nuevo en esta área era el Centro Simon Wiesenthal, con sede en Los Ángeles. Lo había fundado el rabino Marvin Hier, que acertó a fotografiarse con todo el mundo, de Clinton a «Bibi» [Benjamín Netanyahu] y varios papas. La organización de Hier fue un fenómeno en lo referido a la recaudación: se ha calculado que en las tres primeras décadas desde su fundación en 1977 captó entre 600 y 700 millones de dólares. Aún se centraba en la persecución de los nazis —como su nombre daba a entender— y en cierto momento ensalzó la condena de un alemán de ciento un años con el titular: «La justicia retrasada es mejor que la ausencia de justicia». El CSW dirigía un centro del Holocausto en Los Ángeles y estaba construyendo un Museo de la Tolerancia en Jerusalén (encima de un cementerio medieval musulmán).[23]

Todas estas entidades eran producto de la tradición filantrópica judeoestadounidense y —al disponer todas ellas de ingresos anuales de varias decenas de millones de dólares— su situación económica era mucho más favorable que la de sus equivalentes europeas. Aunque tendían a hablar en nombre de la totalidad de la judería estadounidense, y a menudo en el extranjero se las trataba como si la representaran, es obvio que no era así: ninguna organización representaba a la totalidad. En realidad, los judíos estadounidenses, aunque unidos en cuanto a la conveniencia de luchar contra el antisemitismo, solían discrepar agriamente en lo referido a la política de Israel para con los palestinos. En la medida en que resulta posible generalizar —y la vida de los judeoestadounidenses se caracterizaba y se caracteriza aún hoy por una diversidad enorme—, la judería de Estados Unidos en su conjunto tendía a ser más progresista y liberal que las citadas organizaciones, cuyos líderes y donantes principales tendían más a cierto conservadurismo y a mostrarse deferentes con el gobierno israelí que estuviera al mando, con independencia de su carácter.[24]

Esta globalización de los grandes grupos de defensa del judaísmo estadounidense coincidió con el empeño de los gobiernos israelíes por aumentar el peso de la lucha contra el antisemitismo en las agendas diplomáticas. El punto de inflexión se produjo cuando la derecha recuperó el poder en Israel, en 2001. Entre los ministros más identificados con este afán estuvo un exdisidente soviético, Natan Sharanski. Sharanski gozaba de especial aprecio entre muchos judíos estadounidenses, que consideraban casi heroica su resistencia contra el poder soviético; fue condecorado por la Casa Blanca, festejado por la prensa de Estados Unidos y adoptado por los neoconservadores. Durante la guerra fría, había logrado captar apoyo tanto de las organizaciones de base como de diversas figuras destacadas de la administración estadounidense; en Israel entró en la Knéset dando respaldo a la reciente oleada de inmigrantes rusos. En este momento, jugó un papel crucial en la publicidad de la nueva interpretación del antisemitismo como deslegitimación de Israel. Sharanski escribió que Israel padecía el asalto de «un antisemitismo nuevo, sin precedentes históricos, de la izquierda política», sucesor directo del antisionismo estalinista y soviético. Tras ser nombrado ministro en el gobierno de Sharón, creó un Foro contra el Antisemitismo, como entidad oficial, y anunció que «el Estado de Israel ha decidido lanzarse a la palestra e implantar una contraofensiva coordinada contra el antisemitismo». Los tiempos en los que Yitzhak Shamir defendía que el antisemitismo global no era asunto de Israel habían quedado en el pasado.[25]

El nuevo nivel de la movilización internacional coordinada no tardó en percibirse con claridad, gracias a que la iniciativa recibió el aplauso de diplomáticos y políticos estadounidenses que incorporaron la lucha contra el antisemitismo en las campañas de promoción de la democracia en todo el mundo. En 2004 —un año después del anuncio de Sharanski—, Colin Powell, a la sazón secretario de Estado de Estados Unidos, tomó la palabra en Alemania en el marco de una conferencia sobre el antisemitismo. «En esta década inaugural del siglo XXI, nosotros, cincuenta y cinco naciones democráticas de Europa, Eurasia y América, hemos venido a Berlín para apagar los incendios antisemitas que han empezado a arder de nuevo en nuestras sociedades y encender por el contrario luces de tolerancia para que las futuras generaciones no conozcan nunca los nefandos horrores que el odio puede desatar», dijo Powell. Anunció planes para que la OSCE (Organización para la Seguridad y la Cooperación en Europa) instaurase una burocracia encargada de recopilar estadísticas sobre los delitos de odio, seguir la pista de los incidentes antisemitas y aconsejar a sus integrantes en materia de reformas legislativas y educación contra el odio. Se estaba creando una nueva burocracia internacional dedicada específicamente a contrarrestar el antisemitismo.[26]

Ese mismo año, el Congreso de Estados Unidos aprobó la Ley de Revisión del Antisemitismo Global, que obligaba al Departamento de Estado a informar sobre los actos antisemitas de cualquier parte del mundo. En un principio, los responsables de Exteriores, que ya informaban sobre los problemas existentes con la libertad religiosa, se resistieron a la exigencia de situar a un grupo confesional por encima de otros, pero se hizo caso omiso de sus protestas, la ley se aprobó y se tradujo en la creación de una Oficina del Enviado Especial para la Supervisión y Lucha contra el Antisemitismo, que se suponía debía hacer avanzar «la política exterior de Estados Unidos con respecto al antisemitismo». Esto no solo implicaba que se había institucionalizado el antisemitismo como asunto de Estado de la política exterior; además, la ley precisaba que el concepto de *antisemitismo* incluía desde entonces el «vilipendio de Israel», lo que daba a entender que los diplomáticos estadounidenses quedaban obligados a actuar en nombre de otra nación. No parece que a los funcionarios del Departamento de Estado del gobierno estadounidense se les pida que cuiden de otro país de la misma manera: la campaña antiantisemita creaba, pues, no solo una burocracia, sino una diplomacia propia. Luchar contra el antisemitismo había dejado de significar luchar contra los prejuicios raciales; ahora también podía significar luchar contra quienes criticaran las políticas seguidas por Israel.

En consecuencia, se estaba forjando otra segunda conexión, que quizá llamó aún menos la atención, pero no era menos reveladora: quienes promovían la campaña defendían que ir contra Israel era ser antisemita y algunos llegaban al extremo de afirmar que ser antisemita en este sentido era también ser antiestadounidense. Los investigadores del antisemitismo en Tel Aviv, que colaboraban estrechamente con el gobierno israelí en la evaluación de la campaña en marcha, comentaron con aprobación que la administración de Estados Unidos estaba destacando por fin «un aspecto esencial del antisemitismo moderno: la conexión existente entre el antisemitismo y el antiamericanismo [...] asociada en concreto al respaldo de Estados Unidos a Israel y su acción protectora». Esta redefinición tan llamativamente instrumental del antisemitismo pasó inadvertida en su momento; veinte años más tarde, ayudó a forjar la coalición entre los nacionalistas judíos y estadounidenses, dos grupos que no compartían el concepto de antisemitismo clásico, pero que sí estaban unidos por el respaldo común al Estado judío.[27]

Otros países siguieron el camino que Estados Unidos había empezado a recorrer. A finales de 2023, al menos veinticuatro países de diversas regiones del mundo habían instituido puestos similares, creando un cuadro nuevo de perros guardianes contra el antisemitismo. En su mayoría los ocupaban funcionarios estatales de carrera, sin ningún gran conocimiento especializado sobre los asuntos de los que trataban, y sometidos al cabildeo de organizaciones como el Congreso Judío Mundial, que los reunían bajo su paraguas. La aparición de estos cuadros tuvo como consecuencia que las campañas contra el antisemitismo quedaron separadas del mundo más general del activismo contra la discriminación. El antisemitismo recibía un trato especial, propio de un problema único. Era lo que siempre habían defendido los historiadores de la Escuela de Jerusalén.

Los abanderados de esta vía también dedicaron una atención especial a las Naciones Unidas. Desde que en 1975 la Asamblea General aprobara su resolución contra el sionismo, los defensores de Israel reprochaban a la ONU que sus actividades pro derechos humanos estaban irremediablemente sesgadas en contra de su país. Irwin Cotler, político y profesor canadiense que destacó por promover la idea de que Israel estaba asediada por un nuevo antisemitismo, llevaba tiempo lanzando invectivas contra la ONU, que consideraba que era un foco principal de ese fenómeno. En 1993, se fundó una nueva organización no gubernamental llamada UN Watch (es decir, «Vigilancia de las Naciones Unidas»), con el respaldo del AJC; probablemente fue solo la primera de la que acabaría siendo una lista larga de grupos de «supervisión» que denunciaban sesgos antiisraelíes.[28] El secretario general que encabezó la ONU desde 1997, Kofi Annan, estaba resuelto a resolver aquel callejón sin salida. No puede decirse que la conferencia de Durban, de 2001, sirviera de gran ayuda: se reprochó que había sido «una locura de retóricas antisemitas y resoluciones cruelmente antiisraelíes», pero Annan había dejado claro que deseaba bajar la temperatura. Se organizó, pues, un seminario sobre antisemitismo; se hicieron planes para reformar el controvertido Consejo de los Derechos Humanos (como efectivamente sucedió, con el tiempo), y en 2005 la Asamblea General de la ONU conmemoró el sexagésimo aniversario de la liberación de Auschwitz por el Ejército Rojo aprobando la creación de un Día Internacional en Recuerdo del Holocausto. Como varias decenas de países establecieron ceremonias propias, de conmemoración anual, el recuerdo del Holocausto se internacionalizó y acabó por concebirse como un elemento integral de la identidad oficial, en particular, de la Europa reunificada.

La conmemoración del Holocausto podía servir para recordar, pues, no solo los males de la xenofobia, sino también el poder recuperador del nacionalismo. Por lo tanto, quizá no sea de extrañar que la idea previa a la resolución de la Asamblea General proviniera al parecer del ministerio israelí de Asuntos Exteriores; en Israel ya se celebraba una ceremonia análoga cada año, desde poco después de la creación del país. Había sido Ben-Gurión quien, en 1950, había insistido (pese a las protestas, entonces, del Comité Judío Estadounidense) en que al «Estado de Israel le corresponde ocuparse» del «pueblo judío en su totalidad». Su ministro de Educación, el historiador Ben-Zion Dinur, había ido más allá, al sostener que Israel tenía derecho no ya a hablar en nombre de todos los judíos vivos en aquel momento, sino también de los muertos, muy en especial, de los fallecidos en el Holocausto. Para Dinur, la creación del Yad Vashem (Centro de Conmemoración de la Shoá) en 1953 aspiraba a «reunir toda la memoria en esta patria». De acuerdo con esta lógica, la Ley de Fundación del Yad Vashem incluía la estrambótica decisión de conceder la ciudadanía israelí, retrospectivamente, a los millones de judíos que habían perdido la vida en el Holocausto «como demostración de que se han reunido con su pueblo».[29]

La ley partía de la premisa de que existía una unidad simple entre el judaísmo (como fe muy antigua), el Estado de Israel (como entidad política moderna) y la totalidad de los judíos (pasados, presentes y futuros), pero, en realidad, esto no tiene nada de simple: era una afirmación más que discutible en un asunto de la mayor importancia para los judíos del lugar que fueran. De hecho, desde el momento mismo en que se creó el nuevo país, estalló un debate —vigoroso y, con frecuencia, tenso— sobre la relación de Israel con el judaísmo. En 1948, el erudito Simon Rawidowicz, por ejemplo, le había dicho a David Ben-Gurión en persona que la decisión de llamar «Israel» al nuevo Estado suponía burlarse de las creencias tradicionales de los judíos: el judaísmo, según estaba consagrado con las muchas asociaciones antiquísimas del nombre «Israel», comprendía tanto al nuevo Estado como a la diáspora, y no debía procurar negar la prolongada historia de esta ni, a este respecto, el valor espiritual que tenía para la fe judía la idea misma de vivir en el exilio. Mantuvieron una correspondencia repetida. Para Ben-Gurión era un error craso y le manifestó a Rawidowicz con brusquedad que la diáspora estaba condenada y no se hallaba en condiciones de soportar la vida cultural de los judíos. Para el primer ministro, *Israel*, como palabra, debía perder en adelante la vinculación general con la colectividad del pueblo judío e identificarse en exclusiva con el nuevo Estado, que en efecto se apoderaba de todas las asociaciones del término antiguo, pasadas y presentes. Había que borrar los siglos de vida como minoría y, con ellos, los lenguajes del exilio judío: eran recuerdos de una impotencia vergonzosa y no merecían celebrarse. Teológicamente era una posición novedosa, e incluso inesperada, pero, con el tiempo, muchos acabaron aceptándola sin cuestionarla.[30]

Hubo discrepancias con esta concepción nacionalista de la relación del judaísmo con el nuevo Estado, originadas en todos los bandos. Para otro disidente sionista, el filósofo anglojudío Leon Roth (1896-1963), el carácter judío de Israel no podría ser nunca una simple cuestión de cifras demográficas o poder político; implicaba un criterio ético, que existía antes y por encima del Estado, y no estaba ligado a este. El filósofo ortodoxo israelí Yeshayahu Leibowitz, por su parte, creía que fetichizar un Estado —aunque se lo llamara judío— era propio del fascismo; la doctrina del «regreso a la tierra» le parecía adoración de ídolos. Entre los judíos ultraortodoxos, muchos entendían que el sionismo era blasfemo en sí porque, desde su perspectiva, la decisión de fundar un Estado sin obedecer lo que se les había ordenado siglos atrás —aguardar la venida del Mesías— incumplía la voluntad de Dios y violaba el pacto «entre Israel y su Padre que está en el Cielo». Para el rabino Joel Teitelbaum, el sionismo era «la forma espiritual más impura del mundo entero». Algunas posiciones reflejaban el sionismo de sus proponentes; otras, su antisionismo o su «postsionismo». Algunas voces se preocupaban por asuntos de fe; otras, más bien, por la importancia de la idea del exilio y la diáspora en el pensamiento y la historia de los judíos. Todos ellos, no obstante, con la etiqueta que fuera, rechazaban la premisa de que enfrentarse al actual Estado judío es necesariamente enfrentarse a los judíos o al judaísmo.[31]

Sin embargo, esta era exactamente la premisa que se reafirmaba y adquiría nueva fuerza mientras el gobierno de Israel viraba con rapidez hacia la derecha. La cuestión de qué se perdía al igualar a la totalidad de los judíos del mundo con una entidad política que se hacía llamar Israel era precisamente el problema sobre el que Rawidowicz había intentado alertar a Ben-Gurión. Pero la fusión del Estado judío con los judíos en general se llevó aún más lejos medio siglo más tarde, cuando ideas como «el pueblo judío» o el sentimiento de pertenencia a ese pueblo se convirtieron en las claves de moda de una nueva concepción etnonacionalista de la unidad judía mundial. Surgieron mediada la década de 1990, en una época en la que había inquietud por la *desunión* política y religiosa de los judíos, tras el asesinato del primer ministro israelí Yitzhak Rabín. En unos pocos años, había una nueva Comisión del Pueblo Judío y un Instituto Político del Pueblo Judío. Se creó una fundación para «dar apoyo y fomentar el sentimiento de pertenencia al pueblo judío» y se publicó un libro en defensa de ese sentimiento unitario (*The Case for Jewish Peoplehood: Can We Be One?*). Natan Sharanski, conocido por sus obras anteriores sobre la democracia, justificó el particularismo étnico en un libro en defensa de la identidad (*Defending Identity*, de 2008) y, como líder de la Agencia Judía para Israel, hizo propaganda del sentimiento de pertenencia al pueblo judío, para el que se utilizaba una palabra específica, *peoplehood*, que un periodista que en 2012 redactó un perfil de Sharanski calificó como «la palabra de moda entre los líderes de las comunidades judías». Así pues, precisamente en el momento en que emergía en Estados Unidos y Europa la campaña que pretendía redefinir el antisemitismo de un modo que lo asociaba con Israel, surgió también una tendencia paralela que aspiraba a hacer hincapié en el vínculo del «pueblo judío» con el «Estado judío».[32]

El valor político de estos sintagmas se puso de manifiesto por primera vez cuando los legisladores enviaron a la Knéset un borrador de ley que proponía definir Israel como «el Estado nación del pueblo judío». En 1960, Alan Stroock, presidente del Comité sobre Israel del AJC, había hecho hincapié en que «Israel solo habla en nombre de sus ciudadanos y de ningún modo habla por los judíos de otras tierras», pero, en el siglo XXI, tales ideas habían corrido la misma suerte que los dinosaurios. Ninguna gran organización judeoestadounidense volvió a afirmar nada similar a las palabras de Stroock cuando la Knéset aprobó la «Ley básica», en 2018, que declaraba explícitamente que Israel pertenecía principalmente *no a sus ciudadanos*, sino «al pueblo judío». Así, por ejemplo, el propio AJC se limitó a advertir del impacto que la ley tendría sobre la pretensión israelí de presentarse como una democracia, pues, aunque el gobierno de Netanyahu insistía en que los compromisos democráticos del país no habían cambiado, era evidente que la ley comprometía todavía más la posición ya discriminada de las minorías no judías de Israel. De una manera menos dramática o grave, también comprometía a todas luces la posición de los judíos de la diáspora. «[Israel] es el Estado nacional no de todos sus ciudadanos, sino solo del pueblo judío —dijo el primer ministro Netanyahu en comentarios con los que quería aclarar el significado de la nueva legislación—. Otros pueblos, otras nacionalidades y otras minorías tienen su representación nacional en otros Estados. La representación nacional del pueblo judío es el Estado de Israel. Israel es el Estado nacional del pueblo judío y solo del pueblo judío.» Eran ideas que recordaban en particular los sentimientos de los nacionalistas derechistas de la Alemania de Weimar, casi un siglo antes: otro grupo obsesionado con la demografía, que reclamaba la lealtad de los alemanes étnicos con independencia del país en el que vivieran. Al asumir que existía una «comunidad nacional» que iba más allá de las fronteras, la ley de 2018 se asemejaba a una corriente del pensamiento etnonacionalista de Europa centro-oriental, que la propia Europa había repudiado en su mayoría después de la segunda guerra mundial. Era como si el Israel liderado por Netanyahu se dispusiera a convertirse por sí mismo en un recordatorio de lo que Europa había dejado atrás en la posguerra.[33]

En Israel, estaban en decadencia tanto la izquierda como el movimiento pacifista. Aun así, muchos israelíes mostraron una clara oposición a la Ley básica de 2018. Algunos declararon que ya no querían seguir constando como judíos en los documentos oficiales; entre ellos, un antiguo portavoz de la Knéset, Avraham Burg, quien protestó porque la ley imponía a los ciudadanos que no eran judíos una condición inferior y esto era «parecido a lo que los judíos han estado padeciendo durante incontables generaciones». Entre los judíos estadounidenses, la dirección adoptada por el gobierno de Netanyahu resultaba poco popular porque amenazaba una premisa a la que se daba importancia: que Israel podía ser al mismo tiempo judío y democrático. ¿Acaso un comentarista no había apuntado con perspicacia, en 1992, que la «nueva política judía» de Estados Unidos se basaba en la premisa de que Israel compartía los mismos valores morales y democráticos que el propio Estados Unidos? Era también precisamente el momento en el que Europa se declaraba a favor de la multiculturalidad y el apoyo a las minorías. Un titular del diario *Haaretz* decía: «Israel plantea un dilema grave a los judíos de Europa». La autora del artículo, Diana Pinto, preguntaba: «¿Las acciones de Israel están protegiendo de verdad al pueblo judío o están obligando a los judíos de fuera de Israel a defender un Estado que ha abandonado los valores de la posguerra que definen Europa y Occidente, valores que están en el núcleo mismo de su propia legitimidad como judíos en los países democráticos?».[34]

La aprobación de la Ley básica de 2018 casi parecía diseñada a propósito para favorecer una confusión entre Israel y los judíos en general. «La identificación de todos los judíos con Israel, que en algunos lugares parece ser una excusa para el antisemitismo, es tan inquietante como la amenazadora insistencia, por parte de algunos defensores de Israel, de que todos los judíos deben darle un respaldo incondicional, ya acierte o ya se equivoque», ha escrito el historiador e intelectual Martin Jay. De hecho, podía interpretarse que la ley de 2018 implicaba que aquellos judíos que se enfrentaran abiertamente a las medidas del gobierno israelí no formaban parte de «*el* pueblo judío» y, por lo tanto, en cierto sentido, quizá ni siquiera fueran judíos. Según veremos en el próximo capítulo, esta clase de acusación se hizo cada vez más habitual. De este modo y de otros, el siempre complejo equilibrio interior del sionismo estaba cambiando de maneras que hacían que la disensión —tanto en los círculos judíos como fuera de ellos— pareciera cada vez más necesaria y, a la vez, resultara cada vez más difícil.[35]

El problema fundamental es que concebir la pertenencia al pueblo judío de modo que se centre en Israel desafía un punto de vista esencial en la diáspora, según el cual uno puede ser judío, ser leal al país en el que ha nacido y gozar de plena libertad para definir su posición con respecto a Israel —ya sea positiva, negativa o neutral— de la misma forma en que la definiría en relación con cualquier otro Estado. La idea de que la lealtad política de los judíos no la definían ni su etnicidad ni su fe era un axioma que estuvo en la base de la propia emancipación de los judíos: el desafío de la Ley básica de 2018, por lo tanto, era la continuación de un debate ya muy antiguo entre los sionistas y sus oponentes. La gran diferencia era que ahora, cuando se discutía sobre este punto, existía de veras un Estado judío cuyas medidas estaban resultando cada vez más controvertidas, también entre los propios judíos. Además, arrastraba hacia el interior de su vórtice el concepto de antisemitismo, puesto que planteaba la perspectiva de sustituir el paradigma tradicional del antisemitismo en la diáspora —entendido como prejuicio o intolerancia contra los judíos en tanto que etnicidad— por otro concebido en servicio de los intereses del Estado nación judío. Según este nuevo paradigma, atacar Israel era por definición antisemita porque implicaba haber criticado a «*el* pueblo judío», pero ¿de veras se podía redefinir tan radicalmente el antisemitismo?

9

La naturaleza misma de la cosa

> Pues los errores de las definiciones se multiplican por sí mismos a medida que la investigación avanza.
>
> THOMAS HOBBES, *Leviatán*

> Algunas personas, cuando ven una palabra, piensan que lo primero que hay que hacer es definirla.
>
> RAYMOND WILLIAMS, *Keywords*[1]

Thomas Wilson, erudito y estadista de la era Tudor, escribió en 1551 que nada es más importante que una definición clara, tal que nos permita mostrar con palabras «la naturaleza misma de la cosa». Enumeró tres reglas de una buena definición. En primer lugar, debía ser limitada: «La definición no debe contener más que lo definido». En segundo lugar, debía resumir la esencia: «Debemos procurar que la definición exprese la naturaleza y la sustancia misma de lo definido; de lo contrario, no es una buena definición». Y, en tercer lugar, debe ser «clara y expresa, sin ambigüedades».[2]

En los últimos treinta o cuarenta años, los expertos han llegado al consenso de que todo intento de alcanzar una definición clara del antisemitismo topará con problemas porque, en tanto que concepto, es demasiado polifacético, varía demasiado según el tiempo y el lugar. «Nos queda un término muy confuso y de gran carga emocional, del que se derivan consecuencias graves y contradictorias entre sí, no solo por parte de antagonistas que polemizan sino también de analistas supuestamente desinteresados», decía un experto en 1981. «El término *antisemitismo*, en particular, en su utilización en Estados Unidos —apuntó Henry Feingold pocos años después—, es tan abarcador y, por lo tanto, tan impreciso que el estudioso puede clasificar como tal casi cualquier cosa que implique un conflicto con judíos: desde la discusión eterna por los pesebres de Navidad a la regulación de las prohibiciones de aparcamiento en las festividades judías.» Toda una panoplia de teorías —de científicos sociales, filósofos y teólogos— no ha servido para modificar la sensación de complejidad; la abundante exploración académica de la historia del antisemitismo en los años más recientes confirma tales dudas, aunque haya transformado nuestro conocimiento del pasado judío. De hecho, un experto destacado se ha preguntado si el concepto de antisemitismo añade de veras algo relevante a los estudios históricos serios. Afirmar la existencia del antisemitismo no es sino seguir una convención semántica, ha sugerido el historiador David Engel, que «en realidad no describe nada del mundo». Si prestamos atención a las distorsiones que pueden producirse al reunir bajo un único término distintas clases de incidentes, de épocas con valores muy distintos —concluye Engel—, a los historiadores les resultaría útil minimizar el uso de la palabra e incluso renunciar a ella, al menos, si lo que se pretende es comprender los episodios de prejuicios u hostilidad antijudía por sí mismos y en el contexto adecuado. Este libro (a estas alturas no hará mucha falta decirlo) no llega tan lejos: entendemos que, sin lugar a dudas, el concepto de antisemitismo, cuando se despliega con la debida sutileza, ayuda a arrojar luz sobre aspectos del pasado. Sin embargo, por su potencial de sembrar confusión y malentendidos, debemos manejarnos con cuidado. Valga de advertencia, por si acaso, lo que ha sucedido con la «definición de la IHRA» (Alianza Internacional para el Recuerdo del Holocausto).[3]

Empecemos con una pregunta: ¿en qué fecha el gobierno de Israel empezó a identificar con sus objetivos en materia de política exterior la idea de promover una definición en particular del antisemitismo? La respuesta está bastante clara: en los primeros años del nuevo milenio. Pues fue entonces cuando, a medida que las distintas agencias iban acumulando publicaciones y estudios sobre el antisemitismo, los representantes de las grandes organizaciones estadounidenses en defensa de los judíos con presencia en Europa, así como una serie de funcionarios israelíes, recibieron con disgusto la noticia de que una de las piezas de la maquinaria europea —el Observatorio Europeo contra el Racismo y la Xenofobia (EUMC, en sus siglas inglesas)— se había negado a publicar un informe, supuestamente, porque revelaba que muchos incidentes antisemitas habían sido obra de jóvenes musulmanes. Hay disputas en torno a si la acusación estaba justificada o no, pero, en cualquier caso, generó un debate sobre la cuestión técnica de cómo se pueden comparar los datos entre países en ausencia de una interpretación estandarizada de qué actos cuentan como antisemitas. Es un problema conocido en general en las recopilaciones de datos sobre crímenes y delitos de odio. En lo relativo al antisemitismo, se complica porque las fuerzas policiales también difieren en si el antisemitismo debe considerarse un asunto religioso o racial. Además, se añadía otra fuente de confusión: en el caso de muchos incidentes que parecían conectados de un modo u otro con la política de Israel y la situación del Oriente Próximo, no era fácil desentrañar qué eran motivos políticos y qué eran prejuicios antijudíos. Según hemos visto, entre quienes por un lado hacían campaña en contra del antisemitismo en Europa y quienes la hacían en Estados Unidos o Israel, ya empezaba a surgir una divergencia en los puntos de vista al respecto de si tenía sentido o no intentar desentrañar esas diferencias. Al aluvión de libros y artículos que, desde Estados Unidos, aseveraban que Europa estaba enturbiada por una antipatía antisemita hacia Israel, le respondieron críticos que consideraban que la simple idea de un «nuevo antisemitismo» resultaba confusa de por sí. Se pidió a un experto del AJC, Kenneth Stern, que ayudara a alcanzar un consenso trazando unas directrices que facilitaran determinar cuándo se había cruzado la raya de la intolerancia étnica. El resultado final fue una definición de dos frases acompañada de diversos ejemplos aclaratorios. Se concibió para uso interno y administrativo, más que público, y representó un inicio aún moderado de lo que pronto pasó a ser un empeño a ultranza por imponer una conformidad internacional con las premisas del «nuevo antisemitismo».[4]

El Observatorio Europeo no era una organización especialmente bien conocida ni de importancia, pero, aun así, Dina Porat, una historiadora de Tel Aviv que había participado en el proceso de redacción ensalzó el resultado como un logro esencial. En palabras de Porat: «Ha sido la primera vez que se acepta internacionalmente una definición de trabajo de antisemitismo, desde que el concepto se acuñó, a finales del siglo XIX». A continuación, planteó una buena pregunta que vale la pena considerar: «¿Por qué se necesitaba una definición [...] nueva?».[5] En efecto, ¿por qué? A fin de cuentas, las generaciones anteriores no la habían necesitado para reconocer el problema y, sin que los gestores políticos manejaran ninguna definición estandarizada, la lucha contra el antisemitismo había logrado un resultado notable durante las décadas posteriores a 1945. La pregunta de Porat podía recibir dos respuestas.

Una era técnica. Con el ascenso de la observación, de base cuantitativa, de los delitos de odio, aumentó mucho el interés por alcanzar definiciones formales; lo impulsaban los burócratas y los técnicos de las bases de datos, que, en su afán de supervisar los delitos de odio y las políticas antidiscriminatorias, necesitaban clasificar la información en categorías netamente diferenciadas. «Los estudios históricos siempre nos transmiten ideas de [...] cambio constante [...], de inestabilidad. Pero en el derecho o, en todo caso, para los propósitos prácticos del jurista, lo que necesitamos son ideas de fijación, de uniformidad», escribió un teórico legal a finales del siglo XIX. Más aún en esta era de la información, podríamos añadir nosotros hoy. Ahora bien, aparte de la necesidad administrativa y de los requisitos de la tecnología, la pregunta de Porat tenía una segunda respuesta. Según observó el teórico cultural Raymond Williams, a los que él designaba como «grupos temporalmente dominantes» les gustaba fijar las definiciones para legitimar ciertos sentidos de una palabra y prohibir otros. Williams advirtió que esto era especialmente problemático para los términos cargados de valor, en los que de hecho una definición absoluta era «un procedimiento no solo imposible, sino irrelevante», pues implicaba el intento de oscurecer «la historia y la complejidad de los significados». Gozar del privilegio de fijar el significado de términos que, potencialmente, pueden acabar delante de la justicia —como es el caso del antisemitismo— puede resultar tentador, y no tanto para ampliar la interpretación al respecto, sino precisamente para tener la capacidad de excluir determinados puntos de vista como indeseados, quizá incluso inaceptables. En consecuencia, la respuesta a la pregunta de Dina Porat, de por qué se necesitaba una definición, no era solo técnica, sino también ideológica.[6]

Las generaciones que en la posguerra hicieron campaña contra el antisemitismo no necesitaron una definición rígida, en parte porque en su época los bancos de datos eran menos importantes, en parte porque no las inquietaba el sionismo —antes de 1967, Israel no era un elemento integral de la problemática del antisemitismo— y en parte porque actuaban con una interpretación contextualizada del antisemitismo, que intentaban vincular con otros fenómenos sociales (como la psicología, el racismo, la pobreza y la educación), en vez de hacer especial hincapié en lo que podía quizá diferenciarlo de estos. Los resultados nos hablan de un éxito indiscutible: el antisemitismo declinó. Pero llegados a los primeros años del siglo XXI, esta forma de concebir el problema había desaparecido y la política había cambiado: los activistas del antisemitismo se habían distanciado de la lucha más general contra el racismo; la campaña había pasado de asociarse a la izquierda a enfrentarse a la izquierda, y se conectaba con Israel, que afirmaba su dominio en los asuntos judíos de todo el mundo al mismo tiempo que era objeto de críticas internacionales crecientes.

Según se analizará en el siguiente capítulo, esta nueva forma de enmarcar el antisemitismo ha contribuido en poco o nada a mejorar la eficacia de las campañas contra el problema en sí: genera titulares muy buenos y resultados muy pobres. Pero lo que resultó evidente de inmediato para quienes observaban el problema por encargo de la Unión Europea era que, mientras que algunos de los ejemplos que acompañaban la definición de Stern —como los relativos al negacionismo del Holocausto— eran indiscutibles, por el contrario, los que se referían a Israel planteaban muchas dudas. Ante este hecho, el Observatorio Europeo contra el Racismo y la Xenofobia empezó aguando la fórmula producida por Stern y sus colegas y luego fue abandonándola progresivamente. Aunque se ha aseverado más de una vez que la Unión Europea había adoptado la definición —hubo muchas mentiras al respecto, con la intención de darle prestigio—, en realidad, las instituciones de la UE la manejaron con cautela; el observatorio no la adoptó oficialmente y la agencia que lo sucedió la descartó por completo.

En otro mundo, todo este intento de definir el antisemitismo habría acabado aquí, pero no ocurrió así: antes al contrario, con una jugada que destaca el impulso político abrumador que hay detrás de todo este ejercicio, los promotores buscaron otra institución que le concediera el imprimatur a su definición; presumiblemente, porque al patrocinio de una gran organización judía o del propio Israel se lo tildaría de partidario —y costaría que alcanzara la aceptación general—, pero no la bendición de una agencia internacional. En la práctica, se podía llegar a disponer de toda una sopa de letras de autoridades patrocinadoras, porque algunos junteros de las organizaciones judeoestadounidenses implicadas no solo poseían el estatus de observadores en las agencias intergubernamentales, sino que también prestaban servicio en ellas. Así, por ejemplo, un representante del Comité Judío Estadounidense en la OSCE era asimismo el «representante personal del presidente para el combate contra el antisemitismo». Un colega del Centro Simon Wiesenthal presidía un comité sobre antisemitismo en una entidad intergubernamental menos conocida, la IHRA. Esta Alianza Internacional para el Recuerdo del Holocausto, en existencia desde 1998, trabajaba de forma relativamente discreta en el campo de la educación sobre el Holocausto y, hasta entonces, no había necesitado disponer de una definición porque no era un centro ni de supervisión ni de investigación especializada. Pero en 2016, el cabildeo a favor de la «definición de trabajo» que había quedado huérfana tuvo como resultado que la alianza votó a favor de aprobarla. Así nació la que se conoce ahora como «definición de la IHRA».[7]

Para comprender a qué le ha puesto su nombre la IHRA, podemos comparar su versión con el trabajo de lexicógrafos profesionales. El *Oxford English Dictionary* (*OED*), por ejemplo, define el antisemitismo como:

> Prejuicio, hostilidad o discriminación de personas judías por motivos religiosos, culturales o étnicos.

Por su parte, la «definición de trabajo» de la IHRA sostiene que es:

> Una cierta percepción de los judíos que puede expresarse como odio a los judíos. Las manifestaciones retóricas y físicas del antisemitismo se dirigen contra personas judías o no judías, o sus propiedades, contra instituciones comunitarias e instalaciones religiosas judías.

Aunque utiliza casi el triple de palabras que el *OED*, la IHRA dice menos cosas y con menos claridad. Tan solo en la primera frase, la palabra *cierta* es innecesaria; *percepción* es un término impreciso; *puede* resulta extraño, porque por lo general una definición nos dice lo que algo *es*, y el *odio* no es la única expresión del antisemitismo ni necesariamente la de mayor importancia. La fórmula de la IHRA es, por lo tanto, indeterminada, repetitiva e incompleta y no logra transmitir lo que Thomas Wilson denominaba «la naturaleza misma de la cosa». De hecho, en comparación con la versión del *OED*, la definición de la IHRA resulta torpe y ni siquiera es en verdad una definición. Que haya recibido atención en serio es un misterio sobre el que volveremos.[8]

Quizá por las deficiencias de la redacción, no poco evidentes, la clave de la fórmula de la IHRA no han sido primordialmente las dos frases citadas arriba, sino diversos ejemplos de intención aclaratoria que se recogen a continuación. Se formulan en condicional, lo que equivale a decir que se dan ejemplos de cosas que podrían considerarse antisemitas... o no. En la práctica, esos ejemplos solo generan más confusión.

Así, la IHRA afirma que puede ser antisemita aplicar «un doble rasero [con Israel], requiriéndole una conducta que no se espera ni exige de ninguna otra nación democrática». Esto puede ser antisemita o no serlo, y no se nos cuenta cómo descubrir la diferencia. Es una clase de injusticia que se ha dado de hecho, por supuesto: en las décadas de 1970 y 1980, el Consejo de los Derechos Humanos de la ONU —de parcialidad extrema— dio pie a que regímenes tiránicos, que con frecuencia abusaban de los derechos humanos tanto o más que Israel, censurasen sin embargo a este. Pero en la actualidad, la crítica que la comunidad internacional dirige a Israel no es principalmente esa. No procede de aplicarle un criterio distinto al que se aplica a otros Estados democráticos, sino de aplicarle el mismo criterio. La crítica más habitual y reveladora no se plantea a pesar de que las medidas adoptadas por Israel sean similares a las de otros Estados democráticos, sino porque, por decirlo así, su concepto de la ocupación militar y del derecho internacional diverge de forma notoria de los conceptos democráticos.

Por otro lado, las organizaciones son una cosa y las personas, otra. El politólogo Peter Beattie ha creado una clasificación razonada de los diversos motivos por los que la gente puede centrar su atención en Israel. Una de esas razones puede ser en efecto el antisemitismo, en otras palabras, el deseo de hallar defectos en el Estado judío por el hecho de que es judío. Pero no es la única. También está el *tercermundismo*: el deseo de mostrarse solidario con lo que puede entenderse que es un pueblo no occidental en situación de debilidad enfrentado a uno occidental y más poderoso. Una tercera razón puede ser la simple ignorancia, esto es: no saber qué cosas están sucediendo en otros lugares del mundo. Cabría añadir una cuarta razón, que sería poseer un sentimiento especial de responsabilidad política en torno a un asunto en concreto; esto puede ser reflejo de un vínculo étnico, confesional o familiar o quizá solo el sentimiento de «no en mi nombre», como el que podría corresponder a un contribuyente estadounidense descontento con el apoyo extraordinariamente elevado de su país a las fuerzas armadas de Israel. Estos últimos tres motivos —la solidaridad con el tercer mundo, la ignorancia y el «no en mi nombre»— no implican antisemitismo. Beattie nos muestra que a menudo hay críticas serias a Israel que no tienen absolutamente nada que ver con el antisemitismo. El autor concluye: «Las acusaciones erróneas de antisemitismo no tan solo son una calumnia, sino que amenazan con devaluar el término en sí y debilitar su conexión con una forma de prejuicio que es muy real y peligrosa».[9]

La IHRA genera más confusión cuando sugiere que puede ser antisemita negar «el derecho de autodeterminación del pueblo judío, por ejemplo, afirmando que la existencia de un Estado de Israel es una empresa racista». No resulta de utilidad que la IHRA fusione dos cuestiones distintas. Acusar a Israel de racismo puro y duro, lógicamente, es discutible, pero son muchos más los países a los que se reprocha que su origen fue racista: pensemos en países de las Américas, en Nueva Zelanda o Australia. No es nuestra función impedir que la gente exprese en estos casos puntos de vista discutibles y, si hay razones por las que debería excluirse a Israel de los principios normales de la libertad de expresión, la IHRA no las menciona.

En cuanto a lo que se conoce como «derecho de autodeterminación», es un asunto que los proponentes de la existencia de un «nuevo antisemitismo» invocan a menudo, pues les gusta decir que el antisemitismo no ha hecho sino cambiar de nivel, desde el final de la segunda guerra mundial. Valgan como ejemplo las palabras de Irwin Cotler: «Lo único que ha sucedido es que se ha pasado de discriminar a los judíos como personas a discriminarlos como pueblo».[10] Natan Sharanski ha afirmado algo muy similar. Desde esa perspectiva, se dice que negar «el derecho del pueblo judío a vivir en condiciones de igualdad como miembro de la familia de las naciones» denota una forma de antisemitismo porque se está negando que los judíos tengan derecho a la autodeterminación.

Sin embargo, el razonamiento se apoya sobre una analogía falsa, pues, a diferencia de los derechos individuales, que un Estado concede a sus ciudadanos, el reconocimiento de un Estado en la sociedad internacional lo conceden los miembros de esa sociedad. Está claro que no todas las naciones reciben ese reconocimiento internacional y, de hecho, no existe como tal derecho universal: muchos grupos étnicos del mundo no han alcanzado nunca un Estado propio ni probablemente dispondrán nunca de él. Mediada la década de 1960, en respuesta a la idea que sin gran detalle podía escucharse en la Asamblea General de la ONU, según la cual asistía a «todos los pueblos» un derecho general de autodeterminación, el politólogo de Harvard Rupert Emerson concluyó un análisis extenso e inequívoco sosteniendo: «Todos los pueblos *no* poseen el derecho de autodeterminación, nunca lo han tenido ni lo tendrán nunca».[11]

En su planteamiento real, todo el debate resulta extrañamente inútil, porque de hecho Israel ha gozado del reconocimiento internacional desde que se lo admitió en las Naciones Unidas como miembro de pleno derecho ya en 1949; a finales de la década de 1960, había sido reconocido por la mayoría de los países de la Europa Occidental, las Américas y el África subsahariana; en el siglo XXI, lo ha reconocido ya la gran mayoría de los Estados integrantes de la ONU. Algunos Estados se niegan a darle el reconocimiento, es cierto, más en el caso de Israel que en el de ningún otro miembro de la ONU, pero no necesariamente los mueve el antisemitismo; la negativa puede proceder de desacuerdos políticos en torno al territorio o la historia (como en la ausencia de reconocimiento de Taiwán o Armenia). Los Estados africanos que retiraron el reconocimiento oficial después de la guerra de 1973 no se habían vuelto de pronto antisemitas, sino que adoptaron una posición política; ni se tornaron de repente prosemitas cuando, años más tarde, retomaron las relaciones diplomáticas. Es más: como asunto esencialmente político, la falta de reconocimiento solo puede resolverse por medio de la política, según demostró en su momento el primer ministro Yitzhak Rabín. Afirmar que, sin otras pruebas, el no reconocimiento expresa antisemitismo no es solo una mera suposición, a la par que una confusión de categorías: también es un punto de vista que pasa por alto la posibilidad de una solución.

Resulta igualmente absurdo insistir en que es antisemita negarle a Israel «el derecho a existir». El diplomático soviético Andréi Gromyko fue muy sucinto al comentar, hace ya tiempo: «En lo que respecta al Estado judío, su existencia ya es un hecho; tanto si a uno le gusta ese Estado como si no, ya existe».[12] Menájem Beguín fue aún más radical al quitar importancia a cualquier consideración sobre un «derecho a existir». Al asumir el cargo de primer ministro, en 1977, dijo:

> ¿El derecho a existir? A ningún británico o francés, neerlandés o belga, húngaro o búlgaro, ruso o estadounidense se le pasaría por la cabeza reclamar que se reconozca el derecho a existir de su pueblo. Su existencia es por sí misma su derecho a existir. Lo mismo es cierto en el caso de Israel. Nosotros [...] no esperamos que nadie pida en nuestro nombre que se reconozca nuestro derecho a existir en la tierra de nuestros padres. Lo que se requiere, entre nosotros y nuestros vecinos, es un reconocimiento diferente: que se reconozca la soberanía y la necesidad común de una vida de paz y comprensión. Este es el reconocimiento mutuo al que aspiramos y en el que pondremos todo nuestro empeño.[13]

«Su existencia es por sí misma su derecho a existir.» Hay poco más que decir. Según dejó claro Beguín, lo que importa es el reconocimiento internacional, que es un asunto de Estados, diplomacia y guerra y paz. Al igual que otros conceptos agrupados en torno a la redefinición del antisemitismo por la IHRA, el significado del «derecho a existir» genera más oscuridad que claridad. Desdibuja distinciones cruciales como las que deben hacerse entre lo que sería, por un lado, pedir que se extinga la vida de los judíos en Israel o, por otro lado, exigir que no se siga negando la igualdad de derechos a los árabes del país. La ayuda a la hora de trazar distinciones tan delicadas e importantes no nos la proporcionará la definición de la IHRA. Por suerte, hay alternativas que nos guiarán de una forma más significativa.

La naturaleza confusa y la pura inadecuación conceptual de la propuesta de la IHRA es un secreto a voces entre los expertos. De hecho, como la creación y la divulgación de su definición implicaron pasar por alto buena parte de la experiencia acumulada y consolidada, no debería extrañarnos que diversos investigadores destacados criticaran sus premisas básicas desde el principio. También se respondió proponiendo definiciones alternativas. Dos de ellas son muy parecidas entre sí y coherentes con la mayoría de la investigación contemporánea seria: se trata de la «definición Nexus» y la Declaración de

Jerusalén sobre el Antisemitismo. Esta última incluye un debate particularmente útil al respecto del asunto central —cuándo criticar a Israel es antisemita, cuándo no lo es— que evita muchas de las trampas de la propuesta de la IHRA y logra ofrecer herramientas para combatir los prejuicios sin derribar por el camino los debates políticos ni la libertad de expresión.[14]

En la categoría de ejemplos de polémicas sobre Israel que la Declaración de Jerusalén sugiere que *parecerían ser* antisemitas, se enumera lo siguiente:

> [a] aplicar los símbolos, imágenes y estereotipos negativos del antisemitismo clásico al Estado de Israel; [b] atribuir a los judíos una responsabilidad colectiva por el comportamiento de Israel o tratar a los judíos, por el mero hecho de ser judíos, como agentes de Israel; [c] requerir de los judíos, por el hecho de serlo, que condenen en público a Israel o el sionismo (por ejemplo, en mítines políticos); [d] dar por sentado que los judíos no israelíes, por el mero hecho de ser judíos, necesariamente son más leales a Israel que a sus propios países; [e] negar a los judíos el derecho a existir y prosperar en el Estado de Israel, como judíos, de forma colectiva e individual y de acuerdo con el principio de la igualdad.

En la categoría de ejemplos de acciones que *parecerían no ser* antisemitas, se incluye:

> [a] dar apoyo a la petición palestina de justicia y a la plena concesión de sus derechos políticos, nacionales, civiles y humanos, según se recogen en el derecho internacional; [b] criticar u oponerse al sionismo como forma de nacionalismo, defender que se varíen los acuerdos constitucionales relativos a los judíos y los palestinos en la zona comprendida entre el río Jordán y el Mediterráneo; [...] o apoyar acuerdos que otorguen la igualdad plena a todos los habitantes de «la zona comprendida entre el río y el mar», ya sea en forma de dos Estados, de un Estado binacional, un Estado democrático unitario, un Estado federal o la forma que sea; [c] críticas al Estado de Israel, fundamentadas con pruebas; [d] boicots, desinversiones y sanciones, que

> la declaración recoge como formas habituales de protesta política no violenta contra los Estados; [e] la libertad de expresión, que goza de protección en el derecho internacional sin el requisito de que sea mesurada, proporcionada, moderada o razonable.[15]

Algunas de sus observaciones específicas son útiles y detalladas. Por ejemplo, la declaración afirma que no es antisemita señalar o aseverar que en Israel existe una discriminación racial sistemática. Al igual que hacemos al debatir sobre otros Estados, podemos aceptar que una posición no genera consenso —por ejemplo, la idea de que Israel practica una forma de *apartheid* o de colonialismo con sus asentamientos— sin por ello tildarla de antisemita. No porque una afirmación sea poco razonable tiene que ser antisemita; que un punto de vista sobre Israel resulte ofensivo o desconcertante para diversas personas no necesariamente quiere decir que esa perspectiva nazca de un prejuicio.

Todo esto se expone de forma directa, con un espíritu muy distinto al de la fórmula de la IHRA, y proporciona una respuesta aclaradora a esta. La declaración, que surgió a partir de una serie de talleres organizados por un instituto israelí de estudios avanzados —el Instituto Van Leer de Jerusalén—, ha sido suscrita o respaldada por muchos de los principales estudiosos del mundo, desde que se presentó, en 2020. Al beneficiarse de haber aparecido después del texto de la IHRA, ha podido disipar muchas de las confusiones que la anterior fomentaba. Sin embargo, y por llamativo que sea, ni esta ni ninguna otra definición mejorada ha logrado un apoyo político o éxito internacional mínimamente similar al de la IHRA. De hecho, con un reconocimiento torticero de su existencia y quizá incluso de sus méritos, la ley sobre el antisemitismo que aprobó la Cámara de Representantes de Estados Unidos en 2023 prohíbe de forma explícita que se utilicen otras definiciones. En respuesta probablemente a las críticas de los expertos, ahora la web de la IHRA anuncia que su definición no solo se plantea como «de trabajo», sino también como «legalmente no vinculante», pero esto es lo mismo que cerrar la puerta del establo una vez que el caballo se ha escapado. Ahora ya no corresponde a la IHRA determinar qué será legalmente vinculante y qué no.

La definición de la alianza ha sido adoptada internacionalmente en una escala que es del todo desproporcionada a sus méritos. En diciembre de 2016, el Senado de Estados Unidos aprobó la «Ley de Conciencia del Antisemitismo», que hacía referencia a la definición de la IHRA. También se refería a ella una orden ejecutiva firmada por el presidente Trump en 2019.[16] Hasta la fecha, más de cuarenta gobiernos la han apoyado de un modo u otro, entre ellos, casi todos los miembros de la Unión Europea, treinta y cuatro estados de Estados Unidos y la mayoría de las provincias de Canadá. En Reino Unido se ha presionado a las universidades para que la adopten y la mayoría lo han hecho, de un modo u otro, y otros cientos de organizaciones de Europa y Norteamérica la han incorporado a sus programas de formación. No todas, no obstante; en particular, la ONU ha destacado por no hacerlo hasta el momento.[17]

Es posible que en la realidad los *lemmings* no se suiciden de forma masiva, pero en lo que respecta al comportamiento «a la manera de los *lemmings*» de los actores internacionales y las instituciones oficiales, a menudo genera resultados contraproducentes y de escaso valor. De resultas de haber adoptado la fórmula de la IHRA, algunos países —en especial, Reino Unido— están en la práctica intentando hallar el modo de dictar qué pueden decir o no sus conciudadanos sobre otro país. Es algo que no parece contar con muchos precedentes, si es que tiene alguno; las posibles consecuencias sobre la libertad de expresión son graves, pues al tratarse de un escudo que esquiva la crítica en materia de política exterior, bajo la apariencia de ser un medio de combate contra crímenes y delitos, la definición de antisemitismo de la IHRA proporciona una clase de armadura de la que muchos países querrían disponer. Es fácil imaginar, por ejemplo, lo ventajoso que habría resultado para el Kremlin poder observar cómo Estados Unidos reprimía todo discurso antirruso en 2022. Esta concepción del antisemitismo provoca un desplazamiento entre el nivel nacional (aborrecer la violencia contra una etnicidad) y el internacional (determinar como inaceptables ciertas críticas hacia otro país), lo que le otorga un poder extraordinario. Y, aunque hasta el momento el caso del antisemitismo resulta único, los nacionalistas hindúes se han inspirado en el ejemplo de la IHRA y algunos confían en definir la «hindufobia» y lograr que se consagre en la ley antidiscriminatoria de Estados Unidos, de modo que silencie efectivamente a quienes critican el nacionalismo hindú desde el país norteamericano. Es posible que detrás haya otros, guardando sitio en la cola del cabildeo. ¿Qué nos quedará después de la libertad de expresión? Quizá hallemos la respuesta si analizamos con detalle qué ha supuesto la adopción de la definición de antisemitismo de la IHRA para la disensión política, los debates públicos y la vida cultural más en general en las dos orillas del Atlántico.[18]

10

A la caza del elefante equivocado

> Se ha dicho que el Imperio británico se ganó y se perdió en los campos de juego de Eton. La corona del judaísmo y del ser judío se ganará y se perderá en los campus de Estados Unidos.
>
> Rabino Irving Greenberg, «Jewish Survival and the College Campus», 1968[1]

> Cada crítica es antisemita; cada opositor es un enemigo; cada enemigo es Hitler; cada año es 1938.
>
> Avraham Burg, antiguo portavoz de la Knéset, 26 de julio de 2022[2]

Es fácil referir la historia de los últimos años como una teoría conspiranoica —el relato de la explotación deliberada de un concepto convertido en arma— o como un choque de creencias culturales e ideológicas, normas morales e incomprensión mutua. Lo que resulta más difícil es hacer justicia a su carácter de combinación de todos estos factores y algunos otros. Sería ingenuo ignorar los modos en los que la definición de la Alianza Internacional para el Recuerdo del Holocausto (la IHRA) se ha utilizado políticamente. Al mismo tiempo, se puede demostrar que las sociedades occidentales son más sensibles que nunca a las cuestiones de los sesgos y la discriminación, y una época que tiende a considerar los sentimientos verdades concede mucho peso, en materia de prejuicios, a las emociones y las percepciones. Estos factores complican sobremanera todo intento de evaluar la escala y la significación del antisemitismo en nuestro tiempo.[3]

Es un hecho geopolítico esencial que una definición muy discutida y problemática del antisemitismo se ha promovido y se ha divulgado en una época en la que las encuestas muestran, de forma consistente, un endurecimiento a largo plazo de la opinión global con respecto a Israel. Al afirmar que la razón principal de ello ha sido el antisemitismo —y, con el tiempo, sin duda, acabar creyendo que esto era verdad—, se diría que en su mayor parte la política exterior y la élite militar del país hace mucho que se han reconciliado con esta tendencia global y han concedido la mayor de las importancias a la alianza con Washington y, por detrás de esta, con la opinión pública estadounidense. Pese a todo, en esta última alianza están apareciendo fisuras, pues, aunque desde 1967 el apoyo público a Israel en Estados Unidos no ha dejado de ser robusto, hay señales de que empieza a seguir el patrón internacional y expresa por un lado una mayor inquietud sobre la dirección de la dura política que implanta el gobierno de Netanyahu y, por otro, mucha más empatía con los palestinos. Esta no es una dualidad de blanco o negro: la mayoría de los estadounidenses sigue apoyando a Israel, aunque critique que utilice una fuerza abrumadora e indiscriminada, pero la tendencia es inconfundible, en especial, entre los estadounidenses más jóvenes. En el campo de las actitudes se ha abierto una brecha generacional.

El hecho de que los campus estadounidenses se hayan convertido en una arena clave para las tensiones resultantes no debería extrañarnos: hace varias décadas que son un lugar de incertidumbre para los judíos. Muchos padres judíos soñaban con que sus hijos triunfaran en las universidades y, simultáneamente, temían qué les podía pasar allí. La vieja angustia no era sino el atractivo de la asimilación y la secularización: los cantos de sirena de una rubia gentil poblaban las pesadillas de las madres judías desde el momento en que las cuotas desaparecieron. «La universidad es una zona desastrosa para el judaísmo, la lealtad a lo judío y la identidad judía», escribió el rabino Irving Greenberg en 1968; también advirtió de que en esos centros de estudio se predicaba un «estilo de vida universal y laico» que despreciaba el «tribalismo étnico».[4] El ascenso de la política identitaria ha aquietado esta angustia en particular —el tribalismo étnico ha prosperado en los campus estadounidenses—, pero ha generado inquietudes nuevas con respecto al adoctrinamiento izquierdista, la antipatía hacia Israel y, últimamente, también el antisemitismo.

Estas cuestiones se han asociado desde hace ya un tiempo en la mente de muchos y, por desgracia, la convicción de que las universidades se han convertido en espacios regidos por lo políticamente correcto ha hecho que los preocupados por el antisemitismo acepten más ataques en contra de esas instituciones. Es cierto que los profesores universitarios manejan una jerga propia y que el posmodernismo no ha sido de especial ayuda, pero a menudo el argumento de la corrección política se basa más en rumores que en una percepción real de cómo son las universidades. Describirlas diciendo que «en lo esencial son fábricas de cuadros maoístas», como ha dicho un experto recientemente, sugiere una auténtica ignorancia del trabajo que en ellas se hace. Si la sociedad estadounidense no debe temer algo de sus universidades es que vayan a producir maoístas en serie. (La mayoría de los estadounidenses, incluidos los que se manifiestan, tendrían dificultades para encontrar a un maoísta, no digamos para reconocerlo; en la actualidad, las facultades maoístas son tan raras como el dodo.) Llevados por la angustia, los que viven inquietos tienden a evaluar mal las fuerzas que dan forma a los puntos de vista de los jóvenes: los campus reflejan los cambios más generales de la cultura, en vez de provocarlos. Así como el viraje de la sociedad de Estados Unidos hacia la política étnica desmintió los temores del rabino Greenberg, entre los jóvenes estadounidenses de principios del siglo XXI se producía un cambio de idea general en torno a la cuestión de Israel y Palestina. De los estudiantes universitarios no cabía afirmar que fueran raros en el seguimiento de las tendencias sociales: si protestaban y se manifestaban era porque habían elegido hacerlo así, no porque sus profesores les estuvieran diciendo que era lo que debían hacer.[5]

La creciente brecha generacional abierta entre los manifestantes, por un lado, y los padres, exalumnos, donantes y administradores por otro, quedó ejemplificada de forma gráfica en la primavera de 2024 (véase también el epílogo). Mientras los acampados en las universidades acaparaban titulares, los periódicos revelaron que un grupo de milmillonarios se había reunido discretamente para instar a la policía a prohibir las manifestaciones propalestinas en los campus de la ciudad de Nueva York. Estos hombres —productos de otra era— estaban acostumbrados a ver Israel como un desamparado que resistía con valor un asedio, y se sentían escandalizados por las protestas. Por su parte, lo que muchos estudiantes consideraban escandaloso era el apoyo de Estados Unidos a una fuerza de ocupación que estaba expulsando sistemáticamente a los palestinos de sus territorios ancestrales y arrasando gran parte de Gaza. La generación mayor entendía que el Holocausto imponía una solidaridad inmarcesible con Israel; para la joven, significaba alzar la voz audiblemente frente a la violencia masiva organizada por un Estado. Los empresarios solían rondar los sesenta años o más; los estudiantes podrían haber sido sus nietos. La imagen es más precisa si hablamos de sus *nietas*, porque, aunque el hecho pasó en buena medida inadvertido en su momento, los milmillonarios eran hombres sin excepción y los estudiantes eran en su mayoría mujeres. La religión en sí era irrelevante, porque la opinión de los jóvenes judíos estaba dividida y entre los manifestantes no pocos —como los milmillonarios— eran judíos e incluso invocaban este hecho como motivo de su activismo.[6]

Para comprender qué papel interpretaron en esta lucha los conceptos en competencia sobre el antisemitismo, hay que retroceder hasta los primeros años de la década de 2000, pues fue entonces cuando los deseosos de combatir contra lo que veían como un nuevo antisemitismo empezaron a dirigir la mirada hacia las universidades de Estados Unidos para llevar la batalla a estos centros. Por un lado, buscaban obtener el respaldo de la academia a sus propios enfoques, instaurando programas y creando institutos propios; por otro, confiaban en combatir los cambios que se estaban produciendo en la opinión estudiantil —que los inquietaban— mediante prohibiciones y otras formas de presión, pero, como en general, el mundo universitario y el de los grupos de presión no se integran tan fácilmente como a menudo se tiende a pensar —porque hacía tiempo que la corriente central de los estudios especializados había puesto en duda las premisas del paradigma del nuevo antisemitismo y porque el paradigma en sí implicaba dar una respuesta mal calculada al activismo estudiantil—, la historia posterior fue un enredo cada vez más doloroso.

En 2006 —entre intensos debates internacionales sobre el antisemitismo en el mundo posterior a la guerra fría—, la Universidad de Yale comunicó con orgullo el lanzamiento de una iniciativa de investigación interdisciplinar sobre el antisemitismo, la primera de una universidad estadounidense. Tan solo cinco años después, el proyecto se clausuró. Algunos observadores criticaron la falta de rigor en los estudios del programa; otros comentaron los peligros de enmascarar como investigación lo que respondía a unos intereses particulares. El fundador de la iniciativa —que de hecho nunca había sido profesor numerario de la facultad— dejó Yale para dedicarse exclusivamente a la dirección del Instituto de Estudios sobre Antisemitismo Global y Política (ISGAP, en sus siglas inglesas). Aunque la web del ISGAP lo presenta como otro centro de estudios académicos, su finalidad es «luchar contra el antisemitismo en el campo de batalla de las ideas» y la clase de «investigación» que realiza incluye acusaciones según las cuales donaciones secretas de los Estados del Golfo han estado corrompiendo los estudios universitarios en Estados Unidos. De hecho, el ISGAP está financiado por el gobierno israelí y sus asesores incluyen a un exministro del gobierno, Natan Sharanski, y una antigua oficial de inteligencia, Sima Vaknin-Gil, que había sido directora general del ministerio israelí de Asuntos Estratégicos y Diplomacia Pública. En pocas palabras, nos hallamos en un punto intermedio entre el mundo de la universidad y el reino oscuro de lo que hoy suelen denominarse «campañas de influencia».

Organizaciones como el ISGAP, que se originaron aproximadamente al mismo tiempo que se emprendían los primeros intentos de crear una nueva definición de trabajo del antisemitismo, deberían verse en el contexto del empeño semipúblico (y más general) del gobierno israelí tanto por mejorar la imagen del país en el exterior como por reducir el impacto de los grupos propalestinos. La propia Vaknin-Gil dijo ante la Knéset en 2017 —un año después de que se iniciara de veras la difusión de la definición de la IHRA— que las agencias gubernamentales israelíes cooperaban entre sí para resolver la caída en picado de la reputación global del país. Se había intentado renovar la imagen, sin éxito; la nueva prioridad era reducir las críticas en el extranjero. Ante el crecimiento del movimiento BDS (Boicot, Desinversión y Sanciones), Vaknin-Gil calificó el activismo extranjero de amenaza existencial para la supervivencia de la nación. La estrategia que esbozó implicaba lograr la prohibición legal del movimiento BDS, por antisemita, y en general redirigir los debates internacionales sobre el antisemitismo; en suma, aspiraba a intervenir en la vida cultural, intelectual y académica de otros países y agitar una contramovilización frente a los partidarios de los palestinos. El mencionado «campo de batalla» de las ideas formaba parte, por lo tanto, de una guerra mayor, que se libraría mucho más allá del Oriente Próximo. Tal concepción militarizada de la vida intelectual y académica de Occidente se ha convertido en algo habitual entre diversos actores políticos externos en competencia. Los campus son el «segundo frente de la guerra: los activistas estudiantiles son nuestra infantería [...] Ojalá nuestros soldados sigan mostrándose fuertes en los dos frentes», escribió Natan Sharanski después del 7 de octubre.[7]

Como es evidente, en lo esencial se trata de una concepción activista de la educación, que sin duda compartían algunos que militaban en el bando contrario de la discusión al respecto del Oriente Próximo. Pero la diferencia en el poder y la influencia relativos de uno y otro bando era innegable, en particular, en Estados Unidos, donde se podía manejar con especial efecto el concepto de antisemitismo, pues, cuando la IHRA mezcló el antisemitismo con las críticas a Israel, allanó el camino para calificar las protestas estudiantiles como principalmente antisemitas, lo que a su vez posibilitó justificar una intervención externa en la vida universitaria. Cuando el gobierno de Israel se embarcó en la iniciativa descrita por Vaknin-Gil, el posible abuso de la definición del antisemitismo ya estaba inquietando a una serie de personas. Una de las primeras que expresó su alarma fue el hombre que se había encargado de la primera redacción de la definición de la IHRA. En 2010, Kenneth Stern tuvo noticia de que se pretendía invocar su texto en un litigio de derechos civiles contra las universidades estadounidenses. Stern era plenamente consciente de que esa no había sido la finalidad de su trabajo; había destacado como valedor de la libertad de prensa durante muchos años y defendía que en los campus debían permitirse incluso los mensajes de odio. En sus propias palabras, «Puedo decir que en mi opinión Israel está actuando como los nazis y no debería tener que preocuparme porque pudieran llevarme a juicio» por decir tal cosa. Desde el interior del Comité Judío Estadounidense, otros junteros compartían el temor de Stern a los peligros que empezaba a representar la definición que habían ayudado a redactar, por lo que el propio Stern dio el paso de emitir una declaración en la que se oponía a la utilización abusiva, advirtiendo: «Cuando se intenta censurar los comentarios antiisraelíes, se dificulta más, y no menos, lidiar tanto con el antisemitismo como con el dogma antiisraelí». Pero esta carta, escrita conjuntamente con el presidente de la Asociación Estadounidense de Profesores Universitarios, fue recibida con una tormenta de críticas de los grupos judíos derechistas tan intensa que el presidente del AJC, David Harris, desautorizó el texto. Stern acabó abandonando la organización para la que había trabajado durante veinticinco años y se convirtió en uno de los grandes críticos de los abusos cometidos con la definición de la IHRA. Más adelante, Harris se incorporó a la junta directiva del ISGAP. La brecha abierta en la vida de los judíos estadounidenses, al respecto de si en la práctica la definición de la IHRA ayuda u obstaculiza la lucha contra el antisemitismo, tiene un reflejo claro en la divergencia de las carreras de Harris y Stern.[8]

Desde entonces, el problema que Stern temía se ha agravado mucho. Los grupos judíos estadounidenses que antaño se habían opuesto a las medidas antidiscriminatorias, alegando la primacía de la libertad de expresión, han pasado a reclamar acciones de esa índole contra el antisemitismo. Las universidades tuvieron que defenderse de la acusación de que se tomaban unas formas de prejuicio más en serio que otras. La capacidad de apelar al principio de la libertad de expresión estaba limitada porque ya se dedicaban a vigilar los discursos potencialmente ofensivos. En efecto, en vez de tratar a sus estudiantes como personas adultas y reflexivas, tendían a concebirlos cada vez más como núcleos sentimentales que era fácil herir. En parte esto reflejaba una nueva sensibilidad cultural ante el trauma, una categoría de ámbito cada vez más extenso; en parte, un giro subjetivista, que convertía los sentimientos del receptor ante una posible ofensa en la prueba de que la ofensa se había producido, pero también había otra razón: debido a la ley federal contra la discriminación, los rectorados de las universidades estadounidenses se enfrentaban a la amenaza de que se los acusara de crear un «entorno hostil» a determinados grupos.

Esto allanó el camino a que hubiera quien defendiera —y con cierta perspectiva de éxito, prácticamente por primera vez— que el hecho de criticar a Israel era suficiente para crear un entorno hostil. Anteriormente, a nadie se le había ocurrido utilizar así la ley antidiscriminatoria, pero, gracias a las confusas ambigüedades de la definición de la IHRA, algunos abogados expertos en derechos civiles empezaron a entablar pleitos con el Departamento de Educación, contra universidades que a su juicio estaban tolerando el antisemitismo, amparándose en el Título VI de la Ley de Derechos Civiles de 1964. Uno de los pioneros de este enfoque, Kenneth Marcus, fue nombrado posteriormente director de la Oficina de Derechos Civiles del departamento (OCR, en sus siglas inglesas). Era solo el principio de lo que estaba por venir. En 2024, decenas de universidades y colegios de Estados Unidos fueron sometidos a inspecciones de la OCR, que ya no solo dependen de las quejas de los estudiantes o sus representantes, sino que pueden activarse también a petición de grupos de presión politizados. Con ello, no solo estaba en juego la reputación institucional, sino millones de dólares de los fondos federales. Al mismo tiempo que el gobierno federal iba neutralizando el aparato antidiscriminatorio más general, hizo bandera de la lucha contra el antisemitismo en los campus, como un caso especial. Resultó entonces que un mecanismo diseñado en origen para defender a las víctimas de una injusticia social pasaba a utilizarse para censurar los debates y acobardar a las universidades. Los que antaño habían atacado ferozmente la «cultura de la cancelación» se convirtieron en sus defensores más fervorosos; los que habían reclamado una mayor diversidad de puntos de vista se esforzaban por clausurar los debates. En el centro mismo del empeño, con una significación casi totémica, estaba la definición de antisemitismo de la IHRA.[9]

Antes incluso de que universidades privadas como Harvard se inclinaran a la presión política e incorporasen la definición de la IHRA en la redacción de sus propias medidas internas contra la discriminación, diversos parlamentos estatales de Estados Unidos aprobaban leyes contra el antisemitismo que reclamaban a las universidades públicas y las agencias estatales que adoptasen la mencionada definición. Algunos agravaron aún más la situación al hacer caso omiso del carácter condicional de los ejemplos de la alianza —su texto afirmaba que los casos que enumera *pueden ser* considerados antisemitas— y darles valor de prueba. Una propuesta de ley neoyorquina permitiría ilegalizar cualquier acto que promoviera el antisemitismo en los campus —lo que sin duda es un objetivo loable—, pero cita la IHRA de tal modo que no queda nada claro qué se cubre y qué no: una lectura literal de esa legislación implicaría que toda crítica a un político israelí, por ejemplo, podría estar violando la ley. Entidades como PEN América se han manifestado en contra, defendiendo que «las propuestas poco meditadas en referencia al antisemitismo» corrían el riesgo de restringir la libertad de expresión en contextos donde goza de protección. Por su parte, Stern ha calificado de «parodia extrema» que se intente legislar «algo que inherentemente no es sino un discurso político».[10]

Algunos activistas, con los campus en el punto de mira, han adoptado una ruta más directa, optando por intimidar mediante turbas que equiparan hablar en defensa de los palestinos con el antisemitismo. La historia de esta práctica se remonta a cuarenta años atrás, en la posguerra de la invasión del Líbano, de 1982, cuando la Liga Antidifamación y otros grupos hicieron circular listas de estudiosos que según ellos «usan el antisionismo como simple disfraz de lo que es antisemitismo de corazón». Pero en aquellos días, tales acciones macartistas aún eran nuevas y causaban conmoción: de hecho, la ADL renegó de una de esas listas, que calificó de «incidente desafortunado», después de que la acusaran de difamar así a los académicos. Eran tiempos inocentes, en comparación con lo habitual en nuestros días, pues tales tácticas se han ampliado y endurecido y son un rasgo permanente del activismo antisemita. Se publican listas negras en la web, se pintan camiones con mensajes supuestamente informativos, se lanzan corrosivas campañas de avergonzamiento en las redes sociales, difundiendo acusaciones de antisemitismo contra profesores y estudiantes por igual. Aunque resulte difícil de creer, algunos de los responsables forman parte del cuerpo estudiantil o docente, que no solo registran la vida del campus, sino que colaboran con los servicios de inteligencia y policiales informando sobre sus compañeros. Es bien conocido el caso de un estudiante palestino, el activista Mahmoud Khalil, al que primero se hostigó en la red y luego se detuvo y amenazó con la deportación; los implicados se vanagloriaron de su éxito. Imaginemos qué pensarían los promotores de las primeras campañas —hombres como Louis Marshall en Estados Unidos o el judío alemán emigrado Alfred Weiner (cuya biblioteca aún da fe de la seriedad con la que emprendió su labor)— sobre lo que se está perpetrando hoy en nombre de la lucha contra el antisemitismo.[11]

Hace casi medio siglo, Nahum Goldmann, el fundador del Congreso Judío Mundial, advirtió «del peligro más grave que acecha a un pueblo que, después de siglos de persecución e impotencia, alcanza una posición de fuerza, riqueza y poder en el breve plazo de una sola generación». Lo que se hace en nuestros días para combatir el antisemitismo (o que se dice que se hace con tal fin) sugiere que estaba en lo cierto y muestra el cambio radical que se ha producido desde el tiempo —vivido aún por la generación del propio Goldmann— en el que los judíos temían el poder arbitrario del Estado y eran por desgracia muy conscientes del terror que podía ocultarse tras una llamada a la puerta. Hoy, en Estados Unidos, algunos se sienten tan cómodos en sus posiciones de poder y sienten que sus intereses se alinean tan felizmente con los del país que se jactan públicamente de su participación en la difamación, el despido, la expulsión o el arresto de otras personas. Uno siempre puede descalificarlos por su extremismo equivocado, pero como hecho revelador de los valores y las premisas que animan hoy tales acciones, lejos de condenar el pesar que están causando a personas inocentes y la corrosión de la confianza necesaria para que se produzca un aprendizaje, las principales organizaciones judeoestadounidenses han guardado silencio o incluso apoyado activamente tales tácticas, ya sea porque comparten genuinamente sus inquietudes o porque temen verse superadas por los más exaltados. De hecho, en vez de reconocer los peligros de abusar del temor al antisemitismo, parece que solo desean acrecentarlo. La Liga Antidifamación, por ejemplo, ha creado lo que denomina Tarjeta de Evaluación del Antisemitismo en el Campus para calificar los méritos de cada universidad. En la letra pequeña se puede leer: «Que un centro de estudios haya recibido una calificación de A o B según la metodología que indicábamos arriba no significa que el centro no sufra un problema de antisemitismo». Con tales reservas, no es de extrañar que la «metodología» de la ADL plantee dudas serias y esté sesgada para hacer que la situación parezca lo más sombría posible. Estos inventos —ensalzados por los políticos y criticados por muchos estudiantes— nos muestran cuán lejos han llegado las principales organizaciones de presión judeoestadounidenses y cuánto distan hoy del compromiso con la verdad y la utilidad pública que guio a sus predecesores en el pasado al abordar asuntos de discriminación graves. Un estudiante judío analizó recientemente las deficiencias de los métodos de «investigación» de la ADL y llegó a la conclusión de que «parecen formar parte de un modelo más general en el que gente situada fuera del campus afirma tener la respuesta a los problemas de los estudiantes, el personal y el profesorado de una universidad, pero hablan sin tenernos en cuenta». Otro se preguntó abiertamente por qué los activistas externos se muestran tan ansiosos por promover los enfrentamientos, antes que el aprendizaje.[12]

La respuesta, en pocas palabras, es que se trata de política, por supuesto, pero la política no es toda uniforme, pues, bajo la enseña de la lucha contra el antisemitismo y de la defensa de Israel, ha emergido una coalición de tres grupos que se solapan. Por un lado, están aquellos cuya inquietud primordial es Israel en sí y desean defenderlo de cualquier crítica por los medios que sean. Con ella, se solapa un porcentaje significativo de los judíos estadounidenses —en parte organizados y en parte no—, personas que sin duda apoyan a Israel, pero movidas sobre todo por el temor al efecto del antisemitismo de los campus sobre los estudiantes. A estos dos grupos se ha unido un tercero, un segmento bastante distinto de la vida política de Estados Unidos: una amplia coalición de guerreros favorables a la cultura conservadora, para quienes la cuestión del antisemitismo tiene poca importancia en sí, pero les resulta de gran utilidad para avanzar en su programa general. Por ejemplo, la Heritage Foundation, de carácter liberal, hunde sus raíces en el conservadurismo cristiano y sus objetivos principales son fomentar la libre economía de mercado y cancelar los grandes programas federales de mejora social. A los grupos de presión de una mentalidad similar y tendencia derechista, la cuestión del antisemitismo les facilita el empeño de controlar las universidades y clausurar las iniciativas ya añejas a favor de la diversidad y en contra de la discriminación, reafirmar los «valores occidentales» y consolidar la importancia de la religión en la vida de los estadounidenses. Que tales grupos trafiquen a veces con las teorías conspiranoicas e incluso que se les haya acusado de ser antisemitas, no les impide intentar aprovecharse de las ventajas de la guerra contra el antisemitismo, porque este asunto resulta neutralizar a la mayoría de los partidarios del Partido Demócrata, que en otro caso se les opondrían, y es ideal para impulsar el ingente asalto contra la que siempre han considerado su enemiga ideológica: la izquierda.

Así las cosas, la repetida premisa del «nuevo antisemitismo», según la cual el prejuicio antijudío era un problema característico de la cultura marxista, ofrece a la derecha estadounidense la oportunidad que buscaba para lanzar su propia contrarrevolución cultural. Todo esto es idóneo para sus fines políticos y se ha evidenciado con claridad en la primera fase del segundo mandato del presidente Trump. Es del todo discutible que asociar tan estrechamente la lucha antiprejuicios con las fuerzas antiliberales y nacionalistas cristianas contribuya en efecto a luchar contra el antisemitismo o aumentar la seguridad de los judíos; volveremos sobre el tema en este mismo capítulo. Aquí baste con recordar la advertencia de Chenevix Trench: cuando un término que había tenido un sentido preciso empieza a utilizarse «de un modo más general, vago e indefinido [...] ha perdido su lugar en el ejército de las palabras para integrarse en una turba informe y desordenada».

«¿En qué consiste la *novedad* del *nuevo* antisemitismo? —se preguntaba el estudioso Brian Klug—. La respuesta, en una palabra, es el antisionismo.» Igualar el antisemitismo con el antisionismo ha tenido un éxito político extraordinario y ha permitido calificar de antisemitas las protestas propalestinas. Después de publicarse la orden ejecutiva presidencial de 2019 sobre el antisemitismo —con su referencia a la definición de la IHRA—, un asesor de la Casa Blanca comentó que la administración estaba adoptando una «definición de antisemitismo [...] [que] pone de manifiesto lo que nuestra administración ya ha hecho constar en público: que el antisionismo es antisemitismo». En realidad, el texto de la IHRA no menciona el término *antisionismo* y realiza pocas aseveraciones definidas, de ninguna clase y desde luego no en apoyo de tal punto de vista. Aun así, una fórmula que en origen se concibió para especificar la línea que separaría las críticas permisibles a Israel de las no permisibles se está citando ahora con frecuencia para descartar absolutamente cualquier crítica.

Si realmente queremos averiguar qué relación une el antisemitismo y el antisionismo, lo primero que debe observarse es que el segundo es un término de gran capacidad, que puede significar cosas muy distintas para personas distintas, de manera que hablar de estar en contra del antisionismo no es decir gran cosa. El antisionismo puede basarse, por ejemplo, en aversión por principios a los etnonacionalismos de cualquier clase (el judío u otros) y, desde luego, no tiene nada de antisemita (salvo que se considere antisemita algo que mucha gente hace: creer que el nacionalismo es malo, sin más). Para otros puede connotar la desaprobación radical para con el resultado de 1948 o quizá un deseo de establecer un sistema de gobierno con derechos iguales para todos a uno y otro lado de las fronteras anteriores a 1967. Algunos abrazan el sueño de una generación anterior de sionistas idealistas: un Estado único federado, para árabes y judíos al mismo tiempo, y habrá quien sueñe también en un Estado sin judíos, pero todas estas posibilidades difieren entre sí en lo que implican. La limpieza étnica es deplorable, con independencia de cuál sea el blanco elegido y de si la ejecutan árabes o judíos; según ha enfatizado la Declaración de Jerusalén, hacer un llamamiento a la violencia contra los judíos no es lo mismo que confiar en que el Estado judío ya existente pase a conceder los mismos derechos a todos sus ciudadanos con independencia de su fe. A todo esto, cabría añadir lo que Antony Lerman denominó formas de «antisionismo ficticio», que no guardan ninguna relación con ningún elemento del mundo real. En efecto, «sionista» se ha utilizado como referencia despectiva aplicada a enemigos tan diversos entre sí como los comunistas chinos (por parte de la Radio Exterior de Mongolia) o Papa Doc (por parte de exiliados haitianos). En los círculos derechistas de Estados Unidos, se está añadiendo el prefijo «sio-» a quienes se considera enemigos, como hacían los nazis con el prefijo «judeo-». Y, por supuesto, está el precedente estalinista de usar el antisionismo como excusa apenas disfrazada para mostrarse desagradable con los judíos.

En suma, el antisionismo conlleva el riesgo de su propia forma de intolerancia y prejuicio, como se ha puesto de manifiesto en la historia, pero esto no supone que el antisionismo sea *equivalente* al antisemitismo, pues resulta obvio que no lo es. En el que es quizá el análisis más reflexivo sobre la interrelación de estos dos elementos, el historiador David Myers sostiene que los antisionistas hicieron una contribución esencial a un «debate sobre cuestiones de la mayor importancia para el futuro de los judíos», en concreto, el carácter fundamental de Israel. Desde esta perspectiva —destaca—, censurar un discurso por la sola razón de que se plantee con el lenguaje del antisionismo no es únicamente un error, sino que es perjudicial.[13]

Pero supongamos por un momento —como experimento mental— que el antisionismo es de hecho igual al antisemitismo. ¿Significa eso que como Israel es un Estado judío no hay forma alguna de criticarlo sin ser antisemita? Aunque la idea casi nunca se expresa con tanta desnudez —sin duda, porque la premisa podría empezar a parecer cuestionable—, podemos hallar ejemplos de razonamientos políticos recientes que se mueven en esa dirección. El jefe de los rabinos británicos, Jonathan Sacks, declaró, por ejemplo, ante un comité parlamentario que acusar a Israel «de racismo, limpieza étnica, intento de genocidio o crímenes contra la humanidad» no solo faltaba a la verdad, sino que eran proposiciones antisemitas por sí mismas. En 2024, algunos parlamentarios laboristas de Reino Unido criticaron que su gobierno decidiera retirar la licencia de exportación de armas a Israel a consecuencia de los combates de Gaza. Se les atribuye la afirmación de que mientras que «en nuestro partido hemos estado enfrentándonos al antisemitismo, [en cambio el secretario de Exteriores y el primer ministro] parecen haber tomado partido en un conflicto que implica al único Estado judío del mundo». Parecían estar dando por supuesto que el gobierno británico debería apoyar al «único Estado judío del mundo» o, por lo menos, abstenerse de criticarlo, si deseaba que no se le acusara de antisemitismo.[14]

Sin embargo, el esfuerzo original de Kenneth Stern —que estuvo en el origen mismo de la saga de la definición de la IHRA— ni por un momento presuponía que el antisemitismo y el antisionismo fueran la misma cosa. Antes el contrario, partía de la idea de que eran discursos distintos, con un solapamiento que era preciso delimitar. Para Stern y otros miembros del AJC de la época, criticar a Israel era permisible y —de acuerdo con la libertad de expresión— deseable: el objetivo era ayudar a averiguar cuándo cruzaba la línea del antisemitismo. De hecho, según hemos visto, la definición que redactó y que la IHRA adoptó con modificaciones menores no ha conseguido hacer realidad ese objetivo; en su lugar, ha generado una confusión por la que muchos de quienes la citan parecen creer que no existe ninguna clase de línea que pueda cruzarse o no, al menos, ninguna que sean capaces de identificar.

De una definición se espera que sea clara, algo que no puede decirse de la «definición de trabajo» de la IHRA. ¿Quizá radica precisamente aquí —en su falta de claridad— la explicación de su extraordinaria carrera política? ¿Podría ser que su mayor virtud como definición, desde el punto de vista de quienes la han recomendado más ardorosamente, sea que *no* alcanza a definir? A fin de cuentas, como señaló Jacques Derrida, «cuanto más confuso es un concepto, más se presta a la apropiación oportunista». Los expertos y estudiosos pueden protestar por sus deficiencias, pero si a una organización se le advierte que no cumplir con la definición de la IHRA la expondrá a posibles consecuencias legales o burocráticas y si además no tiene la certeza de *exactamente* qué hechos supondrían no cumplir con la definición, lo más probable es que peque de exceso de cautela. En consecuencia, la definición es una amenaza para la libertad intelectual. Una redacción torpe puede resultar de utilidad porque permite que una palabra signifique cosas distintas para personas distintas y, por lo tanto, puede ampliar el alcance de su impacto. PEN América ha llamado la atención sobre el problema de que los legisladores basen sus propuestas de ley en la IHRA, por las consecuencias que esto tiene: «Al obligar a los centros de estudio a considerar que toda crítica a las políticas de Israel puede ser un *criptoantisemitismo*, el resultado más probable es que esos centros reaccionen desproporcionadamente [...] Este enfoque dañaría la libertad de expresión y abriría la puerta a intentos de limitar otras formas de discurso que determinados grupos puedan considerar ofensivas por sí mismas».[15]

Este temor por la libertad de expresión dista de ser imaginario. En realidad, ya se está notando, mucho más allá de las universidades, porque no pocos políticos —considerando que esto les simplificaba el trabajo y probablemente que los matices semánticos no tenían especial importancia— han adoptado la fórmula de la IHRA como un recurso fácil de postureo moral. El problema no se limita a Estados Unidos. En 2017-2018, los laboristas británicos, por ejemplo, recibieron un aluvión de acusaciones de antisemitismo; el partido abrazó la definición de la IHRA para comunicar a la opinión pública que se tomaba el asunto en serio.[16] A otros actores de la vida pública (como entidades artísticas u organizadores de festivales) les puede proporcionar un tribunal de apelación conveniente, dada la incertidumbre general sobre qué es en realidad el antisemitismo. En consecuencia, la definición está sirviendo, a gran escala, para hacer lo que algunos de sus promotores claramente deseaban que hiciera: apagar las protestas en nombre de los palestinos. Un estudio reciente de los países de la Europa Occidental revela decenas de casos en los que, entre 2017 y 2023, se ha invocado la definición de la IHRA casi exclusivamente en detrimento de quienes comentaban asuntos del Oriente Próximo. La vieja inquietud de quienes hacían campaña contra el antisemitismo —que la derecha los atacara con violencia— parece haber quedado relegada a un lugar secundario.[17]

Aunque la libertad de expresión ha sufrido en muchos países de Europa, el caso más grave o preocupante es el de Alemania, donde la definición de la IHRA ha sido adoptada por decisión del gobierno federal. Como la reunificación del país, en 1990, despertó el recuerdo de la última vez que Alemania había sido un gran centro de poder en el corazón de Europa, hace muchos años que su élite política considera crucial transmitir que en lo relativo a la cuestión judía, el país ha roto por completo con el pasado. Para tal fin se han adoptado una diversidad de medidas, desde educar sobre el Holocausto a formalizar el apoyo a los líderes de la comunidad oficial de los judíos del país, el Consejo Central de los Judíos en Alemania, o también ofrecer ayuda al gran número de judíos rusos que se asentó en el país tras el hundimiento de la Unión Soviética. Alemania estableció vínculos directos con Israel desde los tiempos de Ben-Gurión y el canciller Adenauer, que en 1952 negociaron un acuerdo de compensaciones; desde 1990 ha existido una especie de alianza entre los dos países, mediante la cooperación militar y la venta de armas, la solidaridad en los foros internacionales e incluso algunas reuniones conjuntas de los respectivos gobiernos. Siendo cancillera Angela Merkel, la seguridad de Israel se declaró «razón de Estado» (aunque tardó en quedar claro si esto se traducía en un apoyo incondicional). Desde 2018 implica también combatir el antisemitismo mediante comisarios especiales, de los que existen ahora varias decenas en los diversos escalones de la jerarquía gubernamental.[18]

¿Qué ha significado enfrentarse al antisemitismo al mismo tiempo que (en palabras del sucesor de Merkel) Alemania se sitúa «de parte de Israel»? Significa, por un lado, depender fuertemente de los nuevos comisarios del antiantisemitismo y de cómo conciban estos su papel, pues, aunque los datos reunidos por la policía alemana constatan que los perpetradores de actos violentos contra los judíos proceden abrumadoramente de la derecha, los nuevos comisarios se han mostrado más bien recelosos a la hora de destacar el problema del antisemitismo derechista; han preferido citar la definición de la IHRA, dirigirla contra quienes critican a Israel desde la izquierda y censurar expresiones no violentas de apoyo a Palestina.[19] Según palabras de Felix Klein (que ostenta el cargo de «comisario federal para la vida judía en Alemania y la lucha contra el antisemitismo»), recogidas en 2021: «Es importante que no jerarquicemos qué forma de antisemitismo es la más peligrosa en la actualidad, sino que examinemos sin ningún sesgo las tres fuentes del antisemitismo: la de izquierdas, la de derechas y la religiosa».[20] En realidad, el problema no son los sesgos, sino haber dado prioridad a la supresión de discursos legítimos, no a la amenaza de la violencia racista. Los comisarios no han vacilado en calificar de antisemitas a intelectuales de buena reputación (incluidos pensadores judíos bien conocidos) por el solo hecho de haber criticado al gobierno de Netanyahu. Al menos uno de los comisarios ha llegado a arrojar dudas sobre si los judíos alemanes que critican a Israel son de verdad judíos o no.

Pero la parcialidad de los comisarios es tan solo reflejo de la actitud problemática de la clase política alemana en su conjunto, que ha permitido que el sentimiento de la culpa histórica la desvíe del camino. Veamos un ejemplo revelador, que ha afectado al historiador alemán Peter Schäfer, respetado experto en el judaísmo antiguo y autor de un estudio magistral sobre el odio antijudío en el mundo antiguo. Este exprofesor de Princeton dejó la universidad en 2013 para asumir la dirección del Museo Judío de Berlín. Cinco años más tarde, el primer ministro israelí tomó la asombrosa decisión de protestar por una exposición que el museo había dedicado a Jerusalén y a él le parecía sesgada en contra de Israel. El jefe de la comunidad de los judíos alemanes intervino, aunque luego se supo que hablaba sin haber visitado la exposición. A pesar de que en esta ocasión el ministro de Cultura alemán defendió el museo, este recibió un aluvión de quejas incesantes. Un año más tarde, el Bundestag aprobó una declaración que calificaba como antisemita al movimiento Boicot, Desinversión y Sanciones. El debate fue agrio e incluso algunos de quienes votaron a favor temían que la resolución fuera inconstitucional y pudiera perjudicar la libertad de expresión. Sus inquietudes se confirmaron a los pocos meses, cuando desde la portavocía del Museo Judío se publicó un tuit crítico con la resolución referida al BDS. Tanto el museo como Schäfer en persona fueron objeto de una tormenta de críticas feroces, hasta el punto de que el historiador decidió presentar la dimisión. De esta forma, una de las autoridades más respetadas del mundo sobre el antisemitismo perdió el trabajo censurado por su supuesto antisemitismo. «La acusación de antisemitismo es un bate con el que en un momento te asestan un golpe fatal. Hay elementos políticos a los que esto les interesa y lo han usado y siguen usando», comentó Schäfer más adelante.[21]

El caso de Schäfer debería haber bastado como llamada de alerta: esa forma de luchar contra el antisemitismo corría el peligro de desacreditar el propio término. Por desgracia, solo puso de manifiesto que la clase política alemana era vulnerable al chantaje moral. La opinión pública judía, tanto en Alemania como en el extranjero, estaba profundamente dividida al respecto, pero, políticamente, solo una parte parecía contar. La retahíla de acusaciones infundadas de antisemitismo —que en lo que respecta a una figura como Schäfer, debería haber sido evidentemente absurda— resultó ser suficiente para anular las contraprotestas de diversos líderes de la cultura y la universidad, en el extranjero y en la propia Alemania. En privado, no pocos diplomáticos y políticos lamentaron el abuso del reproche de antisemitismo; algunos incluso advirtieron que la tolerancia de Alemania con respecto a apoyar a Israel en el extranjero se desvanecería si esa clase de cosas seguía sucediendo, pero eran ellos y no otros los que, amparados en el legalismo, imponían la censura a los gestores artísticos, directores de museos y profesores universitarios. Entretanto, organizaciones como el Centro Simon Wiesenthal, aun careciendo de las debidas credenciales académicas específicas, se arrogaban el derecho de quejarse a la cancillera Angela Merkel porque unos estudiosos del antisemitismo, de la Universidad Técnica de Berlín, habían respaldado a autores cuya perspectiva sobre Israel y el sionismo los disgustaba. La situación, lejos de mejorar, continuó empeorando: los comisarios de antisemitismo alemanes decidieron imponer la línea del IHRA de un modo aún más estricto. El extremo del absurdo —tragicómico— se alcanzó quizá en 2021, cuando el Centro Simon Wiesenthal denunció el antisemitismo de uno de los comisarios anti-antisemitismo, al que situó en séptimo lugar de su lista anual de los «diez mayores antisemitas del mundo». Este ataque contra uno de sus colegas fue tan desproporcionado que excepcionalmente hizo manifestarse incluso a la coordinadora de la Unión Europea para la lucha contra el antisemitismo, Katharina von Schnurbein.[22]

No parece que se esté reflexionando sobre estos problemas. Antes al contrario, el ataque de Hamás contra Israel, en octubre de 2023, ha tenido por consecuencia un endurecimiento del ambiente y, además, ha introducido en el conjunto del debate una desagradable nota en contra de la inmigración. En noviembre de 2024, el Bundestag aprobó otra resolución titulada «Protección, preservación y consolidación de la vida judía en Alemania» que, por un lado, reafirmaba el veto al movimiento BDS y, por el otro, equiparaba de nuevo los objetivos de luchar contra el antisemitismo y contra la «hostilidad a Israel». Lo único que estaba claro era que la clase política alemana se sentía claramente obligada a proporcionarle a Israel una inmunidad general frente a cualquier crítica; lo que no estaba nada claro, en cambio, era que este modo de ver las cosas pudiera contribuir en efecto a proteger la vida judía en Alemania.[23]

Todo este debate, de hecho, nos obliga a enfrentarnos a la posibilidad de un choque fundamental entre los intereses de Israel —según los definen sus líderes políticos— y los de la diáspora judía, pues la verdad —por incómoda que sea— es que preocuparse por si la vida judía puede prosperar en Europa no tan solo es distinto de las medidas de ilegalización de las críticas a Israel, sino que en cierto modo puede producir el efecto contrario. Según ha comentado el escritor Ian Buruma: «En el contexto político actual, no es contradictorio ser proisraelí y ser antisemita». De hecho, cada vez son más los antisemitas que, desde las dos orillas del Atlántico, encuentran en el Israel de Netanhayu un espejo de sus propias aspiraciones derechistas y un aliado potencial. En este sentido, por ejemplo, la ultraderechista Alternativa por Alemania ha ensalzado a Israel como modelo ideal para su propio país. Sin embargo, el problema no se limita a la extrema derecha: no hay que olvidar el carácter hondamente problemático del filosemitismo (quizá sería más adecuado llamarlo filoisraelismo) que es casi oficial entre los grandes partidos alemanes. Este posee una historia larga, pues se remonta a los primeros años de la reconstrucción de la Alemania Occidental en la posguerra y, en la actualidad, —según ha mostrado un teórico de la cultura— ofrece un medio para que buena parte de la élite política del país exhiba performativamente su amor por los judíos. Ahora bien, este enfoque, que se suponía daría respuesta al antisemitismo, puede asemejarse mucho a este en sus premisas básicas, una semejanza sin duda incómoda.[24] Un destacado historiador de Alemania ha escrito, en tono solo parcialmente irónico, que «un filosemita es un antisemita que ama a los judíos». Y los ama quizá en especial cuando estos viven en Israel; a fin de cuentas, al promover la idea de que enfrentarse al antisemitismo significa defender a Israel, las autoridades alemanas no están lejos de dar a entender que, en cierto modo, los judíos no deberían estar sino en Israel. Por otro lado, Alemania no es el único caso de un país cuyos políticos parecen aceptar letra por letra la afirmación de Israel de que su Estado es el garante último de la vida judía. El presidente Biden comentó más de una vez —con lo que provocó cierta consternación entre los círculos liberales de los judíos estadounidenses— que «si no existiera un Israel, todos los judíos del mundo estarían en peligro». Los antisemitas quieren que los judíos vivan lejos de su país; los filosemitas sugieren que su auténtico protector no es el Estado en el que viven, sino Israel; los gobiernos israelíes afirman que ellos representan la salvaguardia de los judíos de todo el mundo. No hay mucha distancia entre estas tres posiciones: ninguna de las tres ayuda a proteger la vida judía en la diáspora.[25]

Es hora de plantear una pregunta muy básica, pero que no se plantea con la frecuencia que se debería: a la hora de combatir el antisemitismo, ¿qué es lo que funciona? Pues en nuestros días coexisten dos paradigmas de antisemitismo que generan confusión al ofrecer puntos de vista rivales de qué es y sugerir tipos de respuesta muy distintos entre sí. La versión dominante, que nos ha llevado donde ahora estamos, hace hincapié —como anteriormente la Escuela de Jerusalén— en que el prejuicio contra los judíos es, en un sentido importante, algo eterno, único, que no depende de los contextos. Postula que en los tiempos modernos existe un vínculo estrecho entre el antisemitismo y la hostilidad hacia Israel, que concibe como la modalidad más nueva de un odio antiguo. En su raíz, apenas cree en la existencia de ningún gran remedio, más allá de la vigilancia constante; con la posible excepción de la judería de Estados Unidos (que a menudo se considera un caso aparte), concibe la existencia de las minorías judías fuera de Israel como algo precario y, en última instancia, tal vez condenado a la extinción. La única solución al antisemitismo, según esta lógica, es y ha sido siempre apoyar el Estado de Israel y defenderlo frente a cualquier ataque, ya sea verbal o material. La segunda versión, que surgió de la experiencia del nazismo y la segunda guerra mundial, y antaño fue mucho más influyente de lo que es ahora, entiende que el antisemitismo depende de la época —y del contexto—, puede ser estudiado y comprendido y se puede solventar. Considera que afecta la vida de las minorías judías en los Estados nación y que existe como algo muy próximo a otras formas de racismo. Cree que las minorías de la diáspora tienen el mismo derecho a existir que cualquier otra sección del mundo judío; desconfía de los extremos del nacionalismo, por la propia naturaleza de su perspectiva; considera toda relación con Israel desde un enfoque mucho más contingente.

No hará falta decir, en este punto, que la primera versión es la que ha incitado la enérgica campaña contra el antisemitismo de estos últimos años, basándose en la definición de la IHRA. Sin embargo, incluso algunos de sus paladines más destacados están empezando a reconocer, por vez primera, que su estrategia no ha funcionado. El presidente ejecutivo de la Liga Antidifamación, por ejemplo, pese a haber sido uno de sus proselitistas más ardorosos, ha declarado ante la Knéset israelí, en enero de 2025, que la estrategia ha fracasado y hay que abrir las puertas a una reflexión. Esta reveladora admisión de la derrota quizá no preocupe a quienes se han limitado a usar la lucha contra el antisemitismo para sus propios fines, pero quien sí se preocupe por el antisemitismo se estará preguntando dónde están las pruebas de la productividad del enfoque hoy mayoritario, más cuando la propia ADL reconoce que el problema no hace sino empeorar.

Un punto de partida sería quizá poner en duda la idea de que el antisemitismo es sui géneris y que lo mejor es abordarlo separadamente de otras formas de intolerancia. A fin de cuentas, abundan desde hace tiempo los indicios empíricos de que el prejuicio contra los judíos se relaciona con otros factores y, muy claramente, con otras formas de prejuicio racial. Un análisis de 1964 sobre casi treinta años de recopilación de datos patrocinada por el Comité Judío Estadounidense concluyó que «cuando se constató un aumento de la hostilidad hacia los judíos [...] aumentó también la hostilidad hacia otras minorías». En los últimos años las estadísticas del FBI muestran una correlación similar entre las tendencias del antisemitismo y las de otros delitos de odio. La consecuencia práctica es que una estrategia ampliamente antirracista puede que contribuya más a identificar las raíces ideológicas de la violencia antisemita —y, por lo tanto, a los perpetradores más probables— que un enfoque que aborda el antisemitismo de forma aislada. «El antisemitismo y la islamofobia son dos caras de la misma moneda y proceden de la misma raíz», ha comentado la Runnymede Trust, líder de las organizaciones de estudio de la justicia racial en Reino Unido.[26]

Si los datos procedentes de fuentes fiables apuntan a que en nuestros días el racismo es una fuente principal de la violencia antisemita, también apuntan, de forma inequívoca, a la otra gran fuente: la agitación en el Oriente Próximo. Los analistas del Centro para el Estudio del Odio y el Extremismo —entidad muy respetada de la Universidad Estatal de California— han hallado una estrecha correlación entre los picos de conflicto allí y los picos de incidentes de odio contra los judíos en Estados Unidos. Según el investigador Brian Levin, tres décadas de datos «muestran claramente el enorme ascenso porcentual de los delitos de odio antijudío en Estados Unidos cuando hay una guerra en Tierra Santa». «Ningún factor explica el incremento del antisemitismo tanto como el hecho de que Israel esté implicado en un conflicto violento con sus vecinos», resume también Ayal Feinberg. Se ha observado una tendencia muy similar con los incidentes de islamofobia. Tales hallazgos, que son aplicables tanto a Europa como a Estados Unidos, ayudan a explicar por qué no hay pruebas de que el nuevo marco del antisemitismo, implícito en la definición de la IHRA, haya ayudado de hecho ni a disminuir los prejuicios ni a variar las actitudes hacia el Oriente Próximo; antes al contrario, arrojan luz sobre las dos grandes razones que explican su rotundo fracaso. Cuando se condena en su totalidad las críticas a Israel, tildándolas de antisemitas, se pasa por alto una fuente mayor y más antigua de violencia antisemita en el mundo: la derecha racista. Y cuando las actitudes hacia el Oriente Próximo generan intolerancia, prejuicios y violencia antisemita, su origen puede trazarse a menudo menos en ningún odio eterno a los judíos que en lo que está pasando en Israel.[27]

Al ignorar estas realidades, es razonable concluir que la reciente politización del debate del antisemitismo, lejos de ayudar a los judíos, los ha hecho más vulnerables, no menos. Un informe de 2025 que evalúa la lucha contra el antisemitismo en Reino Unido concluye de forma inequívoca que el punto de vista mayoritario hoy ha resultado «perjudicial para la seguridad y el bienestar de las comunidades judías». En cuanto a Estados Unidos, una encuesta reciente con más de cuatro mil estudiantes llega a una conclusión no menos clara: equiparar el antisemitismo con las críticas a Israel no produce resultados prácticos útiles, porque influye relativamente poco sobre el hecho real de que en su mayoría los estudiantes no son antisemitas, tampoco los que se oponen más enérgicamente a las políticas de Israel. El estudio también constata que quienes sí tienen puntos de vista antisemitas tienden a apoyar a Israel, más que oponerse, y a situarse en la derecha del espectro político, antes que en la izquierda. No solo es posible y, más aún, habitual ser antisionista (en muchos de los sentidos de esta palabra tan polisémica) sin ser antisemita, sino que es igualmente posible ser antisemita y *a la vez* prosionista. De hecho, se sabe que los partidarios derechistas de Israel en Europa, y entre la ultraderecha cristiana de Estados Unidos, es *más probable* que adopten ideas antisemitas, en comparación con quienes critican a Israel.[28]

Estos hallazgos, no hará falta decirlo, desmienten la angustia predominante —tanto entre los combatientes de la cruzada conservadora *antiwoke* como en buena parte de la mayoría judeoestadounidense— sobre el supuesto crecimiento del antisemitismo en los campus y la vida cultural; antes al contrario, nos sugieren que se trata de una exageración que además resulta contraproducente. Por otro lado, nos recuerdan de nuevo —si es que hacía falta— que la cuestión de exactamente dónde y de qué modo el antisemitismo se solapa con el discurso político sobre Israel es un asunto que debe dilucidarse con racionalidad, cuidado e imparcialidad, no a partir de supuestos ni mediante decretos. Son rasgos que hemos visto poco hasta el momento, ni entre los grupos de presión que más cabildean sobre la cuestión, ni entre los legisladores a los que se ha confiado preparar una respuesta. Al revés, la instrumentalización de la lucha contra el antisemitismo —primero, para fines de política exterior; luego, para una guerra cultural interior, con objetivos específicos— solo ha servido para obstaculizarla.

En la actualidad, resulta evidente que la definición de la IHRA es de gran utilidad a los políticos que desean utilizar el asunto del antisemitismo para aplastar la disensión y atacar las libertades civiles. Para ellos, en efecto, las deficiencias, confusiones y contradicciones internas de la definición no solo carecen de importancia, sino que de hecho son prácticas: les dan cobertura para perseguir sus fines más generales de forma indefinida. Hay otros políticos que, sin duda, están verdaderamente preocupados por los sentimientos antijudíos, pero también han quedado enredados entre las múltiples ambigüedades del enfoque de la IHRA. A medida que los funcionarios civiles y burócratas gubernamentales se implicaban más directamente, se ha ido forjando una inquisición a cuyos propios inquisidores les resulta difícil definir el objetivo. Un ejemplo llamativo nos lo ofrece el informe de un comité del Congreso sobre el antisemitismo en los campus universitarios del año 2024. En cierto momento, el informe describe a unos estudiantes que «revelan actitudes antisemitas» y critica a uno de ellos por decir: «No hay modo de criticar el país que se califica a sí mismo como el gran Estado del pueblo judío sin que alguien te venga con que estás atacando al pueblo judío». En realidad, la forma en la que se nos dice que este estudiante planteó el asunto —y expuso una dificultad real— parece más que acertada: como hemos visto, hay quien entiende que la identificación de Israel como «el Estado nación del pueblo judío» comporta que toda crítica a ese Estado sea una muestra de antisemitismo; esta postura eximiría a Israel de cualquier crítica. Pero desde la perspectiva de los autores de este informe para el Congreso, al parecer, el simple hecho de señalar una dificultad muy evidente es en sí una prueba de antisemitismo. ¿Acaso es antisemita *también* haber señalado esa dificultad? Nos amenaza un bucle infinito: hemos entrado en el reino del absurdo.[29]

En un artículo titulado «Israel and Its Elephants» [«Israel y sus elefantes»], Steven Beller, autor de la guía breve más razonable sobre todo el tema del antisemitismo, sugiere que el problema fundamental es que en nuestros días el concepto ha pasado a ser un «término que intenta significar demasiadas cosas para demasiadas personas». Pregunta si es plausible usar la misma palabra —que además deriva del pensamiento racialista del siglo XIX— para agrupar en una única categoría desde las decisiones de los faraones egipcios a las limitaciones del alquiler en el Estados Unidos de la posguerra.

Beller evoca la analogía del cuento tradicional en el que unos ciegos intentan adivinar cuál es la naturaleza del elefante, y se pregunta si el antisemitismo es en realidad un elefante, y no una sola etiqueta aplicada por error a dos (o más) tipos de animales distintos. Un tipo sería la versión bien conocida, asociada con los estereotipos que hace siglos que circulan en referencia a los judíos. Otro es lo que el autor denomina «el elefante asociado a Israel», que tiene varios rasgos muy específicos, pues mientras que el antisemitismo clásico —después de Auschwitz— se percibe como encarnación de una malicia sin reservas, el elefante de Israel implica temas que están en el centro de la ética moderna, tales como los derechos humanos, el derecho internacional y los valores democráticos. Un término que los fascistas y los nazis adoptaron con orgullo ¿acaso se puede aplicar con utilidad cuando los liberales o los izquierdistas plantean dudas relativas a esas cuestiones y referidas al conflicto de Israel y Palestina? Para calificar de antisemitismo lo que hacen, hay que forzar tanto el concepto que se genera incoherencia. La razón es muy simple, dice Beller: «Históricamente, el antisemitismo se construyó en torno a la "cuestión judía", pero lo que tenemos hoy en Israel/Palestina no es tanto una cuestión judía como una cuestión palestina». La gente ha salido a la caza del elefante equivocado.[30]

Así como nuestra comprensión del Holocausto ha dado forma a nuestro concepto de antisemitismo en el pasado, en la actualidad, Israel está eclipsando cada vez más nuestra interpretación, sobre la cual arroja una sombra que probablemente crecerá. En 2010, se calculaba que había 13,9 millones de judíos en el mundo, lo que representaba tan solo un 0,2 % de la población global. Las previsiones de futuro, para 2050, hablan de un total de unos 16 millones. Entonces como ahora, dos países, Israel y Estados Unidos, supondrán más del 80 % del total, pero habrá una diferencia importante. Si en 1950 la población judía de Estados Unidos era muchísimo más numerosa que la de Israel y, en 2010, aún la superaba, mediado el siglo XXI es probable que Israel acoja a más de la mitad de la población judía del mundo.[31]

Aunque esta previsión demográfica sin duda habría enorgullecido a David Ben-Gurión, debemos situarla en un contexto que quizá le causaría pesar. En 1950, poco después de haberse creado el Estado de Israel, vivían allí cerca de 1,2 millones de judíos, que suponían casi el 90 % de la población. En esos primeros años, no parecía inverosímil que ese Estado nación pudiera alcanzar la normalidad. En nuestros días, la situación es muy distinta. Según los cálculos del demógrafo más destacado de Israel, Sergio Della Pergola, para el año 2021, cerca de 6,2 millones de judíos viven dentro de las fronteras israelíes anteriores a 1967 (aproximadamente el 77 % del total), pero si sumamos los territorios de Israel y palestinos, son cerca de 6,9 millones de judíos para un total de más de 14 millones de habitantes. Así pues, por mucho que el gobierno proclame el carácter nacional judío de Israel, el apetito del Estado por los territorios —incitado por el movimiento de los colonos— está socavando su propia afirmación, pues crea una situación en la que la supuesta «minoría árabe» no es ninguna minoría. Mientras el concepto de antisemitismo siga a la deriva, alejándose cada vez más de sus orígenes históricos, es probable que lo afecte aún más directamente lo que Israel haga y diga en relación con estas tendencias.[32]

¿Cómo podría el país ayudar a combatir el antisemitismo? Esta pregunta tuvo especial importancia en la formidable mente de Haim Cohn, antiguo juez del tribunal supremo y fiscal general de Israel. Había nacido en Lubeca (Alemania) en 1911 y pertenecía a una generación que incorporó la experiencia personal del fascismo a su vida y su obra posteriores en el nuevo Estado judío. Cohn procedía de una familia de rabinos y, en sus propias palabras, era un «sionista a la antigua usanza y patriota fervoroso del Estado de Israel». Había huido de Alemania cuando los nazis se alzaron con el poder y abrió consulta en Palestina, antes de la guerra, para convertirse a partir de 1948 en uno de los arquitectos del sistema legal israelí.[33]

En 1985, se lo invitó a participar en un seminario sobre el antisemitismo contemporáneo, convocado a instancias del presidente de Israel. Acudieron abanderados de la Liga Antidifamación, psicólogos sociales, sovietólogos y expertos en diversas regiones, desde Argentina a Escandinavia. Políticamente recorrían un espectro que iba del anticomunismo al feminismo de Betty Friedan. Uno tras otro, los oradores —entre los que había algunos de los grandes estudiosos y pensadores del momento— advirtieron de la amenaza que el antisemitismo representaba, de su misteriosa expansión por todo el mundo y de la necesidad de entenderlo en toda la diversidad de sus encarnaciones. La única nota discrepante, a este respecto, la puso Cohn al preguntar cómo podía ser que la creación de un Estado judío, en lugar de terminar con el antisemitismo, había provocado que adquiriese formas nuevas. ¿Qué había salido mal? ¿Había un error en las premisas? En tal caso, ¿qué era el sionismo en realidad?

A Cohn no le inquietaban los errores que pudieran haber cometido, pues por un lado era inevitable equivocarse en algún punto y, por el otro, dadas las circunstancias, no lo habían hecho mal. No, el problema que le inquietaba era la tendencia, creciente en Israel, a obsesionarse con el antisemitismo. En vez de correr a denunciar los prejuicios de los otros, ¿no sería preferible «asegurarnos de que nosotros estamos libres de cualquier prejuicio parecido»? Una cosa era haber odiado a los *goyim* (no judíos); en el pasado, en la diáspora, esto se podía disculpar por ser una expresión de respeto a uno mismo en circunstancias de humillación cotidiana, pero, con el establecimiento de

Israel, las cosas habían cambiado: «La dignidad y el amor propio de los judíos ya no corren peligro». Deploró lo que consideraba propensión de los israelíes a ver un posible asesino en cualquier árabe, exactamente igual que habían hecho los alemanes, para quienes «cada judío había sido un posible asesino». La conclusión de Cohn era simple: «Para los judíos de Israel, solo existe un modo de combatir el antisemitismo: no imitarlo».[34]

Epílogo

Lo que yo vi

> Pues los hombres creen que la razón gobierna sus palabras, pero es asimismo cierto que las palabras tienen un poder propio bajo el cual el entendimiento puede rendirse y ceder.
>
> FRANCIS BACON, *Novum Organum*

El 7 de octubre de 2023, una incursión de Hamás en el sur de Israel, desde Gaza, acabó en un baño de sangre: más de mil personas murieron y a más de doscientas (entre ellas, ancianos y niños) se las tomó como rehenes. La conmoción generada por estos acontecimientos —el ataque terrorista más letal de la historia del país— llevó al gobierno israelí a lanzar un asalto militar contra la Franja de Gaza, que está muy densamente poblada. Un bombardeo de una intensidad sin precedentes aniquiló a familias enteras y dejó decenas de miles de muertos enterrados bajo los escombros. Por todo el mundo se despertó un debate extraordinario que reflejaba los miedos existenciales de los dos bandos.

En la Universidad de Columbia, donde imparto clases, los argumentos dieron paso a manifestaciones, contramanifestaciones, sentadas, acampadas y ocupaciones. Las protestas estudiantiles se convirtieron en un espectáculo nacional y prendieron la mecha de un movimiento internacional, hasta que, con una demostración de fuerza, el Departamento de Policía de Nueva York las cortó: los antidisturbios asaltaron los parterres y caminos y detuvieron a varias decenas de manifestantes. Más adelante, el rector de la universidad habló ante las cámaras, desde un campus que, si solía desbordar de vitalidad, ahora inquietaba por lo desierto. Las puertas estaban cerradas con candados y protegidas por guardias de seguridad privados; los estudiantes y el profesorado no podían acceder; la comunidad de aprendizaje que yo conocía y amaba se había desvanecido. En paralelo a la tragedia que se estaba desarrollando en el Oriente Próximo, otro drama se produjo ante mis ojos en la primavera de 2024, un drama que obviamente era mucho menos grave en lo que atañe a la violencia y el sufrimiento humanos, pero que tuvo sus propias repercusiones políticas y culturales. Las dos situaciones estaban conectadas, pero la naturaleza de la conexión no resultaba nada obvia, por lo que parecía importante intentar averiguarla.

A lo largo de los meses anteriores, algunos manifestantes habían enarbolado banderas con los colores rojo, verde, blanco y negro, acampado en tiendas, afirmado su solidaridad con Gaza y hecho un llamamiento al mundo para que prestara atención al número creciente de palestinos muertos. Los contramanifestantes buscaban dirigir las simpatías hacia las víctimas israelíes: plantaron banderas blanquiazules en los campus y repartían folletos con las caras de los rehenes. Los elementos básicos de las protestas políticas —símbolos, eslóganes y cánticos— se conciben para lograr impacto, no claridad semántica; era inevitable que hubiera ambigüedades y estallaron discusiones. ¿Los que llamaban a la «intifada» estaban promoviendo un genocidio o tan solo animaban a los palestinos a levantarse y luchar por sus derechos? Una bandera con la estrella de David, ¿con quién transmitía solidaridad: con los judíos, con Israel o con el sionismo? La consigna «Desde el río hasta el mar» jugaba con viejos eslóganes del Gran Israel, pero aquí se entendía como lo contrario; ahora bien, ¿cómo qué en concreto: como una Palestina árabe sin judíos o como la libertad para los árabes, además de para los judíos? Algunos opinaban que todo estaba claro y exigían actuar; otros insistían en que los eslóganes podían significar cosas distintas para personas distintas. Por mi parte, pensé que lo que significaban no siempre resultaba evidente ni siquiera para quienes los utilizaban y que el propio hecho de recurrir a ellos era el principio del proceso de averiguación. Me pareció que las discusiones y los debates que se producían a mi alrededoreran una forma de educación, desordenada pero también admirable. Sin embargo, desde el mundo exterior, muchos veían las cosas de otro modo.[1]

El punto que más tensión generaba era el significado del antisemitismo. Nadie quería que lo tildaran de antisemita, pero si uno daba crédito a los tertulianos, había antisemitas por todas partes; al parecer, Manhattan era Berlín en vísperas de la Kristallnacht. Tanto en Estados Unidos como en otros lugares hubo un incremento real de crímenes y delitos de odio: el empeoramiento del conflicto en el Oriente Próximo estaba poniendo en peligro a los judíos y también a los musulmanes. Fuera del campus, una serie variopinta de extremistas ideológicos peleaba por la atención de las cámaras; algunos días los fotógrafos hacían colas de tres manzanas con la esperanza de que los dejaran entrar y captar algo que acabara en las noticias, pero, en el interior de las puertas, la situación era mayoritariamente tranquila y, con la notable excepción del diario de los estudiantes —que demostró ser la única fuente fiable de testimonios personales—, lo que yo leía y escuchaba en los medios de comunicación era una distorsión de lo que yo había visto con mis propios ojos. Las acusaciones de antisemitismo se habían intensificado y algunos estudiantes míos tenían amigos que habían quedado marginados porque eran israelíes; esto (había pasado algo similar con estudiantes rusos, después de la invasión de Ucrania) no me parecía exactamente antisemita, sin que por ello me pareciera bien. Pero el cruce de reproches era mutuo, entre los dos bandos, y yo no lograba entender que se difamara tan exageradamente a estudiantes de todos los credos y orígenes familiares por levantar la voz contra las cosas terribles que estaban sucediendo en Gaza, donde semana tras semana se asesinaba a inocentes en una escala que eclipsaba lo visto en cualquier fase anterior del conflicto. Desde luego, el asunto se había convertido en uno de los grandes temas de nuestro tiempo. ¿La acusación de que los manifestantes y el profesorado que los defendía eran antisemitas se planteaba en serio? La afirmación de que las universidades de Estados Unidos eran un criadero de antisemitas —yo lo sabía por propia experiencia— era tan absurda como por desgracia dañina. En respuesta a las exigencias de políticos, administradores y donantes, se organizaron grupos de trabajo con el encargo de investigar y erradicar «este viejo flagelo». Solo que antes debían averiguar qué era.[2]

Yo llevaba muchos años enseñando, escribiendo y pensando sobre las persecuciones, la violencia y el nacionalismo en la historia de Europa y si algo tenía claro era que las líneas que separaban el antisemitismo de la oposición al gobierno de Israel y de la crítica al sionismo se habían desdibujado casi irremediablemente. Lo que algunos creían que estaban obligados a decir en un momento de catástrofe resultaba inaceptable para otros. ¿Se podía negar el «derecho a existir» de Israel sin que te etiquetaran de antisemita? ¿Se podía hablar de lo que ocurría en Gaza como de un genocidio y, si no, por qué? Yo me preguntaba quiénes eran los sionistas de los que algunos hablaban ahora con tanto aborrecimiento. Y, ya que estamos, ¿era eso antisionismo y era ahora también antisemitismo? La acusación de antisemitismo —magnificada y distorsionada en la caja de resonancia de una opinión pública inflamada— parecía cubrir toda una diversidad de pecados, algunos graves, otros veniales, otros inexistentes.

En el campus de Columbia fueron realmente raros los incidentes que implicaron alguna forma de violencia física.[3] Ahora bien, tan solo habían pasado seis años desde la masacre de la sinagoga del Árbol de la Vida, en Pittsburgh, y cinco de la embestida asesina de un neofascista en la ciudad alemana de Halle: nadie podía creerse razonablemente que la amenaza de usar la fuerza contra los judíos había quedado enterrada para siempre. La extrema derecha estaba prosperando en las dos orillas del Atlántico y las teorías conspiranoicas a la vieja usanza habían conseguido nueva difusión: el populismo racista estaba en ascenso. En 2022, una crisis con rehenes, en una sinagoga de Texas, podría haber acabado fácilmente con fatalidades, lo que nos recordaba que aún se corre el riesgo de topar con simpatizantes de Al Qaeda. En pocas palabras, parecía haber buenas razones para combatir todo antisemitismo que pudiera suponer una amenaza para la vida. Pero lo que fue objeto de la atención de los políticos y los medios de comunicación de Estados Unidos fue el campus. En Washington D. C., diversos congresistas que nunca se habían interesado ni por los judíos ni por las universidades se afanaban de pronto por saberlo todo sobre los dos y realizaban interrogatorios de tono macartista y, en ocasiones, también surrealista. Un legislador preguntó si Dios maldeciría a las universidades que no actuaran. Otro se preocupaba por la *Ashkenormativity* («asquenormatividad», compuesto de *asquenazí* y *normatividad*), neologismo sin el mínimo de elegancia con el que probablemente nunca se había cruzado nadie en el Capitolio, hasta que un investigador lo dejó caer en un manual para estudiantes; de repente, todos se mostraron escandalizados ante las cámaras. Resultó que la palabra no tenía nada que ver con el antisemitismo y, si a algo o alguien le hacía daño, era a la lengua inglesa. Pero en este punto esto era lo que menos importaba.[4]

Mientras yo observaba lo que ocurría, dos cosas me llamaron la atención. La primera me llevó a preguntarme: todas esas denuncias de antisemitismo, ¿de qué nos estaban impidiendo hablar? Porque cada vez me parecía más evidente que la constante invocación del antisemitismo debía entenderse como una negativa a reconocer otras cosas. Yo sentía que si se exige lidiar siempre primero con el antisemitismo y se tiene en cuenta que la inmensa mayoría de los propalestinos emite alguna clase de consigna antisemita, se creaba un obstáculo formidable que no permitía ver que la otra cara de la batalla que se halla en el núcleo de todo esto —es decir, la existencia de un pueblo palestino que sufre y desea la libertad— es un problema que ciertamente merece una atención real. El sentimiento de victimización colectiva que ha asolado la concepción de sí mismo del Israel contemporáneo, así como de su lugar en el mundo, supone una inversión asombrosa de lo que los padres fundadores del sionismo esperaban o deseaban. El antisemitismo está sirviendo de justificación: invocar la antigua maldición se ha convertido en una especie de negativa a afrontar los hechos y aceptar que las críticas puedan tener sentido. Pero hoy buena parte del mundo rechaza el rechazo y afirma que uno puede dolerse por los muertos israelíes y dolerse también por los muertos palestinos.[5]

Lo anterior llevó a la pregunta que hay detrás de este libro: ¿qué *había* pasado con el concepto de antisemitismo? Intentar comprender las contradicciones que el término tiene hoy es como entrar en una sala de los espejos. Empezó valiendo para describir la hostilidad a la que se enfrentaban los judíos como minoría que batallaba por lograr sus derechos legales; ahora se utiliza para defender un Estado de mayoría judía que niega los derechos legales a la minoría que vive en él. Luchar contra el antisemitismo había significado batallar contra el etnonacionalismo; ahora a menudo se justifican así los excesos etnonacionalistas. Para algunos, la solución son el antirracismo y los derechos humanos; para otros, estos son el problema. Hay quien dice que el antisionismo es antisemitismo; otros ven antisemita el sionismo. Hoy en día incluso los racistas dicen que luchan contra el antisemitismo, algo que habría resultado inimaginable cuando el término se acuñó y que debería entenderse como un signo claro de que en nuestros días se está abusando de él.

En su encíclica de 2020 *Fratelli tutti* [«Hermanos todos»], el papa Francisco se hizo eco de la invocación de su homónimo medieval para llamar a la renovación de un sentimiento de fraternidad universal; se mostró preocupado por el ascenso de los odios nacionalistas en los años recientes y advirtió de que estaban agravándose por una creciente falta de conciencia histórica y por la facilidad con la que, en consecuencia, podían manipularse las palabras. «Un modo eficaz de licuar la conciencia histórica, el pensamiento crítico, la lucha por la justicia y los caminos de integración es vaciar de sentido o manipular las grandes palabras», palabras que «han sido manoseadas y desfiguradas para utilizarlas como instrumento de dominación, como títulos vacíos de contenido que pueden servir para justificar cualquier acción», escribió Francisco. Cuarenta años antes, Antony Lerman ya había avisado de que si la palabra *antisemitismo* pasaba a usarse «tan ampliamente que al mismo tiempo lo significa todo y no significa nada», se le haría un flaco favor a la lucha contra los prejuicios. Por ahora, el término aún logra incluir en sí las contradicciones del presente, pero no podemos saber cómo se comportará en el futuro, pues, aunque haya esfuerzos por fijar su significado, las palabras son recalcitrantes y lo que en general determina qué sucede con ellas es el curso futuro de los acontecimientos, no ningún decreto de las administraciones. ¿La actual confusión de sentidos y asociaciones sobrevivirá o algunos se transformarán, descartarán o dejarán atrás? El filólogo Victor Klemperer habló del proceso «por el que una expresión que en la actualidad está muy en boga, y no parece destinada a perderse nunca, se calla de repente [y] desaparece con el contexto que la hizo nacer». ¿Podría suceder algo parecido con el antisemitismo? ¿Podría este convertirse en uno de esos términos que perviven —dijo Klemperer— «como un fósil» y ya solo dan fe de las preocupaciones de una era extinta?[6]

Todo lo que podemos decir es que es improbable que las polémicas sobre el antisemitismo terminen pronto. El afán de intentar clarificar términos como este no ayudará a resolver los conflictos que subyacen a ellos: esto queda fuera del poder de tal clase de análisis. De lo que se trata con esto es de que seamos más conscientes de la profundidad oculta de las ideas, asociaciones e implicaciones que hemos heredado y veamos que los significados pueden variar junto con las circunstancias que los provocaron. Busquemos, pues, nuestra propia relación con las palabras para hacernos partícipes de los procesos de transformación del mundo.

Agradecimientos

Este libro debe mucho a la que ha sido mi hogar intelectual durante los dos últimos decenios: la Universidad de Columbia. En particular, no habría sido posible sin los recursos de su excelente biblioteca, así como las obras, la amistad y la colaboración desinteresada de mis colegas. Seth Anziska y Zvi Ben-Dor Benite han sido mis guías desde el principio: no hay modo de agradecerles lo suficiente los ánimos y las ideas que me han aportado. Por su disposición a leer un borrador de la obra y su generosidad intelectual, he contraído una inmensa deuda de gratitud con Lee Bollinger, Saul Dubow, David Feldman, Carol Gluck, Gil Hochberg, Kostis Karpozilos, Ira Katznelson, Rashid Khalidi, Rebecca Kobrin, Peter Mandler, David Pozen, Camille Robcis, Adam Shatz, Maria Stepanova y Alan Tansman. Elisheva Carlebach, Seth Schwartz y Michael Stanislawski me han proporcionado no solo listas de lecturas, sino también un recordatorio, mediante su propia labor erudita, de la tradición de estudios sobre historia judía de la Universidad de Columbia, de una riqueza única y aún viva en su Departamento de Historia. También quiero dar las gracias a Tareq Baconi, Leonard Bernardo, Dan Bouk, Florent Brayard, Betsy Cohen, Molly Crabapple, Zohar Elmakias, Katherine Fleming, Sarah Gensburger, Isabella Hammad, Lorien Kite, Paul LeClerc, Geoffrey Levin, Jason Ludwig, Alexis Papahelas, Gerry Rosberg, Robert Rubin, Victoria Sanger, Yasmine Seale, Adam Tooze y

Alexandre Toumarkine, por la utilidad de nuestras conversaciones. Mi hermano David Mazower, con sus conocimientos enciclopédicos sobre la cultura yidis, ha representado una fuente de singular valor, para mí como para tantos otros. Diversas charlas con Fred Wiseman fueron inspiradoras y me abrieron nuevas vías. Ninguna de las personas mencionadas, por supuesto, es responsable de esta obra. También he contraído una deuda especial con mis estudiantes por nuestras múltiples conversaciones, que solo interrumpía el estruendo ocasional de los helicópteros de la policía, en pocos años memorables en la historia de la universidad. En París, Marie d'Origny, Brune Biebuyck, Sari Castro y Meredith Hunter-Mason han tolerado mis despistes y han destacado como buenas colegas.

Ha sido un placer y un privilegio trabajar, desde hace ya más de dos decenios, con Scott Moyers y Simon Winder. Apostaron desde el principio por la idea de este libro y me he podido beneficiar de su consideración, experiencia y buen ojo editorial. Trabajar con Helen Rouner y el equipo de Penguin ha sido un gozo. Y, como siempre, debo darles las gracias a James Pullen, Sarah Chalfant y Andrew Wylie por su apoyo. Hiya Jain me ha resultado indispensable por su investigación y sus comentarios y me ha recordado que en esta historia abundan los aspectos extraños; tengo ganas de ver adónde la conduce su propio camino.

Sir Arthur Conan Doyle, el creador de Sherlock Holmes, le confió una vez a su diario personal: «Uno debería arrimar el hombro contra la puerta para mantenerla, en todo lo posible, cerrada a la locura». En el transcurso de mis investigaciones sobre este tema, me he sentido así en más de una ocasión, y quisiera dar las gracias a mi familia por su apoyo; en especial, a mi madre, Miriam Mazower; a Jed y Selma Mazower, y por encima de todo a Julie Fry, quien no solo ha escuchado mucho más de lo que nadie quisiera llegar a escuchar sobre el antisemitismo, sino que ha sido el mejor antídoto imaginable contra la locura del mundo y un recordatorio de todas sus bellezas. También me he apoyado, aunque de otro modo, en el recuerdo de mi padre y mis abuelos. Su actitud ante los temas aquí abordados ha sido un motivo de inspiración.

Comencé a escribir este libro durante los últimos meses de vida de Michael Davies, buen amigo desde hacía mucho tiempo. Era un profesor de historia carismático y valiente que, después de guiar un viaje escolar a Israel y Cisjordania, desarrolló una pedagogía idónea para abordar en las clases el estudio de los conflictos más intratables del mundo y fundó una organización de beneficencia, Parallel Histories, que actualmente ayuda a educadores de lugares muy diversos. El arrojo con el que afrontó su propia muerte dejó una impresión imborrable en todos los que lo conocíamos. Este libro está dedicado a su recuerdo, y también a su esposa, Carys Davies, escritora de un talento maravilloso.

Breve guía bibliográfica

Aunque buena parte de lo que se está escribiendo hoy sobre el tema del antisemitismo son polémicas de segunda categoría, también abundan los estudios valiosos. Un buen punto para empezar es Steven Beller, *Antisemitism: A Very Short Introduction* (Oxford University Press, 2015), al que seguiría David Feldman, «Toward a History of the Term "Anti-Semitism"», *American Historical Review* 123, n.º 4 (octubre de 2018): pp. 1139-1150, así como los artículos recogidos en Scott Ury y Guy Miron, eds., *Antisemitism and the Politics of History* (Brandeis University Press, 2024). Como relatos con información privilegiada, son indispensables los de Antony Lerman, *Whatever Happened to Antisemitism?* (Pluto Press, 2022) y Kenneth Stern, *The Conflict over the Conflict: The Israel/Palestine Campus Debate* (University of Toronto Press, 2020). Derek Penslar, «Who's Afraid of Defining Antisemitism?», *Antisemitism Studies* 6, n.º 1 (primavera de 2022): pp. 133-145, es equilibrado. El enfoque del presente libro ha estado influido por tres grandes obras sobre las palabras y su degradación política: los ensayos de George Orwell «Politics and the English Language» (1946), de Victor Klemperer *The Language of the Third Reich: LTI – Lingua Tertii Imperii* (Bloomsbury Academic, 2021), y de Raymond Williams *Keywords: A Vocabulary of Culture and Society* (Oxford University Press, 1976). [Hay traducción del artículo de Orwell, por Roberto Ramos Fontecoba, «La política y la lengua inglesa», recogido en *La corrupción del lenguaje: ensayos sobre propaganda, mentira y manipulación en la política*, Barcelona: Página Indómita, 2025; y del libro de Klemperer, por Adan Kovacsics: *LTI. La lengua del Tercer Reich: apuntes de un filólogo*, Barcelona: Minúscula, 2001.] La era que los produjo también inspiró el que sigue siendo uno de los libros más señeros nunca escritos sobre el tema del antisemitismo: el de Hannah Arendt *The Origins of Totalitarianism* (Harcourt Brace, 1951) [hay traducción de Guillermo Solana: *Los orígenes del totalitarismo*, Madrid: Alianza, 2006]. También son útiles los ensayos recopilados en Arendt, *The Jewish Writings*, eds. Jerome Kohn y Ron H. Feldman (Schocken Books, 2007) [hay traducción de Eduardo Cañas y otros: *Escritos judíos*, Barcelona: Paidós, 2016].

Una selección representativa de las aportaciones más brillantes sobre el tema en los últimos años podría incluir: David Sorkin, *Jewish Emancipation: A History Across Five Centuries* (Princeton University Press, 2019); Laura Engelstein, *The Resistible Rise of Antisemitism* (Brandeis University Press, 2020); David Feldman, *Englishmen and Jews: Social Relations and Political Culture, 1840-1914* (Yale University Press, 1994); Ruth Harris, *Dreyfus: Politics, Emotion, and the Scandal of the Century* (Metropolitan Books, 2011); Eugene M. Avrutin y Elissa Bemporad, eds., *Pogroms: A Documentary History* (Oxford University Press, 2021); William W. Hagen, *Anti-Jewish Violence in Poland, 1914-1920* (Cambridge University Press, 2018); Mark Levene, *War, Jews, and the New Europe: The Diplomacy of Lucien Wolf, 1914-1919* (Oxford University Press, 1992); Jeffrey Veidlinger, *In the Midst of Civilized Europe: The Pogroms of 1918-1921 and the Onset of the Holocaust* (Metropolitan Books, 2021) [hay traducción de Ana Pardo: *En el corazón de la Europa civilizada: los pogromos de 1918 a 1921 y el comienzo del Holocausto*, Barcelona: Galaxia Gutenberg, 2022]; Elissa Bemporad, *Becoming Soviet Jews: The Bolshevik Experiment in Minsk* (Indiana University Press, 2013); Alexander Stille, *Benevolence and Betrayal: Five Italian Families Under Fascism* (Picador, 1991); Thomas Weber, *Becoming Hitler: The Making of a Nazi* (Basic Books, 2017) [hay traducción de Abraham Gragera: *De Adolf a Hitler: la construcción de un nazi*, Barcelona: Taurus, 2018]; Alon Confino, *A World Without Jews: The Nazi Imagination from Persecution to*

Genocide (Yale University Press, 2014). Sobre la «solución final», cualquier trabajo de Christopher Browning siempre es un buen lugar donde empezar, incluidos el muy reciente «Hitler, Antisemitism, and the Final Solution», *Antisemitism Studies* 7, n.º 1 (primavera de 2023): 80-99. Su *The Origins of the Final Solution: The Evolution of Nazi Jewish Policy, September 1939-March 1942* (University of Nebraska, 2007) no se ha superado. Para los elementos de una nueva síntesis del Holocausto, Florent Brayard, *La «solution finale de la question juive»* (Fayard, 2023). Dos obras literarias de valor perdurable son Mihail Sebastian, *For Two Thousand Years* (Other Press, 2017), y Curzio Malaparte, *Kaputt* (New York Review Books, 2005). [Mihail Sebastian, *Desde hace dos mil años*, traducción de Joaquín Garrigós, Valencia: Aletheia, 2008; Curzio Malaparte, *Kaputt*, traducción de David Paradela, Barcelona: Galaxia Gutenberg, 2009.] También vale la pena leer Gregor von Rezzori, *Memoirs of an Anti-Semite* (New York Review Books, 1981) [hay traducción de Juan Villoro: *Memorias de un antisemita*, Barcelona: Anagrama, 2014].

Para la época de la posguerra están Nathan Kurz, *Jewish Internationalism and Human Rights After the Holocaust* (Cambridge University Press, 2021); Joshua Rubenstein y Vladímir Naumov, eds., *Stalin's Secret Pogrom: The Postwar Inquisition of the Jewish Anti-Fascist Committee*, trad. Laura Wolfson (Yale University Press, 2001); y Robert Levy, *Ana Pauker: The Rise and Fall of a Jewish Communist* (University of California Press, 2001). Como recopilación de datos aún no se ha superado la de François Fejtö, *Les juifs et l'antisémitisme dans les pays communistes* (Plon, 1960). Para Francia, véase Alexandre Bande *et al.*, eds., *Histoire politique de l'antisémitisme en France: de 1967 à nos jours* (Robert Laffont, 2024).

El contexto del Oriente Próximo se debate en Daniel J. Schroeter, «"Islamic Antisemitism" in Historical Discourse», *American Historical Review* 123, n.º 4 (octubre de 2018): pp. 1172-1189. Jonathan Gribetz, *Reading Herzl in Beirut: The PLO Effort to Know the Enemy* (Princeton University Press, 2024), es fascinante; por desgracia no contamos aún con un equivalente para los empeños análogos del otro bando. Para el racismo de los judíos hacia los árabes, véase Shaul Magid, *Meir Kahane: The Public Life and Political Thought of an American*

Jewish Radical (Princeton University Press, 2021). Yaacov Yadgar, *Israel's Jewish Identity Crisis* (Cambridge University Press, 2020), es apasionante, así como Idith Zertal, *Israel's Holocaust and the Politics of Nationhood* (Cambridge University Press, 2005). Para las cuestiones más generales que se plantean por Israel y las actitudes de los sionistas hacia la vida de los judíos fuera de sus fronteras, véanse Arnold Eisen, «Zionism, American Jewry and the "Negation of Diaspora"», en Michael A. Meyer y David Myers, eds., *Between Jewish Tradition and Modernity: Rethinking an Old Opposition; Essays in Honor of David Ellenson* (Wayne State, 2014), pp. 175-191, y Amnon RazKrakotzkin, «Exile Within Sovereignty: Critique of the "Negation of Exile" Within Israeli Culture», en Zvi BenDor Benite, Stefanos Geroulanos y Nicole Jerr, eds., *The Scaffolding of Sovereignty: Global and Aesthetic Perspectives on the History of a Concept* (Columbia University Press, 2017), pp. 393-420.

Para Estados Unidos, un artículo que nos permite atisbar cómo era un mundo desaparecido es el de Marshall Sklare, «Lakeville and Israel: The SixDay War and Its Aftermath», *Midstream* 14, n.º 8 (octubre de 1968): 1-18; también es relevante Frederic Cople Jaher, «The Search for the Ultimate Shiksa», *American Quarterly* 35, n.º 5 (invierno de 1983): pp. 518-542. El panorama soleado que dibuja Leonard Dinnerstein en *Antisemitism in America* (Oxford University Press, 1995) encuentra quien lo desafía en Pierre Birnbaum, *Tears of History: The Rise of Political Antisemitism in the United States* (Columbia University Press, 2023). Arthur Hertzberg, *The Jews in America* (Columbia University Press, 1997), es equilibrado e irónico. Los clásicos de Peter Novick *The Holocaust in American Life* (Houghton Mifflin, 1999) [hay traducción de Jesús Cuéllar: *Judíos, ¿vergüenza o victimismo? El Holocausto en la vida americana*, Madrid: Marcial Pons Historia, 2007] y Eric Goldstein *The Price of Whiteness: Jews, Race, and American Identity* (Princeton University Press, 2006) resultan esenciales y legibles, al igual que Amy Kaplan, *Our American Israel: The Story of an Entangled Alliance* (Harvard University Press, 2018). Geoffrey Levin, *Our Palestine Question: Israel and American Jewish Dissent, 1948-1978* (Yale University Press, 2023) se ocupa de la disensión. Hay muchos elementos valiosos en David Leeming, *James*

Baldwin: A Biography (Alfred Knopf, 1994). El poder de los judíos estadounidenses lo analizan J. J. Goldberg, *Jewish Power: Inside the American Jewish Establishment* (Basic Books, 1996), y Henry Feingold, *Jewish Power in America: Myth and Reality* (Transaction Publishers, 2008). El mejor de todos es un ensayo breve de Peter Medding, «The "New Jewish Politics" in the United States», en Zvi Gitelman, ed., *The Quest for Utopia: Jewish Political Ideas and Institutions Through the Ages* (M. E. Sharpe, 1992). Para un análisis agudo, que revienta los mitos de lo que suele pensarse sobre el antisemitismo en Estados Unidos en 2023-2024, véase Musa al-Gharbi, «Misunderstanding Antisemitism in America», *Slow Boring*, 11 de enero de 2024. También es revelador Samuel Catlin, «The Campus Does Not Exist: How Campus War Is Made», *Parapraxis*. Dos historias institucionales del AJC (Comité Judío Estadounidense) que revisten mucho más interés de lo que el tema podría quizá sugerir son: Naomi W. Cohen, *Not Free to Desist: The American Jewish Committee, 1906-1966* (Jewish Publication Society of America, 1972) y Marianne R. Sanua, *Let Us Prove Strong: The American Jewish Committee, 1945-2006* (Brandeis University Press, 2007). Lila Corwin Berman ha abierto nuevos caminos con su trabajo sobre la historia de la filantropía judeoestadounidense. Quienes mejor han abordado la verdadera historia de los judíos de Estados Unidos son probablemente novelistas como Philip Roth [en el texto se cita *Portnoy's complaint*, traducida como *El mal de Portnoy* por Ramón Buenaventura y como *El lamento de Portnoy* por Adolfo Martín]. Para quienes tengan interés en los datos, los números antiguos del *American Jewish Year Book* son fuentes de enorme valor y un fantástico recordatorio de la investigación extraordinaria que antaño promovía el Comité Judío Estadounidense. Para fechas más recientes, los informes del Pew Research Center son fiables y reveladores. Las estadísticas del FBI sobre crímenes y delitos de odio son útiles y permiten comparar con otros grupos que son objeto de ataques; las de la Liga Antidifamación deberían cogerse con pinzas.

Por acabar donde empezamos, con palabras, el clásico *On the Study of Words*, de Richard Chevenix Trench (Macmillan, 1878). Desde este punto de vista de la filología, sorprende la poca atención que se le ha prestado al antisemitismo como miembro del clan de las palabras con el prefijo *anti-*. Véase Allen Walker Read, «The Scope of the American Dictionary», *American Speech* 8, n.º 3 (octubre de 1933), pp. 10-20. Walker Read comenta que «en el campo de la política, donde el sentimiento es intenso, las palabras *anti-* han cobrado una especial prevalencia» (p. 14). Otra integrante del clan es por supuesto el antisionismo; la mejor introducción, sin lugar a dudas, es la de James Loeffler, «AntiZionism», en el espléndido volumen colectivo de S. Goldberg *et al.*, eds., *Key Concepts in the Study of Antisemitism* (Palgrave, 2021), pp. 39-51.

Notas

Introducción: Confusión

1. Lewis Carroll, *Alice's Adventures in Wonderland and Through the LookingGlass* (Oxford University Press, 2009), p. 191. [En castellano, véase, por ejemplo, *Alicia (Alicia en el País de las Maravillas. Alicia a través del espejo. La caza del snark)*, con ilustraciones de John Tenniel y otros y traducción de Luis Maristany, Barcelona: Edhasa, 2018.]

2. Victor Klemperer, *The Language of the Third Reich: LTI – Lingua Tertii Imperii. A Philologist's Notebook* (Bloomsbury Academic, ed. 2021) [hay traducción de Adan Kovacsics: *LTI. La lengua del Tercer Reich: apuntes de un filólogo*, Barcelona: Minúscula, 2001].

3. Salo Baron, prefacio a *Essays on Antisemitism*, ed. Koppel S. Pinson (Conference on Jewish Relations, 1942), p. vii. Sobre Marr y el ascenso del movimiento véanse Moshe Zimmermann, *Wilhelm Marr: The Patriarch of Antisemitism* (Oxford University Press, 1986), y Frederick C. Beiser, *The Berlin Antisemitism Controversy* (Routledge, 2024).

4. Feldman, citado por Antony Lerman, *Whatever Happened to Antisemitism? Redefinition and the Myth of the «Collective Jew»* (Pluto Press, 2022), pp. 1, 19; sobre el antiantisemitismo véase Elad Lapidot, *Jews Out of the Question: A Critique of Anti-Anti-Semitism* (State University of New York Press, 2020). Sobre el uso o no de guion en inglés, véase Jonathan Judaken, «Rethinking AntiSemitism», *American Historical Review* 123, n.º 4 (2018), pp. 1125-1127; cf. Robert Musil, *The Man Without Qualities* (Picador, 1988), «Libro primero», capítulo 8, para una disputa anterior sobre el guion [en un texto de lengua alemana, que en castellano puede leerse, por ejemplo, en *El hombre sin atributos*, traducción de José M. Sáenz y otros, Barce-

lona: Seix Barral y Austral, 2010, 2 vols.]. Por mi parte creo que el asunto del guion carece de verdadera importancia, en comparación con otras cuestiones más relevantes.

5. Tony Kushner, *We Europeans? Mass-Observation, «Race» and British Identity in the Twentieth Century* (Ashgate, 2004); Thomas Wheatland, *The Frankfurt School in Exile* (University of Minnesota, 2009); Stephen Frosh, «Studies in Prejudice: Theorising Antisemitism in the Wake of the Nazi Holocaust», en Matt Ffytche y Daniel Pick, eds., *Psychoanalysis in the Age of Totalitarianism* (Routledge, 2016), pp. 29-42. Norman Cohn, *Warrant for Genocide* (Eyre and Spotiswoode, 1981), p. 12. Para acceder al estado actual de la investigación resultan especialmente útiles «AHR Roundtable: Rethinking AntiSemitism», *American Historical Review* 123, n.º 4 (2018), y Scott Ury y Guy Miron, eds., *Antisemitism and the Politics of History* (Brandeis University Press, 2024). También es de utilidad Jonathan Judaken, *Critical Theories of Anti-Semitism* (Columbia University Press, 2024). Sobre la idea de «pensar con la historia» véase Carl Schorske, *Thinking with History and Other Essays: Explorations in the Passage to Modernism* (Princeton University Press, 2014) [*Pensar con la historia. Ensayos sobre la transición a la modernidad*, traducción de Isabel Ozores, Madrid: Taurus, 2000].

6. Evyatar Friesel, *The Days and the Seasons: Memoirs* (Wayne State University Press, 1996), pp. 184-185.

7. Edward Rothstein, «Bearing Witness Beyond the Witnesses», *New York Times*, 24 de marzo de 2011; para la encuesta a los rabinos, «Freedom for Russian Jews, Less Anti-Semitism Predicted for Year 2000», *Jewish Telegraphic Agency*, 21 de octubre de 1960; Eric Alterman, *We Are Not One: A History of America's Fight over Israel* (Basic Books, 2022), pp. 84-85; Leon Wieseltier, «Hitler Is Dead», *New Republic*, 27 de mayo de 2002.

8. Uriel Heilman, «Abe Foxman Looks Back at Changing-and Declining-Face of AntiSemitism», *The Forward* 19 de febrero de 2014.

9. Sobre Estados Unidos véase el excelente y equilibrado artículo de Tom W. Smith y Benjamin Schapiro, «Antisemitism in Contemporary America», *American Jewish Year Book* 118 (2018), pp. 113-161, esp. 113-120; y Yehoshafat Harkabi, «On Arab Antisemitism Once More» in *Antisemitism Through the Ages*, ed. Shmuel Almog (Pergamon, 1980), p. 228.

10. Josh Richman, «State Department Opposes New Antisemitism Office», *The Forward*, 6 de agosto de 2004, forward.com/news/5089/sta

te-department-opposes-new-antisemitism-office/; «H. R. 4230 (108th): Global AntiSemitism Awareness Act of 2004», www.govtrack.us/congress/bills/108/hr4230/text; «Global AntiSemitism Review Act of 2004», https://www.congress.gov/108/plaws/publ332/PLAW-108publ332.pdf.

11. Charles S. Kamen, reseña de *Jews in the Mind of America*, de Charles Herbert Stember y otros, *Sociological Analysis* 28, n.º 1 (primavera de 1967), pp. 44-48 (en este caso, 46); Stuart Svonkin, *Jews Against Prejudice: American Jews and the Fight for Civil Liberties* (Columbia University Press, 1997). Para dos buenos panoramas de conjunto, Jack Wertheimer, «American Jews and Israel: A 60Year Retrospective», *American Jewish Year Book* 108 (2008), pp. 3-79, y Britt Tevis, «Trends in the Study of Antisemitism in United States History», *American Jewish History* 105, n.º 1/2 (enero-abril de 2021), pp. 255-284.

12. Nancy Sinkoff, *From Left to Right: Lucy Dawidowicz, the New York Intellectuals and the Politics of Jewish History* (Wayne State University, 2019), p. 111; Kenneth Stern, *The Conflict over the Conflict: The Israel/Palestine Campus Debate* (University of Toronto Press, 2020), p. 11; Lila Corwin Berman, «Jewish Philanthropies Acted As If Their Work Was Above Politics. Until Now», *Washington Post*, 12 de diciembre de 2019; Corwin Berman, *The American Jewish Philanthropic Complex* (Princeton University Press, 2022); usnews.com/news/best-countries/articles/us-news-unveils-best-countries-rankings; Peter Beinart, «Has the fight against antisemitism lost its way?», *New York Times*, 26 de agosto de 2022.

13. Cnaan Liphshiz, «EU Official Says the Simon Wiesenthal Center's Annual Antisemitism List Has Gone Too Far», *Jewish Telegraphic Agency*, 10 de enero de 2022.

14. James Jacobs y Jessica Henry, «The Social Construction of a Hate Crime Epidemic», *Journal of Criminal Law and Criminology* 86, n.º 2 (invierno de 1996), pp. 366-391; «ADL Officials say Anti-Semitism Rampant Throughout the World», *Jewish Telegraphic Agency*, 6 de marzo de 1974; Arthur Hertzberg, «Is Anti-Semitism Dying Out?», *New York Review of Books*, 24 de junio de 1993; Lerman, *Whatever Happened to Antisemitism?*, p. 21. Véase también Mari Cohen, «A Closer Look at the "Uptick" in Antisemitism», *Jewish Currents*, 27 de mayo de 2021; Shane Burley y Jonah ben Avraham, «Examining the ADL's Antisemitism Audit», *Jewish Currents*, 17 de junio de 2024; Emmaia Gelman, «The Anti-Defamation League Is Not What It Seems», *Boston Review*, 23 de mayo de 2019; y Jonathan Guyer y Tom Perkins, «Anti-Defamation League Staff Decry "Di-

shonest" Campaign Against Israel Critics», *Guardian*, 5 de enero de 2024. Como apunte más básico, véase Smith y Schapiro, «Antisemitism», 122. Sobre el efecto del antisemitismo en el fomento de las donaciones, P. M. Rooney *et al.*, *American Jewish Philanthropy 2022: Giving to Religious and Secular Causes in the U.S. and to Israel* (Indiana University, diciembre de 2023), pp. 36-37. Jodi Rudoren, «Calling Everything a Crisis is Bad for the Jews», *The Forward*, 7 de marzo de 2025.

15. Este libro no pretende teorizar sobre el antisemitismo, una empresa que se ha intentado durante décadas, con pocos efectos perdurables. Para abundar sobre el tema véanse Judaken, *Critical Theories*, y el apartado bibliográfico de este libro.

16. Shlomo Bergman, «Some Methodological Errors in the Study of Antisemitism», *Jewish Social Studies* 5, n.º 1 (enero de 1943), pp. 43-60; Yehuda Bauer, «Problems of Contemporary Antisemitism», 2003, humanities.ucsc.edu/JewishStudies/docs/YBauerLecture.pdf; Ben Halpern, «What Is Antisemitism?», *Modern Judaism* 1, n.º 3 (diciembre de 1981), pp. 251-262; David Engel, «Away from a Definition of Antisemitism: An Essay in the Semantics of Historical Description», en *Rethinking European Jewish History*, eds. Jeremy Cohen y Moshe Rosman (Oxford University Press, 2008), pp. 30-53.

17. Un buen análisis académico reciente es el de Derek Penslar, «Who's Afraid of Defining Antisemitism?», *Antisemitism Studies* 6, n.º 1 (primavera de 2022), pp. 133-145.

18. Véase A. Lange *et al.*, eds., *An End to Antisemitism!*, vol. 1: *Comprehending and Confronting Antisemitism* (De Gruyter, 2020), para ensayos de muchos de los defensores de la IHRA. Otro abogado de la IHRA es Kenneth Marcus, «The Definition of Antisemitism», en *Global Antisemitism: A Crisis of Modernity*, ed. Charles Small (Brill, 2013), pp. 97-109; cf. Erica Green, «Wider Definition of Judaism Is Likely to Aid Crackdown on Colleges», *New York Times*, 11 de diciembre de 2019, y Vimal Patel, «The Man Who Helped Redefine Campus Antisemitism», *New York Times*, 24 de marzo de 2024. El proyecto de ley «H. R. 6090» se presentó el 26 de octubre de 2023, sección 3 (5). Eyal Press, «The Problem with Defining Antisemitism», *New Yorker*, 13 de marzo de 2024. Para una crítica razonada véase Jan Deckers y Jonathan Coulter, «What Is Wrong with the International Holocaust Remembrance Alliance's Definition of Antisemitism?», *Res Publica* 28, n.º 4 (2022), pp. 733-752. El artículo de 1981 es el de Halpern, «What Is Antisemitism?».

19. Se debate sobre esta distinción en Ben Gidley *et al.*, «Labour and Antisemitism: A Crisis Misunderstood», *Political Quarterly* 91, n.º 2 (abril-junio de 2020), pp. 413-421.

20. Ver comentario sobre discordancia en el número de notas de este capítulo ("Introducción: Confusión") en pág. 13. Raymond Williams, *Keywords: A Vocabulary of Culture and Society* (Oxford University Press, 1985); Richard Chenevix OJO: ¿Es correcto? ¿Cambiar por "Chenevix"? En el orig. aparece de las dos maneras, "Chevenix" y "Chenevix", pero el nombre correcto creo que es "Chenevix". Trench, *English Past and Present* (Macmillan, 1870), pp. 275-276; George Orwell, *Politics and the English Language* (Bodleian Library, Oxford, 2022), pp. 53, 56 [hay traducción de Roberto Ramos Fontecoba, «La política y la lengua inglesa», recogido en *La corrupción del lenguaje: ensayos sobre propaganda, mentira y manipulación en la política*, Barcelona: Página Indómita, 2025].

Capítulo 1: Dios, nación, eternidad

1. *A Tribute to Professor Morris Raphael Cohen, Teacher and Philosopher* (Nueva York, 1928), 24.

2. Abram Leon, *The Jewish Question: A Marxist Interpretation* (Ciudad de México: Ediciones Pioneras, 1950), 174.

3. *La question juive en Allemagne: Extrait du Correspondant* (París, 1881), pp. 7-8.

4. Josef Hayyim Brenner, «Self-Criticism» [1914], en *The Zionist Idea*, ed. Arthur Hertzberg (Jewish Publication Society, 1997), p. 308; en general, véase Michael Stanislawski, *Zionism: A Very Short Introduction* (Oxford University Press, 2017).

5. Leo Pinsker, «Auto-Emancipation» [1882], en Hertzberg, *Zionist Idea*, pp. 187, 198.

6. Pinsker, «Auto-Emancipation», p. 186; David Feldman, «Toward a History of the Term "AntiSemitism"», *American Historical Review* 123, n.º 4 (octubre de 2018), pp. 1139-1150 (en este caso, 1147); sobre las alternativas del sionismo, véase Dmitry Shumsky, *Beyond the Nation-State: The Zionist Political Imagination from Pinsker to Ben-Gurion* (Yale University Press, 2018); sobre las dificultades asociadas al término «Palestina otomana», véase Jonathan Marc Gribetz, *Defining Neighbors: Religion, Race and the Early Zionist-Arab Encounter* (Princeton University Press, 2014), cap. 1.

7. Henryk Erlich, «Is Zionism a Liberating Democratic Movement?: An Answer to Simon Dubnow», *Di Tsukunft* [Nueva York], octubre de 1938, según la traducción publicada en foroys.wordpress.com/2017/06/20/is-zionism-a-liberating-democratic-movement. Agradezco a Molly Crabapple esta referencia.

8. William Zukerman, *Voices of Dissent* (Bookman Associates, 1964), p. 74. Volveremos sobre Zukerman en el capítulo 6.

9. David Vital, *A People Apart: A Political History of the Jews in Europe, 1789-1939* (Oxford University Press, 2001); Robert Wistrich, *Antisemitism: The Longest Hatred* (Pantheon, 1991); Olga Litvak, «The God of History», en *The Social Scientific Study of Jewry: Sources, Approaches, Debates*, ed. Uzi Rebhun (Oxford University Press, 2014), pp. 290-302; Michael Berkowitz, «Robert S. Wistrich and European Jewish History: Straddling the Public and Scholarly Spheres», *Journal of Modern History* 70, n.º 1 (marzo de 1998), pp. 119-136. Véase David Myers, «"Was There a Jerusalem School?" An Inquiry into the First Generation of Historical Researchers at the Hebrew University», *Studies in Contemporary Jewry* 10 (1994), pp. 66-92.

10. Jean Daniel, *La prison juive* (Odile Jacob, 2003), p. 133 [hay traducción al español de Nuria Viver: *La prisión judía. Meditaciones intempestivas de un testigo*, Barcelona: Tusquets, 2007]; Shmuel Ettinger, «Jew-Hatred in Its Historical Context», en *Antisemitism Through the Ages*, ed. Shmuel Almog (Pergamon, 1988), pp. 1-12; para una reflexión muy meditada sobre el modo en que el Holocausto cambió la comprensión del antisemitismo entre los historiadores, véase David Engel, *Historians of the Jews and the Holocaust* (Stanford University Press, 2010), pp. 202-206.

11. Martin Lockshin, «Sinat Yisrael (Hatred of Jews)», en *Key Concepts in the Study of Antisemitism*, ed. Sol Goldberg *et al.* (Palgrave, 2021), pp. 273-285. Como ejemplo, véase Abraham Besdin, ed., *Reflections of the Rav: Lessons in Jewish Thought Adapted from Lectures of Rabbi Joseph B. Soloveitchik* (KTAV, 1993), vol. 1, p. 110; véase también Adi Ophir e Ishay Rosen-Zvi, *Goy: Israel's Multiple Others and the Birth of the Gentile* (Oxford University Press, 2018).

12. Adam Sutcliffe, *What Are Jews For? History, Peoplehood and Purpose* (Princeton University, 2020), cap. 4; Yosef Yerushalmi, «Modern Dilemmas», en *Zakhor: Jewish History and Jewish Memory* (University of Washington Press, 1996), p. 89 [hay traducción de esta edición de 1996, por Ana Castaño y Patricia Villaseñor: *Zajor: la historia judía y la memoria judía*,

Rubí (Barcelona): Anthropos; México: Fundación Cultural Eduardo Cohen, 2002].

13. Ettinger, citado en Scott Ury y Guy Miron, «Antisemitism: On the Meanings and Uses of a Contested Term», en *Antisemitism and the Politics of History*, eds. Scott Ury y Guy Miron (Brandeis University Press, 2024), p. 10; Yitzhak F. Baer, *Galut* (Schocken, 1947), 120; véase también Yiftach Ofek, «Politics and Theology in the Historical Works of Yitzhak Baer», *Religions* 13, n.º 6 (2022), p. 537.

14. El mejor guía actual sobre cómo era ser judío en la antigüedad es probablemente Shaye Cohen. Véase su «"AntiSemitism" in Antiquity: The Problem of Definition», en *History and Hate: The Dimensions of Anti-Semitism*, ed. David Berger (Jewish Publication Society, 1986), pp. 43-49; también su entretenido «"Those Who Say They Are Jews and Are Not": How Do You Know a Jew in Antiquity When You See One?», en *Diasporas in Antiquity*, eds. Shaye Cohen y Ernest Frerichs (Brown University Press, 2020), pp. 1-46.

15. Carlo Ginzburg, «Postface», en *The Medieval Roots of Antisemitism*, eds. Jonathan Adams y Cordelia Hess (Routledge, 2018), pp. 428-429; Simon Rawidowicz, «Israel, the Ever-Dying People», en *Israel, the Ever-Dying People and Other Essays*, ed. Benjamin Ravid (Associated University Presses, 1986), p. 53.

16. David Nirenberg, *Anti-Judaism: The Western Tradition* (W. W. Norton, 2013).

17. David Engel, «The concept of antisemitism in the historical scholarship of Amos Funkenstein», *Jewish Social Studies*, 6:1 (otoño de 1999), pp. 111-129 (en este caso, 118).

18. Sobre los elementos que han continuado existiendo desde los tiempos medievales véanse Adams y Hess, *Medieval Roots of Antisemitism*; Magda Teter, *Blood Libel: On the Trail of an Antisemitic Myth* (Harvard University Press, 2020).

19. Horkheimer, citado por Philip Spencer, «European Marxism and the Question of Antisemitism», *European Societies*, 14, n.º 2 (2012), pp. 275-294 (en este caso, 280); Salo Baron, prólogo a los *Essays on Antisemitism*, ed. Koppel S. Pinson (Conference on Jewish Relations, 1942), p. vii; Hannah Arendt, *The Origins of Totalitarianism* (Harcourt Brace Jovanovich, 1973), viii (prefacio a la primera edición) [hay traducción de Guillermo Solana: *Los orígenes del totalitarismo*, Madrid: Alianza, 2006].

20. Sergio Della Pergola, «Jews in the European Community: Sociodemographic Trends and Challenges», *The American Jewish Year Book* 93 (1993), pp. 25-82.

21. Joseph Jacobs, «Statistics», *Jewish Encyclopedia*, 1906, jewishencyclopedia.com/articles/13992-statistics; Leon Shapiro, «World Jewish Population», *American Jewish Year Book* 52 (1951), pp. 195-200; Pew Research Center, «The Future of World Religions: Population Growth Projections, 2010-2050», 2 de abril de 2015, pewresearch.org/religion/2015/04/02/religious.

22. W. E. B. Du Bois, reseña de *Essays on Antisemitism*, ed. Koppel S. Pinson, y *Jews in a Gentile World*, eds. Isacque Graeber y Steuart Henderson Britt, *Annals of the American Academy of Political and Social Science* 223 (septiembre de 1942), pp. 199-200.

Capítulo 2: La emancipación y sus enemigos, 1880-1914

1. Amos Funkenstein, *Perceptions of Jewish History* (University of California Press, 1993), p. 324; cf. Theodor Herzl, *Der Judenstaat* (Jüdischer Verlag, 1920), p. 20.

2. Arthur Hertzberg, ed., *The Zionist Idea: A Historical Analysis and Reader* (Jewish Publication Society, 1997), p. 21.

3. David Sorkin, *Jewish Emancipation: A History Across Five Centuries* (Princeton University Press, 2019), p. 2.

4. Heine, citado por Jacob Katz, «The Term "Jewish Emancipation": Its Origin and Historical Impact», en *Studies in Nineteenth-Century Jewish Intellectual History*, ed. Alexander Altmann (Harvard University Press, 1964), pp. 1-27 (en este caso, p. 21).

5. Citado en N. M. Gelber, «The Intervention of German Jews at the Berlin Congress 1878», *Leo Baeck Institute Year Book* 5, n.º 1 (enero de 1960): pp. 221-248 (en este caso, pp. 221-222); Max Kohler, «Educational Reforms in Europe in Their Relation to Jewish Emancipation, 1778-1919», *Publications of the American Jewish Historical Society* 28 (1922): pp. 83-132.

6. Sobre Italia, véase Shira Klein, *Italy's Jews: From Emancipation to Fascism* (Cambridge University Press, 2017), cap. 1.

7. P.J. Proudhon, *Carnets* (26 de diciembre de 1847) (M. Rivière, 1960); Enzo Traverso, *The Marxists and the Jewish Question: The History of a Debate (1843-1943)* (Humanities Press, 1994), pp. 13-25.

8. P. Mendes-Flohr, «The Emancipation of European Jewry: Why Was It Not Self-Evident?», *Studia Rosenthaliana* 30, n.º 1 (1996): pp. 7-20 (en este caso, p. 15); Christopher Clark, *Revolutionary Spring: Europe Aflame and the Fight for a New World, 1848-1849* (Crown, 2023), pp. 444-457.

9. Clark, *Revolutionary Spring*.

10. Clark, *Revolutionary Spring*, p. 445; Michael Stanislawski, *A Murder in Lemberg: Politics, Religion, and Violence in Modern Jewish History* (Princeton University Press, 2007).

11. Kohler, «Educational Reforms in Europe», p. 85; memorias del rabino Lifschitz, citadas en Abigail Green, «Old Networks, New Connections: The Emergence of the Jewish International», en *Religious Internationals in the Modern World*, eds. Abigail Green y Vincent Viaene (Palgrave Macmillan, 2012), pp. 53-81 (en este caso, p. 63).

12. Clark, *Revolutionary Spring*, pp. 455-462.

13. Ivan Davidson Kalmar, «Moorish Style: Orientalism, the Jews, and Synagogue Architecture», *Jewish Social Studies* 7, n.º 3 (primavera/verano de 2001): pp. 68-100; L. Scott Lerner, «Narrating Over the Ghetto of Rome», *Jewish Social Studies* 8, n.º 2/3 (invierno/primavera de 2002): pp. 1-38.

14. Otto Glagau, prólogo a *Der Börsen-und-Gründungs-Schwindel in Berlin* (P. Frohberg, 1876).

15. Peter Pulzer, *The Rise of Political Anti-Semitism in Germany and Austria*, ed. rev. (Harvard University Press, 1988), p. 49.

16. James F. Harris, *The People Speak! Anti-Semitism and Emancipation in Nineteenth-Century Bavaria* (University of Michigan Press, 1994).

17. Moshe Zimmermann, «Two Generations in the History of German Antisemitism: The Letters of Theodor Fritsch to Wilhelm Marr», *Leo Baeck Institute Year Book* 23, n.º 1 (1978): pp. 89-99 (en este caso, p. 97).

18. Frederick Busi, *The Pope of Antisemitism: The Career and Legacy of Edouard-Adolphe Drumont* (University Press of America, 1986), pp. 43-45.

19. Citado en Thomas P. Anderson, «Édouard Drumont and the Origins of Modern Anti-Semitism», *Catholic Historical Review* 53, n.º 1 (abril de 1967), pp. 28-42 (en este caso, p. 33).

20. Philip Nord, *Paris Shopkeepers and the Politics of Resentment* (Princeton University Press, 1986), caps. 7-9; Stephen Wilson, «The Antisemitic Riots of 1898 in France», *Historical Journal* 16, n.º 4 (diciembre de 1973): pp. 789-806.

21. Robert Byrnes, «Antisemitism in France Before the Dreyfus Affair», *Jewish Social Studies* 11, n.º 1 (enero de 1949): pp. 49-68; Steven Schwarzschild, «The Marquis de Mores, the Story of a Failure (1858-1896)», *Jewish Social Studies* 22, n.º 1 (enero de 1960): pp. 3-26; Raphaël Viau, *Vingt ans de l'antisémitisme, 1889-1909* (París, 1910), p. 344.

22. Robert Michael, *A History of Catholic Antisemitism: The Dark Side of the Church* (Palgrave Macmillan, 2008), pp. 107-110 (en este caso, p. 108); Robert Wistrich, «Karl Lueger and the Ambiguities of Viennese Antisemitism», *Jewish Social Studies* 45, n.º 3/4 (verano/otoño de 1983): pp. 251-262 (en este caso, pp. 251, 253, 255).

23. Pulzer, *Rise of Political Anti-Semitism*, pp. 150-158.

24. Deborah Cohen, «Who Was Who? Race and Jews in Turn-of-the-Century Britain», *Journal of British Studies* 41, n.º 4 (octubre de 2002): pp. 460-483 (en este caso, p. 470); también el magistral David Feldman, *Englishmen and Jews: Social Relations and Political Culture, 1840-1914* (Yale University Press, 1994); Kevin Haddick Flynn, «The Limerick Pogrom, 1904», *History, Ireland* 12, n.º 2 (verano de 2004): pp. 31-33; «Letter Shows First Dictionary Editor Thought "Anti-Semite" Wouldn't Be Used», *Times of Israel*, 4 de mayo de 2020.

25. John Röhl, *The Kaiser and His Court* (Cambridge University Press, 1996), pp. 205, 211.

26. Dietz Bering, *The Stigma of Names: Antisemitism in German Daily Life, 1812-1933* (University of Michigan Press, 1992), pp. 94-98.

27. Daniel Unowsky, «The 1898 Anti-Jewish Violence in Habsburg Galicia», en *Pogroms: A Documentary History*, eds. Eugene M. Avrutin y Elissa Bemporad (Oxford University Press, 2021), pp. 46-69.

28. Irena Grosfeld *et al.*, «Middleman Minorities and Ethnic Violence: Anti-Jewish Pogroms in the Russian Empire», *Review of Economic Studies* 87, n.º 1 (enero de 2020): pp. 289-342.

29. Steven J. Zipperstein, *Pogrom: Kishinev and the Tilt of History* (Liveright, 2018).

30. Véase Steven J. Zipperstein, «Fateless: The Beilis Trial a Century Later», *Jewish Review of Books* (invierno de 2015).

31. Julia Huston Nguyen, «Jewish Americans: Securing Rights and Responsibility to Others», 30 de mayo de 2024, *EDSITEment!*, edsitement.neh.gov/closer-readings/jewish-americans-securing-rights-and-responsibility-others.

32. Abigail Green, «Nationalism and the "Jewish International": Reli-

gious Internationalism in Europe and the Middle East *c.* 1840-*c.* 1880», *Comparative Studies in Society and History* 50, n.º 2 (abril de 2008): pp. 535-558; y Green y Viaene, eds., *Religious Internationals in the Modern World.*

Capítulo 3: El auge del antisemitismo, 1914-1933

1. Israel Cohen, «The Reign of Antisemitism», *New Statesman and Nation*, 23 de julio de 1932, pp. 96-97.

2. El estudio clásico es Derek Penslar, *Jews and the Military* (Princeton University Press, 2013), esp. cap. 5; sobre la destacable figura de Hertz, véase Nicolas Mariot, «Social Encounters in the French Trenches», *French Politics, Culture and Society* 36, n.º 2 (verano de 2018): pp. 1-27.

3. Alan Kramer, *Dynamic of Destruction: Culture and Mass Killing in the First World War* (Oxford University Press, 2007).

4. Joshua Sanborn, *Imperial Apocalypse: The Great War and the Destruction of the Russian Empire* (Oxford University Press, 2014); William W. Hagen, *Anti-Jewish Violence in Poland, 1914-1920* (Cambridge University Press, 2018), pp. 75-86.

5. Eugene Kulischer, *Europe on the Move: War and Population Changes, 1917-1947* (Columbia University Press, 1948), pp. 31-32, 109.

6. Wolf, citado en Mark Levene, *War, Jews, and the New Europe: The Diplomacy of Lucien Wolf, 1914-1919* (Oxford University Press, 1992), p. 48.

7. Levene, *War, Jews, and the New Europe*, pp. 51, 59.

8. Levene, *War, Jews, and the New Europe*, p. 95.

9. Israel Finestein, «Lucien Wolf (1857-1930): A Study in Ambivalence», *Jewish Historical Studies* 35 (1996-1998): pp. 239-254 (en este caso, p. 251); Levene, *War, Jews, and the New Europe*, p. 110.

10. Levene, *War, Jews, and the New Europe*, pp. 175, 195-196.

11. Jeffrey Veidlinger, *In the Midst of Civilized Europe: The Pogroms of 1918-1921 and the Onset of the Holocaust* (Metropolitan Books, 2021); Abraham Rechtman, *The Lost World of Russia's Jews: Ethnography and Folklore in the Pale of Settlement* (Indiana University Press, 2021), p. 6; Aviel Roshwald, *Ethnic Nationalism and the Fall of Empires: Central Europe, Russia and the Middle East, 1914-1923* (Routledge, 2002).

12. Herman Bernstein, «The Polish-Jewish Pact to End Antisemitism», *Current History* 23, n.º 1 (octubre de 1925): pp. 77-81; Laura Enge-

lstein, *The Resistible Rise of Antisemitism* (Brandeis University Press, 2020), p. 79.

13. David Fraser, *Nazi Antisemitism and Jewish Legal Self-Defense: The Turn to Law in Liberal Democracies, 1932-39* (Routledge, 2023), esp. pp. 38-41.

14. Michael Hagemeister, *The Perennial Conspiracy Theory: Reflections on the History of «The Protocols of the Elders of Zion»* (Routledge, 2021), cap. 1.

15. Brian Crim, «"Our Most Serious Enemy": The Specter of Judeo-Bolshevism in the German Military Community, 1914-1923», *Central European History* 44, n.º 4 (diciembre de 2011): pp. 624-641 (en este caso, p. 627).

16. Thomas Weber, *Hitler's First War: Adolf Hitler, the Men of the List Regiment, and the First World War* (Oxford University Press, 2010), 215; Weber, *Becoming Hitler: the Making of a Nazi* (Basic Books, 2017), cap. 1; Michael Brenner, *In Hitler's Munich: Jews, the Revolution and the Rise of Nazism* (Princeton University Press, 2022), p. 147.

17. «Hitlers "grundlegende" Rede über den Antisemitismus», *Vierteljahrshefte für Zeitgeschichte* 16 (1968): pp. 390-420; Oded Heilbronner, «German or Nazi Antisemitism?», en *The Historiography of the Holocaust*, ed. Dan Stone (Palgrave Macmillan, 2004), pp. 9-23; Weber, *Becoming Hitler*, pp. 167-170.

18. Brenner, *In Hitler's Munich*, p. 48.

19. Paul Hanebrink, «Transnational Culture War: Christianity, Nation, and the Judeo-Bolshevik Myth in Hungary, 1890-1920», *Journal of Modern History* 80, n.º 1 (marzo de 2008): pp. 55-80; Paul Hanebrink, *A Specter Haunting Europe: The Myth of Judeo-Bolshevism* (Belknap Press of Harvard University Press, 2018).

Capítulo 4: El antisemitismo como poder mundial, 1933-1945

1. John Emerich Edward Dalberg-Acton, *The History of Freedom and Other Essays* (Londres, 1907), p. 12.

2. Alon Confino, *A World Without Jews: The Nazi Imagination from Persecution to Genocide* (Yale University Press, 2014), 183.

3. Sobre las ambivalencias de los judíos y el fascismo, véase Alexander Stille, *Benevolence and Betrayal: Five Italian Jewish Families Under Fascism* (Picador, 1991); sobre Betar y los revisionistas, véase Colin Shindler, «Mo-

dels for the Radicals: Nationalism and the Origins of the Israeli Right», *Revue Européenne des études hébraïques* 11 (2005): pp. 63-83.

4. Hermann Beck, «Between the Dictates of Conscience and Political Expediency: Hitler's Conservative Alliance Partner and Antisemitism During the Nazi Seizure of Power», *Journal of Contemporary History* 41, n.º 4 (2006): pp. 611-640; Hermann Beck, *Before the Holocaust: Antisemitic Violence and the Reaction of German Elites and Institutions During the Nazi Takeover* (Oxford University Press, 2022). Véase también Noel Cary, «Antisemitism, Everyday Life and the Devastation of Public Morals in Nazi Germany» (reseña), *Central European History* 35, n.º 4 (2002): pp. 551-589.

5. Lawrence Stokes, «The German People and the Destruction of the European Jews», *Central European History* 6, n.º 2 (1973): pp. 167-190.

6. Bernard Dov Weinryb, *Jewish Emancipation Under Attack: Its Legal Recession Until the Present War* (American Jewish Committee, 1942), p. 7.

7. Oscar Janowsky, *People at Bay: The Jewish Problem in East-Central Europe* (Oxford University Press, 1938), p. 127.

8. Leon Volovici, *Nationalist Ideology and Antisemitism: The Case of Romanian Intellectuals in the 1930s* (Pergamon, 1991), pp. 116, 121-122, 125; Mihail Sebastian, *For Two Thousand Years* (Other Press, 2017), p. 215.

9. Victor Klemperer, *The Language of the Third Reich: LTI – Lingua Tertii Imperii; A Philologist's Notebook* («The Jewish War») (Bloomsbury Academic, 2021), p. 178.

10. Bela Vago, *The Shadow of the Swastika: The Rise of Fascism and Antisemitism in the Danube Basin, 1936-39* (Saxon House for the Institute of Jewish Affairs, 1975), pp. 58, 69, 103.

11. Vago, *Shadow of the Swastika*, pp. 394-395; Shmuel Almog, ed., *Antisemitism Through the Ages* (Pergamon, 1988), p. 340.

12. Confino, *World Without Jews*.

13. «Stenographic Report for a Portion of the Interministerial Meeting on the Jewish Question», 12 de noviembre de 1938, *German History in Documents and Images*, ghdi.ghi-dc.org/pdf/eng/English34.pdf.

14. G. K. Chesterton, *The New Jerusalem* (Hodder & Stoughton, 1920), pp. 264-265.

15. William W. Hagen, «Before the "Final Solution": Toward a Comparative Analysis of Political Anti-Semitism in Interwar Germany and Poland», *Journal of Modern History* 68, n.º 2 (junio de 1996): pp. 351-381.

16. Datos de Eugene Kulischer, *Europe on the Move: War and Population Changes, 1917-1947* (Columbia University Press, 1948), pp. 191-192.

17. Christopher Browning, «Hitler, Antisemitism, and the Final Solution», *Antisemitism Studies* 7, n.º 1 (primavera de 2023): pp. 80-99 (en este caso, p. 84).

18. «Pax Romanizing», *Time*, 31 de diciembre de 1934; véanse también las observaciones de Oded Heilbronner, «Großraum Europa: The Nazi Concept of "Greater European Space" in Recent Literature» (reseña de artículo), *English Historical Review* 136, n.º 583 (diciembre de 2021): pp. 1574-1594 (en 1592-1593).

19. Discurso de Hitler en el Sportspalast ¿Es correcto? ¿Cambiar por "Sportpalast", sin la segunda "s"? de Berlín, 30 de septiembre de 1942, reproducido en inglés como «Adolf Hitler: Address at the Opening of the Winter Relief Campaign» en https://www.jewishvirtuallibrary.org/adolf-hitler-address-at-the-opening-of-the-winter-relief-campaign-september-1942; Florent Brayard, *La «solution finale de la question juive»* (Fayard, 2023), p. 154; la cuestión general de la diplomacia europea sobre la «solución final» la cubre bien Dan Stone, *The Holocaust: An Unfinished History* (Pelican, 2023), cap. 5.

20. Christopher Browning, *The Final Solution and the German Foreign Office* (Holmes & Meier, 1978), p. 83.

21. La cuestión del secretismo y la emergencia en el transcurso de la guerra la analiza con brillantez Florent Brayard, *Auschwitz, enquête sur un complot nazi* (Éditions Points, 2023), pp. 442-449; el tema de la fotografía se estudia con detalle en Fabian Schmidt y Alexander Olive Zöller, *Images criminelles sous nazisme* (Association française de recherche sur l'histoire du cinéma, 2024).

22. Lorna Waddington, «The Anti-Komintern and Nazi Anti-Bolshevik Propaganda in the 1930s», *Journal of Contemporary History* 42, n.º 4 (2007): pp. 573-594; Hanno Plass y Bill Templer, «Der Welt-Dienst: International Anti-Semitic Propaganda», *Jewish Quarterly Review* 103, n.º 4 (otoño de 2013): pp. 503-522; Martin Kristoffer Hamre, «"Nationalists of All Countries, Unite!» Hans Keller and Nazi Internationalism in the 1930s», *Contemporary European History* 33, n.º 2 (2024): pp. 477-496; Dirk Rupnow, «"The Antisemite Internationale": The Exporting of Anti-Jewish Scholarship and Propaganda by the Third Reich», en *A New Nationalist Europe Under Hitler*, eds. Johannes Dafinger y Dieter Pohl (Routledge, 2018), pp. 259-270.

23. Bruno Blau, «The Jewish Population of Germany, 1939-1945», *Jewish Social Studies* 12, n.º 2 (abril de 1950): pp. 161-172.

24. Bettina Stangneth, *Eichmann Before Jerusalem: The Unexamined Life of a Mass Murderer* (Alfed A. Knopf, 2014), pp. 49-55; Raphael Lemkin, *Axis Rule in Occupied Europe: Laws of Occupation, Analysis of Government, Proposals for Redress* (Carnegie Endowment for International Peace, 1944); Koppel Pinson, «Antisemitism in the Post-War World», *Jewish Social Studies* 7, n.º 2 (abril de 1945): pp. 99-118 (en este caso, p. 99).

25. «Statement on Atrocities», octubre de 1943, en https://avalon.law.yale.edu/wwii/moscow.asp.

26. S. W. D. Rowson, «Some Private International Law Problems Arising out of European Racial Legislation, 1933-1945», *Modern Law Review* 10, n.º 4 (octubre de 1947): pp. 345-362, y textos de varios acuerdos de armisticio, en el Yale Avalon Law Project. Véase también S. W. D. Rowson, «The Abolition of Nazi and Fascist Anti-Jewish Legislation by British Military Administrations of the Second World War», *Jewish Yearbook of International Law* 1 (1948): pp. 261-268. Sobre Rowson, véase Rotem Giladi, «Shabtai Rosenne: The Transformation of Sefton Rowson», en *The Law of Strangers*, eds. James Loeffler y Moria Paz (Cambridge University Press, 2019), pp. 221-248, así como la respuesta, en el mismo volumen, de Philippe Sands.

27. James Parkes, *The Emergence of the Jewish Problem, 1878-1939* (Oxford University Press, 1946), p. 230.

Capítulo 5: Secuelas: la Europa de la guerra fría

1. Dittmer, Lowell, «The German NPD», *Comparative Politics* 2, n.º 1 (octubre de 1969): pp. 79-110 (en este caso, p. 98).

2. Martin Conway, *Western Europe's Democratic Age, 1945-1973* (Princeton University Press, 2020), pp. 72-75.

3. Alexander S. Kohanski, «Germany», *American Jewish Year Book* 47 (1945-1946): pp. 375-376; Geraldine Rosenfield, «Germany» y «Austria», *American Jewish Year Book* 48 (1946-1947): pp. 314-319; Boris Sapir, «Germany and Austria», *American Jewish Year Book* 49 (1947-1948): p. 373.

4. Nathan Reich, «The Year in Retrospect», *American Jewish Year Book* 50 (1948-1949): p. 114.

5. «NPD Antisemitism», *Patterns of Prejudice* 1, n.º 1 (1967): p. 9.

6. «Western Germany», *American Jewish Year Book* 56 (1955): p. 366; «Growing Antisemitism: The Rightwing International», *Patterns of Prejudice* (1967): pp. 9-11; Pauline Picco, «Extrême droite et antisémitisme en Italie. L'exemple du Centro Studi Ordine Nuovo (1955-1971)», *Laboratoire italien* 11 (2011): pp. 17-52. El mejor panorama general es el de JeanYves Camus y Nicolas Lebourg, *Far-Right Politics in Europe* (Harvard University Press, 2017).

7. Bardèche, citado en Martin Conway, *Western Europe's Democratic Age, 1945-1968* (Princeton University Press, 2020), p. 74; Jean-Pierre Rioux, reseña de *La tentative néo-fasciste en France de 1944 à 1965*, de Joseph Algazy, *Vingtième siècle* 5 (1985): pp. 199-200.

8. Richard Vinen, «The End of an Ideology? Right-Wing Antisemitism in France, 1944-1970», *Historical Journal* 37, n.º 2 (1994): pp. 365-388 (en este caso, p. 365).

9. Vinen, «End of an Ideology?», pp. 376-381.

10. Decreto citado en Elissa Bemporad, «Empowerment, Defiance, and Demise: Jews and the Blood Libel Specter Under Stalinism», *Jewish History* 26, n.º 3/4 (diciembre de 2012): pp. 343-361 (en este caso, p. 345); Jan Rybak, *Everyday Zionism in East-Central Europe: Nation-Building in War and Revolution, 1914-1920* (Oxford University Press, 2020), p. 273; Brendan McGeever, *Antisemitism and the Russian Revolution* (Cambridge University Press, 2019).

11. Bemporad, «Empowerment, Defiance, and Demise»; Elissa Bemporad, «Behavior Unbecoming a Communist: Jewish Religious Practice in Soviet Minsk», *Jewish Social Studies* 14, n.º 2 (invierno de 2008): pp. 1-31. Yuri Slezkine, *The Jewish Century* (Princeton University Press, 2004), pp. 242-249. Agradezco a Maria Stepanova que debatiera conmigo sobre estos asuntos.

12. William Korey, «The Origins and Development of Soviet Antisemitism», *Slavic Review* 31, n.º 1 (marzo de 1972): pp. 111-135; Yohanan Petrovsky-Shtern, *Lenin's Jewish Question* (Yale University Press, 2010).

13. Victoria Khiterer, «Unwelcome Return Home: Jews, Antisemitism and the Housing Problem in Postwar Kyiv», *East European Holocaust Studies* 1, n.º 1 (2023): pp. 155-174.

14. Milovan Djilas, *Conversations with Stalin* (Harcourt Brace, 1963), p. 120.

15. Joshua Rubenstein y Vladímir Naumov, eds., *Stalin's Secret Po-*

grom: The Postwar Inquisition of the Jewish Anti-Fascist Committee, trad. Laura Wolfson (Yale University Press, 2001), introducción; Allan L. Kagedan, «Revival, Reconstruction or Rejection: Soviet Jewry in the Postwar Years, 1944-48», en *Jews and Jewish Life in Russia and the Soviet Union*, ed. Yaacov Ro'i (Frank Cass, 1995), pp. 189-198; Allan L. Kagedan, *Soviet Zion: The Quest for a Russian Jewish Homeland* (St. Martin's, 1994).

16. Yaacov Ro'i, «Soviet Policy in the Middle East: The Case of Palestine During World War II», *Cahiers du monde russe et soviétique* 15, n.º 3/4 (julio-diciembre de 1974): pp. 373-408; Matityahu Mintz, «Ben-Gurion and the Soviet Union's Involvement in the Effort to Establish a Jewish State in Palestine», *Journal of Israeli History* 26, n.º 1 (2007): pp. 67-78.

17. Rubenstein y Naumov, *Stalin's Secret Pogrom*, pp. 39-41.

18. Rubenstein y Naumov, *Stalin's Secret Pogrom*, pp. 281, 284.

19. Arkady Vaksberg, *Stalin Against the Jews* (Nueva York: Knopf, 1994), pp. 247-248; Bemporad, «Empowerment, Defiance, and Demise».

20. Alexander Lokshin, «The Doctors' Plot: The Non-Jewish Response», en *Jews and Jewish Life in Russia and the Soviet Union*, ed. Yaacov Ro'i (Frank Cass, 1995), pp. 157-165 (en este caso, pp. 157, 161).

21. Mark Wischnitzer, *To Dwell in Safety: The Story of Jewish Migration Since 1800* (Jewish Publication Society of America, 1948), pp. 266-267; cifras de François Fejtö, *Les juifs et l'antisémitisme dans les pays communistes* (Plon, 1960), p. 60.

22. Robert Levy, *Ana Pauker: The Rise and Fall of a Jewish Communist* (University of California Press, 2001), p. 179.

23. Levy, *Ana Pauker*, pp. 178, 203.

24. Levy, *Ana Pauker*, p. 219.

25. Benjamin Pinkus, *The Soviet Government and the Jews, 1948-1967* (Cambridge University Press, 1984), 104.

26. Yaacov Ro'i, *The Struggle for Soviet Jewish Emigration, 1948-1967* (Cambridge University Press, 1991).

27. Fejtö, *Les juifs et l'antisémitisme*, p. 215.

28. Dariusz Stola, «Anti-Zionism as a Multipurpose Policy Instrument: The Anti-Zionist Campaign in Poland, 1967-1968», *Journal of Israeli History* 25, n.º 1 (2006): pp. 75-201; Paul Lendvai, *Anti-Semitism Without Jews: Communist Eastern Europe* (Doubleday, 1971).

Segunda parte: En el campo de batalla de las ideas

1. Europa incluye la Unión Soviética. La población judía del Mandato británico de Palestina se muestra como un círculo más oscuro dentro del total del Oriente Próximo y norte de África. Este mapa se basa en los datos estadísticos de Arthur Ruppin, *The Jews in the Modern World* (Macmillan and Co., 1934).

2. En la actualidad, la población judía del Oriente Próximo y norte de África, excluyendo Israel, no llega a 40.000 personas. Este mapa se basa en los datos estadísticos de Sergio Della Pergola, «World Jewish Population, 2021», *American Jewish Year Book* (2021), p. 121.

Capítulo 6: Preludio: Estados Unidos, Israel y el Oriente Próximo, décadas de 1940 a 1960

1. Ben Halpern, «The Impact of Israel on American Jewish Ideologies», *Jewish Social Studies* 21, n.º 1 (enero de 1959): pp. 62-81 (en este caso, p. 65).

2. Lewis Namier, introducción a *The Jews in the Modern World*, de Arthur Ruppin (Macmillan, 1934), pp. xxiii-xxiv.

3. Joseph Roth, «A Jew Emigrates to America», *The Wandering Jews*, trad. Michael Hofmann (W. W. Norton, 2001), p. 102.

4. Jacob Weinstein, «Antisemitism», en *The American Jew: A Composite Portrait*, ed. Oscar Janowsky (Harper & Brothers, 1942), p. 191; Milton Konvitz, «Intergroup Relations», en *The American Jew: A Reappraisal*, ed. Oscar Janowsky (Jewish Publication Society of America, 1964), pp. 78-79; Leo Ribuffo, «Henry Ford and "The International Jew"», *American Jewish History* 69, n.º 4 (junio de 1980): pp. 437-477; Harold S. Wechsler, «The Rationale for Restriction: Ethnicity and College Admission in America, 1910-1980», *American Quarterly*, 36, n.º 5 (invierno de 1984), pp. 643-667; Alan Brinkley, *Voices of Protest* (Vintage, 1982).

5. Leonard Dinnerstein, *Antisemitism in America* (Oxford University Press, 1995), caps. 5-7 (en este caso, p. 145); Koppel Pinson, «Antisemitism in the Postwar World», *Jewish Social Studies* 7, n.º 2 (abril de 1945): pp. 99-118; Susan Welch, «American Opinion Toward Jews During the Nazi Era», *Social Science Quarterly* 95, n.º 3 (septiembre de 2014): pp. 615-635.

6. Arthur Liebman, *Jews and the Left* (Wiley, 1979), p. 588; Anne Sebba, *Ethel Rosenberg: A Cold War Tragedy* (Weidenfeld & Nicolson, 2021). Sinkoff, *From Left to Right*, p. 121.

7. Dinnerstein, *Antisemitism in America*, 150; Deborah Dash Moore, «Who Built New York? Jewish Builders in the Interwar Decades», *American Jewish History* 101, n.º 3 (julio de 2017): pp. 311-335; Marshall Sklare, «Jews, Ethnics, and the American City», *Commentary*, abril de 1972.

8. Nate Bloom, «Woodstock: The Jewish Connection», *Jewish Standard*, 14 de agosto de 2009; «Jewish Population in the U.S. Shifting Towards the Sun Belt», *Jewish Telegraphic Agency*, 14 de febrero de 1979.

9. Dinnerstein, *Antisemitism in America*, pp. 150, 170; «Freedom for Russian Jews, Less Antisemitism Predicted for Year 2000», *Jewish Telegraphic Agency*, 21 de octubre de 1960, p. 4; Bert Gold, citado en Marianne R. Sanua, *Let Us Prove Strong: The American Jewish Committee, 1945-2006* (Brandeis University Press, 2007), p. 197.

10. Dinnerstein, *Antisemitism in America*, p. 160; Weinstein, «Antisemitism», pp. 202-203; Sinkoff, *From Left to Right*, pp. 111-113; Murray Friedman, «John Slawson (1896-1989)», *American Jewish Year Book* 91 (1991), pp. 555-558.

11. Peter Grose, *Israel in the Mind of America* (Schocken, 1984), pp. 4-5.

12. Zvi Ganin, *An Uneasy Relationship: American Jewish Leadership and Israel, 1948-1957* (Syracuse University Press, 2005), pp. 3-4; Naomi Cohen, *Not Free to Desist: The American Jewish Committee, 1906-1966* (Jewish Publication Society, 1972), p. 222.

13. Nathan Kurz, *Jewish Internationalism and Human Rights After the Holocaust* (Cambridge University Press, 2021), p. 26.

14. William Zukerman, *Voices of Dissent: Jewish Problems, 1948-1961* (Bookman Associates, 1964), pp. 11-15, 31-36, 37-40.

15. Zukerman, *Voices of Dissent*, pp. 31-36, 37-40, 64-70; sobre la campaña contra él, Geoffrey Levin, *Our Palestine Question: Israel and American Jewish Dissent, 1948-1978* (Princeton University Press, 2023), pp. 67-75. También Marjorie N. Feld, *Threshold of Dissent: A History of American Jewish Critics of Zionism* (New York University Press, 2024); Doug Rossinow, «"The Edge of the Abyss": The Origins of the Israel Lobby, 1949-1954», *Modern American History* 1, n.º 1 (2018): pp. 23-43.

16. Judd Teller, «Zionism, Israel and American Jewry», en Janowsky, *The American Jew: A Reappraisal*, p. 317; Rossinow, «"The Edge of the Ab-

yss"», p. 28. Para la crisis del sionismo estadounidense, véase Zohar Segev, «American Zionists' Place in Israel After Statehood: From Involved Partners to Outside Supporters», *American Jewish History* 93, n.º 3 (septiembre de 2007), pp. 277-302.

17. Tal Elmaliach, «Beyond Mamlakhtiyut and Halutziyut: The Ben-Gurion–Blaustein Understanding in Light of Ben-Gurion's Theory of Revolution», *Israel Studies* 25, n.º 3 (otoño de 2020), pp. 65-80; Ganin, *Uneasy Relationship*; Marc Dollinger, *Black Power, Jewish Politics: Reinventing the Alliance in the 1960s* (Brandeis University Press, 2018), p. 153.

18. Ganin, *Uneasy Relationship*, pp. 36-37; «An Exchange of Views: American Jews and the State of Israel», *Israel Studies* 25, n.º 3 (otoño de 2020): pp. 8-14.

19. Adam S. Ferziger, «Ben-Gurion and American Jewish Students at the Cusp of the Sixties: Between Solidarity and Persuasion», *Jewish Quarterly Review* 113, n.º 2 (primavera de 2023), pp. 273-303.

20. Dollinger, *Black Power, Jewish Politics*, p. 154.

21. Ganin, *Uneasy Relationship*, pp. 127, 146-148; Charles S. Liebman, «Diaspora Influence on Israel: The Ben-Gurion–Blaustein "Exchange" and Its Aftermath», *Jewish Social Studies* 36, n.º 3/4 (julio-octubre de 1974): pp. 271-280.

22. Halpern, «Impact of Israel»; Dollinger, *Black Power, Jewish Politics*, p. 150.

23. Evyatar Friesel, «The Influence of American Zionism on the American Jewish Community, 1900-1950», *American Jewish History* 75, n.º 2 (diciembre de 1985): pp. 130-148 (en este caso, p. 146); Henry Feingold, *Jewish Power in America: Myth and Reality* (Transaction Publishers, 2008), p. 68.

24. Marshall Sklare, «Lakeville and Israel: The Six-Day War and Its Aftermath», *Midstream* (octubre de 1968): pp. 1-18; sobre la fascinante figura de Sklare, véase Jonathan D. Sarna, «Marshall Sklare (1921-1992)», *Proceedings of the American Academy for Jewish Research* 58 (1992): pp. 33-35. Se ha descrito a Sklare como «el progenitor de todo el complejo de la industria de la identidad judía»; Jonathan Krasner, «On the Origins and Persistence of the Jewish Identity Industry in Jewish Education», en Jon Levisohn y Ari Kelman, eds., *Beyond Jewish Identity: Rethinking Concepts and Imagining Alternatives* (Academic Studies Press, 2019), p. 52.

25. Datos de la United Jewish Appeal, en Martin Raffel, «History of Israel Advocacy», en *Jewish Polity and American Civil Society*, eds. Alan

Mittleman *et al.* (Rowman & Littlefield, 2002), p. 117; Lawrence Grossman, «Transformation Through Crisis: The American Jewish Committee and the Six-Day War», *American Jewish History* 86, n.º 1 (marzo de 1998): pp. 27-54 (en este caso, pp. 49-51).

26. Arnold Forster y Benjamin Epstein, *Cross Currents* (Doubleday, 1956), p. 14; ADL y National Council of Churches, *Current Problems of Anti-Semitism: Proceedings of a Conference* (Nueva York, 1962).

27. Citado en Elie Podeh, «Demonizing the Other: Israeli Perceptions of Nasser and Nasserism», en *Rethinking Nasserism: Revolution and Historical Memory in Modern Egypt*, eds. Elie Podeh y Onn Winckler (University Press of Florida, 2004), pp. 72-79 (en este caso, p. 78).

28. Nahum Goldmann, *The Jewish Paradox* (Weidenfeld & Nicolson, 1978), p. 99.

29. Peretz Bernstein, citado en Todd Endelman y Zvi Gitelman, eds., *The Posen Library of Jewish Culture and Civilization*, vol. 8: *Crisis and Creativity Between World Wars, 1918-1939* (Yale University Press, 2020), p. 54; V. Jabotinsky [= Vladímir Zhabotinski OJO: ¿Es correcto? ¿Cambiar por "Zhabotinsky", con "y" final?], «The Iron Wall» (1923); Arthur Ruppin, *The Jews in the Modern World* (Macmillan, 1934), p. 258; Anita Shapira, «Israeli Perceptions of Anti-Semitism and Anti-Zionism», en *Anti-Semitism and Anti-Zionism in Historical Perspective: Convergence and Divergence*, ed. Jeffrey Herf (Routledge, 2007), pp. 228-250 (en este caso, pp. 230-231).

30. Amnon Raz-Krakotzkin, «Exile within Sovereignty: Critique of the "Negation of Exile" within Israeli Culture», en Zvi Ben-Dor Benite, Stefanos Geroulanos y Nicole Jerr, eds., *The Scaffolding of Sovereignty: Global and Aesthetic Perspectives on the History of a Concept* (Columbia University Press, 2017), pp. 393-420 (en este caso, pp. 411-413). Los primeros orientalistas sionistas fueron una excepción parcial; véase Jonathan Marc Gribetz, *Defining Neighbors: Religion, Race and the Early Zionist-Arab Encounter* (Princeton University Press, 2015); Yaron Peleg, *Orientalism and the Hebrew Imagination* (Cornell University Press, 2005).

31. Yosef Gorny, *Zionism and the Arabs, 1882-1948: A Study of Ideology* (Clarendon Press, 1987), pp. 34-35, 43.

32. Adi Gordon, *Toward Nationalism's End: An Intellectual Biography of Hans Kohn* (Brandeis University Press, 2017), pp. 145-150.

33. Evyatar Friesel, «It All Depends on the Point of View: David Ben-Gurion in the 1940s», *Journal of Israeli History* 26, n.º 1 (2007):

pp. 79-89, reseña del volumen 4 de *David's Zeal*, la biografía de Ben-Gurión, en varios volúmenes, por Shabtai Teveth; sobre Weizmann, véase Gorny, *Zionism and the Arabs*, pp. 204, 246; Ruppin, *Jews in the Modern World*.

34. Dos guías excelentes y recientes para recorrer el laberinto son Daniel J. Schroeter, «"Islamic Antisemitism" in Historical Discourse», *American Historical Review* 123, n.º 4 (octubre de 2018): pp. 1172-1189, y Dario Miccoli, «The Jews of the Middle East and North Africa: A Historiographic Debate», *Middle Eastern Studies* 56, n.º 3 (2020): pp. 511-520.

35. Jonathan Frankel, «"Ritual Murder" in the Modern Era: The Damascus Affair of 1840», *Jewish Social Studies* 3, n.º 2 (invierno de 1997): pp. 1-16. La violencia contra los cristianos se relacionaba asimismo con la intensificación del imperialismo europeo en las tierras otomanas; véase Eugene Rogan, *The Damascus Events: The 1860 Massacre and the Making of the Modern Middle East* (Basic Books, 2024).

36. René Wildangel, «More Than the Mufti: Other Arab-Palestinian Voices on Nazi Germany 1933-1945, and Their Postwar Narrations», en *Arab Responses to Fascism and Nazism: Attraction and Repulsion*, ed. Israel Gershoni (University of Texas Press, 2014), pp. 101-127.

37. Wildangel, «More than the Mufti», p. 122. Véanse también los ensayos del recopilatorio prologado por Ulrike Freitag e Israel Gershoni, «The Politics of Memory: The Necessity for Historical Investigation into Arab Responses to Fascism and Nazism», *Geschichte und Gesellschaft* 37, n.º 3 (julio-septiembre de 2011): pp. 311-331; sobre el liderazgo de los palestinos, la obra clásica es Rashid Khalidi, *The Iron Cage: The Story of the Palestinian Struggle for Statehood* (M. E. Sharpe, 2006).

38. Benny Morris, *The Birth of the Palestinian Refugee Problem, 1947-1949* (Cambridge University Press, 1988); Avi Shlaim, «The Debate About 1948», *International Journal of Middle Eastern Studies* 27, n.º 3 (1995): pp. 287-304; «Intelligence Brief from 1948 Hidden for Decades Indicates Jewish Fighters' Actions Were the Major Cause of Arab Displacement, Not Calls from Arab Leadership», Akevot Institute, akevot.org.il/en/article/intelligence-brief-from-1948-hidden-for-decades-indicates-jewish-fighters-actions-were-the-major-cause-of-arab-displacement-not-calls-from-arab-leadership; Benny Morris, «The Causes and Character of the Arab Exodus from Palestine: The Israel Defence Forces Intelligence Branch Analysis of June 1948», *Middle Eastern Studies* 22, n.º 1 (enero de 1986): pp. 5-19.

39. Esther Webman, ed., *The Global Impact of «The Protocols of the Elders of Zion»: A Century-Old Myth* (Routledge, 2018), cap. 11; Michael Hagemeister, *The Perennial Conspiracy Theory: Reflections on the History of «The Protocols of the Elders of Zion»* (Routledge, 2021).

40. Gilbert Achcar, *Les Arabes et la Shoah: La guerre israélo-arabe des récits* (Actes Sud, 2009); sobre Irán, véase Meir Litvak, «The Islamic Republic of Iran and the Holocaust: Anti-Semitism and Anti-Zionism», en Herf, *Anti-Semitism and Anti-Zionism in Historical Perspective*, pp. 250-269; Imam Khomeini [= imán Jomeiní], *Governance of the Jurist: Islamic Government* (Teherán, ed. 2008; ed. original de 1970), p. 114.

41. Un buen análisis sobre Sayegh se halla en Geoffrey Levin, *Our Palestine Question: Israel and American Jewish Dissent, 1948-1978* (Yale University Press, 2023), pp. 110-113 *passim*.

42. Levin, *Our Palestine Question*, p. 132; Zukerman, *Voices of Dissent*, p. 65.

43. Véase el nuevo y fascinante estudio de Jonathan Gribetz, *Reading Herzl in Beirut: The PLO's Effort to Know the Enemy* (Princeton University Press, 2024), cap. 6.

44. Nissim Rejwan, *Israel's Years of Bogus Grandeur: From the Six-Day War to the First Intifada* (University of Texas Press, 2006), pp. 69-70.

45. Rejwan, *Israel's Years of Bogus Grandeur*, pp. 133-134.

Capítulo 7: ¿Un nuevo antisemitismo? La arena internacional

1. Antony Lerman, «Continuity and Change», *Jewish Quarterly* 31, n.º 3/4 (1984): pp. 1-3, citado en Lerman, *The Making and Unmaking of a Zionist: A Personal and Political Journey* (Pluto Press, 2012), p. 76.

2. Howard Ehrlich, «The Swastika Epidemic of 1959-60: Anti-Semitism and Community Characteristics», *Social Problems* 9, n.º 3 (invierno de 1962): pp. 264-272; Sidney Liskofsky, «International Swastika Outbreak», *American Jewish Year Book* 62 (1961): pp. 209-213.

3. Departamento de Estado de Estados Unidos, *More Than a Century of Antisemitism: How Successive Occupants of the Kremlin Have Used Antisemitism to Spread Disinformation and Propaganda*, enero de 2004, p. 24, state.gov/wp-content/uploads/2024/01/GEC-Special-Report-More-than-a-Century-of-Antisemitism.pdf.

4. John Barron, *KGB: The Secret Work of Soviet Secret Agents* (Reader's

Digest Press, 1972), pp. 173-174; François Fejtö, *Les juifs et l'antisémitisme dans les pays communistes* (Plon, 1960), pp. 171-172; Thomas Rid, *Active Measures: The Secret History of Disinformation and Political Warfare* (Farrar, Straus & Giroux, 2020), pp. 131-132.

5. Asamblea General de las Naciones Unidas, Tercer Comité, 20.ª Sesión, 132.ª reunión, actas oficiales, 20 de octubre de 1965: Doc. A/C.3/S.R.1312 de la ONU; Liskofsky, «International Swastika Outbreak», pp. 209-213; Nathan Kurz, *Jewish Internationalism and Human Rights After the Holocaust* (Cambridge University Press, 2021), pp. 117-120.

6. Kurz, *Jewish Internationalism*, p. 134.

7. Zeineddine, citado en la Asamblea General de las Naciones Unidas, Comité ad hoc sobre Palestina, 13.ª reunión, 14 de octubre de 1947: «Summary Records», pp. 80-81, un.org/unispal/document/ad-hoc-committee-on-the-palestine-question-summary-record-13-14-october-1947; Carta fundacional de la OLP, de 1964, web.archive.org/web/20101130144018/http://www.un.int/wcm/content/site/palestine/pid/12363; Fayez Sayegh, «Zionist Colonialism in Palestine», *Settler Colonialism Studies* 2, n.º 1 (2012): pp. 206-225.

8. «Elimination of All Forms of Racial Discrimination: Zionism as Racism», resolución adoptada por la Asamblea General el 10 de octubre de 1975, www.un.org/unispal/document/auto-insert-181963.

9. Leonard Dinnerstein, «Is There a New AntiSemitism in the United States?», *Society* 41, n.º 2 (enero de 2004): pp. 53-58]; Jerome Chanes, «What's "New"–and What's Not–About the New Antisemitism?», *Jewish Political Studies Review* 16, n.º 1/2 (primavera de 2004): pp. 111-124; Nathan Perlmutter y Ruth Ann Perlmutter, *The Real Antisemitism in America* (Arbor House, 1982), p. 281; Neil Kressel, «How to Interpret American Poll Data on Jews, Israel and Antisemitism», en *Antisemitism in North America: New World, Old Hate*, eds. Steven K. Baum *et al.* (Brill, 2016), p. 12.

10. Henry L. Feingold, «Finding a Conceptual Framework for the Study of American Antisemitism», *Jewish Social Studies* 47, n.º 3/4 (veranootoño de 1985), p. 313; Chanes, «What's "New"?», p. 113.

11. Edward S. Shapiro, «The Cognitive Dissonance of American Jews», *Culture and Society* 49 (2012): pp. 547-552. Para abundar en el asunto, véase Jeffrey E. Cohen, «Perceptions of Anti-Semitism Among American Jews, 2000-05: A Survey Analysis», *Political Psychology* 31, n.º 1 (febrero de 2010): pp. 85-107; Kressel, «How to Interpret American Poll Data», pp. 5-6.

12. Henry L. Feingold, «The Continued Vitality of the American Jewish Committee at 80», *American Jewish Year Book* 87 (1987), p. 341; Arnold Forster, *Square One* (D. I. Fine, 1989), pp. 302-304; Chanes, «What's "New"?», p. 114; Harry Wallmarch, «Appreciation: Arnold Forster, ADL Leader and Israel Advocate», *Jerusalem Post*, 14 de marzo de 2010; Arnold Forster y Benjamin Epstein, *The New Anti-Semitism* (McGraw-Hill, 1974), pp. 1, 3, 5, 7-8, 324.

13. Forster, *Square One*, pp. 302-303.

14. Forster y Epstein, *New Anti-Semitism*, pp. 128-149.

15. Eric L. Goldstein, *The Price of Whiteness: Jews, Race and American Identity* (Princeton University Press, 2006), p. 84.

16. Charles Seguin y David Rigby, «National Crimes: A New National Data Set of Lynchings in the United States, 1883-1941», *Socius* 5 (2019): pp. 1-9; James Baldwin y Budd Schulberg, «Dialogue in Black and White», *Playboy*, diciembre de 1966, citado en David Leeming, *James Baldwin: A Biography* (Arcade, 2015), p. 274.

17. Leonard Rogoff, «Is the Jew White? The Racial Place of the Southern Jew», *American Jewish History* 85, n.º 3 (septiembre de 1997): pp. 195-230 (en este caso, pp. 195, 203).

18. Philip S. Foner, «BlackJewish Relations in the Opening Years of the Twentieth Century», *Phylon* 36, n.º 4 (1975): pp. 359-367 (en este caso, pp. 360, 364-365).

19. Foner, «Black-Jewish Relations»; Goldstein, *Price of Whiteness*, pp. 69, 81; Max Kohler, «The Jews and the American Anti-Slavery Movement», *Publication of the American Jewish Historical Society* 5 (1897): pp. 137-155; Richard Kreitner, *Fear No Pharoah* (Farrar, Straus and Giroux, 2025).

20. Howard N. Rabinowitz, «Nativism, Bigotry and Anti-Semitism in the South», *American Jewish History* 77, n.º 3 (marzo de 1988): pp. 437-451; Seth Forman, «The Unbearable Whiteness of Being Jewish: Desegregation in the South and the Crisis of Jewish Liberalism», *American Jewish History* 85, n.º 2 (junio de 1997): pp. 121-142 (en este caso, p. 124); Hasia Diner, *In the Almost Promised Land: Jews and Blacks, 1915-1935* (Greenwood Press, 1977).

21. Harvard Sitkoff, *Toward Freedom Land: The Long Struggle for Racial Equality in America* (University Press of Kentucky, 2010), pp. 147-174; W. E. B Du Bois, «The Negro and the Warsaw Ghetto», *Jewish Life* 6, n.º 7 (mayo de 1952): pp. 14-15; Comité Judío Estadounidense, citado en

Forman, «The Unbearable Whiteness of Being Jewish», p. 128; también, en general, David Feldman, «A History of Prejudice», *The Ideas Letter*, 19 de septiembre de 2024.

22. Forman, «The Unbearable Whiteness of Being Jewish», pp. 134-135; Frederick Simonelli, «The American Nazi Party, 1958-1967», *The Historian* 57, n.º 3 (primavera de 1995): pp. 553-566; Pierre Birnbaum, *Tears of History: The Rise of Political Antisemitism in the United States* (Columbia University Press, 2023), pp. 115-123.

23. Cornel West, *Race Matters* (Beacon Press, 1993), p. 71.

24. Dawidowicz en Sinkoff, *From Left to Right*, p. 122; Silberman citado en Marianne Sanua, *Let Us Prove Strong: The American Jewish Committee, 1945-2006* (American Jewish Committee, 2007), p. 184.

25. Marjorie N. Feld, *The Threshold of Dissent: A History of American Jewish Critics of Zionism* (New York University Press, 2024), cap. 3; M. R. Fischbach, «The New Left and the Arab-Israel Conflict in the U.S.», *Journal of Palestine Studies* 49, n.º 3 (primavera de 2020): pp. 7-12.

26. Harold Cruse, *The Crisis of the Negro Intellectual* (William Morrow and Co., 1967), p. 480.

27. Hugh Davis Graham, «The Origins of Affirmative Action: Civil Rights and the Regulatory State», *Annals of the American Academy of Political and Social Science* 523 (septiembre de 1992): pp. 50-62.

28. Albert Mindlin, «The Designation of Race or Color on Forms», *Public Administration Review* 26, n.º 2 (junio de 1966): pp. 110-118 (en este caso, p. 111); sobre las políticas de la innovación tecnológica, véase Jason Ludwig, «Politics–Not Tech–Can Save Black Jobs from AI», *Public Books*, 22 de febrero de 2024. Una obra clave en esta área es la de Michael F. McGovern, *Justice in Numbers: Statistics and the Transformation of Civil Rights*, tesis doctoral en Historia de la Ciencia, Princeton University, 2023. Doy las gracias a Dan Bouk por lo mucho que me ha ayudado.

29. Comisión de Estados Unidos sobre los Derechos Civiles, «To Know or Not to Know: Collection and Use of Racial and Ethnic Data in Federal Assistance Programs», febrero de 1973; *Statistical Policy Directive No. 15*, mayo de 1978, www2.census.gov/about/ombraceethnicityitwg/1978-statistical-policy-handbook.pdf.

30. *Crisis at Columbia: Report of the Fact-Finding Commission Appointed to Investigate the Disturbances at Columbia University in April and May 1968* (Vintage Books, 1968), p. 14; Goldstein, *Price of Whiteness*, p. 227.

31. Eric Goldstein, «Contesting the Categories: Jews and Govern-

ment Racial Classification in the United States», *Jewish History* 19, n.º 1 (2005): pp. 79-107.

32. Goldstein, «Contesting the Categories», p. 102.

33. Nathan Glazer, *Affirmative Discrimination* (Basic Books, 1975).

34. Baldwin y Schulberg, «Dialogue in Black and White», p. 135; James Baldwin, «Negroes Are Anti-Semitic Because They're Anti-White», *New York Times*, 9 de abril de 1967.

35. Shaul Magid, *Meir Kahane: The Public Life and Political Thought of an American Jewish Radical* (Princeton University Press, 2021), pp. 82-85.

36. Peter Novick, *The Holocaust in American Life* (Houghton Mifflin, 1999), pp. 121-123.

37. Sanua, *Let Us Prove Strong*, p. 351.

38. Amy Kaplan, *Our American Israel: The Story of an Entangled Alliance* (Harvard University Press, 2018), pp. 179-180.

39. Sinkoff, *From Left to Right*, pp. 250 ss.; Evyatar Friesel, *The Days and the Seasons: Memoirs* (Wayne State University Press, 1996), pp. 185-186.

40. Tom W. Smith, «A Review: The Holocaust Denial Controversy», *Public Opinion Quarterly* 59, n.º 2 (verano de 1995): pp. 269-295.

41. Philip Gleason, «Identifying Identity: A Semantic History», *Journal of American History* 69, n.º 4 (marzo de 1983): pp. 910-931, esp. 929-931; Jonathan Krasner, «On the Origins and Persistence of the Jewish Identity Industry in Jewish Education», en Jon Levisohn y Ari Kelman, eds., *Beyond Jewish Identity: Rethinking Concepts and Imagining Alternatives* (Academic Studies Press, 2019), pp. 36-64.

42. Nathan Glazer, «Jewish Loyalties», *Wilson Quarterly* 5, n.º 4 (otoño de 1981): pp. 134-145; Pew Research Center, «A Portrait of Jewish Americans», 1 de octubre de 2013.

43. Yuri Slezkine, *The Jewish Century* (Princeton University Press, 2004), pp. 351-352.

44. Dinnerstein, «Is There a New Anti-Semitism?», pp. 53-58.

45. Glazer, «Jewish Loyalties», pp. 134-145; Charles Silberman, *A Certain People: American Jews and Their Lives Today* (Summit, 1985); se cita a Silberman en *Newsweek*, en un debate sobre sus conclusiones. Sobre el impacto de la identidad estadounidense en el apego de los judíos de Estados Unidos por Israel, véase Derek Penslar, *Zionism: An Emotional State* (Rutgers University Press, 2023), p. 205; Marc Dollinger, *Quest for Inclusion: Jews and Liberalism in Modern America* (Princeton University Press,

2000), pp. 215-221; también Feingold, «Finding a Conceptual Framework», pp. 313-326 (en este caso, p. 325).

46. Sobre Pollard, véase Martin Raffel, «History of Israel Advocacy», en *Jewish Polity and American Civil Society*, eds. Alan Mittleman *et al.* (Rowman & Littlefield, 2002), pp. 128-131; Peter Medding, «The New Jewish Politics in the United States», en *The Quest for Utopia: Jewish Political Ideas and Institutions Through the Ages*, ed. Zvi Gitelman (M. E. Sharpe, 1992), pp. 119-155 (en este caso, pp. 127-128); «Sumner Shapiro, Long-Serving Director of Naval Intelligence», *Washington Post*, 16 de noviembre de 2006.

47. Jacob David Herzog, *A People That Dwells Alone: Speeches and Writings of Yaacov Herzog* (Weidenfeld & Nicolson, 1975), pp. 48-53.

48. Ilan Peleg, ed., *Victimhood Discourse in Contemporary Israel* (Lexington Books, 2019), pp. 3-4; Shmuel Rosner, «Israel and a Hostile World», *New York Times*, 8 de octubre de 2014; Paul Scham, «"A Nation That Dwells Alone": Israeli Religious Nationalism in the 21st Century», *Israel Studies* 23, n.º 3 (otoño de 2018): pp. 207-215.

49. Forster, *Square One*, p. 244.

50. E. J. Hobsbawm, «Ethnicity and Nationalism in Europe Today», *Anthropology Today* 8, n.º 1 (febrero de 1992): pp. 3-8; Olga Litvak, «The God of History», en *The Social Scientific Study of Jewry: Sources, Approaches, Debates*, ed. Uzi Rebhun (Oxford University Press, 2014), pp. 290-302; Michael Brenner, *Prophets of the Past: Interpreters of Jewish History* (Princeton University Press, 2010), pp. 184-185; Avner Ben-Zaken, «The Father, the Son (Bibi) and the Spirit of Catastrophe», *Haaretz*, 24 de mayo de 2015; Michael Berkowitz, «Robert S. Wistrich and European Jewish History: Straddling the Public and Scholarly Spheres», *Journal of Modern History* 70, n.º 1 (marzo de 1998), pp. 119-136.

51. Ettinger, citado por Antony Lerman, *Whatever Happened to Antisemitism? Redefinition and the Myth of the «Collective Jew»* (Pluto Press, 2022), p. 49; Scott Ury, «Strange Bedfellows? Anti-Semitism, Zionism, and the Fate of "the Jews"», *American Historical Review* 123, n.º 4 (octubre de 2018): pp. 1151-171.

52. Asaf Turgeman y Gal Hadari, «"Arab Anti-Semitism Debate": The Birth of New Anti-Semitism in Public and Academic Discourse in Israel», *Journal of Modern Jewish Studies* 14, n.º 3 (2015): pp. 501-519; Lerman, *Making and Unmaking of a Zionist*, p. 77.

53. Yehoshafat Harkabi, «On Arab Antisemitism Once More», en *Antisemitism Through the Ages*, ed. Shmuel Almog (Pergamon, 1988), pp. 239;

Harkabi, en el recuerdo de Rashid Khalidi, entrevistado por Tariq Ali, en «The Neck and the Sword», *New Left Review* 147 (mayo-julio de 2024): pp. 5-38; Ami Pedahzur y Yael Yishai, «Hatred by Hated People: Xenophobia in Israel», *Studies in Conflict and Terrorism* 22, n.º 2 (1999): pp. 101-117. Quiero dar las gracias a Adam Shatz por nuestras conversaciones sobre este punto.

54. Dov Waxman, *The Pursuit of Peace and the Crisis of Israeli Identity* (Palgrave Macmillan, 2006), pp. 28-29; Anita Shapira, «Israeli Perceptions of Anti-Semitism and Anti-Zionism», en *Anti-Semitism and Anti-Zionism in Historical Perspective: Convergence and Divergence*, ed. Jeffrey Herf (Routledge, 2007), pp. 242-243.

55. Carlo Ginzburg, «Postface», en *The Medieval Roots of Antisemitism*, eds. Jonathan Adams y Cordelia Hess (Routledge, 2018), p. 433.

56. Magid, *Meir Kahane*, pp. 129-135.

57. Pierre Vidal-Naquet, «Theses on Revisionism» (1985), en *Assassins of Memory*, trad. Jeffrey Mehlman (Columbia University Press, 1992); Novick, *Holocaust*, p. 161; Tom Segev, *The Seventh Million: The Israelis and the Holocaust* (Farrar, Straus and Giroux, 2019), pp. 400-401; Amos Oz, «Better a Living JudeoNazi Than a Dead Saint», *Journal of Palestine Studies* 12, n.º 3 (primavera de 1983): pp. 202-209.

58. Yael Aronoff, «Israeli Prime Ministers: Transforming the Victimhood Discourse», en *Victimhood Discourse in Contemporary Israel*, ed. Ilan Peleg (Lexington Books, 2019), pp. 37-57; Waxman, *Pursuit of Peace*, p. 128.

59. Pedahzur y Yishai, «Hatred by Hated People», pp. 111, 115; Weiss, citado en Hanna Herzog *et al.*, «Racism and the Politics of Signification: Israeli Public Discourse on Racism Towards Palestinian Citizens», *Ethnic and Racial Studies* 31, n.º 6 (2008): pp. 1091-1109 (en este caso, p. 1104).

60. Datos de Sivan Hirsch-Hoefler y Cas Mudde, *The Israeli Settler Movement: Assessing and Explaining Social Movement Success* (Cambridge University Press, 2021). Sobre el fútbol, véase «Israeli Soccer Fans Attacked in Incident Linked to Antisemitism in Amsterdam», *USA Today*, 8 de noviembre de 2024. Pocos lo relacionaron con un incidente anterior, producido en el centro de Atenas, en el que un grupo de fanáticos del Maccabi apaleó a un hombre paquistaní; véase: «Opadoi edrasan anenochlitoi sto kentro tis Athinas», *Efimeris Syntakton*, 7 de marzo de 2024. Para el trasfondo, Rami Younis, «Israel's Most Racist Soccer Club Isn't Shouting

"Death to Arabs"», *+972 Magazine*, 27 de abril de 2016; «Inside Beitar Jerusalem, One of the World's Most Racist Soccer Clubs», *Haaretz*, 4 de julio de 2022; Larry Derfner, «When an Israeli Soccer Game Looks Like a Klan Rally», *+972 Magazine*, 2 de noviembre de 2012.

61. Jacob Marcus, «Background for the History of American Jewry», en *The American Jew: A Reappraisal*, ed. Oscar Janowsky (Jewish Publication Society of America, 1964), pp. 23-24.

62. J. J. Goldberg, *Jewish Power: Inside the American Jewish Establishment* (Basic Books, 1996), p. 7; Medding, «The "New Jewish Politics" in the United States».

63. Shaul Kelner, *A Cold War Exodus: How American Activists Mobilized to Free Soviet Jews* (New York University Press, 2024), p. 9.

64. Dollinger, *Quest for Inclusion*, pp. 221-222.

65. Marc Dollinger, *Black Power, Jewish Politics: Reinventing the Alliance in the 1960s* (Brandeis University Press, 2018).

66. Kurz, *Jewish Internationalism*, pp. 140-163 (en este caso, p. 158); Benjamin Nathans, *To the Success of Our Hopeless Cause: The Many Lives of the Soviet Dissident Movement* (Princeton University Press, 2024), sobre las complejas interconexiones existentes entre el movimiento de los judíos soviéticos y la disidencia de la URSS, incluido el papel de Natan Sharanski.

67. Theodore H. Friedgut, «Soviet Anti-Zionism: Origins, Forms and Development», en Robert S. Wistrich, ed., *Anti-Zionism and Antisemitism in the Contemporary World* (Macmillan, 1990), pp. 26-45 (en este caso, pp. 41-42); Mark Tolts, «A Half Century of Jewish Emigration from the Former Soviet Union: Demographic Aspects», artículo presentado para el Proyecto sobre la Judería de Rusia y Eurasia, Davis Center for Russian and Eurasian Studies (Universidad de Harvard), 20 de noviembre de 2019, disponible ahora en *Migration from the Newly Independent States*, eds. Mikhail Denisenko *et al.* (Springer Nature, 2020), pp. 323-344. Las estadísticas demográficas de los judíos son un ámbito polémico. Véase Sergio Della Pergola, «World Jewish Population, 2020», *The American Jewish Year Book* 120 (2020): pp. 273-370.

Capítulo 8: Armamento lingüístico

1. Lewis Carroll, *Alice's Adventures in Wonderland and Through the Looking-Glass* (Oxford University Press, 2009), p. 190.

2. Saul Dubow, «Apartheid in South Africa and Israel/Palestine: A Case of Convergent Evolution?», *Palestine/Israel Review* 1, n.º 2 (2024): pp. 257-288.

3. Sobre el sionismo entre los judíos estadounidenses de la actualidad, véase Dov Waxman, *Trouble in the Tribe: The American Jewish Conflict over Israel* (Princeton University Press, 2016), pp. 28-29; sobre Israel, véase el *Pew Research Center Report* «Israel's Divided Society», 8 de marzo de 2016; Reinhart, en una carta a *The Times*, citada en Rory Miller, *Divided Against Zion: Anti-Zionist Opposition in Britain to a Jewish State in Palestine, 1945-48* (Frank Cass, 2000), p. 144. La bibliografía sobre el sionismo es enorme. El mejor punto de partida es Michael Stanislawski, *Zionism: A Very Short Introduction* (Oxford University Press, 2017); también Noam Pianko, *Zionism and the Roads Not Taken: Rawidowicz, Kaplan, Kohn* (Indiana University Press, 2010). Aquí el debate se refiere a los argumentos intelectuales a favor y en contra de identificar el sionismo con una forma de racismo. La cuestión, bastante distinta, de si tal equiparación debería prohibirse se plantea en el próximo capítulo.

4. Departamento de Estado de Estados Unidos, «Report on Global Antisemitism», 5 de enero de 2005, en https://2001-2009.state.gov/g/drl/rls/40258.htm.

5. Craig S. Smith, «Free Speech and Hate Speech: French Ruling Roils the Waters», *New York Times*, 27 de junio de 2005.

6. Brian Klug, «The Myth of the New AntiSemitism», *The Nation*, 2 de diciembre de 2004; Leon Wieseltier, «Hitler Is Dead», *New Republic*, 27 de mayo de 2002.

7. W. Bergmann, «Xenophobia and Antisemitism After the Unification of Germany», *Patterns of Prejudice* 28, n.º 1 (1994): pp. 67-80 (en este caso, p. 69).

8. La antigua demonización de Israel y el sionismo por parte de la derecha se describe en Pierre Birnbaum, «The French Radical Right: From Anti-Semitic Zionism to Anti-Semitic Anti-Zionism», en *Anti-Semitism and Anti-Zionism in Historical Perspective: Convergence and Divergence*, ed. Jeffrey Herf (Routledge, 2006), pp. 145-159. Sobre el Frente Nacional, en Francia, véase Alexandre Bande *et al.*, eds., *Histoire politique de l'antisémitisme en France: de 1967 à nos jours* (Robert Laffont, 2024), esp. pp. 68-69. Sobre la cuestión general de la renuncia a los elementos más ofensivos, véase Tony Judt, *Postwar: A History of Europe Since 1945* (Penguin Press, 2005).

9. Reza Zia-Ebrahimi, «When the Elders of Zion Relocated to Eurabia», *Patterns of Prejudice* 52, n.º 4 (2018): pp. 314-337; véase también Adi Schwartz, «The Protocols of the Elders of Brussels», *Haaretz*, 20 de junio de 2006; Andrew Brown, «The Myth of Eurabia: How a Far-Right Conspiracy Theory Went Mainstream», *Guardian*, 16 de agosto de 2019.

10. «Israel's Diaspora Affairs Minister Chikli Says Le Pen as French President "Excellent for Israel"», *Haaretz*, 1 de julio de 2024; «Romania Accuses Israel of Election Interference After Netanyahu Minister's Call with Pro-Nazi Candidate», *Haaretz*, 30 de noviembre de 2024; «The New Pro-Israeli Clothes of Europe's Far Right», *Le Monde*, 31 de mayo de 2024; https://unitedjed.org/combatingantisemitism/; «Israel Invites Europe's Far Right to Conference "Combating Antisemitism"», *Haaretz*, 13 de marzo de 2025; «ExADL Head Slams Successor for Sharing Stage at Israel Antisemitism Confab with Europe's Far Right», *Haaretz*, 16 de marzo de 2025.

11. David Feldman, «Jeremy Corbyn, "Imperialism" and Labour's Antisemitism Problem», *History Workshop*, 12 de junio de 2019, en https://www.historyworkshop.org.uk/anti-racism/imperialism-and-labours-antisemitism-problem/; véase también, sobre el trasfondo del laborismo: Jeremy Corbyn, «What I'm Doing to Banish Anti-Semitism from the Labour Party», *The Standard*, 24 de abril de 2018. El tema más en general lo analiza Owen Jones, *This Land: The Struggle for the Left* (Allen Lane, 2020), cap. 7.

12. Para las cifras de visitantes de Auschwitz: auschwitz.org/en/visiting/attendance.

13. C. M. Baker, «Challenges of "The Jewish People": Promises and Perils of Collective Identities», en *Antisemitism, Islamophobia and the Politics of Definition*, eds. David Feldman y Marc Volovici (Palgrave Macmillan, 2023), pp. 94-97; véase también el útil análisis de Doris Bergen, «Studying the Holocaust: Is History Commemoration?», en *The Holocaust and Historical Methodology*, ed. Dan Stone (Berghahn, 2012), pp. 158-177.

14. Antony Lerman, «Sense on Antisemitism», *Prospect*, 19 de agosto de 2002; Romano Prodi, «Against Anti-Semitism: For a Union of Diversity», discurso pronunciado en Bruselas el 19 de febrero de 2004, en https://ec.europa.eu/commission/presscorner/detail/en/SPEECH_04_85. [Se cita según «Contra el antisemitismo. Por una Unión de la diversidad», https://ec.europa.eu/commission/presscorner/detail/es/SPEECH_04_85.]

15. Lerman, «Sense on Antisemitism»; Arthur Hertzberg, «Is Anti-Semitism Dying Out?», *New York Review of Books*, 24 de junio de 1993.

16. James B. Jacobs y Kimberly A. Potter, «Hate Crimes: A Critical Perspective», *Crime and Justice* 22 (1997): pp. 1-50 (en este caso, pp. 13-15).

17. Jacobs y Potter, «Hate Crimes», pp. 13-14; el problema de la misión dual se explora en Alex Kane y Jacob Hutt, «How the ADL's Israel Advocacy Undermines Its Civil Rights Work», *Jewish Currents* (primavera de 2021). Las palabras de Jim Sleeper figuran en una reseña del *Hate Crimes: Criminal Law and Identity Politics*, de Jacobs y Potter (Oxford University Press, 1998). Para un análisis de los delitos de odio y el antisemitismo, véase Paul Iganski, ed., *The Hate Debate: Should Hate Be Punished as a Crime?* (Profile Books, 2002).

18. Antony Lerman, *Whatever Happened to Antisemitism? Redefinition and the Myth of the «Collective Jew»* (Pluto Press, 2022), pp. 91-92.

19. Lerman, *Whatever Happened to Antisemitism?*, p. 94.

20. Basado en Jacob Aasland Ravndal *et al.*, «RTV Trend Report 2022: Right-Wing Terrorism and Violence in Western Europe 1990-2021», sv.uio.no/c-rex/english/publications/c-rex-reports/2022/rtv_trend_report_2022.pdf; Global Project Against Hate and Extremism, «Generation Identity», https://globalextremism.org/reports/generation-identity/; Lerman, *Whatever Happened to Antisemitism?*, pp. 98-99.

21. Lerman, *Whatever Happened to Antisemitism?*, p. 84; para el trasfondo, véase Hertzberg, «Is Anti-Semitism Dying Out?»; un buen panorama es el de Martin Raffel, «History of Israel Advocacy», en *Jewish Polity and American Civil Society*, eds. Alan Mittleman *et al.* (Rowman & Littlefield, 2002), pp. 103-181.

22. Lerman, *Whatever Happened to Antisemitism?*, p. 176; Michael Galchinsky, *Jews and Human Rights: Dancing at Three Weddings* (Rowman & Littlefield, 2008), pp. 121-122; Marianne Sanua, *Let Us Prove Strong: The American Jewish Committee, 1945–2006* (Brandeis University Press, 2007), p. 345.

23. «A 101YearOld Nazi Is Convicted: Late Justice Is Still Justice», Centro Simon Wiesenthal, 5 de julio de 2022, https://swcjerusalem.org/2022/07/05/a-101-year-old-nazi-is-convicted-late-justice-is-still-justice/; también Rashid Khalidi, «The Case of the Mamilla Cemetery: Delegitimization or Desecration?», Center for Palestine Studies (Universidad de Columbia), https://palestine.mei.columbia.edu/event-extras/2017/5/22/the-case-of-the-mamilla-cemetery-delegitimization-or-desecration; «Fundraising the Rabbi Hier Way», *Jewish Journal*, 16 de noviembre de 2007.

24. Raffel, «History of Israel Advocacy», pp. 166-181; Waxman, *Trouble in the Tribe*, *passim*; Edward Tivnan, *The Lobby: Jewish Political Power and American Foreign Policy* (Simon and Schuster, 1987).

25. Weinstein, «On Combating Antisemitism»; Natan Sharanski, «3D Test of Antisemitism: Demonization, Delegitimation, Double-Standards», *Jewish Political Studies Review* 16, n.º 3/4 (otoño de 2004); las actividades de Sharanski en su era soviética se abordan en Benjamin Nathans, *To the Success of Our Hopeless Cause: The Many Lives of the Soviet Dissident Movement* (Princeton University Press, 2024); un buen análisis periodístico, que incluye su actividad política en Israel, es «Natan Sharansky: Act III, Scene I», *Moment*, julio-agosto de 2012, en https://momentmag.com/natan-sharansky-act-iii-scene-i-2/.

26. Colin Powell, «Remarks at the Conference on Antisemitism of the Organization for Security and Cooperation in Europe», 28 de abril de 2004, en https://2001-2009.state.gov/secretary/former/powell/remarks/31885.htm.

27. Stephen Roth Institute for the Study of Contemporary Antisemitism and Racism, *Antisemitism Worldwide*, 2004 (Tel Aviv University, 2006), p. 24.

28. Lerman, *Whatever Happened to Antisemitism?*, pp. 70-73.

29. Sobre Dinur, véase David Myers, «History as Ideology: The Case of Ben Zion Dinur, Zionist Historian "Par Excellence"», *Modern Judaism* 8, n.º 2 (mayo de 1988): pp. 167-193; para el texto de la Ley 5713-1953 de Recuerdo de los Mártires y Héroes (Yad Vashem), de 1953, yadvashem.org/about/yad-vashem-law.html; véase también Dina Porat, *Israeli Society, the Holocaust and Its Survivors* (Vallentine Mitchell, 2008), p. 347.

30. Simon Rawidowicz, «Israel, the Ever-Dying People», en *Israel, the Ever-Dying People and Other Essays*, ed. Benjamin Ravid (Associated University Presses, 1986), pp. 192-203; para Rawidowicz más en general, véase Pianko, *Zionism and the Roads Not Taken*, pp. 6-69; David Myers, *Between Jew and Arab: The Lost Voice of Simon Rawidowicz* (Brandeis University Press, 2008). Yoram Shachar, «Jefferson Goes East: The American Origins of the Israeli Declaration of Independence», *Theoretical Inquiries in Law* 10, n.º 2 (julio de 2009): pp. 589-618; Martin Kramer, «Why Israel Is Called Israel and Not Judea», *Mosaic* (junio de 2021); sobre Ben-Gurión y el yídico, véase Zach Golden, «How Yiddish Became a "Foreign Language" in Israel Despite Having Been Spoken There Since the 1400s», *The Forward*, 11 de septiembre de 2023.

31. Sobre este debate, un punto de partida son las obras de Yaacov Yadgar, en especial *Israel's Jewish Identity Crisis* (Cambridge University Press, 2020), y «The Great Sin of Today Is the "Politicization" of Our Judaism, the Great Need, the "Judaization" of Our Politics: Leon Roth and the Possibilities of a Jewish Critique of Zionist Politics», *Journal of Modern Jewish Studies* 22, n.º 4 (2023): pp. 412-437; también Michael Brenner, *In Search of Israel: The History of an Idea* (Princeton University Press, 2018), esp. cap. 4. Sobre la crítica ultraortodoxa, véase Porat, *Israeli Society*, pp. 367-370. Teitelbaum, citado por David Myers, «Can There Be a Principled Anti-Zionism? On the Nexus Between Anti-Historicism and Anti-Zionism in Modern Jewish Thought», en Herf, *Anti-Semitism and Anti-Zionism in Historical Perspective*, pp. 20-38 (en este caso, p. 29).

32. Baker, «Challenges of "The Jewish People"», pp. 102-103; Noam Pianko, *Jewish Peoplehood: An American Innovation* (Rutgers University Press, 2015); «Natan Sharansky: Act III, Scene I».

33. Stroock, citado en Marc Dollinger, *Black Power, Jewish Politics: Reinventing the Alliance in the 1960s* (Brandeis University Press, 2018), p. 155; Netanyahu, citado en Baker, «Challenges of "The Jewish People"», pp. 104-105.

34. Diana Pinto, «Israel Poses a Serious Dilemma for Europe's Jews», *Haaretz*, 14 de febrero de 2013; Gershom Gorenberg, «A Jew of No Religion», *American Prospect*, 19 de octubre de 2011; Baker, «Challenges of "The Jewish People"», pp. 89-90.

35. Martin Jay, «Ariel Sharon and the Rise of the New Anti-Semitism», *Salmagundi* 137/138 (invierno-primavera de 2003): pp. 12-29 (en este caso, p. 25).

Capítulo 9: La naturaleza misma de la cosa

1. Raymond Williams, *Keywords: A Vocabulary of Culture and Society* (Oxford University Press, 1985), p. 16.

2. Thomas Wilson, *The Rule of Reason, Conteinyng the Arte of Logique, Set Forth in Englishe* (Londres, 1551): «Of a Diffinition». Sobre Wilson, véase Albert J. Schmidt, «Thomas Wilson, Tudor Scholar-Statesman», *Huntington Library Quarterly* 20, n.º 3 (mayo de 1957): pp. 205-218.

3. Ben Halpern, «What Is Antisemitism?», *Modern Judaism* 1, n.º 3 (diciembre de 1981): pp. 251-262; Feingold, «Finding a Conceptual Fra-

mework for the Study of American Antisemitism», *Jewish Social Studies*, p. 313; David Engel, «Away from a Definition of Antisemitism: An Essay in the Semantics of Historical Description», en *Rethinking European Jewish History*, eds. Jeremy Cohen y Moshe Rosman (Oxford University Press, 2008), pp. 30-53.

4. Antony Lerman, *Whatever Happened to Antisemitism? Redefinition and the Myth of the «Collective Jew»* (Pluto Press, 2022), pp. 127-129; Kenneth Stern, *The Conflict over the Conflict: The Israel/Palestine Campus Debate* (University of Toronto Press, 2020), pp. 149-151.

5. Dina Porat, «What Makes an Anti-Semite?», *Haaretz*, 28 de enero de 2007.

6. Williams, *Keywords*, pp. 16-17; David Feldman y Marc Volovici, «"The Pure Essence of Things": Contingency, Controversy and the Struggle to Define Antisemitism and Islamophobia», en *Antisemitism, Islamophobia and the Politics of Definition*, eds. David Feldman y Marc Volovici (Palgrave Macmillan, 2023), pp. 3-19; Frederick Harrison, citado en Antony Anghie, *Imperialism, Sovereignty and the Making of International Law* (Cambridge University Press, 2004), p. 51.

7. Mark Weitzman, «The IHRA Working Definition of Antisemitism», en *Comprehending and Confronting Antisemitism*, eds. Armin Lange *et al.* (De Gruyter, 2020), pp. 463-474; Jamie Stern-Weiner, «The Politics of a Definition: How the IHRA Working Definition of Antisemitism Is Being Misrepresented», *Free Speech on Israel*, abril de 2021, freespeechonisrael.org.uk/wp-content/uploads/2021/04/The-Politics-of-a-Definition.pdf.

8. Un buen análisis es el de Derek Penslar, «Who's Afraid of Defining Antisemitism?», *Antisemitism Studies* 6, n.º 1 (primavera de 2022): pp. 133-145; también Jan Deckers y Jonathan Coulter, «What Is Wrong with the International Holocaust Remembrance Alliance's Definition of Antisemitism?», *Res Publica* 28, n.º 4 (2022): pp. 733-752; George Orwell, *Politics and the English Language* (Bodleian Library, Oxford, 2022), p. 43.

9. Peter Beattie, «Anti-Semitism and Opposition to Israeli Government Policies: The Roles of Prejudice and Information», *Ethnic and Racial Studies* 40, n.º 15 (2017): pp. 2749-2767.

10. Lerman, *Whatever Happened to Antisemitism?*, p. 118.

11. Rupert Emerson, «Self-Determination», *Proceedings of the American Society of International Law at Its Annual Meeting* 60 (28-30 de abril de 1966): pp. 135-141 (en este caso, p. 136; cf. Yeshayahu Leibowitz, *Judaism,*

Human Values, and the Jewish State (Harvard University Press, 1992), p. 241.

12. Citado en Jean Améry, «Virtuous Antisemitism» (1969), en *Essays on Antisemitism, Anti-Zionism, and the Left* (Indiana University Press, 2021), pp. 38-39.

13. Declaración ante la Knéset del primer ministro Beguín, en la presentación de su gobierno, 20 de junio de 1977, gov.il/en/pages/1-statement-to-the-knesset-by-pm-begin-20june-1977.

14. Declaración de Jerusalén sobre el antisemitismo, https://jerusalemdeclaration.org; «The Nexus Document», The Nexus Project, https://nexusproject.us/nexus-resources/the-nexus-document/; en «The Nexus Document» se afirma «El antisemitismo consiste en creencias, actitudes, acciones o condiciones sistémicas antijudías. Incluye sentimientos y creencias negativos sobre los judíos, conductas hostiles dirigidas contra los judíos (por ser judíos) y condiciones que discriminan a los judíos y obstaculizan de forma importante su capacidad de participar como iguales en la vida política, religiosa, cultural, económica o social». Por su parte la Declaración de Jerusalén asevera que «antisemitismo es discriminación, prejuicios, hostilidad o violencia contra los judíos por ser judíos (o las instituciones judías por ser judías)».

15. Declaración de Jerusalén sobre el antisemitismo, https://jerusalemdeclaration.org/.

16. Stern, *Conflict over the Conflict*, p. 171.

17. Datos citados por Neve Gordon, «Antisemitism and Zionism: The Internal Operations of the IHRA Definition», *Middle East Critique* 33, n.º 3 (marzo de 2024): pp. 345-360.

18. Aparna Gopalan, «The Hindu Nationalists Using the Pro-Israel Playbook», *Jewish Currents*, 28 de junio de 2023; Azad Essa, *Hostile Homelands: The New Alliance Between India and Israel* (Pluto Press, 2023).

Capítulo 10: A la caza del elefante equivocado

1. Irving Greenberg, «Jewish Survival and the College Campus», *Judaism* 17, n.º 3 (verano de 1968): pp. 259-281 (en este caso, p. 260).

2. Avraham Burg, «Germany Provides a Kosher Stamp for the Israeli Occupation», *Haaretz*, 26 de julio de 2022.

3. David Rozado, Musa al-Gharbi, y Jamin Halberstadt, «Prevalence

of Prejudice-Denoting Words in News Media Discourse: A Chronological Analysis», *Social Science Computer Review* 41, n.º 1 (2023): pp. 99-122.

4. Irving Greenberg, «Jewish Survival and the College Campus», *Judaism* 17, n.º 3 (verano de 1968), pp. 259-281 (en este caso, p. 260); también Frederic Cople Jaher, «The Search for the Ultimate Shiksa», *American Quarterly* 35, n.º 5 (invierno de 1983), pp. 518-542.

5. Bret Stephens sobre los maoístas: «"It Is Facing a Campaign of Annihilation": Three Columnists on Trump's War Against Academia», *New York Times*, 15 de marzo de 2025; sobre los malentendidos en la lectura generacional de la cultura universitaria, véase Musa al-Gharbi, «Misunderstanding Antisemitism in America», *Slow Boring*, 11 de enero de 2024.

6. «Business Titans Privately Urged NYC Mayor to Use Police on Columbia Protestors», *Washington Post*, 17 de mayo de 2024; sobre el predominio de las mujeres jóvenes en las acampadas, véase Hilary Hallett y Rebecca Kobrin, «Notes from the Encampment», manuscrito inédito. Quiero dar las gracias a las autoras por su ayuda. Ochenta y una de los noventa y un estudiantes suspendidos tras la primera oleada de arrestos policiales eran mujeres; sobre la brecha generacional, véanse Becka A. Alper, «How U.S. Jews Are Experiencing the IsraelHamas War», Pew Research Center, 2 de abril de 2024, y Jordan Muchnick y Elaine Kamarck, «The Generation Gap in Opinions Toward Israel», 9 de noviembre de 2023, brookings.edu/articles/the-generationgapinopinionstowardisrael.

7. Deborah E. Lipstadt, «How to Study AntiSemitism», *The Forward*, 15 de junio de 2011; junta de asesores del ISGAP, isgap.org/isgapadvisoryboard; Aiden Pink, «Think Tank Failed to Disclose SixFigure Grant from Israeli Government», *The Forward*, 31 de agosto de 2020; Pink, «U.S. ProIsrael Groups Failed to Disclose Grants from Israeli Government», *The Forward*, 31 de agosto de 2020. Sobre los intentos de Vaknin-Gil, véase Benjamin Weinthal, «Sima Vaknin-Gil: A Former BrigadierGeneral's Battle Against BDS», *Jerusalem Post*, 20 de septiembre de 2017, jpost.com/international/a-former-brigadier-generals-battle-against-bds-sima-vaknin-gill-504686#google_vignette; sobre las operaciones de influencia de Israel, véase Derek B. Johnson, «Israeli Influence Operation Highlights Global Disinformation Industry», *CyberScoop*, 5 de junio de 2024; Sheera Frenkel, «Israel Secretly Targets U.S. Lawmakers with Influence Campaign on Gaza War», *New York Times*, 5 de junio de 2024.

8. Kenneth Stern, *The Conflict over the Conflict: The Israel/Palestine Campus Debate* (University of Toronto Press, 2020), pp. 154-161; Rex

Weiner, «Line Between Anti-Israel and Anti-Semitic Protests Splits AJC», *Forward*, 16 de agosto de 2011.

9. Zach Montague, «Campus Protest Investigations Hang over Schools as New Academic Year Begins», *New York Times*, 5 de octubre de 2024; Lila Levi, «Politicizing Antisemitism Amidst Today's Educational Culture Wars», University of Miami Law School, 2024, repository.law.miami.edu/fac_articles/1198.

10. PEN America, «The Wrong Way to Fight Campus Antisemitism», 15 de abril de 2024.

11. Para el trasfondo, véase «Middle East Group Wants AntiDefamation League to Disown List», *New York Times*, 30 de enero de 1985; Joel Beinin, «The New American McCarthyism: Policing Thought About the Middle East», *Race and Class* 46, n.º 1 (2004): pp. 101-115; más recientemente James Bamford, «Who Is Funding Canary Mission? Inside the Doxxing Operation Targeting Anti-Zionist Students and Professors», *Nation*, 22 de diciembre de 2023; Gabriella Borter *et al.*, «Name and Shame: Pro-Israel Website Ramps Up Attacks on Pro-Palestinian Student Protesters», Reuters, 11 de mayo de 2024; «Jewish Groups Targeted Columbia Grad Mahmoud Khalil, then ICE Arrested Him», *Forward*, 10 de marzo de 2025.

12. Nahum Goldmann, «The Present Chance for Mideast Peace», *Worldview* 23, n.º 3 (marzo de 1980), pp. 11-13; Rachel Burnett, «I'm a Recent Jewish Grad from a University the ADL Deems to Be "Failing" at Campus Antisemitism. Their "Grade" Is Misleading», *Forward*, 12 de julio de 2024; Lauren Haines, «I'm a Jewish College Student. I Wish External Activists Were Promoting Education, Not Confrontation», *Forward*, 11 de abril de 2024.

13. Brian Klug, «The Myth of the New Antisemitism», *Nation*, 15 de enero de 2004; Antony Lerman, «Fictive Anti-Zionism: Third World, Arab and Muslim Variations», en *Anti-Zionism and Antisemitism in the Contemporary World*, ed. Robert S. Wistrich (Macmillan, 1990), pp. 121-139; David Myers, «Can There Be a Principled Anti-Zionism?», en *Anti-Semitism and Anti-Zionism in Historical Perspective: Convergence and Divergence*, ed. Jeffrey Herf (Routledge, 2007), p. 31.

14. Antony Lerman, *Whatever Happened to Antisemitism? Redefinition and the Myth of the «Collective Jew»* (Pluto Press, 2022), pp. 166-167; Hugo Gye y Jane Merrick, "Honeymoon Ends with Fuel Payouts and Arms Sales to Israel», *The Independent*, 7 de septiembre de 2024; James Loeffler, «An-

tiZionism», en S. Goldberg *et al.*, eds., *Key Concepts in the Study of Antisemitism* (Palgrave, 2021), pp. 39-51.

15. Jacques Derrida, «Autoimmunity: Real and Symbolic Suicides», trad. Pascale-Anne Brault y Michael B. Naas, en *Philosophy in a Time of Terror: Dialogues with Jürgen Habermas and Jacques Derrida*, ed. Giovanna Borradori (University of Chicago Press, 2003), pp. 103-104; Jan Deckers y Jonathan Coulter, «What Is Wrong with the International Holocaust Remembrance Alliance's Definition of Antisemitism?», *Res Publica* 28, n.º 4 (2022): pp. 733-752; Rebecca Ruth Gould, «Legal Form and Legal Legitimacy: The IHRA Definition of Antisemitism as a Case Study in Censored Speech», *Law, Culture and the Humanities* 18, n.º 1 (febrero de 2022): pp. 153-186; PEN America, «The Wrong Way to Fight Campus Antisemitism», 15 de abril de 2024.

16. «Labour Adopts IHRA Definition in Full», *Guardian*, 4 de septiembre de 2018; el mejor análisis es el de Ben Gidley *et al.*, «Labour and Antisemitism: A Crisis Misunderstood», *Political Quarterly* 91, n.º 2 (abril-junio de 2020): pp. 413-421. Véase también Owen Jones, *This Land: The Struggle for the Left* (Penguin UK, 2020), cap. 7.

17. Hebh Jamal, «IHRA Definition Is Silencing Palestine Advocacy Across Europe, Says Report», *+972 Magazine*, 7 de junio de 2023.

18. Felix Berenskötter y Mor Mitrani, «Is It Friendship? An Analysis of Contemporary German-Israeli Relations», *International Studies Quarterly* 66 (2022): pp. 1-13; Daniel Marwecki, *Germany and Israel: Whitewashing and Statebuilding* (Oxford University Press, 2020); Peter Kuras, «The Strange Logic of Germany's Antisemitism Bureaucrats», *Jewish Currents*, 18 de julio de 2023.

19. Thorsten Brenner, «"Reason of State": Germany's Support for Israel and Its Limits», *Agenda Publica*, 11 de diciembre de 2023; Kuras, «Strange Logic».

20. Citado en Irit Dekel y Esra Öyzürek, «The Logic of the Fight Against Antisemitism in Germany in Three Cultural Shifts», *Patterns of Prejudice* 56, n.º 2/3 (2022): pp. 157-187.

21. Kuras, «Strange Logic»; vénase también Hebh Jamal, «Germany's Anti-Palestinian Censorship Turns on Jews», *+972 Magazine*, 4 de abril de 2023; «Germany Passes Controversial Antisemitism Resolution», *Deutsche Welle*, 6 de noviembre de 2024; Itay Mashiach, «In Germany, a Witch Hunt Is Raging Against Critics of Israel. Cultural Leaders Have Had Enough», *Haaretz*, 10 de diciembre de 2020.

22. Centro Simon Wiesenthal, «Global AntiSemitism 2021 Top Ten», https://www.wiesenthal.com/assets/pdf/global_anti-semitism_2021_top_ten.pdf; Cnaan Liphshiz, «EU Slams Simon Wiesenthal Center, Says Its Annual Antisemitism List Goes Too Far», *Times of Israel*, 11 de enero de 2022.

23. Shira Miron, «In the Fraught Debate over Antisemitism in Germany, Jews Are Just a Pawn in a Larger Battle», *Haaretz*, 11 de enero de 2025.

24. Irit Dekel, «Philosemitism in Contemporary German Media», *Media, Culture and Society* 44, n.º 4 (mayo de 2022): pp. 746-763. Ian Buruma, «Israel's Flirtation with AntiSemites», *Project Syndicate*, 8 de mayo de 2023; Daniel Cohen, *Good Jews: Philosemitism Since the Holocaust* (Cambridge University Press, 2025); Christopher Clark, *The Politics of Conversion* (Oxford, 1995), p. 281. La bibliografía sobre el filosemitismo es extensa. Véanse Jonathan Karp y Adam Sutcliffe, *Philosemitism in History* (Cambridge University Press, 2011); Pierre-André Taguieff, *Sortir de l'antisémitisme?: le philosémitisme en question* (Odile Jacob, 2022). También A. Dirk Moses, «The German Catechism», *Geschichte der Gegenwart*, 23 de mayo de 2021.

25. Sophie Hurwitz, «Why Does Biden Keep Making the Same Dangerous Comment About Jews?», *Nation*, 6 de marzo de 2024; Ben Samuels, «Biden: Without Israel, Every Jew in the World Would Be at Risk», *Haaretz*, 16 de julio de 2024; Martin Jay, «Ariel Sharon and the Rise of the New Antisemitism», *Salmagundi* 137/138 (invierno-primavera de 2003): pp. 12-29.

26. «In the Knesset, ADL Chief Admits Failure to Extinguish the PostOct. 7 "Inferno of Antisemitism," Calls for New Strategies», *European Jewish Press*, 7 de enero de 2025, https://ejewishphilanthropy.com/in-the-knesset-adl-chief-admits-group-has-failed-to-combat-antisemitism-calls-for-new-strategies/; Charles Herbert Stember, *Jews in the Mind of America* (Basic Books, 1964), p. 233, citado por Dennis Wrong, «The Psychology of Prejudice and the Future of Anti-Semitism in America», *European Journal of Sociology* 6, n.º 2 (1965): pp. 311-328 (en este caso, p. 311); Runnymede Trust, «Our Statement on Rising Antisemitism and Islamophobia», 19 de febrero de 2024.

27. Masood Farivar, «"Backlash Effect": Why the Middle East Conflict Triggers Hate Crimes in the U.S.», *Voice of America*, 2 de noviembre de 2023; Comisión Europea contra el Racismo y la Intolerancia (ECRI),

Consejo de Europa, «Annual Report on ECRI's Activities Covering the Period January 1 to December 31, 2023», pp. 10-11, rm.coe.int/annual-report-on-ecri-s-activities-covering-the-period-from-1january/1680b0505d.

28. David Feldman, Ben Gidley y Brendan McGeever, *Facing Antisemitism: The Struggle for Safety and Solidarity* (Runnymede Trust, enero de 2025), https://www.runnymedetrust.org/publications/facing-antisemitism-the-struggle-for-safety-and-solidarity; Graham Wright *et al.*, *Antisemitism on Campus: Understanding Hostility to Jews and Israel* (Cohen Center for Modern Jewish Studies, 2024), brandeis.edu/cmjs/research/antisemitism/antisemitism-on-campus.html; Eitan Hersch y Laura Royden, «Antisemitic Attitudes Across the Ideological Spectrum», *Political Research Quarterly* 76, n.º 2 (2023), pp. 697-711; Arno Rosenfeld, «Separating Anti-Zionists from Antisemites on Campus», *Forward*, 27 de agosto de 2024.

29. Para un enfoque cultural conservador de la cuestión del antisemitismo, véase «Project Esther: A National Strategy to Combat Antisemitism», 7 de octubre de 2024, Heritage Foundation, en https://www.heritage.org/progressivism/report/projectesthernationalstrategycombatanti semitism, y, para los dudosos elementos en los que se apoya, «Internal Project Esther Documents Describe Conspiracy of Jewish Masterminds Seeking to Dismantle Western Values», *Forward*, 6 de diciembre de 2024; *Republican Staff Report*, Comité sobre Educación y Trabajadores de la Cámara de Representantes de Estados Unidos, «Antisemitism on College Campuses Exposed», 31 de octubre de 2024, p. 78.

30. Steven Beller, «Israel and its Elephants: Problems of Definition, Narration and Analogy in Discussing Antisemitism», *Antisemitism Studies* 8, n.º 2 (otoño de 2024), pp. 278-283 (en este caso, p. 272).

31. Pew Research Center, «The Future of World Religions: Population Growth Projections, 2010-2050», 2 de abril de 2015.

32. Sergio Della Pergola, «World Jewish Population, 2021», *American Jewish Year Book* 121 (2021), pp. 313-412.

33. Sobre Cohn, véase Shira Robinson, *Citizen Strangers: Palestinians and the Birth of Israel's Liberal Settler State* (Stanford University Press, 2013), pp. 99.

34. Haim Cohn, «Antisemitism, Zionism and the State of Israel», en *Present-Day Antisemitism: Proceedings of the Eighth International Seminar of the Study Circle on World Jewry Under the Auspices of the President of Israel, Chaim Herzog*, Jerusalén, 29-31 de diciembre de 1985, ed. Yehuda Bauer

(Jerusalén, 1988), pp. 329-335. Citado también por Lerman, *Whatever Happened to Antisemitism?*, p. 64.

Epílogo: Lo que yo vi

1. Véase Ethan Bronner, «Why "Greater Israel" Never Came to Be», *New York Times*, 14 de agosto de 2005, para el uso antiguo del eslogan; véase también Nadav Shelef, «From "Both Banks of the Jordan" to the "Whole Land of Israel": Ideological Change in Revisionist Zionism», *Israel Studies* 9, n.º 1 (primavera de 2004): pp. 125-148. Por mi parte, intenté transmitir cómo veía el estado de ánimo imperante en el campus en aquel momento en: «The Week That Shook Columbia», *Financial Times*, 27 de abril de 2024, y «A Diary of the Tumultuous Days at Columbia», *Kathimerini*, 10 de mayo de 2024.

2. Lee C. Bollinger, *In Search of an Open Mind* (Columbia University Press, 2025), p. 261.

3. Amira McKee, «DA to Drop Hate Crime Charges Against Former Student Accused of Assaulting Israeli Student with Stick», *Columbia Spectator*, 20 de junio de 2024; cf. https://president.columbia.edu/sites/default/files/content/Announcements/Report2TaskForceonAntisemitism.pdf.

4. Para la cuestión de la *asquenormatividad*, véase la nota del representante (senador) Jim Banks al rector Shafik, de la Universidad de Columbia, congress.gov/committees/video/house-education-and-the-workforce/hsed00/31Eu-xEZKzQ, en 1:51:41; cf. Sarah Benor, «I'm a Jewish Linguist, and I Think "Ashkenormativity" Is a Perfectly Fine Word», *Jerusalem Post*, 3 de mayo de 2024. El neologismo expresa la idea de que en la sociedad israelí se privilegia a los judíos asquenazíes por encima de los mizrajíes y sefardíes.

5. Sobre la victimización colectiva, véase Ilan Peleg, ed., *Victimhood Discourse in Contemporary Israel* (Lexington Books, 2019). Sobre el duelo por los fallecidos en ambos bandos, la política y el funcionamiento de la «maquinaria del duelo», véanse la conversación entre Joshua Liefer y Gabriel Winant en *Dissent*: Liefer, «Toward a Humane Left», *Dissent*, 12 de octubre de 2023, y Winant, «On Mourning and Statehood: A Response to Joshua Leifer», *Dissent*, 13 de octubre de 2023.

6. Antony Lerman, «The Politics of Antisemitism», *Jewish Quarterly* 32, n.º 1 (1985), citado en Lerman, *The Making and Unmaking of a Zionist:*

A Personal and Political Journey (Pluto Press, 2012), 77; papa Francisco, «Fratelli tutti», en https://www.vatican.va/content/francesco/en/encyclicals/documents/papa-francesco_20201003_enciclicafratellitutti.html#_ftn2 [https://www.vatican.va/content/francesco/es/encyclicals/documents/papa-francesco_20201003_enciclica-fratelli-tutti.html]; Victor Klemperer, *The Language of the Third Reich: LTI — Lingua Tertii Imperii; A Philologist's Notebook* (Bloomsbury Academic, ed. 2021), p. 1.

Índice analítico

Las páginas en cursiva refieren a material gráfico.

Índice de contenidos